新 テキストマイニング入門

経営研究での「非構造化データ」の扱い方

喜田昌樹 [著]
Masaki Kida

東京　白桃書房　神田

目　　次

序章　レビューと本書の特徴と流れ————————7

 Ⅰ　導入する前に：
  マイニングに触れる4つの機会……………………………9
 Ⅱ　導入する意義：
  マイニングを組織内で行う能力・スキルの構築の促進………15
 Ⅲ　レビューと本書の特徴：
  テキストマイニングのアカデミックの4つの利用法…………17
 Ⅳ　本書の流れ………………………………………………33
 Ⅴ　テキストマイニングを実践する者としての筆者（前著）……38
 Ⅵ　謝辞…………………………………………………………40

第1章　テキストマイニングとは————————43

 Ⅰ　データマイニングとテキストマイニング……………………43
 Ⅱ　内容分析とテキストマイニング………………………………48
 Ⅲ　テキストマイニングを用いるための内容分析の基礎知識……49
 Ⅳ　データマイニングおよびテキストマイニングの標準的な流れ
  （CRISP_DM）……………………………………………55
 最後に：本書でのテキストマイニングの定義とテキストマイニング
  の流れ……………………………………………………60

第2章 内容分析の研究例：喜田（1999）より────67

はじめに：喜田（1999）の目的……………………………………67

Ⅰ　原因帰属研究とは：仮説構築の為に……………………………68

Ⅱ　喜田（1999）での仮説構築：利己的原因帰属仮説……………70

Ⅲ　分析枠組み：
　　データ，サンプル，分析方法，コード化の方法など…………71

Ⅳ　分析結果…………………………………………………………74

Ⅴ　結論および研究課題……………………………………………79

最後に………………………………………………………………81

第3章 テキストマイニングツールの基礎知識────83

Ⅰ　Clementine入門 ………………………………………………84

Ⅱ　データファイルの読み込み……………………………………89

Ⅲ　データの理解（データ型とインスタンス化）………………97

Ⅳ　データマイニング，「構造化データ」でのデータクリーニング
　　………………………………………………………………100

Ⅴ　モデリングの手法の概説………………………………………105

Ⅵ　IBM SPSS Text Analytics for Surveysでのテキストマイニング
　　………………………………………………………………116

最後に………………………………………………………………129

第4章 モデル構築の方法：
アカデミックで用いるその他の方法の提案────131

Ⅰ　Clementineでのテキストマイニングの特徴：
　　テキストデータの構造化…………………………………132

Ⅱ　ニューラルネットワークによる著者判別：
　　『私の履歴書』の内容による判別……………………………135

Ⅲ　決定木による著者判別：『私の履歴書』の内容による判別‥141

Ⅳ　クラスタリング手法：話題の分類………………………146

Ⅴ　2つのモデルの比較→より良いモデル構築に向けて………157

Ⅵ　Clementineによる著者判別のための指標の作成……………161

最後に………………………………………………………168

第5章　テキストマイニングでのデータクリーニング：言語資料の資料論と分析データの作成―――171

Ⅰ　テキストマイニングのデータクリーニング1：

有価証券報告書の分析から………………………………174

Ⅱ　テキストマイニングのデータクリーニング2：

個人的ドキュメントの場合………………………………177

Ⅲ　テキストマイニングのデータクリーニング3：

インタビューデータについて……………………………182

Ⅳ　テキストマイニングを用いることを想定した自由筆記欄の設計

………………………………………………………184

Ⅴ　現在のツールでの分析用データの作成…………………186

最後に：経営学での非構造化データのデータクリーニングの基準と

方法………………………………………………………189

第6章　テキストマイニングの研究例Ⅰ：品詞情報，形態素を基礎にした分析―――197

はじめに……………………………………………………198

Ⅰ　アサヒビールの組織革新と経営成果の動向………………198

Ⅱ　分析枠組み：

概念の変化による分析とテキストマイニング………………202

Ⅲ　テキストマイニングの結果1：

概念数の変化と各変数との関係…………………………210

4　目　次

　　Ⅳ　テキストマイニングの結果2：
　　　　概念の内容上の変化と各変数との関係……………………215
　　Ⅴ　結論および課題：発見事実の解釈と作業仮説の提示………219
　　最後に：品詞情報による分析（形態素分析）について…………224

第7章　テキストマイニングの研究例Ⅱ：内容分析ソフトの代替品として─────227

　　はじめに…………………………………………………………227
　　Ⅰ　経営者の経歴に影響する要因の研究…………………………228
　　Ⅱ　分析枠組み………………………………………………………230
　　Ⅲ　全体での分析結果：経歴に影響する人間関係の種類………235
　　Ⅳ　創業者と従業員型経営者の比較分析…………………………237
　　Ⅴ　分析結果の解釈と課題：
　　　　成長する経験には人間関係が関係する………………………240
　　Ⅵ　人間関係の概念による『私の履歴書』の判別：
　　　　新たな検証方法へ………………………………………………245
　　最後に：内容分析ソフトの代替品として………………………247

第8章　テキストマイニングの研究例Ⅲ：モデリング手法を用いたテキスト分類と変数の構築─────253

　　Ⅰ　はじめに…………………………………………………………254
　　Ⅱ　研究目的，実践的背景，選択的な文献レビュー……………255
　　Ⅲ　調査枠組み………………………………………………………261
　　Ⅳ　統計的分析結果：個人属性と持論の分類との関係…………270
　　Ⅴ　個人属性とカテゴリーの関係についての調査結果…………273
　　Ⅵ　結び：理論的・方法論的貢献と課題…………………………284
　　最後に：テキストマイニングの定義とデータサイエンスへ……290

第9章　言語分析視点からデータマイニング（データサイエンス）視点でのテキストマイニングの整理──293

はじめに：言語分析との関係からデータマイニング，データサイエンスとの関係へ ‥‥‥‥‥‥‥‥‥‥‥‥‥‥‥‥‥‥‥‥ 293

Ⅰ　言語分析との関係での利用法の整理‥‥‥‥‥‥‥‥‥‥‥‥ 295

Ⅱ　データマイニングとの関係からのテキストマイニング‥‥‥‥ 298

Ⅲ　VISUALIZATION（可視化）：言及頻度分析とウェブ分析‥305

Ⅳ　ANALYSIS（分析）：他変数との関係を統計的に分析する‥313

Ⅴ　PREDICTIVE ANALYTICS（予想・予言的分析）‥‥‥‥‥ 315

結論：データマイニングからデータサイエンスへ‥‥‥‥‥‥‥‥ 325

第10章　実務界でのテキストマイニングの動向と利用法──333

Ⅰ　実務界でのテキストマイニングの動向‥‥‥‥‥‥‥‥‥‥‥ 334

Ⅱ　実務界におけるテキストマイニングの方法論‥‥‥‥‥‥‥‥ 337

Ⅲ　実務界における分析の切り口：
テキストマイニングと業務の一体化‥‥‥‥‥‥‥‥‥‥‥‥ 348

Ⅳ　分析サイクルと適用分野‥‥‥‥‥‥‥‥‥‥‥‥‥‥‥‥‥ 354

終章　本書のまとめと方法論としてのテキストマイニング，テキストマイニングでの問題点──357

Ⅰ　本書のまとめと方法論としてのテキストマイニング‥‥‥‥‥ 357

Ⅱ　テキストマイニングでの問題点と解決方法‥‥‥‥‥‥‥‥‥ 366

Ⅲ　おわりに：マイニングを行う者としての筆者の立場再掲‥‥‥ 375

参考文献‥‥‥‥‥‥‥‥‥‥‥‥‥‥‥‥‥‥‥‥‥‥‥‥‥‥‥‥ 381

序章

レビューと本書の特徴と流れ

　本書は喜田（2008b）の全面的な改訂版であり，ほぼ新刊である。前著（喜田，2008b）は，テキストマイニングを導入しようとする企業およびメソドロジーとして用いようとする大学，研究機関の研究者に向けて，テキストマイニングの利用法を説明するために書かれた。

　しかし，その用い方について具体的にその手順まで示した書物はその当時なく，前著は，その点を解決しようとした。そこで，前著のテキストマイニングについての特徴を少し述べることにしよう。

1）導入当初であることから，方法論を定義することによって，その限界を考慮したために，テキストマイニング自体の定義をしていないこと。

2）1）とも関連するが，テキストマイニングとデータマイニングの違いを説明していないこと。

3）テキストマイニングを言語分析の視点からのみ議論していること。

4）3）からメソドロジーとして，テキストマイニングを言語分析の一種として取り扱うことで，言語現象上の特徴にのみ限定した，形態素分析や内容分析というような手法としていること。

5）当時は実務界のほうが先行していたので，実務界での方法をアカデミックな方法として援用していること。

　本章でのレビューでも明らかなように現在，確かにマイニングを導入する企業，研究者も増えている。

　本書は，前著のこのような特徴を最近のビッグデータやデータサイエンスの議論，ツールの進化，経営学領域やそのほかの領域でのテキストマイニングを用いる研究が進められていることなどから，次のような方向性と特徴を検討することにしよう[1]。

8 序章 レビューと本書の特徴と流れ

第1は，テキストマイニングを前著と異なり定義することである。本書では，「**テキストデータを，言語処理技術を用いて構造化データ・変数に変換し，それをもとに知識発見，仮説発見および仮説検証を行う手法**」とした。少し一般的，広義的にいうと，「テキストマイニングは非構造化データの定量化および構造化の手法である」ということである。

このように定義することと関連して，第2が「**データマイニングでは構造化データを扱い，テキストマイニングでは非構造化データを扱うことに意識すること**」である。つまり，テキストマイニングは非構造化データを構造化データに変換する技術であるということである。

その目的はモデル構築であるとする点が，前著とは大きく異なる。つまり，非構造化データ→言語処理技術→構造化データ→モデリングという段階を経るということである。

第3は，その流れをデータサイエンスおよびデータマイニングの視点でテキストマイニングでの研究例を位置づけ，そのメソドロジーとして確立する点である。

このような点から，本書では，副題を「経営研究での「非構造化データ」の扱い方」に変更している。前著では，導入の側面が強いことから，「経営研究での活用法」としたが，より明確にテキストマイニングを位置づけ，明確にすることから，テキストマイニングは非構造化データを中心にすることを意識することである。この点は，データクリーニングについての考え方にも関係している。本書では，テキストマイニングでのデータクリーニング（非構造化データのデータクリーニング）とデータマイニングでのデータクリーニング（構造化データのデータクリーニング）とを区別していることが特徴の1つである。そして，データマイニングでのデータクリーニングを第3章で，テキストマイニングのデータクリーニングを第5章でというように分けて議論している。

しかし，言語分析視点でのテキストマイニング，テキストマイニングが言語分析の一種であり，言語分析の議論がテキストマイニングの基礎となるこ

---

1) 本書での実務界への研究会への参加によるところが数多くあり，それは，JSPS科研費24530434の成果の1つであるといえる。

とについては，本書は完全に否定するものではない。テキストマイニングが言語資料を扱うことは変わりがなく，この視点に立った上でデータサイエンスの議論を導入しようとしているのである。

　本書も前著と同様に，経営学・経営研究でのテキストマイニングを用いる研究の導入・普及を目的としている。なお，本書では特に断りがない限り，マイニングという言葉を使うときには，テキストマイニングとデータマイニングの両方をさしている。また，題名に「入門」とあるが，本書はテキストマイニングの利用法に関する研究書である。また，以下ではアカデミックと実務界での利用法としているが，経営を研究する意味では同じであり，サブタイトルは「経営学」ではなく，「経営研究」としている。

　まず，前著と同様に，データマイニングおよびテキストマイニングに触れる機会を提示した後，導入する意義を説明する。次に，各領域でのテキストマイニングを用いている研究およびテキストマイニングに関する諸研究をレビューし，その動向を明らかにした上で，本書の特徴と目的，流れを示す。本書の特徴としては，アカデミック（組織科学）での利用法を中心とすることである。また，マイニングを実践する者としての著者というところでは，筆者のテキストマイニングの特徴を明らかにし，本書自体の方向性を示すことにしよう。

Ⅰ　導入する前に：マイニングに触れる4つの機会

　本書では，テキストマイニングの利用法を説明するのだが，企業および研究者がマイニングに触れる機会が導入する前にもある。それは以下の4つである。そして，そのそれぞれを比較することで，最終的に自分で導入することが一番良いということをここでは説明することにしよう。

　1）分析結果を購買する。

　2）ある特定の業務に特化したマイニングを用いたソフトを買う。

　3）外部機関を使う（マイニングセンターの利用＝日本ではない。ベンダーを使う。コンサルタントおよび市場調査会社を使う）。

　4）自社，自分で行う。つまり，導入する。**→これが重要**。

1）分析結果を購買する

分析結果を購買するというのは，外部機関（コンサルタント，ベンダー，マイニングセンター）から分析結果を購買することである。このアプローチは最もコストがかからず，リスクも少ないために，欧米では用いられている。しかし，現在日本のおいては，コンサルタント企業がこのように分析結果のみを販売している場合は少なく，どちらかというとマイニングを導入する効果を確認するために，テストケースとして分析結果を販売しているにすぎない。また，ベンダーでも同様のサービスを提供しているが，より深い分析結果を提示するには至っていないというのが現状である。分析結果を買うということについての問題点としては，どのようなモデルでその分析結果が出てきたのか，また，その外部に委託して行った場合，自社の内部者でしかわからない知識が欠落する可能性が多い。

2）ある特定の業務に特化したマイニングを用いたソフトを買う

ある特定の業務に特化したマイニングのモデルの事例として，HNC社の事例がある。Berry & Linoff（2000）はこれについて以下のように説明している。

「カリフォルニア州サンディエゴに本拠があるHNC社は，クレジットカードとデビットカード産業における不正行為を予測するための埋め込み型ニューラルネットワークモデルによって，非常に成功した企業である。HNC社のニューラルネットワークモデルは，すべてのクレジットカードのトランザクションの多くを，それが決済完了に至る前に評価する。HNC社のモデルは今日では，移動通信事業において不正通話を発見することや，保険業において不正請求を発見することに利用されている。HNC社はまた，不正行為の発見から一歩踏み出して，収益性や，顧客の目減り，倒産を予測するための垂直型アプリケーションを開発した。

HNC社の最も重要な製品であるFalconは，クレジットカード不正使用向けのものである。大手のクレジットカード発行会社は，不正行為のために年間1000万ドル近くの損失を被っているので，この製品には大きな需要が存在する。HNC社によれば，この製品は世界の16大クレジット発行銀行で使用

Ⅰ　導入する前に：マイニングに触れる4つの機会　　11

されている（Berry & Linoff, 2000, pp.34-35）」。

　このように，ある種の成功は見られるようだが，Berry & Linoff（2000）において，このようなモデルを垂直的アプリケーションとして位置づけ，これを採用するには，このモデル（アプリケーション）が生み出された前提条件（業務環境，競争条件，企業環境など）を考慮すべきであるとしている。また，このようなモデルの購入はツールによる業務の自動化を示している。なお，ここでの自動化は外部化できるという意味であり，第8章で提示するような実務に埋め込むこととは区別が必要である。特に，CRMの領域ではモデルを用いてそれを自動化するということが行われてきている。しかし，このように業務を自動化することは本当に可能であろうか，という点が出てくる。現在のように業界環境および顧客行動の変化の激しいときには，このようなツールによる自動化ができない場合が多く，自動化ツールの分を超えるマイニングの作業として，次のようなことが考えられる[2]。なお，この問題点はマイニングプロジェクトを作成する際に重複する点もあり，後に提示するCRISP_DMなどの標準的なマイニングプロセスの提示につながる。

①マイニングを適用すべきふさわしいビジネス上の問題を選択すること。
②上記のビジネス上の問題に答えるのに必要とされる情報を含んでいそうなデータを特定し，収集すること。
③マイニングツールが利用しやすいように，含まれている情報が表面近くに出てくるようにデータを操作して利用価値の高いものとすること。
④モデルによって必要とされる入力変数が利用可能なように，データベースを変換してモデルによってスコアリングすること。
⑤得られたモデルに基づいた行動計画を策定し，市場においてその行動計画を実行すること。
⑥将来のマイニングのために，行動の結果を測定し，データベースにフィードバックすること。

---

2) SPSS（現IBM）社トレーニングコース使用テキスト，p.43より。

序章　レビューと本書の特徴と流れ

以上の作業が、モデルによる自動化を越える部分であり、これらは自社のマイニングを担当する部署および人が行うことである。

3）外部機関を使う

3つ目の機会は、マイニングの知識およびスキルを持った外部機関を使うことである。そのことで、外部のリソースの適用は非常に多くの価値を生む可能性がある。外部のコンサルテーションなしには確実に失敗したに違いないプロジェクトを成功に導いたコンサルテーションの例を、他方で、外部のリソースに頼り過ぎて、データやモデル、そしてモデルをデータに適用して得られた洞察さえもが外部者の手中にあったために、マイニングの真の成果を得ることに失敗した多くの組織もある（Berry & Linoff, 2000）。実際の問題は外部の専門家を利用するか否かではなく、どのように利用するかにある。外部機関を使うかどうかを決めるには以下の問いに答える必要があり、外部機関を使うのか、それとも導入するのかの判断基準を示している。

①マイニングプロジェクトは、1回きりのものなのか、継続的に行うのか？
②分析されるデータソースは何か？
③マイニングの結果がどのように利用されるのか？
④業務分析部門の人材をどの程度利用でき、また彼らのマイニングスキルのレベルはいかほどであるか？

第1の問いに関していえば、マイニングは顧客関係管理（CRM）のような継続的な過程の一部であるということがある。このような場合は外部機関を使いきりにしないほうがよいであろう。しかし、継続的になるためにコストが高くなるというデメリットがある。なお、この点が、自分でマイニングを行う、つまり、導入するという意義の1つになる。

第2は、マイニングにそのデータをうまく使うために、データが実際に意味するものを十分に理解するのに当事者と外部者とのどちらがより良いかで決まる。当事者が、もしも、あまり詳しくない人口データや他のデータを購

入したのだとすると，データベンダー（外部者）に費用を払って，少しコンサルティングしてもらうのはよいと思うが，マイニングのプロセス上およびマイニングの結果の利用において当事者知識が重要である場合は，当事者のほうがよいと考えられる。

　第3は，マイニングの結果は行動に結びついて初めて有用であることと関連する。顧客関係への新しいアプローチや新しい戦略の重要性について重役たちを説得するには，内部者よりも外部者のほうがよいということはよくあることである。

　第4は自社内および当事者のマイニングスキルがどの程度かということであり，未熟であればあるほど，外部者を利用することになるが，ある程度のマイニングの経験を積むことによって，当事者が中心になってマイニングを行うことになる。つまり，マイニングを行う，スキル形成のきっかけとして外部機関を用いるということである。

　以上の問いについての回答を用意したとして，現在どのような外部機関が利用できるのであろうか。現在の日本においては次の2つの場合が考えられる。1つは，マイニングソフトウェアベンダーであり，もう1つはコンサルタント企業（市場調査会社）である。

①マイニングソフトウェアベンダー

　すでにマイニングソフトウェアを選択しているならば，それを提供した会社にまず支援を求めるのがよい。ほとんどのソフトウェア会社は自社製品のトレーニングクラスを持っているし，多くはマイニングプロジェクトを支援するためのプロフェッショナルサービス部門を持っている[3]。

　具体的には，SPSS（現IBM）社では，テキストマイニングのトレーニングプログラムを持っているし，マイニングに関するコンサルテーションも行っている[4]。ジャストシステム社においては，トレーニング用およびプロジェクト実行用のマニュアルを作成したりしている[5]。なお，両社を含めて

---

3) 各ベンダーのサポート部門がそれにあたる。
4) これについてはhttp://www.spss.co.jp/training/training_c/training_c08.htmlなど同
　社のトレーニングコースに関するホームページを参照されたい。なお筆者はそのプログ
　ラムに参加した。

14　序章　レビューと本書の特徴と流れ

マイニングソフトウェアベンダー各社はマイニングに関する多くのセミナーやイベントを毎年開催している。

　しかしながら，製品の知識と技術的な専門知識を持っているからといって，常にマイニングの良い結果を得られるわけではない。マイニングのプロジェクトが成功するためには，ビジネス上の問題をよく知っていてそれを解決すべき技術的な問題に上手に翻訳できる人が必要なのである。

②コンサルティング会社（市場調査会社）

　コンサルタント企業（市場調査会社）で，市場調査，顧客調査の一環としてマイニングを提供しているところもある。しかし，自社の知識の重要性が目立つ領域であるとコンサルタント企業での分析結果は意味を持たない可能性もあるし，また，市場調査は継続的に行われる可能性もあるために，数回行うのであればこのような利用は高いものにつく可能性がある。

③マイニングセンター

　このような2つの外部機関が考えられるが，欧米においては，マイニングセンターというのが存在する。Berry & Linoff（2000）はこれについて以下のように説明している。

　「世の中にはマイニングセンターというものがあり，そこでは自社のデータを持ち込んでセンターにあるソフトウェアとハードウェアを利用して，マイニングの専門家とともに作業を行うことができる。こうしたセンターの多くは大学と私企業の共同事業によっている。イタリアのボローニャにあるマイニングセンターはIBMとイタリアの大学コンソーシアムから成り立っている。また，アメリカのカーネギーメロン大学と北アリゾナ大学のマイニングセンターはともに私企業の共同事業である。その他のマイニングセンターはマイニング市場にソフトウェアやハードウェアを提供している企業によって運営されている。例えば，テキサス州オースティンにあるコンパック社の先端マイニングセンターなどである。筆者らはマサチューセッツ州ケンブリッジにある意思決定支援センターと提携している。この研究所は意思決定支援にかかわる多様な分野，例えばOLAPやデータ可視化の専門分野の研究者を

5）ジャストシステム社との共同研究の結果導き出された。

集めて，ブリティッシュコロンビア州にあるサイモン・フレーザー大学とマサチューセッツ大学のマイニング研究グループと共同で研究を行っている（Berry & Linoff, 2000, pp.46-47, 加筆修正）」。

　当時，マイニングセンターはまだ日本には存在していない。マイニングセンターは産学協同研究の１つの方向であり，今後日本でのマイニングの普及に関して問題となるだろう。現在は，大学の産学連携室や研究者などを通じてマイニングを依頼するケースもある。

　以上が外部機関やマイニングの専門家を用いる点である。これらの点においてはメリットとデメリットがはっきりしてきている。それは，メリットとしては，初期の導入費用が安く抑えられることであり，試験的に用いることが可能になる点である。デメリットとしては，社内語の存在などから，十分な分析結果を得られないということがわかってきている。また，外部者による分析結果は自社内においては当然の分析結果のように思えるという点がある。これは，テキストマイニングの１つの効果であるが，埋もれている仮説を可視化する，見えるようにするという点と関連している。実務家はある意味で専門的な知識や直感を持っている。この直感を可視化しているのがマイニングの機能の１つであるということである。

Ⅱ　導入する意義：マイニングを組織内で行う能力・スキルの構築の促進

　最後の機会が，自社内でマイニングの専門部門を展開することである。Berry & Linoff（2000）は以上の４つの機会を提示した後に，ツールによって自動化できる部分がいまだにマイニングプロセスにおいて非常の小さいことなどから，マイニングの専門部署を構築する必要性を示唆している。なお，三室・鈴村・神田（2007）や一般社団法人日本情報システム・ユーザー協会（JUAS）（2014），石倉・後藤・喜田・奥田（2016）では質問票調査から，マイニングの専門部署および組織が必要であるということを示唆している。

　現在，各企業では，企業内のデータ活用を推進するために情報活用部という専門部門を構築しようとしている[6]。

　そこで，ここでは，導入する意義をスキル構築の点から説明することにし

よう。

①外部者に委託しないことで，長期的には，マイニングのスキルを組織内で構築することができる。この点は，ベンダーがその当該企業に向けたトレーニングプログラムの作成などを行うことを必要とすると考えられる。

②内部者の知識である社内語を軸とした分析を中心にすることができる。この点が，最も自社内でマイニングを行う専門部門の必要性を認識しなければならない点である。この点を解決するためにコンサルタント的な機能を持つ市場調査会社の存在も重要である。つまり，企業内でのシソーラス（辞書）の構築をコンサルタント会社とともに行うことである。

③マイニングによる仮説構築を組織的に行うことが可能となる。

④業務に埋め込まれている文書を通常において分析することが可能となる。つまり，1回限りでない分析が可能となる。CS調査（顧客満足調査）は系時的な分析を必要とする。それ故，数回の調査を行うことが重要となり，必然的にそのコストを削減することが求められる。

⑤市場（顧客）は常に変化している上に，その要求もそのたびにおいて変化し，多様である。これに対応するためには，既存のCS調査のように期限を設定するような分析では対応できない。そこで，常に，データが入ってくることを想定したテキストマイニングの利用を促進することが必要となる。それには，組織内でテキストマイニングを利用するスキル，能力を構築する必要がある。

⑥ウェブを利用したデータ獲得（デジタル化されているデータ）が逐次できるような環境にあるのならば，外部機関（市場調査会社）のデジタル化を売りにするテキストマイニングプロジェクトは意味を持たない。この点と関連して，ウェブアンケート作成ソフトなどマイニングプロジェクトを支援するソフト開発を行うベンダーもある。

⑦顧客の声の分析結果と，既存の組織の知識，評価基準（価値）と関連付

6）石倉ほか（2016）での調査および河本（2013，2017）を参照されたい。

けることで，より明確な仮説構築ができる。市場の声からの仮説構築と組織内知識の分析からの仮説構築という2つの方法を，当該組織は持つことが可能となる。

　以上のような導入意義からテキストマイニングの導入することになる。本書は，導入を決めた企業および研究者に向けて，そのテキストマイニングスキルをつけた人を育成することを目的に，テキストイニングの行い方および利用法を説明することにしよう。ただし，以上の導入意義は実務界を中心にしている。しかし，アカデミックにおいてもテキストデータの分析の可能性への関心が高まっており，テキストマイニングの導入意義は高いと信じている。当時と比べるとここでいうテキストマイニングスキルを持つ実務家，研究者が増加しているが，最近の調査でも分析能力を必要とする実情は変わっておらず，データサイエンスに関する学部の設置などを見てもそのニーズはより深まっていると考えられる（石倉ほか，2016）。

Ⅲ　レビューと本書の特徴：テキストマイニングのアカデミックの4つの利用法

　第6章で示すように喜田（2006，2007）で初めて組織科学，企業レベルの経営学の研究にテキストマイニングを導入した。喜田（2008b）でテキストマイニングのアカデミックな利用法を提示した。

　本書では，テキストマイニングを分析方法として用いるアカデミックでの利用法について説明する。本書でアカデミックとしているが，その中心は組織科学およびその関連領域（経営戦略論，組織行動論など）である。経営学および組織科学のメソドロジーについては，田村（2006）や藤本・高橋・新宅・阿部・粕谷（2005）などを参照されたい。特に，田村（2006）は，テキストマイニングとデータマイニングを経営学のリサーチ・デザインの中に取り込んでおり，本書のテキストマイニングをアカデミックなメソドロジーとして確立するという方向性を支持している。

　しかも現在に至るまでテキストマイニングを用いる研究は，心理学，教育学，看護の領域，経済学，経営学，マーケティング，会計学の領域で増加し

18　序章　レビューと本書の特徴と流れ

てきた。つまり，テキストマイニングが普及してきたのである。まず，ここで各領域でのテキストマイニングの利用法を，テキストマイニングを用いている諸研究で見てみることにしよう[7]。なお，吉田・中川（2010），齋藤（2012），日和（2013），藤井（2017）では日本におけるテキストマイニングの利用法や諸研究を俯瞰している。

1）各領域でのテキストマイニングを用いる研究のレビュー：経営関連領域を中心に

　ここでは，本書の特徴を議論する前に，各領域でどのようにテキストマイニングが用いられているのか，を明らかにすることにしよう。なお，ここでテキストマイニングを用いている研究をレビューするが著者の能力の範囲を超えており，すべてについて取り上げることができないくらい，数多く存在する。その理由としては，khコーダーのようなフリーソフトの開発と各社ベンダーによるツール開発の結果である。現在，日本で利用できるテキストマイニングのソフトとしては，SPSS（現IBM）社のText Mining for Clementine，Clementineの最新版であるIBM SPSS Modelerにアドオンして使用するIBM SPSS Text Analytics，質問票調査の自由筆記欄に特化したIBM SPSS Text Analytics for Surveys，ジャストシステム社のCBMI，野村総合研究所のTRUE TELLER，数理システム社のText Mining Studio，ベルカーブ社のトレンドサーチ，日本電子計算社のWordMiner，フリーソフトのkhコーダー，TinyTextMiner等がある。そして，そのそれぞれを用いた先行研究がある。

　テキストマイニングが用いられるようになった方向は，1つは，アカデ

7）CiNiiで「テキストマイニング」と表題中にあるものを中心としている。また，吉田・中川（2010），齋藤（2012），日和（2013），藤井（2017）などを参考とした。なお，技術報告についてはあまり検討していないが，技術動向については小木（2015）を参照されたい。また，日本語文献のテキストマイニングを対象にしていることから，他言語についてのテキストマイニングには触れていない。

　　また，Google Scholarについては参考程度に参照した。それ故，取り上げていない研究もあるかもしれず，重要な研究があることにお気づきの方もしくは，領域のことでコメントなどがある場合は，筆者のメールアドレス（kida@ogu.ac.jp もしくは keen5314@gmail.com）までご連絡いただければと思います。

ミックの方向であり，もう１つは，実務界でのテキストマイニングの導入の
２つである。第１のアカデミックの利用法では，社会学，心理学，もちろん
経営学などで用いられてきた内容分析，言語資料分析の延長線上の議論であ
る（菊池，2006；松村・三浦，2009；吉田・中川，2010；いとう，2011；日
和，2013；樋口，2014）。第２は，実務界でのテキストマイニングの利用は
次に挙げるマーケティング領域から起こってきた。

①マーケティング領域でのテキストマイニングの利用

　テキストマイニングの実務界での利用法および経営学の関係領域ではまず
マーケティング領域で導入され，用いられてきた（岡本・関口・三末・西野，
2000；那須川，2001，2006，2009；石井，2002；黒岩，2005；上田・黒岩・
戸谷・豊田，2005；橋元，2007；三室・鈴村・神田，2007；大瀬良，2008；
庄司，2010；柏渕・松村，2011；加藤・今西，2012；加藤，2013a；太宰，
2015；橋本・上野・大内，2015；野口，2015；奥瀬・黄，2016；広垣，
2017）。ここではまず，顧客システムの１つであるコールセンターなどに寄
せられる顧客の声を分析することを中心にテキストマイニングの利用法が議
論されてきた。その後，CS調査の自由筆記欄の分析などが行われている
（磯島，2006等）。大瀬良（2008）では，通信販売会社の化粧品カテゴリーへ
の電話やインターネットに寄せられた顧客の声の分析を行い，声をあげた顧
客のロイヤルティーが向上することを明らかにしている。庄司（2010）では，
ブランドロイヤルティーと言葉の関係の研究がなされている。磯島（2010）
では，農作物の品質および価格に関する自由記述の質問票を対象に，頻出単
語の分析とニーズとの間のコレスポンデンス分析などが行われている。加
藤・今西（2012）では，テキストマイニングを応用した探索的な手法
（KIP：Kato & Ishikawa's Procedure）を開発し，それにより東京ディズニー
ランドに関する消費者ニーズを明らかにしている。また，加藤（2017）では，
同様に方法で海外観光都市に対するニーズの分析を行っている。KIPについ
ては加藤（2013b）などを参照されたい。輪島・小河　古川（2013）では，
サポートベクターマシーン（SVM）を用いたテキスト評価分析によって，
ヘルプデスクの効率化の提案をしている。

20　　序章　レビューと本書の特徴と流れ

　最近ではマーケティング領域を中心にSNSやインターネットの口コミサイトの分析が行われている（金森，2014；中野ほか，2014；中岡，2014；竹岡・高木・井上，2014；竹岡・井上・高木・高柳，2016；小林，2017b）。そこで重要なのは，口コミの信頼性であり，その信頼性を確保するための研究も行われている（吉見，2014）。

　また，口コミおよびウェブカスタマーレビューではデータ量が増大であり，分析が困難であることが多い。その点を第3章および第8章での自己組織化マップを用いて評価分布を可視化しようとする研究もある（齊藤，2014）。つまり，テキストマイニングの結果を自己組織化マップで分類することによってデータの要約が可能になる，もしくは新たな変数を構築できるということである。この点については，第3章および第8章では研究例を示すことで説明することにしよう。橋本・上野・大内（2015）では，企業のニュースリリースと消費者の口コミという2つのデータのテキストマイニングを行い，企業と消費者の両面から付加価値を明らかにしている。泉澤（2015）では，観光の領域であるが，ネット上の旅行記の特徴を明らかにした上で，雑誌との比較を北海道旅行の事例で分析している。

　その他マーケティング領域では，テキストマイニングにかかわらず現在言葉に対する研究がより進められている（松井，2013）。マーケティング領域ではないが，淡野（2017）では，豚肉産地のブランド形成に用いられる言葉の分析を行っている。

　以上がマーケティング領域での利用法である。マーケティング領域では，実務界での利用法からアカデミックの利用法への転換していった。それ故，実務界向けの技術報告もマーケティングに関連する事例が数多くあり，この領域は実務界での技術革新の影響を受けやすい領域だと考えられる（那須川，2001，2009；中島・保井・神武，2011；齊藤，2014；吉見，2014等）。次に，アカデミックな利用法を中心となる，心理学・福祉・看護，教育での利用法を見てみることにしよう。

②心理学・福祉・看護・教育でのテキストマイニングの利用

　福祉や心理の領域では初期からテキストマイニングが用いられており，心理の領域では質問票調査の自由筆記欄や実験後インタビュー調査および自由

Ⅲ レビューと本書の特徴：テキストマイニングのアカデミックの4つの利用法　21

回答文などを対象に用いられている（藤井，2003；藤井・小杉・李，2005；杉本，2008；川島・小山・川野・伊藤，2009；いとう，2011；古屋・懸川・音山，2013；向江，2015；毛利・笠井・大塚・中野・木村・元永，2015；田附，2015；緒方，2015；いとう・三浦，2016；大槻・いとう，2016；孫，2016）。三浦・川浦（2009）では，知識共有コミュニティーを投稿内容から分析している。

　看護の領域でもテキストマイニングを用いる研究が進められている（服部，2010）。

　現在，医療・看護の領域でテキストマイニングを用いる研究が特に進められている（大高・いとう・小平，2011；福岡・畠山，2012；加藤・平松・尾崎，2013；日和，2014；向井・徳山・木本・宮武・小野原・本荘・濱田・髙橋，2014；贄・三宅，2014；贄・小幡・室津，2014；岡，2014；多田・野田・佐藤・寺内，2014；藤嶋・山本・山口，2015；原・三枝・石橋，2015；今井・池田，2015；柿澤・田中・塚田，2015；倉田，2015；中島・宮前・萩田・山下・馬場，2015；小田・武藤・小林・石原・野田・松本，2015；柴﨑，2015；髙柳，2015；小野・山﨑・山田，2015；道面・長弘・大池・原田・仲野・石橋・原田，2016；藤原・今井・岡田，2016；今井・高瀬，2016；川端・今西・髙山・矢野，2016；宮本・今井・岡田，2016；柴﨑，2016；種・大野・岡田・鈴木，2017等）。なお，2013年には『看護研究』においてテキストマイニングの特集が組まれている。また，カルテなどの分析から，病理診断にテキストマイニングを応用する動きもある（原・三枝・石橋，2015）。

　また，心理学の関係領域としては教育学領域でかなり進められている（後藤・生田，2008；鍛冶，2010；大瀧・高橋・吉澤・今村，2010；杉山，2010；豊田・竹内・岩崎・菅井，2010；大和，2010；谷川・趙，2011；大矢・太田・伊藤・小木，2011；石嶺・豊田・竹内，2012；苅宿・朝川・石井・中尾根，2012；平野・古井・二宮，2012；峯，2012；大矢・伊藤・石川，2012；安田・若杉・榊原，2012；吉澤・大瀧，2012；古屋・懸川・音山，2013；名古屋，2013；長田，2013；大木・山野井，2013；杉山，2013；豊田・竹内・石嶺，2013；内山・松尾・奥山，2013；越中・廣瀬・松井・朴・若林・八島・山﨑，2014；越中・目久田，2014；平，2014；堤・増田・齋藤，

2014；内山・阿久津，2014；釜賀，2015；小柳・石井・竹安・竹安，2015；
浜崎・吉田，2015；平野，2015；森・八木・津田・安川・西村，2015；西
田・橋本・木内・谷本・福地・上條・鬼澤・中雄・木山・新井・小川，
2015；大場，2015；大木，2015；阪上，2015；佐々木，2015，2016；田畑・
小林・國田，2015；徳田，2015；山崎・掛川・小川・加藤・興戸・森広，
2015；内山・大島，2015；湯地，2015；久保，2016；水田，2016；大矢・伊
藤・百瀬，2016；小澤・山﨑・崎野・吉田，2016；柴田・深谷，2017；田
北・鹿内，2017；山口・正田・鈴木・阪田，2017等）。理科教育の領域では，
2015年に日本理科教育学会全国大会でテキストマイニングの特集が行われて
いる。

　なお，豊田ほか（2010）および豊田・竹内・石嶺（2013）では，就職活動
記のテキストマイニングを行い，その結果をキャリア教育に生かそうとして
おり，後述する組織行動論との接点を示していると考えられる。

　そして，喜田（2006，2007）という組織革新を認知的に研究するという点
については，喜田（2008a）で『認知科学』に紹介され認知科学領域でもテ
キストマイニングの利用が進められている。例えば，安念（2015）などがあ
る。

　これらの領域でのテキストマイニングの利用法の特徴は，あくまでアカデ
ミックな利用法に特化していることとと，その対象が質問票調査での自由筆
記欄や自由回答文が中心であることであり，第1章および第5章での言語資
料の扱い方や言語分析（内容分析）の議論と同様に質的方法論の延長線上で
の議論になることである。確かにテキストマイニングが言語資料を対象とす
るが故に，質的研究方法の一部であることは本書でも否定しない。

　藤井・小杉・李（2005），いとう（2011），日和（2013）によると，テキス
トマイニングは定性的でもあり，定量的でもある，としている。この点は，
内容分析（顕在的）および定量的内容分析と同様である。これらの領域での
テキストマイニングのとらえ方は，言語分析および内容分析の議論の延長線
上でとらえることであり，スタートポイントして内容分析の議論があり，言
語資料，本書でいう「非構造化データ」がまずあり，それをどのように扱う
のかもしくはどのように分析するのか，どのようにテキストマイニングを利

用するのか，に特化していると考えられる。なお，経営学に近い領域では，佐藤（2006）や，行動科学の影響力が強い領域ではこの立場をとっている。

以降で議論する経済学，経営学，会計学と少し様相が異なるのである。それは，以降の領域では，まず，経済学であれば，一般経済環境を示す変数であり，経営学では業績変数などの定量的な変数がまずあり，それに付け加える形で定性的で，非構造化されたデータを扱い，分析した上で「混合」するというスタイルがとられる。この点を最も示すのが会計学である。会計学では，有価証券報告書などの会計報告を対象とする。そして，まず，有価証券報告書に含まれる定量的な個所の分析・研究が行われたのちに「営業の状況」などのテキスト部分の追及にテキストマイニングが用いられるのである。つまり，これらの領域では，テキスト部分，非構造化データの定量化および構造化が必然であり，本書での「テキストデータを，言語処理技術を用いて構造化データ・変数に変換し，それをもとに知識発見，仮説発及び仮説検証を行う手法」という定義に沿っている。

③経済学でのテキストマイニングの利用

経済学領域では，景気動向，経済動向に関するテキストから，実際に景気，市場動向の予測を行っている（和泉・後藤・松井，2010，2011；和田・諏訪・太田・小川，2012；亀田，2016）。岡田・羽室（2010）では，ファイナンス研究にテキストマイニングを導入することを目的に投資家の心理の数値化を図っている。迫村・和泉（2013）では，より対象を広げ，Twitterを研究対象に経済動向の分析を行っている。歴史学の領域では，経済学史の領域で一般的書籍を対象としたテキストマイニングの導入が進められた（下平・小峰・松山，2012；古谷，2014；下平・福田，2014；小峯・下平，2017）。そして，経済学と経営学の接点である文化経済学において，美術館利用者に対して，生活における美術館の位置づけや美術鑑賞の意味などを自由記述の質問票を対象にテキストマイニングを行った後コレスポンデンス分析を行っている（伊藤，2007）。

④経営学でのテキストマイニングの利用

喜田（2008b）当時に比較すると，経営学，組織科学での言語分析，内容分析，テキストマイニングを用いた研究が増加し，注目を集めてきている。

経営学領域での動向を示すことにしよう。ここでは，経営学に分類したが，マーケティング領域のものも含まれていることを注記しておくことにしよう。上野山（2007）では，生協職員への質問票調査データをテキストマイニングし，生協の「組織らしさ」を分析している。安田・鳥山（2007）では，電子メールログからコンサルタント会社での従業員のパフォーマンスをテキストマイニングの結果を用いて比較分析を行っている。松井・妹尾（2008）では，テキストマイニングとネットワーク分析を用いて知識構造の視覚化を行っている。高橋・高橋・津田（2008）では，ヘッドラインニュースと株価変動の関係についてテキストマイニングを用いて分析している。竹内・荻野・渡辺・白田（2008）では有価証券報告書での継続企業と倒産企業の内容の比較を行っている。野田・ジェイフィール（2009）では，組織に対する感情（＝組織感情）を示す言葉の分析を行っている。酒井・野中・増山（2009）では，特許情報から技術課題を抽出する研究なども行われている。斎藤・稲葉（2010）では，非営利ネットワーク内でのメーリングリストのログデータにテキストマイニングを用い，結成から組織が確立されるまでの組織化プロセスでのメンバー間の概念変化を可視化している。辻野・永井・石津（2010）では，有価証券報告書のテキストマイニングから経営課題とその対策を明らかにしている。小田・三橋（2010）では，CSR研究の一環として行われた経営理念（社是）と業績の関係の研究を行っている。なお，北島・上村・内田（2015）では，この研究をベースに社是と業績の間の判別にニューラルネットワークを用いている。豊田・菰田（2011）では特許情報を技術開発・イノベーション研究でテキストマイニングを導入している。内藤（2011）では新聞記事の分析から企業倫理と関係する意味ネットワーク（共起表）を構築している。また，実務的な意味でナレッジマネジメントの中でテキストマイニング手法を取り上げている研究ある（山本，2011）。吉田・中藤・御手洗・廣川（2012）では，業績の高い企業の有価証券報告書に記載された内容の共通点を示し，好業績企業は有価証券報告書でのいくつかの特徴的な言葉が存在することを明らかにしている。この研究は第2章で取り上げる内容分析の研究に見られる有価証券報告書での内容の比較研究の応用であると考えられる（Bowman, 1976；Bettman & Weitz, 1983）。疋田・萩原・鶴岡（2012）

では，東証一部上場企業，三重県企業，米ビジョナリーカンパニーの経営理念に使用されている言葉の違いを分析し，それぞれ使用されている言葉を文脈カテゴリーに位置づけて，それぞれの経営理念の違いを明らかにしている。

2014年においては，情報経営の領域ではあるが『日本情報経営学会誌』においてその特集が組まれている（35巻1号）。平本・山内・北野（2014）では，会話分析をハンバーガー店というコンテクストを事例として詳しく説明している。中西・四本・牛丸・杉原・高木（2014）は，東日本大震災で発生した東京電力福島第一原子力発電所事故における言説的行為を取り上げネットワーク分析，テキストマイニング，ディスコース分析を用いて多元的に分析している。井上・竹岡・高木（2014）は，テキストマイニングの方法論的検討を通じて，その利用可能性を探求している。彼らは，テキストマイニングは，行為者が用いる記号表現間の参照構造を明らかにするツールであるとし，イノベーションの普及過程の分析に対する有効性を示ししている。竹岡・高木・井上（2014）は，デジタルカメラ市場を事例として，インターネット上の口コミのテキストマイニングを行い，イノベーションの普及過程を明らかにしている。ここでの研究は，竹岡ほか（2016）にまとめられている。なお，イノベーションの普及過程のモデル構築などにテキストマイニングを用いている最近の研究として高井（2017abc）がある。中岡（2014）では，口コミ情報を用いて地域特性分析を行っている。用いられたのはコレスポンデンス分析と自己組織化マップである。口コミごとの有用性評価を行い，信憑性評価が行われ，これによって，経営戦略やレコメンドシステムの構築などを考察されている。なお，第9章の基礎となっている喜田（2014）もこれに所収されている。

木南・古澤（2014）は第6章の応用研究であり，地域イノベーション戦略を認知変化の観点からとらえ，インタビュー調査のテキストマイニングから認知変化がイノベーションと関係することを明らかにしている。

橋本・上野・大内（2015）では，デジタルカメラ市場においてのメーカーと顧客の間の価値把握を企業のニュースリリースと顧客の口コミのテキストマイニングで明らかにしている。2016年には経営情報学会においてもテキストマイニングの研究発表が活発に行われた（峯田・岡田，2016；鈴木・大内，

2016等）。小室（2016）では，会計学でのリスク概念の研究を基礎に，リスクマネジメントとの関係で新聞記事に対するテキストマイニングを行っている。口コミサイトの分析はホテルや観光業を対象とするものがある。例えば，石橋（2012）では，伊豆地方のホテルを対象に評価の高いホテルの口コミ上の特徴を明らかにしている。また，久保田（2016）では，ホテルの口コミサイトを対象に，ホテルごとの特徴などを明らかにしている。二宮・小野・高橋・野田（2016）では，新聞記事を対象にベンチャーと産学連携活動を明らかにしている。その他としては，大西（2013），新藤（2014），渡邊（2014）などがある。

　また，組織行動論領域では，第8章で取り上げた喜田・金井・深澤（2013ab）で従業員の研修後インタビュー調査のテキストマイニングを用いて，リーダーの持論と個人属性の関係を明らかにした。岩田（2008）では，手記のテキストマイニングを行い，過労死・過労自殺と職務上の出来事の関係を明らかにしている。八木・鴻池・寺畑・浦部・山下・谷口（2009）では，若手従業員の就業意識を用いて明らかにしている。浅野・藤田・津田（2015）では，採用の決定要因をハローワークのデータのテキストマイニングにより明らかにしようとしている。その他としては，石橋（2013）などがある。

　医療看護の領域ではあるが，新人看護師への自由回答文の分析を行い，離職を踏みとどまった理由の分析を行った研究もある（今井・高瀬，2016）。宮本・今井・岡田（2016）では，看護系大学生の職業志向を学年ごとに明らかにすることを目的として，看護系大学の学生239名を対象に自記式質問紙調査を実施し，「看護という職業に何を期待し，何を重視しているのか」に関する自由回答文をテキストマイニングで分析した。その結果，各学年の共通点と相違点を明らかにしている。離職の要因となりえるバーンアウトの実態を明らかにした研究もある（加藤・平松・尾崎，2013）。なお，看護師の離職の問題が顕著であり，看護の領域では離職・退職および就業継続の研究が数多く行われており，組織行動論および経営学の領域でも離職の研究をする際の基礎となると考えられる（小野・山崎・山田，2015）。また，日和（2014）では，ソーシャルワーカーの実践観の研究をしており，第8章で取

り上げる研究に関連すると考えられる。離職・退職と関係すると考えられるのが，外国人労働者の受け入れについてである。萩原（2015）では，就業継続できている外国人の言葉（特に，できる）に注目している。また，生産管理の領域で工場診断にテキストマイニングを用いることも検討されている（長坂，2012）。

⑤会計学でのテキストマイニングの利用

テキストマイニングは会計学領域でも用いられるようになってきた。久保（2008）では，内容分析ではあるが，アメリカ会計基準における「risk」という用語のコンテクストを数量的に分析し，1980年代以降に「risk」の使用頻度が増加し，純粋リスクから投機的リスクへとコンテクストが移行していることを明らかにしている。白田・竹内・荻野・渡辺（2009）では有価証券報告書を対象にし，企業評価分析を行っている。中野・橋本・清水（2009）では，テキストマイニングを用いて会計史での論点の変遷を明らかにしている。

澤登（2013）では，イギリスの鉄道企業の会計変化を会計報告書のテキストマイニングを用いて明らかにしている。中邨（2014）では，有価証券報告書のテキストマイニングを行い，記述単語と経営指標の関係を明らかにしている。澤登（2015）では，会計学での研究論文の表題のテキストマイニングを行い，会計研究の傾向を明らかにしようとしている。

廣瀬・平井・新井（2017）では，有価証券報告書を対象に日本語教育の枠組みを用いてわかりやすさを定量化し，それと利益の伸び率との関係を明らかにしている。

また，環境報告書やCSR報告書を対象にした研究も進められている（記虎・奥田，2009；記虎，2011，2012；村井・中條・朴・前田，2011；川上・中條・朴・前田，2013；大坪・黃，2014；中尾・西谷・國部，2014；中邨・高林・大場・山本・丸山，2015）。記虎（2010）では，企業のウェブサイトのテキストマイニングから企業のステークホルダー志向を明らかにしている。

テキストマイニングは管理会計の領域で用いられている（原，2014等）。

その上で，最近では各領域において修士論文や博士論文などの学位論文ではあるが，テキストマイニングの利用・活用が進められている。

28 序章 レビューと本書の特徴と流れ

　以上が各領域での動向である。このように見てみると，マーケティング領域でのコールセンターにおける顧客の声分析から始まり，Twitterや口コミなど研究対象の広がりがある。つまり，ここでの動向から，①テーマの広がり，②研究対象の広がり，③分析手法の広がり，の３点が見られる。①は，様々なテーマで用いられるようになったことである。②は，口コミなどのインターネット上のデータを対象とするようになったことである。③はコレスポンデンス分析からニューラルネットワークや自己組織マップなどの機械学習の手法を用いるようになったことである。

2）本書の特徴

　そこで，本書はこれらの動向を踏まえながら，本書の一番の特徴としては，**アカデミックにおいてメソドロジーとして確立させる**ところにある。

　その意味で本書は他の実務的・技術的なテキストマイニングの利用法の著作とは大きく異なる。しかし，テキストマイニングが，特にビッグデータやデータサイエンスについては実務界主導であり，実務界での利用法がアカデミックに援用される可能性，もしくはその逆の方向性もあることを考慮して，本書では，実務界でのテキストマイニングのニーズ動向やその方法論などについて説明することにしよう。なお，テキストマイニングに関しては，当時とあまり大きな変化がないようなので前著と同じ内容にしている。

　しかし，データサイエンスなどの状況については，前著の当時と比較にならない。例えば，ビッグデータやIOT等のように進化し，そのニーズも変化していることに注目している。ビッグデータについて一言いうと，データが大量にあるだけではなく，データの種類が多様になっていること。それと刷新スピードが速いことがビッグデータと呼ばれるデータの特性である（Viktor & Cukier, 2013；Davenport, 2014；Erl, Khattak & Buhler, 2015）。

　実務界では，このようなデータ特性のうち，データの多様性に特に注目が集まっているように思われ，その中心となるのが本書で注目するテキストなどの「非構造化データ」であり，本書では，**「非構造化データ」**の扱い方に注目しているのである[8]。この点は，上述の先行研究での動向の１つである

Ⅲ　レビューと本書の特徴：テキストマイニングのアカデミックの４つの利用法　　29

テキストマイニングの対象が多様化したこととも関連する。そして，言うまでもなくテキストという非構造化データを扱うのがテキストマイニングである，ということである。それ故，本書では，「非構造化データ」を扱うテキストマイニングと「構造化データ」を扱うデータマイニングという区別を明確にしている。

　次に，テキストマイニングを実施するにはソフト（ツール）に関しての知識が必要である。そこで，前著では，ClementineおよびText Mining for ClementineとCB Market Intelligence（以下，CBMI）の３つのソフトについて説明した[9]。

　前者はデータマイニングの主流のモデル構築を主眼としたプログラムであり，マーケティング領域を中心に，データマイニングに使われている。また，テキストデータについていえば，前者はデータマイニングの延長線上で処理するという特徴を持っている。後者は自然言語処理技術を中心にテキストマイニングに特化した製品であるといえる[10]。

　前述の先行研究から，用いる分析手法の中でニューラルネットワークなどの機械学習を用いられるようになってきている。そこで，本書では，前著と同様にこれら機械学習の手法を意識し，モデル構築手法に力点を置いて説明する。本書では，前述のツールに加えて，現在のツールであるIBM SPSS Text Analytics for Surveysについて説明することにしよう。なお，参考までにIBM SPSS Text Analyticsについても触れることにしよう。そして，以下では，Clementineと表記することもあるが，本書がテキストマイニングの利用法に関する書物であることから，必然的にText Mining for Clementineをアドインした状態であることを注記しておく。その上で，Clementineの説明をした後，IBM SPSS Text Analytics for Surveysについて説明する。こ

8）2017年，著者が参加している実務界の研究会，日本情報システム・ユーザー協会でのビジネスデータ研究会において１つのテーマとなっている。

9）なぜなら，この両者は多くの日本企業で用いられためである。10年前で前者は約400社，後者は約30社に導入されている。なお，後者の場合，CBと呼ばれるナレッジマネジメントツールがあり，これは2000社を超える企業で導入されている。このツールをマイニングに用いている企業もある。

10）現在の自然言語処理技術については，奥野・ニュービッグ・萩原（2016）を参照されたい。

のツールの一番の特徴は，テキストマイニングはテキストという非構造化データを構造化データに変換することであるということをより顕著にしている点である。本書では，このツールを用いた研究例を提示することで，その作業手順などについても明確に示すことにしよう。

このようなツールについての説明について1つの大きな注意点がある。それは，本書では，この3つのツールについて説明するが，この3つのツールが分析できる，名詞の数などの形態素レベルの分析，言葉，概念の出現の分析（内容分析ソフトの代わり），言葉レベルの上にカテゴリーレベルでの分析は，他のツールでも可能であるということである。もしくは，各ツールにおいて以上のような形態素分析，言葉の出現分析の可能性などを確認することで，可能であるということである。つまり，テキストマイニングツールは，言語現象の特徴（形態素，概念の出現など）を把握し，構造化データに変換するということにおいては共通している。

このような視点でみると，本書での研究例やアカデミックな利用法は，khコーダーやText Mining Studio，WordMiner，TinyTextMiner等の他のツールを用いている研究者や企業においても行うことができるということである。なお，その代表的なツールとしてkhコーダーがある。そこでは，khコーダーによって自然言語処理を行い，Rでデータマイニングを行うという流れであり，これについては，金（2007，2009），樋口（2014），石田（2017），小林（2017ab）などを参照されたい。Text Mining Studioについては菊池（2006）および服部（2010）を，WordMinerについては藤井・小杉・李（2005）を，TinyTextMinerについては松村・三浦（2009）などを参照されたい。

以上のような点を検討した上で，テキストマイニングのアカデミックな利用法としては，大きくは4つの方法が考えられる。

第1は，形態素分析の一部である品詞情報による分析を中心とするものであり，喜田（2006，2007）での分析がそれにあたる。このような利用法が可能になるのは，テキストマイニングによる品詞情報が追求すべき変数の代替変数として同定できる場合である。例えば，第6章，喜田（2006）の場合，名詞数＝概念数という観点から，概念変化を追及した。また，この方法は，

Ⅲ　レビューと本書の特徴：テキストマイニングのアカデミックの４つの利用法

計量文献学にも利用可能であると考えられる。計量文献学では，品詞情報を基にした分析（文法上の特徴も含む）から，著者の判別および真贋分析などを行っている（村上，1994）。

そこで，喜田（2007）および第6章で提示した喜田（2006）では，品詞情報の変化，名詞の数の変化を認知変化としてとらえ議論したが，もう1つの解釈としては，有価証券報告書の著者が変わったことというパワーバランスの変化という解釈も提示していることからも，計量文献学的な利用法の可能性を示唆していると考えられる。また，このような手法は，経営史，経営者研究などの領域において資料確定の議論に用いることができるかもしれない。

第2は，内容分析ソフトの代替品として用いる方法である。これは日本語を分析できる内容分析ソフトが未発達であることと関連する11）。そして，テキストマイニングというと，こちらの利用法を考えると思われる。しかし，概念を選択し，分析するにはその概念および言語上の特徴が追及すべき変数の代替変数である場合である。第7章において，このような利用法に基づいた研究として，『私の履歴書』を研究対象に経営者の経歴に影響する人間関係の種類を明らかにした研究を提示する。

第3は，前著ではその他として挙げた，もしくは課題として挙げたモデリング手法を用いたテキスト分類と変数の構築である。この手法が本書での方向性であるデータサイエンスでのテキストマイニングをより明確に示す方法である。その方法を用いた研究例として，第8章で喜田・金井・深澤（2013b）を取り上げ，この方法および分析結果について詳しく説明する。また，この論文は本書での方向性を検討するきっかけになっている。

それ以外であると，ある概念をイメージというような対象でしか分析できなくなるというのが，筆者の考えるテキストマイニングでの言葉の分析に持つ印象である。マーケティング論でのブランドイメージに関する研究がこれに当たるが，消費者の持つブランドイメージと企業側のブランドイメージの比較（イメージギャップ）という分析であれば，有効であると考えられる。

第4は，以上の3つの利用法からの分析結果は数値データとの統合が可能

11）現在においては係り受け分析が可能になったことや自然言語処理技術の発展によって比較的内容分析ソフトとしての利用可能性が高まっていると考えられる。

32 　序章　レビューと本書の特徴と流れ

であり，定量的手法とテキストマイニングを統合する方法である。これを，テキストマイニングと統計的手法およびデータマイニングを統合するという意味で，「混合マイニング」と呼ばれる（Zanasi, 2005）。このような分析方法を用いることの可能性を示唆しておくことにしよう。また，数値データ（サンプル属性データなど）によるテキストデータのハンドリング（操作）もしくは分析結果の比較なども有効な手法であると考えている。最後の方法は，アカデミックにおいて，もしくは実務界においても重要な方法の1つになるということを付け加えておくことにしよう。

　以上が代表的な用い方であると考えている。ただし，注意してほしい点が1つだけける。ここで提示した方法はある意味厳格過ぎるのかもしれないという点である。それ故，本書で提示した利用法はテキストマイニングの可能性を限定するかもしれない。そこで，この点については，筆者も検討する課題の1つであると認識している。

　その他の方法としては，ある言葉を用いて著者を判別するモデルを構築する，などが考えられる。しかし，この手法については現在のところ，実務界中心であり，アカデミックではほとんど用いられていない。しかし，今後のことも考慮して，この方法については第4章において説明することにしよう。

　また，レビューで取り上げた中野・橋本・清水（2009），堤・増田・齋藤（2014）および澤登（2015）などの論文の表題などへのテキストマイニングを用いて分析し，その領域の傾向を明らかにしようとする研究はテキストマイニング導入期に見られる傾向ではあるが最近では「計量書誌学」としてとらえられる（鈴木・大内，2016；中野，2017）。計量書誌学を研究戦略の一環として応用することも可能である。論文の表題をテキストマイニングにかけ，キーワードの出現度合いなどから自己の研究テーマを設定する方法である。これについては，福成（2014）を参照されたい。

　以上がアカデミックでのテキストマイニングの利用法であり，メソドロジーとして確立するというのが本書の特徴である。ただし，本書を実務家にとって意味がないかといえばそうではない。なぜなら，テキストマイニングを実践するということにおいては，アカデミックも実務家もそう違いはないと信じているからである。それ故，以上で挙げた方法は実務界においてもテ

キストマイニングの利用法として用いることができる。

Ⅳ　本書の流れ

　本書の目的としては，以下の3つが考えられる。

　本書の目的1：テキストマイニングをアカデミックで用いる際の教科書として。言い換えると，メソドロジーとして確立すること。

　本書の目的2：テキストマイニングが「非構造化データ」を構造化データに変換する手法であり，非構造化データの取り扱い方を示すこと。

　本書の目的3：モデリング手法を用いた研究例を示すことにより，テキストマイニングがデータマイニングの応用であることを示すこと。

　これらの目的を達成するために，本書は以下のような流れ（構成）となっている。

　第1章では，テキストマイニングの概説として，まず，データマイニングとテキストマイニングの説明を行い，その後，メソドロジーとしての側面を強調するために，テキストマイニングと内容分析の関係について説明する。テキストマイニングが内容分析の知識を基礎とする点および言語資料を研究対象にするという共通点などから，内容分析についての基礎知識を説明する。次に，データマイニングおよびテキストマイニングに関して標準的な作業手順を提示するために，CRISP_DMを紹介する。最後に，テキストマイニングの特徴を明確にした作業手順の基礎を習得することができる。

　第2章では，内容分析の研究例として喜田（1999）を再掲し，テキストマイニングにおいて特に重要な概念選択の問題とその事例を示すことにしよう。テキストマイニングを行うには，前述した通り内容分析の基本的な知識が必要であり，そこで特に重要になる概念選択の事例として，本研究を取り上げる。そこでは，先行研究から内容分析においてはコード化する言葉の選択，つまり概念選択の流れを特に注目してほしい。

　第3章では，テキストマイニングツールの基礎知識を習得する。そこで，本書では，筆者が実際研究において用いたText Mining for ClementineとIBM SPSS Text Analytics for Surveys3.01について説明する。前著で中心と

したClementineは現在のツールであるIBM SPSS Modelerの習得の基礎となり，本書でもClementineを中心に説明する。Clementineの入門として基本的な知識を習得する。ここでは，データの読み込み，データの理解（データ型とインスタンス化），データマイニング，「構造化データ」でのデータクリーニング，モデル（アルゴリズム）の概説（ニューラルネットワーク，決定木，クラスター化，アソシエーション）について説明する。

　なお，ここで注意しておく点がある。それはデータクリーニングに関してである。本書での副題を「経営研究での「非構造化データ」の扱い方」にしていることから，より明確にテキストマイニングを位置づけ，明確にすることから，テキストマイニングは非構造化データを中心にすることを強調する。この点は，データクリーニングに関しての考え方にも関係している。本書では，テキストマイニングでのデータクリーニングとデータマイニングでのデータクリーニングとを区別していることが特徴の1つである。第3章ではデータマイニングでのデータクリーニングについて説明する。その特徴は「構造化されたデータ」でのデータクリーニングであるという点である（Feldman & Sanger, 2007）。

　最後に最近のテキストマイニングツールであるIBM SPSS Text Analytics for Surveysでのテキストマイニングの特徴や作業手順について説明する。

　第4章では，具体的な課題およびデータを与えることで，モデルの作成手順，作成されたモデルの理解と評価について説明することにしよう。例えば，第7章では，ニューラルネットワークと決定木を用いて創業者と従業員型経営者の『私の履歴書』を判別する。また，クラスタリング手法を用いて，『私の履歴書』での人間関係に関する内容のクラスタリングを行う。このようなモデル別の利用法を挙げるが共通のプロセスがある。それは，①データの準備と理解→②モデルの構築→③作成されたモデルの理解→④作成されたモデルの評価，である。そして，最後にモデルの併用（比較）について説明する。なぜなら，マイニングを行うには通常2つ以上のモデルを併用していることが多いためである。また，Clementine独自の著者判別の指標の作成についても説明する。

　第5章では，本書がテキストなどの「非構造化データ」を対象にするテキ

ストマイニングが中心であるということは，第3章で説明してきたデータク
リーニングよりも複雑なデータクリーニングが必要である。テキストマイニ
ングのデータクリーニングの段階に注目し，具体的に経営学が対象にする言
語資料の特性に関する議論（資料論）を行う。本章では組織科学が研究対象
にする可能性のある4つの資料に注目する。1つは企業の公式的資料の1つ
である有価証券報告書である。第2は個人的ドキュメントであり，第3がイ
ンタビュー結果である。第4は，通常の質問票調査での自由筆記欄である。
次いでテキストマイニングに用いる分析用データの構築方法について説明す
る。そして，最後に経営学での非構造化データのデータクリーニングの基準
と注意点などについて説明する。

　第6章では，品詞情報を基にした分析の方向を示す研究として，喜田
（2006）を提示する。また，そこでの分析では，数値データとの混合マイニ
ングの側面も持っていることを付け加えておくことにしよう。喜田（2006）
では，品詞情報の1つである名詞に注目し，名詞の持つ理論的意味である概
念変化を追及している。なお，喜田（2006）は，組織科学に最初にテキスト
マイニングをメソドロジーとして導入した論文である。

　第7章では，アカデミックの利用法のもう1つの方法である内容分析ソフ
トの代替品としての事例として，『私の履歴書』を研究対象に経営者の経歴
に影響する人間関係の種類を明らかにした研究を提示する。また，そこでは，
経営者の経歴に影響する人間関係の種類の分析および創業者と従業員型経営
者の比較分析を行った。経営者の経歴を示すデータとして，既存研究であま
り用いられていない個人的ドキュメントの一種である『私の履歴書』を研究
対象にする。その上で，テキストマイニングを用いて，人間関係を示す『私
の履歴書』での登場人物の数，および種類等を明らかにする。その上で，モ
デリング手法を用いた著者判別の結果を提示することにしよう。

　第8章では，テキストマイニングの第3の研究例として，データマイニン
グの手法であるモデリング手法を用いたテキスト分類と変数の構築を行った
喜田・金井・深澤（2013b）を取り上げる。この研究では，リーダーの持論
と個人属性との関係を，テキストマイニングを用いて明らかにした。本研究
での分析結果から明らかになったこととしては大きく次の3点がある。第1

は，所属，資格，勤続年数という個人属性がリーダーの持論のコンテンツと統計的に有意な関係があることである。第2は，所属，資格，勤続年数によって異なるカテゴリーの関係が見られることである。第3は，異なるカテゴリーが見られる一方で，共通するものが多く，これが資生堂の特徴として挙げることができることである。

　これらの分析結果の提示により，この手法を用いた初めての研究例となる。また，通常の言及頻度分析を中心とはしないテキストマイニングの手法を導入した研究例でもある。

　そして，テキストマイニングといえば，マーケティング領域や会計などの外向けのテキストマイニングが中心であるが，従業員データを用いて組織行動論領域にテキストマイニングを導入した研究であることも重要である。もっと重要な点は，この研究を通じて，著者は本書の改訂にあたっての前述の検討点が明らかになったことである。

　第9章では，前章までに提示してきた研究例をデータマイニングの視点，データサイエンスの視点で整理し，現在のテキストマイニングの動向をより明確に示すことにしよう。なお，本章は，喜田（2014）を本書の改訂版に合わせて再構成した。喜田（2014）では，喜田・金井・深澤（2013b）を経て，テキストマイニングを言語分析の視点からではなく，データマイニングやデータサイエンスとの関係で整理する必要性を考慮するようになった。

　そこで，本書の方向性でもある最近のデータマイニングおよびテキストマイニングの発達を考慮に入れて，本章では，データマイニングとの関係をより明確にする上でデータマイニングでの分類に応じた再整理を行うことにしよう。テキストマイニングの研究において，3つの段階，レベルおよび種類があると考えられる。①VISUALIZATION（可視化），②ANALYSIS（分析），③PREDICTIVE ANALYSIS（MODELING）（＝予測的分析），である。そこでは，データマイニングの手法がどのようにテキストマイニングで用いるのかを明らかにする。このようにデータマイニングとテキストマイニングで共通のアルゴリズムを用いることができるということは，この両者の結果を統合して分析できることを示している。それは「混合マイニング」と呼ばれる手法である（Zanasi, 2005；喜田，2008b，2010）。重要なのだが，各研

究者はそれぞれの領域で専門的に研究しているために，データマイニングとテキストマイニングの間には隔たりがあることである。そこで，本章で提示した方法がデータマイニングを専門とする研究者とテキストマイニングを専門とする研究者の橋渡しになることを願っている。データマイニングとデータサイエンスの関係を検討するとこのような分類はデータサイエンスでの議論を合致しており（Nettleton, 2014），この点から，本書のデータサイエンスでの位置づけを行った[12]。

第10章では，実務界でのテキストマイニングの動向と利用法について説明することにしよう。そこでは，テキストマイニングのニーズの多様化とそれに対応して，各ベンダーがテキストマイニングの手法を開発しているということが明らかである。また，テキストマイニングの手法を業務の中に埋め込む方法についても示唆があった。そこでは，代表的なテキストマイニングツールの1つであるCBMIの利用法についても説明する。そして，ここで示された方法は，実務界でのテキストマイニングを用いる際の1つの方向性および台本を示しており，実際テキストマイニングを行う人の1つの指針となろう。

おわりにでは，本書のまとめとテキストマイニングでの問題点とその解決方法を提案する。その問題点とは，概念選択の問題とデータ作成の問題点について説明し，その解決策の提案を行う。最後に，筆者がマイニングを実践する者としての立場を再掲し，本書の特徴明らかにする。

以上のように，本書では，第2章，第6章，第7章は前著に先行研究の動向などを付け加え，第1章，第3章，第4章，第5章を，テキストマイニングを「**テキストデータを，言語処理技術を用いて構造化データ・変数に変換し，それをもとに知識発見，仮説発見および仮説検証を行う手法**」を定義した上で，**テキストマイニングは「非構造化データ」を扱う**という視点から再構成，加筆した。その上で，第8章では新たな研究例を提示し，第9章では，データサイエンスおよびデータマイニングの視点でテキストマイニングおよ

12）なお，データサイエンスについては，Provost & Fawcett（2013），Davenport & Kim（2013），Nettleton（2014），Zaki & Wagner（2014），Buttrey & Whitaker（2017）などを参照されたい。

びその研究例を整理する。

V テキストマイニングを実践する者としての筆者（前著）

　以上のように本書では，テキストマイニングの利用法について説明するが，テキストマイニングはその実践者の立場によって大きく影響を受ける。この点については最後に再度議論するが，ここで示すことで本書の方向性を示すことにしよう。

　筆者が，本書の基礎となる内容分析を含めて言語資料の分析を行ったのは大学院時代の研究にスタートする。大学院時代，つまり，1990年代において経営学，特に日本の経営学において内容分析を用いた研究は皆無といってよいほどなかった。そのような中で喜田（1992）において，原因帰属研究を通じて内容分析の有効性および可能性を示すことができたと考えられる。喜田（1992）の後，内容分析の有効性について考察する上で次のような方向性を模索した。そこで，以下の議論での内容分析のところにテキストマイニングと置き換えることができる。

　①内容分析を用いることができる研究テーマおよび領域の構築
　②内容分析を用いることができる言語資料の種類を拡大すること
　③内容分析をより簡単に行うようにすること：テキストマイニングの利用
　　へ

　そこで，この3つの論点を説明することにしよう。

　①の内容分析を用いることができる研究テーマおよび領域の構築は，テキストマイニングにおける概念選択および分析枠組みの構築と深く関連する。喜田（2007）でも説明したように，内容分析を用いることができる領域として認知的組織論の領域をまず確定した。認知的組織論の領域での研究成果については，第6章で提示する。その後，社会的ネットワーク論および社会資本論の研究を基礎とした人間関係に関する研究が行えることを本書第7章で提示した。

V テキストマイニングを実践する者としての筆者（前著）　39

　それと呼応する関係で，②の内容分析を用いることができる言語資料の種類も拡大した。認知的組織論の領域では，有価証券報告書を中心としたが，人間関係および社会的ネットワーク論の領域では，個人的ドキュメントの1つである自伝（本書では『私の履歴書』）を研究対象にすることができた。前者の研究は第6章において提示し，後者の研究については，第7章で示すことにする。なお，この点については，第5章において新たな言語資料を取り扱うときにはデータクリーニングおよび資料特性を明らかにすることが必要であることを議論した。

　③の内容分析をより簡単に行うようにすることが，筆者がテキストマイニングに注目し，研究する契機となった議論である。内容分析は研究者の負担の大きなメソドロジーとして位置づけられている。これは，「内容分析を用いる研究者は「廃人」になる」で示される。そこで，筆者は内容分析の省力化を内容分析の利用可能性の中心テーマの1つとして持ち続けたのである。2002年にテキストマイニングに触れたときに内容分析ソフトの代替品として使えるのではないか，と考え，テキストマイニングに関する研究を続け，本書に至ったのである。

　このような3つの研究の流れおよび方法論的議論から，テキストマイニングでの用い方を考えると，既存のテキストマイニングの用い方とは異なる言語資料を対象とする傾向があることがわかる。それは，既存のテキストマイニングが比較的短めの質問票調査での自由筆記欄の分析を中心とするのに対し，著者のテキストマイニングでの対象は，有価証券報告書や自伝（本書では『私の履歴書』）など長い文章を取り上げることである。この点が，本書においてその特徴の1つであり，既存のテキストマイニングの著作と異なる点である。また，内容分析はテキストマイニングの関連領域であり，その基礎となることは第1章で説明する。そこで，本書の立場としては，関連領域としては，「内容分析」，「社会学，行動科学」，方法論としては，「社会調査の各種調査技法」，適用範囲としては，メソドロジーとしては，「調査データ分析への応用」，という観点から，テキストマイニングを説明していくことになる。

　本書では，前著に加えて，本書の特徴を踏まえた上でテキストマイニング

40　序章　レビューと本書の特徴と流れ

の実践者としてを書き加えることになるが，それは終わりに議論することにしよう。

VI　謝　辞

なお，小生が浅学のため，本書におけるありうべき誤謬は，すべて小生に帰するものである。

本書を上梓するに当たり，神戸大学の加護野忠男先生をはじめとする多くの先生方，ならびに緒先輩の皆様に厚く御礼申し上げなければならない。

加護野忠男先生には，大学院時代，その後勤めてからも，通常の経営学ではない経営学において言語分析（内容分析）の可能性を示すという研究テーマをご理解いただいた上でさまざまな援助をしていただいた。特に，当時高価であったテキストマイニング導入についてもご理解とご援助をここで厚く御礼申し上げます。このようなご理解とご援助に対して，本書の上梓をもってご恩返しとできればと思います。

神戸大学の金井壽宏先生には，組織科学における言語分析の方法論的研究者としての位置づけを認めていただき，さまざまな有益なコメントをいただいたこと，また，第8章で取り上げる研究への共同研究にお誘いいただいたことなどを御礼申し上げます。また，神戸大学の坂下昭宣先生には，学会などでアプローチが異なることを意識したコメントをいただいたことを厚く御礼申し上げます。

また，所属する経営学部の先生方には，通常の業務などの点において数多くのご迷惑をおかけしたことをお詫びし，小生の研究にご理解をいただいたことを御礼申し上げます。

そして，テキストマイニングを組織科学に導入する，テキストマイニングの利用法を示すということについては，ジャストシステム社およびSPSS（現IBM）社の2つのベンダーの支援があった。ジャストシステム社においてはテキストマイニングの利用可能性に関する共同研究において，特に松田潤氏，吉田太栄氏から，多くの有益なコメントをいただいた[13]。そこでの議論は本書において反映されており，ここに厚く御礼申し上げます。また，

SPSS社およびIBM社においては，Clementine，IBM SPSS Modeler，IBM SPSS Text Analytics，IBM SPSS Text Analytics for Surveysの利用法について多くの助言をいただき，少しは当社のツールを使えるようになった点について，厚く御礼申し上げる。

その上で，本書は企業のデータ活用の研究を日本情報システム・ユーザー協会やJDMC（日本ナレッジマネジメントコンソーシアム）での実務界での研究会でのデータマイニング，データマネジメント，データサイエンス，ビッグデータ等に関する議論が基礎となっており，科研費，基盤研究（C）科研番号24530434の成果の1つである。

本書の意図および目的をご理解いただき，出版を快くお引き受けくださり，丁寧なご指導をいただいた白桃書房の大矢栄一郎氏にも厚く御礼申し上げる。

---

13) 二人とも現在は退職している。新たなキャリアを歩まれている。

第1章

テキストマイニングとは

　本章では，テキストマイニングの概説として，まず，データマイニングと
テキストマイニングの説明を行い，その後，メソドロジーとしての側面を強
調するために，テキストマイニングと内容分析の関係について説明する。テ
キストマイニングが内容分析の知識を基礎とする点および言語資料を研究対
象にするという共通点などから，内容分析についての基礎知識を説明する。
そして，データマイニングおよびテキストマイニングに関して標準的な作業
手順を提示するために，CRISP_DMを紹介する。最後に，テキストマイニ
ングの特徴を明確にした作業手順の基礎を習得することができよう。

◆キーワード

　データマイニング，テキストマイニング，内容分析，CRISP_DM，テキストマ
イニングの作業手順

I　データマイニングとテキストマイニング

　ここでは，データマイニングとテキストマイニングの概説について説明す
ることにしよう。そこで，重要な点は，テキストマイニングはデータマイニ
ングの一種であるとする立場とテキストマイニングが独自である立場の違い
を理解することである。そして，そのテキストマイニングが多様であり，そ
の実践者それぞれにテキストマイニングについての考え方を持っているとい
うことを示しておくことにしよう。

1）データマイニングとは

　市場の競争が激化し，コンピューターの可能性が拡大するにつれ，ビジネスの多くの局面において多様なデータベースが使用されている。そして，そのデータベースから有益なビジネス上の仮説を容易に発見することが求められている。

　データマイニングとは，一般的な用語で，データ内の情報や意思決定に使用される知識を特定するために使用されるさまざまな手法のことを指す。よくある誤解は，「データマイニングは膨大な量のデータをコンピューターのテクノロジーに通すだけでパターンを発見でき，ビジネス上の問題を瞬時に解決できる玉手箱のようなもの」だが，これはデータマイニングの理解として正しくない。なぜなら，データマイニングはインタラクティブかつ反復的な作業であり，発達したテクノロジーに加えて，ビジネス上の経験が必要であるからである。また，データマイニング・テクノロジーによって発見された一見すると役に立たないパターンでも，ビジネス上の経験を使用することで，有用かつ使用可能な情報（知識）に変わることがよくあるからである。

　このような手法は，予測・判別・アソシエーション等のアルゴリズムを用いて，データから重要な知識を導き出すことになる。そこで用いられるデータが数量的なデータ（構造化されたデータ）を中心とするという特徴を持っている。

　なお，データマイニングについては，Berry & Linoff（1997），岡嶋（2006），Linoff & Berry（2011ab）および Larose（2004），喜田（2010），Provost & Fawcett（2013），Davenport & Kim（2013），Zaki & Wagner（2014），Wendler & Gröttrup（2016），Buttrey & Whitaker（2017）等を参照されたい。

　本書ではテキストマイニングの利用法を中心とする。そこで，データマイニングとテキストマイニングの関係でいうと，2つの立場がある。1つは，テキストマイニングが対象とするテキストデータにおいて構造化できるデータであればデータマイニングとして用いることが可能であり，テキストマイニングはデータマイニングの一種であるという立場である。そして，それによって，本書が提示する混合マイニングが可能になる。なお，テキストデー

タの構造化について第3章で説明することにしよう。もう1つは，テキストデータの構造化をしないようなテキストマイニング，特に自然言語処理技術を中心とするようなテキストマイニングについてはデータマイニングとは一線を画しているとする立場である。そして，この両者の違いは次に説明するテキストマイニングツールに関する考え方の違いに関連する。

2）テキストマイニングとは

テキストマイニングに関して一般的定義は存在しないが，テキストからの知識の発見ということでは一致している。なお，一般的な定義が存在しない点については後述する。また，コンピューターの利用という点から内容分析をコンピューターによって行うという点もある。

現在，日本で利用できるテキストマイニングのソフトとしては，SPSS（現IBM）社のText Mining for Clementine，Clementineの最新版であるIBM SPSS Modelerにアドオンして使用するIBM SPSS Text Analytics，質問票調査の自由筆記欄に特化したIBM SPSS Text Analytics for Surveys，ジャストシステム社のCBMI，野村総合研究所のTRUE TELLER，数理システム社のText Mining Studio，ベルカーブ社のトレンドサーチ，日本電子計算社のWordMiner，フリーソフトのkhコーダー，TinyTextMiner等がある。

現在，筆者が利用できるソフトとして，SPSS社のText Mining for Clementine，IBM SPSS Modelerにアドオンして使用するIBM SPSS Text Analytics，IBM SPSS Text Analytics for Surveysの3つがある。

テキストマイニングツールおよび考え方は大きく2つに分類される。1つは，データマイニングの研究から派生して，データマイニングの手法を数値データだけでなくテキストデータにも適用させるアプローチである。これが，テキストデータを構造化データとして変換することである。SPSS社のText Mining for Clementineと野村総合研究所のTRUE TELLERがこのアプローチを取っている。つまり，データマイニングの延長線上でテキストマイニングを考えているものであり，特に定量的な変数だけではなく，テキスト（例えば，アンケートの自由筆記欄など）を対象にすることを目的とするものである。もう1つのアプローチは自然言語処理の研究をベースとしてテキスト

分類や情報検索を発展させてテキスト集合から知識発見に繋げるアプローチである。この流れを汲むものとして，ジャストシステム社のCBMIがこのアプローチを取っている。

しかし，この方向性は両者ともに歩み寄るようになってきている。例えば，SPSS社では自然言語処理の技術の進展を図っている。具体的には，係り受け分析を可能とするテキストマイニングエンジンを採用することなどである。一方，ジャストシステム社は，自然言語処理技術を持った上で，定量的データへの処理技術を発展させることで，混合マイニングの可能性を模索している。そして，テキストマイニングの最新の議論としては，Weiss, Indurkhya, Zhang & Damerau（2005）および Zanasi（2005），Feldman & Sanger（2007），Nettleton（2014），Wendler & Gröttrup（2016），前田・西原（2017）等が参考となる。また，現在の自然言語処理技術については，荒木（2004）や奥野・ニュービッグ・萩原（2016）を参照されたい。

3）テキストマイニングの多様性

以上のように，テキストマイニングツールという視点からテキストマイニングに関する考え方は整理できる。しかし，上田ほか（2005）がいうように，その関連領域，方法論，そして適用の範囲の点から，テキストマイニングは多様であり，一般的な定義がないといえる。つまり，それを実践する者にとって，関連領域，方法論，適用範囲をある程度自由に組み合わせて行っているというのが現状であると思われる。そこで，その多様性を示すために，関連領域，方法論，適用範囲について提示しておくことにしよう。以下は，大隈（2003）を参考としている[1]。

テキストマイニングの関連領域としては，①自然言語処理あるいは計算機言語学，②人工知能，エキスパートシステム，知識工学，③認知科学および認知モデリング，④計量言語学および計量文献学，⑤言語学，社会学，行動科学，⑥記号論，テキスト論，カテゴリー論，意味論，⑦内容分析あるいは

---

1) この点については，上田ほか（2005）のp.11を基礎としている。なお，現在のテキストマイニングと関係する自然言語処理技術の現状については，奥野・ニュービッグ・萩原（2016）を参照されたい。

テキスト分析，等がある。

テキストマイニングの方法論としては，①パターン認識の各種方法論，②各種統計的手法（特に，多変量解析），③分類手法（判別，クラスター化，自動分類），④社会調査の各種調査技法，自由回答の設計，⑤情報管理技法，情報管理システム，⑥文書管理情報処理技術（データベース技法，情報検索技術など），⑦各種の視覚化，可視化手法などである。

テキストマイニングの適用範囲としては，①テキストおよびドキュメント分類，②ルール探索，③概念抽出および関係の発見，④テキスト分割，⑤テキストおよび文書の要約化，⑥ビジネスへの応用（顧客関係管理への適用，等），⑦調査データ分析への応用（自由記述欄の分析）等である[2]。

ここで3つの観点を提示したが，まず関連領域よりテキストマイニングを行う理論的基盤や分析枠組みを構築する。そして，次の段階で具体的な方法論を選択する。そして，最後は，どのように適用するのか，を考察するという方向性が見られる。そして，これらの組み合わせによって，各研究者および実践者がテキストマイニングを行っていくということである。そして，テキストマイニングにおいて新たな動きが見られるとしたら，これら関連領域，方法論，適用範囲の動向を追うことであると考えられる。

以上が前著でのテキストマイニングの説明であるが，本書は，テキストマイニングをメソドロジーとして確立することを目的としている。そのために以上でテキストマイニングの関連領域であるとされる内容分析と比較することにしよう。つまり，本書では，まず，関連領域としては，「内容分析」，「社会学，行動科学」，方法論としては，「社会調査の各種調査技法」，適用範囲としては，メソドロジーとしては，「調査データ分析への応用」，という観点から，テキストマイニングを説明していくということである。このような点が本書でのテキストマイニングの説明のスタートポイントである。

---

2) 前田・西原（2017）では，テキスト分類，情報検索とテキストマイニングの関係について説明している。その上で，テキストマイニングと情報検索の違いを述べている。

II　内容分析とテキストマイニング

　前述したようにテキストマイニングの関連領域として内容分析が挙げられている。そこで，本節では，テキストマイニングを用いる基礎として内容分析について説明することにしよう。なお内容分析については，Krippendorff (1980)，有馬 (2007) などを参照されたい。

1）組織科学での内容分析の用い方：内容分析とテキストマイニング

　まず，組織科学での内容分析の用い方について説明し，テキストマイニングと内容分析の関係を示唆することにしよう。組織科学において内容分析を用いる場合は次の2つがある。1つは仮説を検証するためであり，もう1つは仮説を発見するためである。

　内容分析はもちろん仮説発見にも用いられるが，統計的手法とともに用いる傾向が強いために，仮説検証型の内容分析が多い。一方，テキストマイニングはデータマイニングの延長線上にあるために，仮説発見の傾向をより強く持っている（石井，2002；上田ほか，2005）。

　このように，テキストマイニングはデータから仮説を導く方法であり，内容分析は統計的手法のもとで仮説検証を行う方法であるといえる。この点を同様のテーマで追求した研究を用いて説明することにしよう。

　仮説発見型研究としてBowman (1976) がある。彼は，食品加工業産業に属する企業を研究対象にした研究で，アニュアル・レポートにおいて，低業績企業と高業績企業の間で内容が異なることを示した。主な発見事実としては，①低業績企業では，「悪」天候に不満を言うことが多い。②低業績企業では，環境の変化やプロダクト・ポートフォリオやこれからの先行きについての議論が少ない。③低業績企業では，自己革新への言及が少ない，などである。この研究を通じて，年次報告書の叙述が低業績企業と高業績企業では違うことが明らかにされた。ここで重要なのは，低業績企業と好業績企業という「比較分析」を用いていることである。この点は，データから理論構築を行うことを重視するデータ対話型理論の議論と一致する（Glaser &

Strauss, 1967)。つまり，データから理論および仮説を導くためには，いかに理論的なサンプリング，具体的には比較の軸を構築するかにあるといえる。この点が本書でデータの整理基準に注目する1つの理由でもある。

　一方の仮説検証型の研究としてBettman & Weitz（1983）がある。彼らは，利己的原因帰属仮説を企業レベルの経営成果の説明においても検証されることを明らかにした。具体的には，低業績のときは，外部環境，環境の不安定性，コントロールできない要因に原因帰属する傾向があること，経営成果が予想よりも悪かったときや低業績に関して特別に報告しなければならない時に，利己的原因帰属が最も明らかになることが明らかになった。この研究では，前者の仮説を理論的に意味づけた上で，アニュアル・レポートを用いて検証するというリサーチ・デザインを取っているのである。なお，ここで取り上げた2つの研究以外にも内容分析を用いた研究がある。それについては，喜田（2007）を参照されたい。

　以上のように比較することができるが，テキストマイニングも内容分析と同様に仮説検証に用いることもできる。重要な点は，テキストマイニングの作業手順が内容分析のそれに対応していることであり，テキストマイニングをアカデミックに用いる際の指針として内容分析の知識が重要であるということである。そこで次の項では，テキストマイニングを用いるための内容分析の基礎知識として説明することにしよう。

Ⅲ　テキストマイニングを用いるための内容分析の基礎知識

　テキストマイニングは，内容分析などと同様に言語分析の一種であるとも考えられる。また，内容分析を関連領域としている。そこで，ここでは，テキストマイニングを用いる際の基礎となる内容分析について説明することにしよう。この点が本書の基本的なスタンスを示していることを認識しておいてほしい。

　内容分析は，コミュニケーション論でのマスコミ研究を起源としており，新聞のメッセージの内容を分析することによって，コミュニケーションの特性やコミュニケーションのセンダーの心理的側面（コミュニケーションの意

図やその人の価値観，態度）などを分析しようとする分析方法である。代表的な研究として，Allportが性格分析やパーソナリティーの分析に，その研究対象になった人の手紙などの個人的なコミュニケーションにおけるメッセージの内容を分析することによって，その人の精神疾患や性格などを分析しようとした研究が挙げられる（Allport, 1965）。なお，日本において，書物のベストセラーの動向を内容分析し，大衆心理の動向を分析した辻村（1981）などもある。一方，社会科学の分野でも内容分析は広く用いられている（有馬，2007）。特に政策科学での政策策定プロセスの研究などで用いられている。例えば，Levi & Tetlock（1980）は，政策策定におけるグループシンクの存在をこの分析方法を用いて明らかにした。また，新聞を内容分析することでその国の政策を明らかにしようとした研究もある。以前は，マーケティングの分野を中心にこの分析方法を用いた研究が増加し，最近では，認知的組織科学の分野を中心に経営戦略論や経営組織論で用いられるようになってきている（喜田，1992，1999；宮崎，2001；小高，2006）。

　このように内容分析は，心理学，社会学，政策科学，一部経営学の分野で用いられている。内容分析は一般的に「明示されたコミュニケーションの内容を客観的・体系的にしかも定量的に記述する調査技術」あるいは「テキストにおける特定の特徴を客観的・体系的に同定することにより推論を行う調査技術」であると定義される。

　このように定義される内容分析も研究者のリサーチ・デザインや研究課題に大きく影響されるために多くの種類を持っている。その多様な内容分析についての分類枠組みを提示したものとして，Berelson（1952）とJanis（1965）がある[3]。最初に，Berelson（1952）の議論を展望してみよう。彼は，内容分析が対象とする意味および内容には2つのレベルがあることを示した。第1のレベルは，使用された言語の表層的な特性を示している「顕在的な意味」のレベルであり，第2のレベルは，テキスト全体に埋没している暗黙的な意味を示している「潜在的な意味」のレベルである。

　このように意味および内容が2つに分類されることからも，意味や内容を

3）この点については，Krippendorff（1980）を参照されたい。

Ⅲ　テキストマイニングを用いるための内容分析の基礎知識　51

分析対象にする内容分析も２つに分類できるのではないかというのが，彼の議論の中心である。２つに分類される内容分析は，意味のレベルを示す「顕在」と「潜在」の軸で，同様に分類される。つまり，第１が顕在的内容分析であり，第２が潜在的内容分析である。

　顕在的内容分析は，言及頻度（研究するときの設定されたキーワードの出現頻度）や，そのテキストの中のキーワードで著されるような特性に注目する。この種の研究方法は全言語における頻度，同じテキストにおけるほかの言葉（概念）の出現頻度（言及頻度）との比較などを中心に研究がなされ，いわゆる数量的内容分析と呼ばれ，一般的に内容分析といえば，この分析方法を示す。一方，潜在的内容分析は多様性に満ちた研究者の関心を満たす方法ではある。しかし，多くの主観的な判断と解釈を必要とするために，潜在的内容（意味）分析は信頼性のトレードオフを引き起こす。つまり，信頼性を多様性によって引き下げることになる。この問題は研究者の主観的で潜在的な解釈をお互いにチェックしあうことによって解消しようとしている。この分析方法は顕在的内容分析とは異なり，数量的または統計学的な分析方法を用いず，「引用」や「文章例」を挙げることによって，その研究者の研究課題を達成しようとするものである。この分析方法の特徴としては，顕在的内容分析によって数量化研究を行った後，細部にわたる分析を目的として補完的に用いられることが多いことである。研究例としては，辻村（1981），見田（1978）などが挙げられる。なお，数量的分析には入らないで潜在的内容分析を用いた日本の研究実例としては，浜口（1979）などがある[4]。

　このように２つに分類される内容分析ではあるが，一般的に，内容分析といえば，前者の分析方法，顕在的内容分析のことである。その顕在的内容分析についての分類枠組みと定義を提示したのがJanis（1965）である。彼は，顕在的内容分析を以下のように分類した。

①実用論的内容分析

　考えられる原因や影響に従って，記号（言葉）を分類する方法。例えば，

4）浜口（1979）は「私の履歴書」を研究対象に日本人のキャリア展開での特徴を明らかにした。

広告などで消費者がその商品に対して好意的な態度を持つような効果がある
と考えられる記号生成（発話）の回数を数えるという研究方法論。

②意味論的内容分析

内容分析のもっとも代表的な方法で，意味に従って記号（言葉）を分類す
る方法。実際の方法としては，ある事柄への言及頻度を数える方法。これは
さらに，以下の3種類の方法に分けられる。

- **■指示対象分析**：ある特定の対象（例えば，戦略，技術，研究開発など）
  が言及された頻度を数える方法。即ち，一種の話題分析（例えば，営業
  の状況への言及）である。
- **■属性分析**：ある種の属性が言及される頻度を分析する方法。
- **■主張分析**：ある対象が，特定の方向づけで特徴づけられている頻度を分
  析する方法。一種の主題分析である。これの例としては，わが社の経営
  は堅実かつ伝統的である，という主旨の言及頻度について分析する方法。

③記号・媒体的内容分析

記号の物理的特性に従って内容を分類する方法。例えば，環境という言葉
の生起頻度を分析するもの。

以上のような多様な種類を持つ分析方法である。次に，内容分析の一般的
な研究作業のプロセスを，Berelson（1952）の分類でいう顕在的内容分析を
中心に述べることにしよう。その議論の前に，どのような研究でも分析方法
の選択に関して目的の設定という項目がある。内容分析は，次のような目的
で用いるとされている。①伝達内容と現実との比較，②センダーの意図やそ
の他特性の同定，③母集団における態度，興味，価値観（文化パターン）の
考察，④あるコミュニケーションの認知的・行動的反応の記述，⑤センダー
の心理的側面の研究などがある。しかも，この方法論は，仮説発見，仮説検
証，他の方法論との比較のために用いられる。そして，その目的に従って内
容分析の作業が開始される。その内容分析の作業は次のようなプロセスで行
われる。ここでの議論は，Huff（1990）に依拠しており，その上で著者自身
の研究（喜田，1992等）でのプロセスを考えあわせている。

第1段階は，研究テーマにそくした生データを選択することである。この

Ⅲ　テキストマイニングを用いるための内容分析の基礎知識　53

段階では，いろいろある言語データ（新聞，雑誌，一般的な書籍，自叙伝，日記，インタビューの結果）から，どの資料を選択するかという問題を解決する。組織科学では，例えば，集合レベルの認知を調査するために有価証券報告書を研究対象にする研究が多く存在している（喜田，2007）。特に経営成果に関する原因帰属現象の調査には，有価証券報告書を研究対象にするものがほとんどである。なお，この点については，第2章を参照されたい。このような生データの選択の議論は第5章で示すように資料論として議論される。そこでは，その資料の言語学的な特性を中心に議論され，例えば，形態に関すること，主題の範囲に関すること，書かれた動機などについて議論される。また，用いることの利点と欠点についても議論されることもあり，テキストマイニングにおいては第5章で提示されるテキストデータのクリーニングがそれに当たる。

　第2段階では，言語資料をいくつかのカテゴリーの分類することである。そのカテゴリーに分類してから，統計学的なサンプリングセオリーをもとに，分析対象とすべき，生データを作成する。そのカテゴリー分けには，研究単位の設定なども含まれている。ここでは，社会的なコンテクストの操作などの作業を含むことがある。

　第3段階では，生データの中の文章を観察する（ながめる）ことから，言及頻度分析にかけるべきキーワードを探し出す。つまり，どの言葉をコード化するかを決定する。このように生データの文章の中からキーワードを選択する方法と，もう1つの方法がある。それは，その研究テーマに関する先行研究のレビューを行い，キーワードを選択する方法である。前者の方法は仮説発見型の研究に多く見られ，後者の方法は仮説検証型の研究に多く見られる。ここで重要なのが，その言語現象上の特徴（概念そのものでもよい）が，追求する変数の代替変数として合致しているかどうかという点である。この点の例としては，本書で提示する研究例，第2章を参照されたい。その後，ある程度の時間を経てから，第3段階に参加した人たちと同じ人たちによって，もう一度，第3段階と同様の作業を行う。その第3段階での作業と時間を経てから行ったキーワード探しの結果を照らし合わせることによって，キーワードの選択を終えるというのが，第4段階である。そして，この段階は，

テキストマイニングにおいては概念選択に当たる。

第5段階では，第4段階で選択したキーワードをもとに，コード化のフォーマットを作成する。その際のフォーマットでは，どのように文章をコード化するかという問題が扱われる。また，その際にコード化した結果をどのように記号化するかという問題も取り扱われる。また，この際に，後に述べるコードシートの作成手順（記入方法）なども議論されるべきであろう。ただし，このフォーマットの作成は，共同研究などを行う際に特に議論される問題であり，個人で研究を行う際にはあまり問題にならない。しかし，どのような手順を用いて研究を行うのかという点について，ある種の自己確認の手段として用いることができよう。

第6段階では，そのコード化をした分析結果を統計学的な手法を用いて，コミュニケーションのセンダーの心理的特性（態度，注意，認知）等の研究課題について推論・分析する。ここで統計学的な方法と述べているが，ほとんどが言及頻度に関するものである。言及頻度とは，コード化した概念のテキストの中での出現頻度のことであり，2つのタイプがある。1つが絶対頻度であり，もう1つが相対頻度である。前者はテキスト全体での純粋な出現頻度のことであり，第2段階で研究単位の設定を行い得る言語資料を用いている際に用いられている。後者はテキスト全体での出現頻度をある言語単位（例えばページ数）で割ったものであり，研究単位の設定が困難なもの（例えば，自伝など）に用いられている。但し，社会科学（組織科学も含む）では第2段階での研究単位の設定が困難な資料が多く存在しており，ほとんどの研究では後者を用いられている。なお，言及頻度は社会学では一般性および代表性の指標として，心理学では注意の代替変数としてとらえられている。また，文献学においては言及頻度がそのテキストの特徴を示すものであるとしている。

このようにして研究課題を達成した後，その他の分析方法（実験，調査票調査，エスノメソドロジー）での分析結果との比較を行う。そのことを通じて，内容分析での信頼性を確保する。また，数量的な内容分析を行った後，引用などを用いて，その仮説検証結果を整理・強化するという方法もとられる。

以上が，内容分析の作業手順であり，内容分析の説明である。このような内容分析は，社会学および心理学を中心に用いられているが，日本語を対象としたものが，比較的少ないという現状がある。なぜなら，日本語の自然言語処理技術が未発達であったために日本語の内容分析ソフトが未開発・未発達である現状があるためである[5]。そこで，本書の立場としては，前述したようにテキストマイニングソフトを内容分析ソフトの代替品として用いることになるのである。このような省力化はテキストマイニングの新たな方向性を示唆すると考えている。これによって，内容分析を用いた研究を行った研究者にとってはテキストマイニングが身近な方法であるということをご理解いただいたと思われる。この用い方の研究例を第7章で提示することにしよう。

また，実務界で用いられるテキストマイニングがアカデミックな手法としての可能性を示唆することができたと考えられる。そこで，内容分析の作業手順について説明してきたが，次の節では，テキストマイニング（データマイニング）の作業手順について説明することにしよう。なお，ここでの手順は実務界での手順を中心としているが，アカデミックな手順としても共通する点があることがご理解いただけると思われる。

Ⅳ　データマイニングおよびテキストマイニングの標準的な流れ（CRISP_DM）

データマイニングは計画されて体系的な方法で実行された場合により効果的になる。そして，テキストマイニングを行うには，以下の点について考慮すべきである。なお，ここでデータマイニングとしているが，テキストマイニングと読み替えていただきたい。

- ■解決したい問題は何か？→研究課題の構築
- ■どのようなデータソースが使用できるのか？
- ■データのどの部分が扱っている問題に関連しているのか？
　　→データへのアクセスの問題

5）現在においては係り受け分析が可能になったことや自然言語処理技術の発展によって比較的内容分析ソフトとしての利用可能性が高まっていると考えられる。

56 第1章 テキストマイニングとは

- どのような前処理とデータの整理が必要なのか？→データクリーニング
- どのデータマイニング手法を使用するか？
    - →どのアルゴリズムを使うのか。
- データマイニングでの分析結果をどのように評価するのか？
    - →評価基準（機能的，正しさ）
- データマイニングから最大限の情報を得るにはどうしたらよいのか？

　一般的にデータマイニングの過程はすぐに複雑になってしまう。複雑なビジネス上の問題，複数のデータソース，データソースにおけるデータの質のばらつき，複数のデータマイニングの手法の併用法，データマイニング結果のさまざまな評価法など，考慮すべき点は多々ある。

　これらの問題を適切に扱っていくには，データマイニング用に特別に定義されたプロセスモデルが役立つ。このようなモデルは，上述のような重要な問題点をどのように扱ったらよいのか，その指針を示し，重要なポイントが見過ごされないようにする。これはデータマイニングの目的地までの地図のような役割を果たし，複雑なデータを扱っている際でも，道に迷わないようにしてくれる。言い換えると，データマイニングにはある種の台本が必要である。その台本を提示するのが，次に挙げるCRISP_DMというモデルである。

　Clementineで推奨するデータマイニングプロセスモデルは，CRISP_DM（Cross-Industry Standard Process for Data Mining）である（図表1-1）。CRISP_DMは1996年に，クライスラー社，SPSS社，NCR社を代表する研究者により発展させられた（Larose, 2004）。名前からもわかるように，このモデルはさまざまな業種やビジネスにおいて使用することができる一般的なモデルとして考案されている。CRISP_DMには，データマイニングの主要な課題を扱う6つの段階があり，循環的，適応的な過程を構成している（Larose, 2004；喜田，2010；Provost & Fawcett, 2013；Wendler & Gröttrup, 2016）。

Ⅳ データマイニングおよびテキストマイニングの標準的な流れ（CRISP_DM）

図表1-1 CRISP_DM

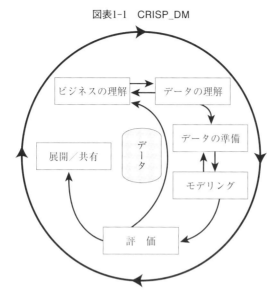

出所：http://www.spss.co.jp/crisp/crisp.htmlより

Phase 1 :【ビジネスの理解】

　ビジネス上の問題点をはっきり理解し，プロジェクト目標を設定する段階。アカデミックでいうと，研究テーマ・研究課題を構築する。一言でいうと「何を知りたいのか」を明らかにすることである。

　A：マイニングプロジェクトの目標および要件を組織全体およびリサーチ部門に明らかにする。

　B：このような目標および制限をデータマイニングの問題定義の形式に置き換える。

　C：このような目標を達成するためのマイニング戦略を準備する。

Phase 2 :【データの理解】

　使用するデータが本当に利用できるかどうかを把握する段階。

　A：データ収集。

　B：記述統計を用いて，データへの理解を深め，内在する洞察（パターン）を発見する。

　C：データの質を評価する。欠損値の存在，もしくは分布の調査を行う。

58　第1章　テキストマイニングとは

　D：もし必要なら，興味深い仮説を含むかもしれないデータのサブセット
　　を選択する。比較するためのサンプルの分割などがこれに当たる。

Phase 3：【データの準備】

　データマイニングの前処理として，使用可能なデータを分析に適した形式
に整形する段階。欠損値の処理などを行う。また，データの理解で行ったサ
ブセットの作成などを行う。アカデミックにおいてはこの段階は奇妙に感じ
るかもしれない。それは，データ自身や変数を操作することについてである。
しかし，Clementine 上においては，この段階を含めてすべてのプロセスが
ストリーム（プログラム）上に表されており，何をどのように操作したのか，
を他の研究者に知らしめることができる。ただし，ストリームの解釈につい
ての知識が必要である。このような知識を取得することも本書の目的の1つ
である。

　A：初期の生データをすべての段階に用いることができるように最終的な
　　データセットに準備する。これは最も手のかかる仕事である。

　B：分析したい，もしくはマイニングの目標に適合したケースや変数を選
　　択する。

　C：必要であれば，ある特定の変数を操作する。

　D：モデリングツール（アルゴリズム）の要件にあわせて，生データをク
　　リーニングする。なお，変数の操作もある。

　以上の2つの段階については，本書の第3章と第5章で説明することにし
よう。

Phase 4：【モデリング】

　モデルの設計の段階。モデルとは，適した手法を用いて作成され，学術的
な裏づけに立脚したデータを処理するための機能である。

　A：適切なモデリング手法（アルゴリズム）を選択，適用する。ここでの
　　アルゴリズムには，ニューラルネットワーク，決定木，クラスタリング
　　手法，アソシエーションルールなどがある。

　B：最適な，有効な結果を導くために，モデリングの条件を設定する。モ
　　デリングノードの編集。

　C：同じマイニングの課題にいくつかの異なるモデリング手法を用いるこ

Ⅳ データマイニングおよびテキストマイニングの標準的な流れ（CRISP_DM）

とができる。例えば，ニューラルネットワークと決定木を併用すること
などである。

D：もし必要であれば，ある特定のマイニング手法の特殊な要件に合わせ
るために，データ準備の段階に戻ること。これは，モデルの併用の段階
で考えられる。

本書では，第3章でモデルの概説を行い，第4章では，テキストマイニン
グに用いるアルゴリズムについて事例を挙げながら説明することにしよう。

Phase 5 ：【評価】

プロジェクト目標を達成するには十分なモデルであるかどうかをビジネス
の観点から評価する段階。

A：モデルを現場（実際のビジネス）に展開する前に，そのモデルの有効
性および質について評価する。評価グラフ，精度分析を行う。

B：第1段階でビジネス目標を達成できると考えられるモデルを選択し，
それに決定する。

C：ビジネスおよびマイニングプロジェクトの中で重要な事実が忘れられ
ていないかを確認する。→これは，マイニングのプロジェクト全体の見
直しにつながる。

D：データマイニングの結果の観点から意思決定を行う。

Phase 6 ：【展開／共有】

プロジェクトで得られた結果を意思決定者が使用できるようにし，具体的
なアクション（業務改善）を起こす段階。

A：作成されたモデルを用いる。モデル作成はマイニングプロジェクトの
終着点ではない。

B：単純な展開の例：レポート（マイニングの結果）を一般化し，報告す
る。

C：より複雑な展開の例：同時に，並列的に他の部門で行われているデー
タマイニングプロセスおよび業務を改善する。

D：ビジネスにとって，顧客はわれわれのモデルを発展させる基礎である
ことを意識すること。

60 第1章 テキストマイニングとは

　以上のような段階を経て1つのテキストマイニングのプロジェクトが実行されることになる。そこで，重要な点として3つが挙げられる。

重要な点1：相互に関連している。

重要な点2：相互に関連しているために，明確な順序を持たない可能性がある。

重要な点3：反復的に行われる。つまり，組織として継続的に行っていく必要がある。

　このようなプロセスを経て，データマイニングのプロジェクトは遂行されていく。このプロセスは，テキストマイニングにおいても共通する。

最後に：本書でのテキストマイニングの定義とテキストマイニングの流れ

　本章では，テキストマイニングの概略について説明し，特にアカデミックで利用する場合内容分析の知識が不可欠である点を示唆した。その上で，標準的なテキストマイニングおよびデータマイニングの手順のモデルとして，CRISP_DMについて説明した。

　前著では，テキストマイニングの定義がないとした。それはテキストマイニングの方法論としての可能性を狭めると考えたためである。

　しかし，本書では，現在のビッグデータやテキストマイニングおよびデータサイエンスの議論から，「テキストデータを，言語処理技術を用いて構造化データ・変数に変換し，それをもとに知識発見，仮説発見および仮説検証を行う手法」と定義する。

　このように定義することと関連して，第2点がデータマイニングでは構造化データを扱い，テキストマイニングでは非構造化データを扱うことを意識することである。つまり，テキストマイニングは非構造化データを構造化データに変換する技術であるということである。そして，その目的はモデル構築であるとする点が，前著とは大きく異なる。つまり，非構造化データ→言語処理技術→構造化データ→モデリングという段階を経るということである。この定義のもとで，第8章でモデリング手法を用いたテキスト分類と変数の構築の研究例を紹介している。

最後に：本書でのテキストマイニングの定義とテキストマイニングの流れ 61

図表1-2 テキストマイニングの流れ

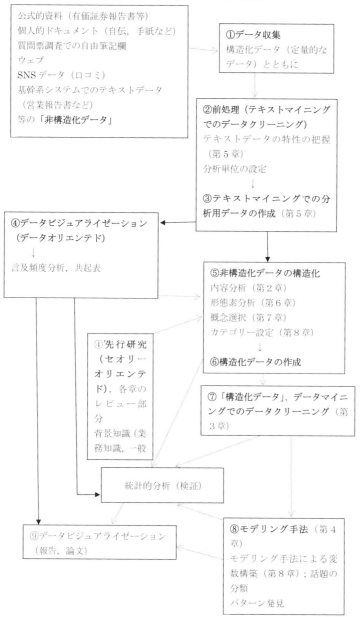

62　第1章　テキストマイニングとは

　本章で取り上げたCRISP_DMがデータマイニングの作業手順であったことから，テキストマイニングでの作業手順を新たに検討，構築する必要性がある。データサイエンスおよび非構造化データの取り扱い方などの議論と筆者の今までの作業手順から，テキストマイニングの流れ（作業手順）を整理したのが図表1-2である（Feldman & Sanger, 2007；Nettleton, 2014）。

　図表1-2は，テキストマイニングの一連の流れ，作業手順を示しており，テキストマイニングをシステム化するための要件でもある。

①データ収集

　各種「非構造化データ」を定量的なデータとともに収集する。

②前処理（テキストマイニングでのデータクリーニング）

　テキストマイニングでのデータクリーニングでは，第5章で議論する資料論と対象となるテキスト特性の把握，長いドキュメントだと分析単位の設定などを行う。後述するように分析用データを作成する際に1700字程度の分析単位に設定することになる[6]。『私の履歴書』など一般的書籍の場合はその全体のテキストをどのように分割するのかを検討する必要がある。

　このようにツール上の必要性および限界からデータを分割することも必要になるであろうし，研究テーマによって分割する必要性があるかもしれない。例えば，『私の履歴書』であれば全人生が書かれているが仕事の期間のみ（キャリア）のテーマに限定するほか，年次が重要であれば，年次ごとに分割するなどの検討が必要である。また，会議資料であれば，発話者を限定するなどの検討も必要であろう。このようにテキストデータの特性と研究テーマの関係からテキストデータの分割を行うことがここでいう前処理の重要な点である。

③テキストマイニングでの分析用データの作成

　その作業手順を経て，図表5-5のような分析用データを作成する。

④データビジュアライゼーション（データオリエンテド）

　まず，そのデータでの言及頻度分析および共起表を作成する。前者の言及頻度分析では，テキストの中でどのような概念，言葉が多いのか，を明らか

6）なお，現在のエクセルではパソコンの能力によるが8000字程度が可能である。

にし，そのテキストの特性を明らかにする。次の共起表では概念間の関係を明らかにすることになる。この作業はデータサイエンスでは，データヴィジュアライゼーション（データ表現）の一部として考えられ，この結果は，次の段階の概念選択や分析する視点の提示の基礎となる。例えば，言及頻度の多い言葉および概念を選択する，などである。この段階は，テキストマイニングにおいてはデータオリエンテドな分析視点といえる。なお，データヴィジュアライゼーション（データ表現）にはもう1つのタイプがあり，⑨で示されるように報告，プレゼンテーションなどを効果的に行う方法を考察する方向であり，グラフ化セオリーなどが含まれる（Tufte, 1990, 2006；Mazza, 2009；Nussbaumer, 2015；高間，2017）。

④ 先行研究（セオリーオリエンテド）や背景知識から

前述したように，データオリエンテドな分析視点の構築，概念選択の一方，先行研究のレビューや背景知識，業務知識から概念選択および分析視点を構築する方向がある。それが，セオリーオリエンテドな分析視点といえる。なお，各領域でテキストマイニングを用いている先行研究については序章のⅢ節および参考文献を参照されたい。そこで，どのようなデータに注目し，どのような言葉，概念を選択しているのか，を確認する必要がある。つまり，テキストマイニングを用いる研究にはこの2つの方向性があるということである。

⑤ 非構造化データの構造化

この段階がテキストマイニングにとって最も重要な段階である。それは，非構造化データ，テキストデータを構造化する段階である。この段階には大きく2種類が存在する。1つは，④での言及頻度分析等の頻度分析を中心とする手法であり，第2章での内容分析と第6章の形態素分析，そして，第7章で内容分析ソフトの代わりに，概念選択を行った上で言及頻度分析をする方法である。これは，テキストの特性，ある言葉の言及頻度や，形態素，例えば，名詞の数などのように定量的な変数に変換する方向である。もう1つは，第3章および第8章でのカテゴリー設定や概念選択は同様だが，データを0（なし）と1（ある）というバイナリーデータに変換する方法である。両者の違い，注意点を挙げると次のような点になる。

第1は，言及頻度分析を中心とする場合は，言及頻度自体に理論的な意味があるに限られることである。

第2は，対象とするテキストの分量（ロングか，ショートか）とサンプル数によることである。公式的資料などのロングの場合は，言及頻度を取る必要があるかもしれないが，質問票調査の自由筆記欄などショートの場合は，あまり意味がない可能性がある。次に，SNSデータ用にサンプル数が増大な場合，全体のデータの把握という意味でいえば，テキストをバイナリーデータに変換することの意味のほうが重要になる。

第3は，用いる統計的手法が異なる点である。前者は，相関係数の分析などを行うことになるだろうし，後者は χ 二乗検定などのノンパラ手法が中心となる。

⑥構造化データの作成

このような段階を経て，図表3-34のような構造化データが作成される。もしくは，言及頻度や形態素の数などの定量的変数とその他属性変数を含むデータを作成する。

このように統計的分析が可能になれば，統計的分析（検証）を行うことになる。

⑦「構造化データ」，データマイニングでのデータクリーニング

もう一方で構造化データにおいてもデータクリーニングが必要かもしれない。それは，第3章で述べる欠損値処理，重複データの削除などである。もう1つは，変数の追加やサンプル操作なども必要かもしれない。これは，データマイニングおよびデータサイエンスでのデータクリーニングとして位置づけられている。

なお，データマイニングでのデータクリーニングについては，Cody & SAS Institute（2008），McCallum（2012），Osborne（2013），Buttrey & Whitaker（2017）などを参照されたい。

本書では，テキストマイニングでのデータクリーニング（非構造化データのデータクリーニング）とデータマイニングでのデータクリーニング（構造化データのデータクリーニング）とを区別していることが特徴の1つである。

⑧モデリング手法

　構造化データに用いて，統計的分析を行うこともできるが，データマイニングでのモデル構築によって変数構築も可能である。統計的手法とデータマイニングの最大の違いは，機械学習などのアルゴリズムを用いて，変数を構築することである。

　第4章では，テキストマイニングに用いることができるアルゴリズム，予測・判別に用いるニューラルネットワークと決定木，話題の分類などクラスター化に用いるKohonen（自己組織化マップ），パターン発見に用いるアプリオリなどについて説明した。

　そして，第8章では，話題の分類という手法で変数を構築した研究例を提示している。

　そして，このようにアルゴリズムを用いて変数を構築した後，統計的分析で検証を行うことができる（図中，統計的分析）。

⑨データビジュアライゼーション

　そして，以上の分析結果が論文や報告などにつながっていく。そこでは，グラフ化セオリーなどによって分析結果の見せ方などが中心となる（Tufte, 1990, 2006；Mazza, 2009；Nussbaumer, 2015；高間, 2017）。

　以上のような作業手順を用いてテキストマイニングを行うことになる。

　そこで，少し筆者の用いている作業手順を示すことにしよう。実際の作業手順で重要なのが，概念，分析する言葉の選択である。そこで，筆者はまず多めに，言及頻度もしくは言及しているサンプル数の低いものも入れて，概念，言葉の選択を行い，次に，属性変数とχ二乗検定など統計的手法を行う。それで統計的に有意なものをまず選択する。

　モデル手法が使用可能であれば，第4章で提示するニューラルネットワークや決定木，自動分類などを用いて「入力の重要度」の高い概念を選択する方法もある。この方法については，北島・上村・内田（2015）でも用いられている。そうして，第3章で提示する構造化されたデータを作成する手法を取っている。このようなビジュアライゼーションや統計的な手法やモデリング手法を中心にする概念，言葉の選択とともに，序章で提示した先行研究などから，その先行研究での概念，言葉の選択（どのような言葉を選んでいる

のか）に注目する。それと，自分の研究上の関心を基礎に概念，言葉の選択を行うという方法を取っている。また，実際の「生データ」を観察することも重要である。なぜなら，テキストマイニングにおいては，ある言葉を「見ている」だけなので，「読んで」いないからである。この観察を通じて，その概念および言葉の選択の精度が上がると考えている。

　このようにテキストマイニングにおいては，概念選択および分析する言葉の選択はとても重要である。これは，内容分析でも同様である。そこで，次章に，言語分析を行う入口として内容分析の研究例を示すことにしよう。そこで，どのような言葉を選択するのか，を特に注目していただきたい。

第 2 章

内容分析の研究例：喜田 （1999）より

　テキストマイニングを行うには，言語分析の1つである内容分析に関する基礎知識と作業手順などを理解している必要がある。それは，テキストマイニングがあくまでテキストを対象にするためであり，内容分析ソフトの代替品として利用することがあるためでもある。なお，できれば，組織科学での質的調査法に関する基本的な知識も取得しておくほうがよい（田村，2006；藤本ほか，2005）。関連領域については，第5章で取り上げる文献が参考となろう。

　そこで，本章では，内容分析の研究例として喜田（1999）を加筆修正して再掲し，テキストマイニングにおいて特に重要な概念選択の問題を示すことにしよう。

◆キーワード

　内容分析，原因帰属，認知的研究，概念選択

喜田（1999）「日本の電機企業における経営成果の原因帰属—表象主義的認知的組織科学に向けて—」

はじめに：喜田（1999）の目的

　喜田（1999）では，電機産業に属する有価証券報告書における企業の経営成果の原因帰属現象を研究した。喜田（1999）では，理論的には利己的原因帰属仮説の一般化を目的とし，方法論的には原因帰属研究での分析枠組みの妥当性および信頼性の確認を目的としている。なお，喜田（1992）では，ビ

68   第2章　内容分析の研究例：喜田（1999）より

ール業界3社において，利己的原因帰属仮説がほぼ支持されるような結果を得ることができた。ここでいう分析枠組みは，喜田（1992）などで提示した分析枠組みである。

　また，このような原因帰属研究は表象主義的認知的組織科学（認知マップを用いる組織学習および組織革新研究もしくは経営戦略論などの領域）の基礎である，ということも本稿で原因帰属現象を研究する意義である。それは，喜田（1999）での次のような意図と関連する。1つは組織科学における内容分析の有効性を示すことである。もう1つは個人レベルの現象である原因帰属現象を組織レベルで存在することを示すことによって，組織的知識構造（組織レベルの認知変数）の存在を示すことである。なぜなら，この2点は表象主義的認知的組織科学の理論的・方法論的前提条件であるからである[1]。

I　原因帰属研究とは：仮説構築の為に

　ここでは，原因帰属研究の展望を行うことにしよう。ここでは原因帰属理論の認知理論としての側面を重視し，利己的原因帰属現象の理論的な説明をより認知的な現象としてとらえるための視点を提示する。原因帰属研究は主に社会心理学や社会学で議論される（蘭・外山，1991）。心理学を基本領域とする経営学でも追究されている[2]。経営学で原因帰属現象を扱っている先行研究としては，Bowman（1976），Bettman & Weitz（1983）等がある。Bowman（1976）では，食品加工業に属する企業をサンプルに，有価証券報告書における低業績企業と高業績企業で内容が異なることと，低業績企業では天候など外部要因に経営成果の原因を帰属することを示した。Bettman & Weitz（1983）は喜田（1999）の基礎となる論文の1つである。彼らは喜田（1999）で議論する3要因（経営成果，一般経済環境，業界環境）と原因帰

---

1) 表象主義的認知的組織科学という用語については，喜田（1996，2007）等を参照されたい。
2) 組織科学の分野での原因帰属研究については，Martinko（1995）などが詳しい。また，喜田（1999）では，マクロレベルでの原因帰属研究に注目しているが，前著は，ミクロレベルでの原因帰属研究（例えば，業績評価におけるエラーの問題など）を中心に扱っている。

I 原因帰属研究とは：仮説構築の為に 69

図表2-1 原因帰属研究の視点の整理

	第1仮説	第2仮説	第3仮説	第4仮説
視点および現象の解釈	正当化 利己的原因帰属	インプレッション・マネジメント	意思決定のエラー	因果スキーマの変化
関連領域	社会心理学での弁明研究	利害関係者のマネジメント	意思決定論	知識表象の議論
先行研究とその枠組み	ほとんどの原因帰属研究	経営者の機能に注目する研究	より良い意思決定とは何かに注目	認知マップを用いる経営戦略論

属の方向との関係を利己的原因帰属の仮説をもとに明らかにした。

　以上が主要な原因帰属研究である。そこで確認されたのが，「経営成果の良い時には，その原因を自己的な要因（戦略，自社の企業努力など）に帰属し，悪い時には，その原因を他者的な要因（環境，天候など）に帰属する」という利己的原因帰属現象と呼ばれるパターンである。理論的には，このパターンは，社会心理学や組織行動論（意思決定論を中心とする）などでは代表的な認知エラーとされている（印南，1997）。これについては多くの研究が取り上げており，それがなぜ起こるのか，についてもさまざまな仮説がある。それをまとめたのが図表2-1である。

　この図において右に行けばいくほど認知科学的な説明になっており，原因帰属研究の応用可能性を示している。つまり，（利己的）原因帰属現象を確認することは，より認知科学的な研究である認知マップを用いた経営戦略研究や組織的知識構造の研究の基盤となるのである。それ故，喜田（1999）では利己的原因帰属現象と呼ばれるパターンの確認を目標とする。

　この点は，最近の認知的組織科学の先行研究（Barr, Stimpert & Huff, 1992）において，このパターンの確認を研究の基礎としていることでも示されている。そのパターンとは，以上の先行研究で挙げた要因と原因帰属の方向の関係のことである。

　次節では，原因帰属の方向に影響を与える要因に関する仮説を提示することにしよう。

Ⅱ 喜田（1999）での仮説構築：利己的原因帰属仮説

ここでは，喜田（1999）での仮説を提示する。仮説は原因帰属の方向に影響を与えると考えられる要因（経営成果，一般経済環境，業界環境）に関連する[3]。

仮説1 経営成果は原因帰属の方向に影響する。

　仮説1-1 低成果企業は，低成果の原因を自己の戦略ではなく，外部環境に帰属する。

　仮説1-2 高成果企業は，高成果の原因を外部環境ではなく，自己の変数に帰属する。

この3つの仮説は利己的原因帰属に関する仮説であり，先行研究で提示され，ほぼ一貫して検証されている。

仮説2 一般経済環境は原因帰属の方向に影響する。

　仮説2-1 一般経済環境が良いときは悪いときよりも自己帰属が多い。

この2つの仮説は先行研究において，原因帰属の方向と環境要因との関係について考察する際に，次に述べる業界環境とともに提示された仮説である。ここでは，一般経済環境と原因帰属の方向との関係に関する仮説を提示する。

仮説3 業界環境（業界の需要動向）は原因帰属の方向に影響する。

　仮説3-1 業界環境の良いときは悪いときよりも自己帰属が多い。

この2つの仮説はBettman & Weitz（1983）によって提示され，利己的原因帰属が行われる外的条件についての仮説の1つであり，彼らの研究で検証されている。

仮説4 原因帰属の方向は，経営成果，業界環境，一般経済環境の動向の相互作用の結果に影響される。

この仮説は，原因帰属の方向は以上の要因の相互作用に影響されるということであり，Bettman＆Weitz（1983）で提示された。

以上が喜田（1999）での仮説である。これらは原因帰属現象の存在を確認

---

3) 喜田（1999）は，喜田（1992）の追加研究であり，そこでの仮説を踏襲している。喜田（1992）では，ここで提示する結果についてはほぼ支持される結果を得ている。

Ⅲ　分析枠組み：データ，サンプル，分析方法，コード化の方法など　　71

する。

Ⅲ　分析枠組み：データ，サンプル，分析方法，コード化の方法など

　本章では喜田（1999）での分析枠組みについて述べることにしよう。それは３つの議論から構成される。1）データとサンプル，2）分析方法，3）コード化の方法である。

1）データとサンプル

　喜田（1999）では，電機25社の発行する有価証券報告書の「営業の状況」に注目する。25社の選択は２つの基準を用いた。なお，電機産業の全サンプル数は，平成８年度において225社である。１つは資本金であり，もう１つは主要事業のマーケットシェアである。その理由としては，①法人企業統計および鉱工業指数が資本金を基にしたサンプルであること，②これらの指数が大企業を中心とするものであること，③法人企業統計において売上高成長率を選択したこと，などである。前者の基準においては50社を選択した。その後，マーケットシェアによるサンプリングを行った[4]。

　次に，1990年から1994年の間から年次を選択することにしよう。そこで選択基準となる指数としては，①GNP成長率，②鉱工業指数，③法人企業統計における電機産業売上高成長率，の３種であり，それを整理したのが図表2-2である。

　喜田（1999）では一般経済環境と業界環境についての調査を行う。最初の一般経済環境を示す指数としてはGNP成長率を用い，業界環境を示す指数としては鉱工業指数と法人企業統計での電機産業売上高成長率の２つを用いる。前者の指数は製造業での業界環境を指数であり，後者の指数はより精緻

4）喜田（1999）でのサンプル企業は，ソニー，日立製作所，東芝，富士通，松下電器産業，シャープ，NEC，三菱電機，三洋電機，京セラ，松下電工，ファナック，村田製作所，パイオニア，富士電機，カシオ計算機，日本ビクター，横河電機，九州松下，TDK，松下通信，ケンウッド，日立工機，アイワ，安川電機，である。なお，サンプリングは無作為抽出ではなく，ここで注目すべきその他の変数（一般経済環境と業界環境）を構成するように行っている。この点については，先行研究でのサンプリングを踏襲している。

72   第2章　内容分析の研究例：喜田（1999）より

図表2-2　研究期間での環境動向

年　次	GNP成長率	鉱工業指数	売上高成長率
90	8.0%	101.3	16.4%
91	5.7%	100.6	9.75%
92	1.9%	94.2	− 12.5%
93	0.8%	90.4	− 0.8%
94	0.4%	93.3	6.1%

な業界環境を示す指数である。そこで，これら3つの指数をもとに年次を選択すると，GNP成長率および鉱工業指数，法人企業統計電機産業売上高成長率の最高値である1990年，GNP成長率と鉱工業指数の最小値である1993年という2つの年次が選択される。しかし，この2つの変数の間には高い相関が存在するために，それ以外の変数として法人企業統計電機産業売上高成長率を取り上げ，その最小値である1992年を選択する。喜田（1999）では，一般経済環境と業界環境の良い年と悪い年が明確な年次を選択した。このことから，以上の25社の1990（平成2）年，1992（平成4）年，1993（平成5）年を事業年次とする有価証券報告書における「営業の状況」での文章をデータとする。

2）分析方法：内容分析について

　喜田（1999）では内容分析を用いている。これについては喜田（2007）および本書の第1章を参照されたい。一般的に，内容分析とは「テキストにおける特定の特徴を客観的・体系的に同定することにより推論を行う調査技術」であると定義される。内容分析の代表的な方法とされるのが意味論的内容分析である。それは意味に従って記号（言葉）を分類する方法であり，実際の方法としては，ある事柄への言及頻度を数える方法である。意味論的内容分析の中でよく用いられるのが指示対象分析である。この分析方法は，ある特定の対象（例えば，戦略，市場，技術など）が言及された頻度を数える方法である。

　喜田（1999）では，意味論的内容分析の1つである指示対象分析が用いられる。指示対象分析を用いる際，どのような文章をどのようにコード化するのかという問題が存在する。次の節ではこの点について述べることにしよう。

Ⅲ　分析枠組み：データ，サンプル，分析方法，コード化の方法など　73

3）指示対象についてのコード化：テキストマイニングの概念選択の問題へ

　まず，コード化される文章について述べることにしよう。コード化の対象
となるのは全社レベルでの業績の向上あるいは低下について言及している文
章である。文章例としては，「…により，当期の売上高は前期比…％（増・
減）となりました。」および「…にしました結果，当期の売上高は前期比
…％（増・減）となりました。」等が挙げられる5）。この中で，「……によ
り」や「……にしました結果」の部分が指示対象である。指示対象は原因帰
属の方向性｛他者・自己｝をもとにコード化される。喜田（1999）において，
他者とは外部環境を示す概念のことであり，自己とは内部環境を示す概念の
ことである。どの概念が外部環境と内部環境のいずれのカテゴリーに入れる
かの判断基準はD'Aveni & Macmillan（1990）が参考となる。彼は，外部環
境に属するものとして，一般経済環境，業界環境，消費者に関するもの，政
府行動に関する言及，自然要因，事故などの概念を挙げている。一方，内部
環境に属するものとしては，組織，技術，設備，自社の経営戦略に関する概
念を挙げている。

　この点は，内容分析においてはコード化の対象を選択することを示してお
り，テキストマイニングにおいては，概念選択を示している。また，部門別
の記述を媒介とする場合は，自己帰属および他者帰属の記述のどちらが多く
言及されているのか，で判断している。

　以上の手順によって，喜田（1999）では利己的原因帰属仮説の検証を行う
ことにしよう。

5）日立工の平成4年の文章では，以下のアンダーラインの部分である。
　　「当期の我が国経済は，住宅投資の一部に回復の動きがみられたものの，政府の景気
刺激策や公定歩合引下げなどにもかかわらず個人消費や民間設備投資が減少を続け，企
業業績の悪化も深刻化し，また流動的な国際情勢の影響もあり，極めて厳しい状況下で
推移した。
　　かかる情勢下にあって，当社は，引き続きグローバルな事業体制の整備を推進する一
方，顧客ニーズの把握と新製品・新技術の早期開発，早期発売に努めるとともに，全社
的な原価低減活動や業務効率向上活動を展開し，収益の確保に全力で取り組んできた。
しかしながら，国内外の景気低迷による厳しい事業環境の影響もあり，当期の売上高は
前期比6％減の1210億6千万円となり，また，収益面では，原価低減，経費節減に努め
たものの売上高の減少による影響が大きく，経常利益として前期比33％減の67億7千万
円，当期純利益として前期比48％減の25億5千万円を計上するにとどまった。」

74 第2章 内容分析の研究例：喜田（1999）より

Ⅳ 分析結果

　ここでは，まず，コード化の信頼性の確認に関して述べた後，仮説検証に関する分析結果を提示することにしよう。

1) コード化の信頼性について：コード化における主観性の排除

　内容分析は，コード化を中心として分析が進められる。それ故，コード化の信頼性の確認は必要不可欠である。その参考となるのが，Krippendorff（1980）とBettman & Weitz（1983）等である[6]。具体的には，複数のコード者を設定し，プロトコールの支持を行った後，コード化を行ってもらい，その結果について分散分析（もしくは積率相関係数の導出）を行う，という確認方法である。その結果，一致度が高い（分散が小さい，もしくは積率相関係数が高い）場合に，信頼性が確保されている，とされる。

　喜田（1999）におけるコード化に関する信頼性の確認の結果は図表2-3の通りである。なお，ここでは，自己帰属に2，他者帰属に1を振り分け，積率相関係数を導出するという方法を用いている。

---

6) Krippendorff（1980）によると，コード化の信頼性は大きく3つに分類される。①安定性，②再現可能性，③正確性，である。安定性とは，時間軸に対してコード化された結果が不変であるのか，どうかということである。これは，同一のコード者のもとでコード化の過程を2回繰り返すことによって確認される。そして，この種の信頼性は「観察者内の信頼性」あるいは「整合性」として知られている。再現可能性は，コード化された結果が観察者の主観性が排除されているかどうかということである。これは，特に複数のコード者が必要な研究などで最も重要であるとされ，「コード者間信頼性」または「相互主観的な一致」として知られている。これは，複数のコード者間によるコード化の結果を分散分析（もしくは積率相関係数の導出）などによって確認される。正確性とは，そのコード化された結果とサンプルデータとの関連を確認することである。これは，プロトコールの設定者によるコード結果の確認することで維持されると考えられている。
　このように3つのタイプがあるとされるが，彼は「信頼性が安定性，再現可能性，正確性のどの形を取ろうとも，どのように科学的情報を処理するのかに関して独立の観察者，コーダーで達成した一致度を測定することなのである。（p.209）」と結論づけている。
　その一致度の測定に関しては，具体的に喜田（1999）で取り上げた方法であるということはいうまでもない。なお，喜田（1999）での整合性に関しては，同じコード化を2回行うということと，コードシートを付与するということで確認可能であると考えられる。

IV 分析結果 75

図表2-3 コード者間の信頼性

	著　者	コーダー1	コーダー2
著者	1		
コーダー1	0.816497	1	
コーダー2	1	0.816497	1

　図表2-3のように，喜田（1999）でのコード化に関して高い信頼性を得ていると考えられる。

2）分析結果：仮説検証に向けて

　以下では，利己的原因帰属仮説に関する分析結果を報告することにしよう。ここでの分析結果は，経営成果と原因帰属の方向，一般経済環境と原因帰属の方向，業界環境と原因帰属の方向，の3つの点について報告する。このことから，仮説1から仮説3に関する検証を行う[7]。最後に，これらの要因の相互作用に関する仮説4を検証する。また，そこでは，どのような要因が原因帰属の方向にもっとも影響するのかを明らかにすることにしよう。

①原因帰属の方向と経営成果

　まず，経営成果と原因帰属の方向に関する調査結果を報告することにしよう。なお，ここでのサンプルは68（コード化不能7）ある。また，喜田（1999）で，経営成果としているのは，全社レベルでの売上高（前年度比）

7）喜田（1999）の分析でt検定を用いているのは，度数分布表の中で自由度以下の度数が存在するからである。また，ここでは，分散が等しくないと仮定した検定を用いている。有意水準を示す記号については，以下の通りである。
　t＊＊＊＜0.001
　t＊＊＜0.01
　t＊＜0.5
　なお，参考に，これらの分散分析の結果を提示しておく。ここでは，他者帰属および自己帰属に，1と2とを振り分けて分析している。

グループ平均の差の検定

	Wilksのラムダ	F値	自由度1	自由度2	有意確率
一般経済環境	.522	60.365	1	66	.000
業界環境	.500	65.985	1	66	.000
経営成果	.366	114.140	1	66	.000

76 第2章 内容分析の研究例：喜田（1999）より

図表2-4 経営成果と原因帰属の方向

	売上高減（減収）	売上高増（増収）
他者帰属	34（コード化不能4）	0
自己帰属	0	34（コード化不能3）

図表2-5 売上高に関するt検定の結果

帰属の方向	自己帰属	他者帰属
平均	7.47	−6.11

t値＝10.57***

である。なぜなら，すべてのサンプルに共通して言及されているからである。
つまり，経常利益率などではサンプルによってその記述にばらつきがあるか
らである。経営成果と原因帰属の方向に関する結果を図にしたのが図表2-4
である。

　この結果から，原因帰属の方向と経営成果の関係については明確な関係が
存在することが明らかである。それは，経営成果の良いときには自己帰属を
行い，経営成果の悪いときには他者帰属という利己的原因帰属仮説通りの結
果を得ている，ということである。そのことは，喜田（1999）で提示した仮
説1（もしくは仮説1-1，仮説1-2）が支持されたと考えられる。その上
で，電機産業全体での仮説検証という意味から，ここでの結果をt検定で検
証することにしよう（図表2-5）。なお，喜田（1999）の分析でt検定を用い
ているのは，度数分布表の中で自由度以下の度数が存在するからである。

　この結果，統計的に有意な結果を得ることができた[8]。このことから，仮
説1およびその下位仮説は統計的に支持されると考えられ，電機業界全体で
の仮説検証という目的も達成できると考えられる。

②一般経済環境と原因帰属の方向

　次に，一般経済環境と原因帰属の方向との関係についての調査結果を報告
することにしよう。喜田（1999）では，GNP成長率を用いることにする。
それについては，図表2-2で示した通りであり，低成長の年である平成5年
度と高成長の年である平成2年度のデータを元に分析を行った。それ故，サ

───────────────

8）有意水準は，4.7036E-15（両側検定）。

IV　分析結果　77

図表2-6　一般経済環境と原因帰属の方向

	悪い（低成長）平成5年度	良い（高成長）平成2年度
他者帰属	17	0
自己帰属	8	23

例外（コード化不能）＝2

図表2-7　一般経済環境に関するt検定の結果

帰属の方向	自己帰属	他者帰属
平均	5.76	1.35

t値＝7.72***

ンプル数は50である。その結果をまとめたのが図表2-6である。

　この結果から，一般経済環境が良いときの方が，自己帰属傾向が強いことが明らかである。

　一方，悪いときには他者帰属傾向が強いことも明らかである。この分析結果は仮説2をほぼ支持し，また仮説2－1を支持していると考えられる。しかし，前述の経営成果との関係に比べて，その関係は明瞭ではない。そこで，この結果を他者帰属企業と自己帰属企業の間での一般経済環境の指数での平均の差の検定（t検定）を行うことで，仮説検証をより明確な形で行うことにしよう。なお，ここでのサンプル数は68（コード化不能7）である。その結果は図表2-7である。

　この結果から，統計的に有意な結果を得た[9]。このことから，仮説2は統計的に支持されると考えられる。そして，電機業界全体での仮説検証という目的は達成できると考えられる。

③業界環境と原因帰属の方向

　次に，業界環境と原因帰属の方向との関係についての調査結果を報告することにしよう。喜田（1999）では，法人企業統計での業界の売上高成長率を用いる。それについては，図表2-2で示した通りであり，低成長の年である平成4年度と高成長の年である平成2年度のデータをもとに分析を行った。それ故，サンプル数は50である。

9）有意水準は，4.58E-09（両側検定）。

78　第2章　内容分析の研究例：喜田（1999）より

図表2-8　業界環境と原因帰属の方向

	悪い（低成長）平成4年度	良い（高成長）平成2年度
他者帰属	17	0
自己帰属	3	23

コード化不能（7）

図表2-9　業界環境に関するt検定の結果

帰属の方向	自己帰属	他者帰属
平均	9.8	−6.65

t値＝8.16***

　この結果から，業界環境が良いときには自己帰属が多く，悪いときには他者帰属が多いことがわかる（図表2-8）。これは，仮説3および仮説3-1をほぼ支持していると考えられる。しかし，前述の経営成果との関係に比べて，その関係は明瞭ではない。そこでこの結果を他者帰属企業と自己帰属企業の間での業界環境の指数での平均の差の検定（t検定）を行うことで，仮説検証をより明確な形で行うことにしよう（図表2-9）。なお，ここでのサンプル数は68（コード化不能7）である。

　この結果，統計的に有意な結果を得た[10]。このことから，仮説3は統計的に支持されると考えられる。そして，電機業界全体での仮説検証という目的は達成できると考えられる。

④3つの要因の相互作用

　以上のように，①原因帰属の方向と経営成果，②原因帰属の方向と一般経済環境，③原因帰属の方向と業界環境の関係に関する仮説を検証した。そこで，ここでは，原因帰属の方向が，経営成果，一般経済環境，および業界環境での相互作用の結果に影響されるという仮説（＝仮説4），もしくは，原因帰属の方向にどの要因が最も影響しているのか，について明らかにすることにしよう。ここでは，ステップワイズの判別分析を用いて調査する。その結果は図表2-10にまとめられる。なお，ここでは，原因の方向に関して2（自己帰属），1（他者帰属）を割り当て，グループ化した後，統計分析を

10）有意水準は，6.1122E-11（両側検定）。

図表2-10　各変数の相互作用分析

ステップ	投入済み	Raoの V			Vの変化	
		統計量	自由度	近似有意確率	統計量	有意確率
1	経営成果	114.140	1	.000	114.140	.000
2	業界環境	135.302	2	4.165E-30	21.162	.000

各ステップでRaoのVに最大の増加をもたらす変数が投入されます。
投入済み／除去済みの変数
a．最大ステップ数は6です。
b．投入するための偏F値の最小値は3.84です。
c．削除するための偏F値の最大値は2.71です。
d．投入するためのRaoのVの最小値は0です。
e．計算を続行するにはF水準，許容度，またはVINが不十分です。

行った。

　このように，判別能力の改善に貢献していたのは，経営成果を示す売上高成長率と業界環境を示す法人企業統計による業界売上高成長率，である（図表2-10）。そして，この2つの関数の相互作用によって，判別能力が改善している，ということも明らかになった。しかし，仮説で提示したように，3つの要因の相互作用については仮説が支持されていない，と考えられる。また，以上の結果から，原因帰属の方向に最も影響しているのは経営成果の動向である，ということもより明確になった。

V　結論および研究課題

　喜田（1999）での分析結果は，利己的原因帰属の仮説をおおむね支持するものであった。このことから，喜田（1992）に続いて，電機産業でも利己的原因帰属仮説を検証することになり，仮説の一般化という目標は一部ではあるが達成できたと考えられる。また，仮説検証を通じて，個人レベルの現象である原因帰属現象が組織レベルでも存在することが明らかになった。

　一方，方法論的な目標に関しては，①組織科学での内容分析の可能性の示唆，②原因帰属研究に用いられる分析枠組みの妥当性の明示化，についてもほぼ達成することができたと考えられる。なぜなら，日本企業を対象に内容分析を用いて，原因帰属研究を行うということを利己的原因帰属仮説の検証

80 第2章 内容分析の研究例：喜田（1999）より

という形で示唆しているからである。後者の点については，電機業界という異なった研究対象においてでも用いることができたからである。

　そして，この2点は，日本企業を研究対象に原因帰属研究などの認知的な研究の可能性を示し，これからの認知的組織科学の基礎となる。その上で，組織科学への認知マップの導入の可能性を示唆し，組織学習などの認知的な研究での方法論的発展に結びつくものであると考えられる（Huff, 1990）。しかし，研究課題も存在する。それは，①より複雑な認知要素間関係に関する調査の必要性，②因果的概念間関係に結ばれる概念の調査，である。この2つの研究課題は，表象主義的認知的組織科学の中心テーマである組織的知識構造の特性などを知るための手がかりとなる。また，このように確認された利己的原因帰属現象に関して，正当化以外の原因帰属研究の視点についても考察する必要性があるだろう。例えば，「認知バイアスとしての利己的原因帰属」という視点をとることによって，経営戦略策定における組織の環境スキャンおよび推論プロセスに注目する研究としてとらえられる。また，「因果スキーマの変化としての利己的原因帰属」という視点をとることによって，組織学習研究の基礎とすることもできよう。

　最後に，実務界へのこの研究の意義についてふれることにしよう。第1点は，企業の経営成果の原因帰属がある一定のパターン（利己的原因帰属現象）を持っているということに関してである。このことは，経営成果の原因帰属において認知バイアスが発生していることを示している。印南（1997）などでは，以上で述べた認知バイアスが企業の経営戦略策定に悪影響を及ぼすとされる。そこで，喜田（1999）での議論は，利己的原因帰属現象が企業の経営戦略策定場面で起こっていないかどうかを再確認することに応用可能である。第2点は，原因帰属研究の分析レベルに関してである。喜田（1999）では企業レベルに注目したが，原因帰属研究は元来ミクロ組織科学の議論であり，特に組織における業績評価の問題（上司の部下に対する業績評価など）などに応用可能である。そこで，喜田（1999）での議論は，現在導入途上の管理者年俸制の基礎となる目標設定制度下での部下の業績評価を行う際に，利己的原因帰属現象が起こっていないかどうかについても再確認することにも用いることが可能である。この2点は，因果マップを実務界で

用いる議論などにおいて示唆されており，有効な視点であると考えられる。

　このような点も含めて，喜田（1999）での議論は応用範囲が広いと考えられるが，その一方で研究課題も多く，それらの解決がこれからの原因帰属研究の指針となるであろう。

最後に

　以上のように，ここでは，喜田（1999）を取り上げ，経営学における内容分析について説明してきた。そこで重要になるのが，どの言葉をコード化し，それをもとに集計するのか，という点であり，この点はテキストマイニングでの概念選択のプロセスに当たる。

　このようにどの言葉をコード化するのか，の指針となるのが，その領域で内容分析および序章で提示したテキストマイニングを用いている先行研究の存在である。先行研究の分析枠組みを精査することで，どの言葉に注目しているのかを見た上で，各研究領域に入るのが妥当であろう。

　喜田（2007）においては，経営学での内容分析の研究は，基本的に認知変数を明らかにする研究が多いことから，内容分析の研究課題を認知的組織論の領域に限定して議論してきた。また，認知的組織論では，内容分析の応用版である認知マップを導入している傾向が強いことからもこの点は支持されると考えられる。そして，経営学での内容分析を用いた研究があまり見られなくなったのは，認知的組織論がその手法として認知マップという新たな方法を手に入れたからであると考えている。そして，認知変化および知識の可視化の方法として内容分析および認知マップが導入され発展してきている。しかもその知識の可視化の問題についての理論的な基盤として組織的知識構造の知識表象研究の貢献も見られる（喜田，2007）。

第3章

テキストマイニングツールの基礎知識

　前章までで，テキストマイニングの概説，テキストマイニングが基礎とする内容分析の説明と研究例を提示してきた。そこで，重要なのは，概念をどのように選択するのか，という点であることを強調した。本章以降では，内容分析に関する知識を基礎に，本書の中心であるテキストマイニングの利用法について説明することにしよう。テキストマイニングを利用するにはソフト（ツール）の操作方法などソフトに関する知識が必要である。

　現在，日本で利用できるテキストマイニングのソフトとしては，SPSS（現IBM）社のText Mining for Clementine，Clementineの最新版であるIBM SPSS Modelerにアドオンして使用するIBM SPSS Text Analytics，質問票調査の自由筆記欄に特化したIBM SPSS Text Analytics for Surveys，ジャストシステム社のCBMI，野村総合研究所のTRUE TELLER，数理システム社のText Mining Studio，ベルカーブ社のトレンドサーチ，日本電子計算社のWordMiner，フリーソフトのkhコーダー，TinyTextMiner等がある。

　現在，筆者が利用できるソフトとして，SPSS社のText Mining for Clementine，IBM SPSS Modelerにアドオンして使用するIBM SPSS Text Analytics，IBM SPSS Text Analytics for Surveysの3つがある。

　そこで，本書では，筆者が実際研究において用いたText Mining for ClementineとIBM SPSS Text Analytics for Surveys3.01について説明する。なお，2017年現在，IBM SPSS Modelerにアドオンして使用するIBM SPSS Text Analyticsを用いた研究を進めていることを注記しておく。なお，IBM SPSS ModelerについてはWendler & Gröttrup（2016）を参照されたい。

　本章では，テキストマイニングツールの基礎知識を習得する。そこで，本書では，筆者が実際研究において用いたText Mining for ClementineとIBM

84　第3章　テキストマイニングツールの基礎知識

SPSS Text Analytics for Surveys3.01について説明する。前著で中心とした
Clementineは現在のツールであるIBM SPSS Modelerの習得の基礎となり，
本書でもClementineを中心に説明する。Clementineの入門として，基本的
な知識を習得する。ここでは，データの読み込み，データの理解（データ型
とインスタンス化），データマイニング，「構造化データ」でのデータクリー
ニング，モデル（アルゴリズム）の概説（ニューラルネットワーク，決定木，
クラスター化，アソシエーション）について説明する。そこで，最後に最近
のテキストマイニングツールであるIBM SPSS Text Analytics for Surveysで
のテキストマイニングの特徴や作業手順について説明する[1]。

◆キーワード
　ストリーム，データのインスタンス化（データ入力），モデル構築

I　Clementine入門

　Clementineでは，データマイニングプロセスの業界標準であるCRISP_
DMとの連携によるプロセス管理を実現したことで，高度な機能が馴染みや
すいGUIで簡単に操作できるデータマイニングツールである。Clementineの
画面は図表3-1のように構成されている。なお，IBM SPSS Modelerもほぼ同
じ画面であり，操作手順などが同じである（Wendler & Gröttrup, 2016）。
　Clementineでは，ビジュアルプログラミング手法によって，自分のデー
タを発掘する（マイニング），データマイニングができる。これは，ストリ
ーム領域において行われる。
　ストリーム領域はClementineにおけるメインのワークエリアであり，ス
トリームをデザインする場所と考えてよい。ストリームとは，Clementine
においてはデータマイニングおよびテキストマイニングのプログラムのこと
であり，**データの流れ（ストリーム）**を示している。
　ストリーム領域上のアイコンはデータに行う処理を表し，ノードと呼ばれ

1）なお，本章は2005年度前期神戸大学夜間主コースにおける経営数量分析の講義ノート
　を基礎にしている。また喜田（2007, 2008b, 2010）も参照されたい。

I　Clementine入門　85

図表3-1　Clementineの画面

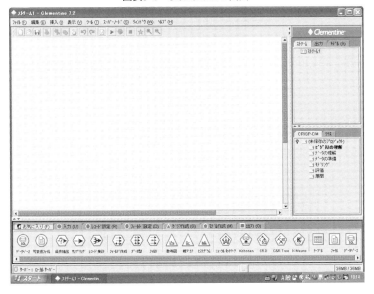

ている。

　ツールバーはさまざまな機能を提供している。ユーザーはアイコンをクリックすることであるストリームの実行，実行の中断，ノードの切り取り，ノードのコピー，ノードの貼り付けなどを行える。

　ストリーム領域の右上には，ストリーム，出力，モデルの3種類のマネジャーが用意されており，それぞれに対応したオブジェクトを表示，管理することができる。各パレットには，データストリームに追加できる関連ノードが含まれている。例えば，入力パレットにはデータを読み込むために使用するノードが含まれる。お気に入りパレットは，ユーザーがカスタマイズできるパレットで，ユーザーが頻繁に使用するノードを表示しておくことができる。

　複数のノードをストリーム領域に配置し，ノードをリンク（結合）してストリームを形成する。ストリームは，複数の操作（ノード）を通過していくデータの流れを表している。

　パレットにあるアイコンは，実行される操作の種類によって，入力，レコ

86 第3章 テキストマイニングツールの基礎知識

ード設定，フィールド設定，グラフ作成，モデル作成，出力の6グループに
分けられている。なお，以下のノードにおいて，さまざまな設定（編集）が
可能であり，それを行うことで，より詳しいデータマイニングが行うことが
できる。

　[**入力（U）**] 以下のノードで示されるファイル形式からの読み込みが可
能であり，CSVファイルを代表とする可変長ファイル，SPSSファイルなど
を読み込むことができる。また，フォルダ単位で文書を保存している場合の
テキストマイニングに用いるノードはここに属している（図表3-2）。

図表3-2　入力パレット

[お気に入り (F) | ● 入力 (U) | ● レコード設定 (R) | ● フィールド設定 (D) |
データベース　可変長ファイル　固定長ファイル　SPSSファイル　SASファイル　ユーザー入力　テキストマイニング　| データ

　[**レコード設定（R）**] ここでいうレコードとはサンプルのことである。
ここに属するノードは，レコードレベルでデータセット（サンプル）に変更
を加える場合に使用する（図表3-3）。具体的には，サンプリングやサンプル
ごとでの並び替えなどが行える。

図表3-3　レコード設定パレット

[お気に入り (F) | ● 入力 (U) | ● レコード設定 (R) | ● フィールド設定 (D) | △グラフ作成 (G) |
条件抽出　サンプリング　バランス　レコード集計　ソート　レコード結合　レコード追加　重複レコード

　[**フィールド設定（D）**] ここでいうフィールドとは変数のことである。
ここに属するノードは，データの準備でデータを選択，クリーニング，およ
び構築する際に役に立つ。また，変数をコントロール，新たな変数を作成す
る等の機能を持っている（図表3-4）。具体的な，モデル作成に用いる変数を
特定するのに用いる。また，ある質問項目に対してテキストマイニングを行
う際にもここでのノードを用いることになる。なぜなら，テキストマイニン
グ自体，言葉を中心に変数を作成することにほかならないからである。

Ⅰ　Clementine入門　87

図表3-4　フィールド設定パレット

　[グラフ作成（G）] 以下のノードで示されるグラフ作成が可能である（図表3-5）。そこでは，棒グラフやモデルを評価するグラフなどを作成することができる。

図表3-5　グラフ作成パレット

　[モデル作成（M）] 以下のノードでは作成可能なモデルを示している（図表3-6）。そこでは，ニューラルネットワーク，決定木，アソシエーションルール，クラスター化のモデルなどを作成することができる。なお，詳しい説明についてはBerry & Linoff（1997），Larose（2004），Tan, Steinbach & Kumar（2006, 2013），Wu & Kumar（2009），喜田（2010），Linoff & Berry（2011ab），Provost & Fawcett（2013），Nettleton（2014），Zaki & Wagner（2014），Wendler & Gröttrup（2016）を参照されたい。また，これらについては後の節で説明する。また，第4章で具体的にデータをもとにモデルを作成する。

図表3-6　モデル作成パレット

　[出力（O）] 以下のノードで示される形式への出力に対応している（図表3-7）。その出力の形式としては，テーブル（表形式），クロス集計，SPSSファイルなどが挙げられる。

図表3-7　出力パレット

なお，このように分類されて各パレットに収められているが，よく用いられるノードを「お気に入り」として整理することができる（図表3-8）。

図表3-8　お気に入りパレット

以上のようなノードを用いて，ストリームの中でプログラムを作成しデータマイニングおよびテキストマイニング行っていくことになる。しかし，これらのノードをどのように組み合わせていくのか，という点が初心者にとっては大きな問題になる。そこで，本書ではその方向性を示すために基本的なストリームの形，並び方を提示することにする（図表3-9）。

図表3-9　基本的なストリーム（ノードの並び方）

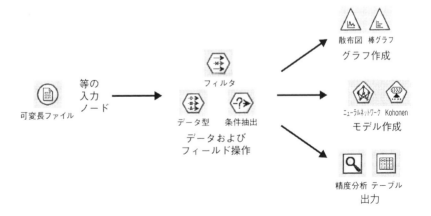

前述したようにClementineはビジュアルなプログラミング手法である。

このように見ると，丸い形をした入力ノードから始まり，六角形のデータお
よびフィールド操作ノードを通して，三角形のグラフ作成ノード，五角形の
モデル作成，四角形の出力ノードの順で配置されるということがわかる。な
お，三角形のグラフ作成ノード，五角形のモデル作成，四角形の出力ノード
はターミナルノード（終点ノード）と呼ばれ，そこでデータ操作が一通り終
わる。そこで，このようにストリームを作成することで，テキストマイニン
グを行うことになる。

　そして，このストリームでの矢印はデータの流れを示しており，各ノード
は変数の操作およびデータの操作の軌跡を示している。その奇跡（ストリー
ム）を見ることによって，主観的とされる言語分析（ここではテキストマイ
ニング）の流れを可視化しているのである。そして，重要なのは研究課題
（何を知りたいのか）を明確に意識していることは当然であるが，それを知
るためにどのようにデータをハンドリング（操作化）するのか，という筋道
を認識していることである。一言でいうと，研究課題と研究の分析枠組みを
明確に意識していることが必要であり，それをプログラム化する手順で
Clementineが使えるということを示唆しておく。言い換えると，研究課題
があいまいで，どのようにデータを操作するのかを明確にしていない場合に
は，Clementineでのテキストマイニングは行いにくい。ただし，テキスト
データを構造化した後，探索的マイニング手法であるKohonen等による内容
のクラスタリング等は行えると考えられる。このように自分の研究の流れを
意識した上で，本書では，簡単ではあるがClementineでのプログラムを用
いてそれを可能にするためのClementineの基本的知識を提供することにし
よう。次節では，テキストマイニングの入り口であるデータの理解と準備の
中心であるデータファイルの読み込みについて説明することにしよう。

Ⅱ　データファイルの読み込み

　ここでは，データファイルの読み込みの方法を説明する。まず，一般的な
Clementineのデータファイルの読み込みについて説明した後，テキストマ
イニングの用いるデータ（テキストデータ）についてのファイル読み込み，

90   第3章　テキストマイニングツールの基礎知識

データの読み込み方法について説明する。最後に，テキストマイニングを用いることを想定した自由筆記欄の設計について説明することにする。この点は，テキストマイニングを行うのであれば，データ収集の時点からその準備が重要であるということを示唆している。

1）データファイルの読み込みとインスタンス化

この節ではClementineでのテキストマイニングでのデータ読み込み方法をいくつか説明する。Clementineでは，テキストファイル，CSVファイル，SPSSファイル，ODBCを経由したAccessファイルなどが読み込むことができる（図表3-10）。一般的に重要なのは，可変長ファイルの読み込みである。これはExcelのファイル（CSVファイル）を読み込むのに用いられる。また，企業においては，ODBCソースにデータがある場合，さまざまなデータをインポートすることができる。ここで重要なのは，フィールド（変数）の型（種類）と方向に関する説明である。なぜなら，これはモデルを構築する際に重要になり，フィールドのタイプによって用いられるアルゴリズムが決まるからである。さらにいうと，現在のところ，アルゴリズムを用いる前提条件としてフィールドのタイプが決められている。

まず，データファイルの読み込みに使われるノードについて説明することにしよう。それは，入力というパレットの中に以下のように配置されている。データファイルの読み込みに使われるノードとして以下のようなものがある（図表3-10）。

図表3-10　入力できるデータ

2）テキストマイニングでのデータの読み込み（入力ノードとフィールド作成ノード）

テキストマイニングにおいて，テキストデータは大きく分けて2種類ある。それは，ロングテキストか。それともショートテキストかである。具体的に

Ⅱ　データファイルの読み込み　91

いうと，CSVファイルで読み込み可能な250字以下か，それともそれ以上か，ということである（図表3-11）。それによって，テキストの整理方法が異なり，また，テキストマイニングを行う入力形式も異なる。そこで，ここでは，その点について説明する。

図表3-11　テキストデータの分類と入力方法の関係

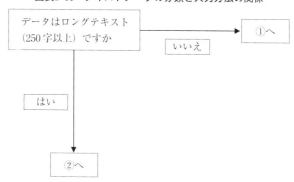

①CSVファイル形式でのデータ作成

1）のタイプのテキストデータは図表3-12で示されるようなデータ形式で作成できる。その上で，CSVファイルとして保存され，テキストマイニングを行うことが可能となる（図表3-12）。

図表3-12　質問票調査でのテキストデータ作成挿入

ID	発言者氏名コード	個人特性1（性別，年齢，所属，地位など）	個人特性2	個人特性3	日　付	（テキストデータ）：発話データ
1		●	◎	△	yyyy.mm.dd 20001212（＝2000年12月12日）	
2		●	◎	△	yyyy.mm.dd	
3		○	■	▲	yyyy.mm.dd	

具体的に，この形式をとるものとして，質問票調査の自由筆記欄がある。この場合は，可変長ファイル入力ノードを用いてデータを読み込むことになる。その上で，フィールド作成パレットのテキストマイニングのプロセスノ

ードを用いることになる（図表3-13）。

図表3-13　テキストマイニングのプロセスノード

そのときのストリームの事例は以下のようになる（図表3-14）。なお，ここでは，携帯電話企業の行った顧客満足についてのアンケートを用いている[2]。まず，CSVファイル形式で保存されたデータを読み込む。

図表3-14　質問票調査でのストリームの例

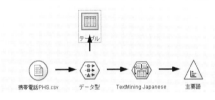

可変長入力ノードにおいて，参照をクリックし，読み込むCSVファイルを指定する（図表3-15）。また，区切り文字の設定などを行うことも必要となる。

そして，データ型ノードおよびテーブルノードを用いてインスタンス化を行う。インスタンス化については次節で説明する。次にフィールド設定ノードにあるテキストマイニングノードを用いて，テキストマイニングを行う。そのノードの編集画面を開く（図表3-16）。

まず，データベースの更新にチェックを入れ，データベース名を記入する。次に，エキスパートモードにチェックを入れる。そうすることで，テキストマイニングにおける品詞情報を手に入れることができる。

その上で，フィールドIDにアンケートでのid（一般的にはサンプル番号）を選択する。そして，最後にテキストマイニングの対象となるアンケートの質問項目（自由筆記欄など）を選択する。

なお，エンコードを自動検出にすることで，すべてのコードを検出するこ

2）このデータはジャストシステム社によって提供された。

Ⅱ　データファイルの読み込み　93

図表3-15　可変長ノードの編集

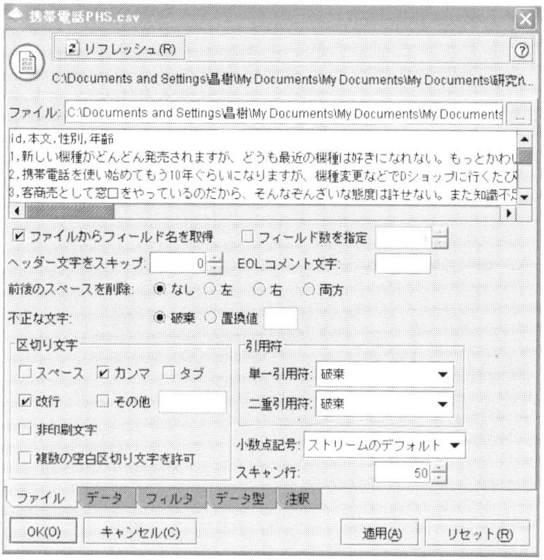

図表3-16　テキストマイニングのプロセスノードの編集

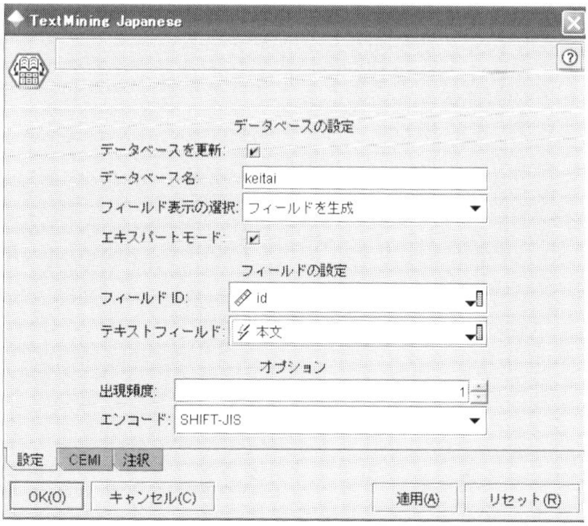

とができるようになる。それ故，実際では，自動検出にすることを薦める。

②テキストファイルでのデータ作成

　　次にもう1つのタイプのテキストデータについて説明することにしよう。
この種のテータとして，250字を超えるインタビューデータ・メール（手

紙)・自由筆記欄，事業報告書，有価証券報告書などの会社の公式資料，自伝(『私の履歴書』)を中心とした個人的ドキュメントなどである。なお，本書で取り上げた研究例はこのタイプのテキストをデータとしている。各年次，各サンプルでテキストファイルにし，1つのフォルダに保存する。その上で，入力パレットにあるテキストマイニングノードを用いることになる(図表3-17)。

図表3-17 テキストマイニングの入力ノード

TextMining Japanese

そこでここでの編集画面は以下のようになる(図表3-18)。なお，データは，本書第6章で提示したものと同様である。

図表3-18 テキストマイニングの入力ノードの編集

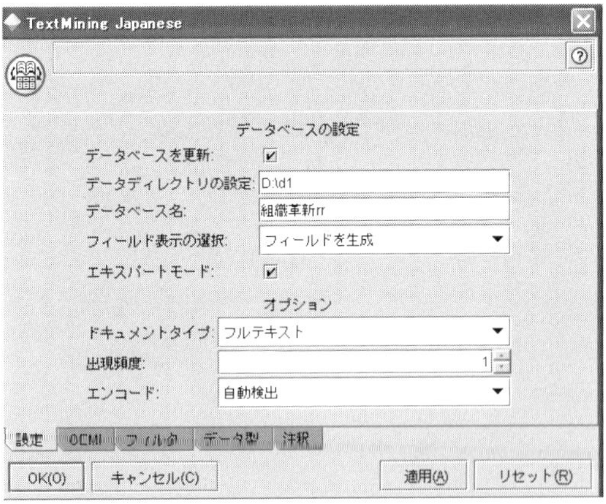

フィールド設定のテキストマイニングのプロセスノードの編集と同様に，まず，データベースの更新にチェックを入れ，データベース名を記入する。データディレクトリの設定には，データが保存されているフォルダ名を入力する。次に，エキスパートモードにチェックを入れる。これによって，テキストマイニングにおける品詞情報を手に入れることができる。

以上が入力ノードの設定である。しかし，通常の研究の場合，テキストの他のデータ作成が必要になる。それは，各サンプルもしくは各年次でのテキ

スト特性を明らかにするデータであり，CSVファイル形式で作成される。そのデータには，そのテキストを作成，発話したサンプルの特性（年齢，職業，地位などの個人特性，売上高，経常利益，などの企業の特性など），またはそのテキストが作成された状況（時間，年次，インタビューの質問の内容など）などが含まれる。そのデータとテキストマイニングの結果を結合する方法を第4節で説明している。

　以上では，あるデータをテキストマイニングする際のデータの読み込みについて説明してきた。なお，この点はCBMIにも共通しており，データ入力方法は大体この種類に区別することができる。この点については第10章で説明することにしよう。

3）テキストマイニングを用いることを想定した自由筆記欄の設計

　しかし，実際の作業から見ると，テキストマイニングを用いることを想定して質問票調査を行わないと，後で有効な分析が行えないことがある。そこで，ここでは，この点についての示唆を提示することにしよう。テキストマイニングを用いることを想定した自由筆記欄には大きく2種類を提案することにしよう。なお，第5章で自由筆記欄の資料としての特性をもう一度議論する。

①各質問項目の後や最後に自由筆記欄をおく。この場合，字数としては250字までとする

　この方法は通常の質問票調査で用いられている。字数制限をする理由はCSVファイルを用いるためであり，CSVファイルの1つのセルには250字までしか記述することができないためである。この方法のメリットとしては，字数という意味で限定的ではあるが，サンプルの自由な表記による分析が可能となるが，反面，調査者にとっては，分析する概念の選択の問題が複雑になるというデメリットがある。また，通常の言及頻度による分析の有効性についても疑念を持つ必要がある。ただし，著者判別の指標（メジャー度［その概念が広く言及されている程度］，独占度［あるサンプルのみで見られる程度］）を作成することで有効な分析が行えると考えられている。なお，この点については，第4章で説明することにしよう。

前著ではCSVファイルでのデータのやり取りを中心にしたために，250字に限定していた。現在のツール（IBM SPSS Text Analytics for Surveys等）ではエクセルを中心にデータ作成を行うために文字数については1700文字程度が入力可能になっている。なお，設定とパソコンのスペックによるが，現在のエクセルでは8000字程度が入力可能であり，かなりのロングテキストを扱うことができる。そして，この点は，今までの自由筆記欄などのショート（文字数の少ない）のテキストだけではなく，ロング（文字数の多い）のテキスト，字数制限はあるがかなり多様なテキスト（言語資料）を対象にすることが可能になっている。

②調査者がある一定の入力フォーマットを作成する場合

　この場合のメリットは，現在のテキストマイニング技術では不可能な「満足」「不満足」についての因果関係を分析することが可能になる点である。この点を顧客満足で説明すると，次のような入力フォーマットが考えられる。
- 当社の製品（サービス）について満足する点を5つ挙げてください。
- 当社の製品（サービス）について不満な点を5つ挙げてください。

もしくは，臨界事象法的に，
- 当社の製品（サービス）について最も満足したことが何ですか。
- 当社の製品（サービス）について最も不満な点は何ですか。

　以上に共通する点としては，現在のテキストマイニング技術が概念ベースでの分析であるために，フレーズ単位（文レベル）の分析ではないことを認識しておく点を注記しておく。それと同時に入力する文字についての注意点が1つある。それは，テキストマイニングエンジンにおいて，入力することを禁止している文字の存在である。入力禁止文字としては，／．＊？：；" 〈 〉 |等が挙げられており，また，先頭や末尾に半角スペースを使用できないとしている。これらの入力禁止文字はClementineおよびCBMIにおいて同様のようである。これらに対処するためには，これらの文字がテキストデータ内にあった場合，違う文字に置き換えるなどの作業が必要である。この作業は，第5章で説明するデータクリーニング（テキストマイニングに用いるようにできるようにデータ操作を行うこと）の1つであり，テキストマイニングにおいては，重要な作業の1つになる。

実務界でデータベース場合，特に，SFA（営業支援システム）やKMS（ナレッジマネジメントシステム）での営業日誌などの場合は，夜間バッチなどでこれらの処理を行えるようにすることをお勧めする。この点については，ベンダー各社の課題でもあると思われる。

Ⅲ　データの理解（データ型とインスタンス化）

データファイルを読み込み，テーブルで出力すると，そこに含まれるフィールドの種類の定義（＝インスタンス化）が自動的に行われる（図表3-19）。

図表3-19　データのインスタンス化

これを確認するのがデータ型ノードである。データ型ノードはフィールド作成パレットにある（図表3-20）。以下のようなものである。なお，このノードは入力から出力ノードの間に配置する。

図表3-20　データ型ノード

そこで，このノードの編集画面を開けると図表3-21のような情報が得られる。なお，ここでは，変数の種類を見てもらうために，第7章の事例をもとにしている。

データ型ノードで得られるデータについての情報としては，①フィールド（変数）の名前，②データ型（変数の種類），③値，④欠損値の存在，⑤欠損値検査をしたかどうか，⑥方向である。そこで，重要なのが，データ型（変数の種類）と方向である。まず，データ型（変数の種類）について説明することにしよう。

98　第3章　テキストマイニングツールの基礎知識

図表3-21　データ型ノードで得られるデータについての情報

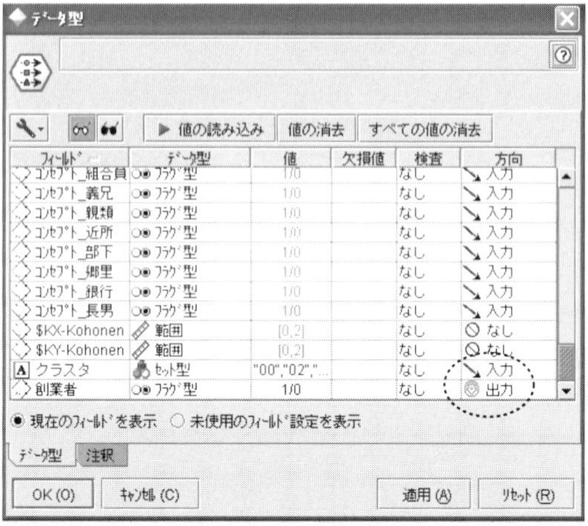

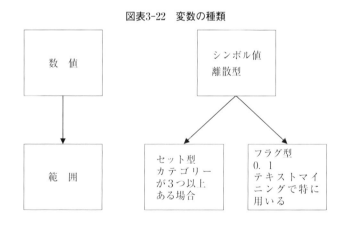

1）フィールド（変数）の種類

次のようなフィールド＝変数の種類が挙げられている（図表3-22）。

図表3-22　変数の種類

①**範囲**　0から100や，0.75から1.25のような数値の範囲に対して使用される。範囲の値には，整数，実数，日付／時間などがある。例えば，年齢，年収，売上高などである。

②**離散型**　値の正確な個数が不明である場合，文字型の値に対して使用され

Ⅲ　データの理解（データ型とインスタンス化）　99

る。ただし，これはインスタンス化されていないデータ型である。なお，テキストマイニングでの概念（言葉）がこれに振り分けられることが多い。

③**フラグ型**　有／無や，0／1のように2つの値を持つデータに対して使用される。Clementineでのテキストマイニングの結果はこの種類の変数として認識される。図表3-34のようにである。一般的にはバイナリーデータである。

④**セット型**　複数の値があり，それぞれが小／中／大のようなセットのカテゴリーとして扱われる値に対して使用される。数値，文字列，日付／時間など。

⑤**不明**　上記のどの型にもあてはまらないデータや，カテゴリー数が多すぎるセット型のデータ（口座番号など）に使用される。なお，テキストマイニングでのコンセプトなどがこれに振り分けられることが多い。

　ここで重要な点は，データマイニングでのモデル構築のアルゴリズムによって，採用できる変数の種類が限定されていることである。この点については，後述することにしよう。

2）フィールドの方向
　フィールドの方向はモデルを作成する際に必要である。使用できる方向は以下の4つである。

①**入力（独立変数）**
　モデル作成において，入力すなわち予測フィールド（予測に使用される値）として使用される。
　ニューラルネットワーク，決定木において必要となる。

②**出力（従属変数）**
　モデル作成において，出力すなわち目的フィールド（予測されるフィールド）として使用される。
　ニューラルネットワーク，決定木において必要となる。

③**両方**
　マーケット・バスケット分析を行うのに用いるアソシエーションルールのアルゴリズムであるAprioriとGRIのモデル作成に適している。アソシエー

ションルールにおいて，フィールドを入力と出力の両方として使用される。アソシエーションルールにおいては，出力でもあり，入力でもあるからである。他のすべてのモデル作成手法では，このフィールドは無視される。

④なし

モデル作成に使用されない。データ型を不明にすると方向は，自動的になしにセットされる。

データ型ノードにおいて，フィールドの方向の設定は型の設定と同様に行える。フィールドの方向の値をクリックし，適切な方向を選択する。

以上がデータ型ノードで得られるデータおよび変数（フィールド）に関する情報であるが，これは，次のようなストリームを構築し，実行することで自動的に得ることができる。なおこのことをインスタンス化と呼ぶ（図表3-19）。インスタンス化はテキストマイニングおよびデータマイニングの最初の段階で必ず行うことをお勧めする。なぜなら，これによって，入力したデータの特性を把握することが可能になるからである。また，フィールド設定パレットおよびレコード設定パレットに含まれる各ノードを利用したときには，インスタンス化を必ず行うこともお勧めする。なぜなら，以上の操作によってどのように変数操作およびデータ操作が行われたかをデータ型ノードによって得られる情報で確認するためである。もっというと，ClementineおよびIBM SPSS Modelerにおいてはデータ型ノードが最も重要であるということを注記しておくことにしよう（喜田，2010）。

Ⅳ　データマイニング，「構造化データ」でのデータクリーニング

以下では，データマイニングに入る前のデータ操作について説明する。マイニングにおいては，このようなデータ操作が必ずといってよいほど行われる。この点は，通常の統計的な分析手法を用いる研究者にとっては奇異に写るかもしれないが，マイニングにとっては重要なプロセスである。なぜなら，マイニングの最終的な目標は統計的な分析結果を提示することではなく，有効なモデルを構築することであるためである。そして，その目的は，データ

Ⅳ　データマイニング，「構造化データ」でのデータクリーニング

の質（欠損値などがない状態）を上げることであり，その質の高いデータを用いないと有効なモデルが構築できないと考えているからである。ここでは有効なモデルの意味を述べておくと，実際ビジネスの上で，利益および売上高が上がるというような実践的な意味においてである。

そこで，ClementineおよびIBM SPSS Modelerが，有効なモデルを構築するためのデータ準備およびデータ操作として，以下の4つが考えられる。これらの点は，現在，データサイエンスの中ではデータクリーニングおよびデータクレンジングの領域として確立し，分析用データを作成する上で重要である。データマイニングでのデータクリーニングについてはMcCallum（2012），Nettleton（2014）などがある[3]。McCallum（2012）では，質の悪いデータ（バッドデータ）の事例を挙げ，その解決策を議論している。例えば，欠損値，入力ミス，フォーマットの不具合等であり，これはかなり問題であるが，現実（ビジネス等）とデータが一致しない時などである[4]。また，ツール上でのデータ操作の方法については，喜田（2010），Wendler & Gröttrup（2016）の第2章を参照されたい。このような研究などから次の4つのデータ操作について説明することにしよう。

①欠損データの削除もしくは処理

データビジュアライゼーションによって欠損値データおよびその状況を把握して，欠損データが多い場合はその変数を削除する。欠損データが少ない場合はそのデータの分布状況などから，その欠損値部分に平均値，中央値などを代替的に入れる（Nettleton, 2014）。

②データの削除

ここでは，重複しているレコードの削除が中心となり，例えば，顧客データなどでの重複やその他重複しているデータを削除する（Nettleton, 2014）。この点は，日本企業の情報活用の質問票調査でもデータの不満点として挙げられている（石倉ほか，2016）。

---

3) データマイニングでのデータクリーニングについてのその他としては，Cody & SAS Institute（2008），Osborne（2013），Squire（2015），Buttrey & Whitaker（2017）などを参照されたい。
4) 現実とデータが一致しない問題はERPインプリメンテーションとして議論される。Magal & Word（2012）などを参照されたい。

この2つの点を，データクリーニングとしてデータサイエンスの中では1つの領域になっている（Nielsen & Burlingame, 2013；Nettleton, 2014；Buttrey & Whitaker, 2017）。

③サンプリング

最近のビッグデータと呼ばれる現状においては，有効なデータ作成を行うことにはデータクレンジング（データの要約）が必要であり，その1つの方法がサンプリングである（Nettleton, 2014）。

④データの結合

テキストマイニングにおいては，最後のデータの結合を最もよく用いる可能性がある。それは，テキストマイニングの結果とデータマイニングの結果を結合する場合（混合マイニング）がほとんどであるためである。

マイニングに必要とされる関連する情報が1つのデータベース内にすべてあることが理想だが，そのようなことはほとんどない。現実，データが異なる場所，もしくは異なるフォーマット（異なる保存形式，異なる変数を用いている）にある可能性が高い。特に最近の動向から事業部門など部門ごとでのグループウェアやソーシャルネットワークサービス（SNS）の利用などからその可能性がより高まっている。

そして，ERP（基幹系システム）自体が複数の情報システムのデータ統合を行っており，各システム間の結合キーを持っている（Monk & Wagner, 2006；Magal & Word, 2012）。具体的には，すべてのシステムを結合するのは「タスク」であるし，会計システムを中心にすれば「トランザクション・ナンバー」である。その上で，ビッグデータのような外部データと結合するのは「顧客ID」である（Monk & Wagner, 2006）。

また，最近重要視されている顧客データ統合（CDI）やデータマネジメントの一部もここで述べるデータ統合の1つである（DAMA International, 2006；Berson & Dubov, 2010；Watson, 2013）。

それ故，データマイニングを開始する前に，異なるデータソースをすべてまとめて，1つのデータファイル（分析用データ）にする必要がある。そのためにClementineではレコード結合ノードとレコード追加ノードを用いる。レコード追加ノードは，サンプルを追加するのに用いられる。そのイメージ

IV　データマイニング，「構造化データ」でのデータクリーニング　　103

図表3-23　レコード追加ノード（サンプルの追加）のイメージ

ファイルA

ID	START	AGE	GENDER	MARITAL	RESION
A1	1997/01	32	男性	未婚	都市
A2	1997/02	45	女性	既婚	農村
A3	1997/04	26	男性	未婚	都市

ファイルA＋B

ID	START	AGE	GENDER	MARITAL	RESION
A1	1997/01	32	男性	未婚	都市
A2	1997/02	45	女性	既婚	農村
A3	1997/04	26	男性	未婚	都市
B1	1998/02	23	男性	$ null $	$ null $
B2	1998/03	30	男性	$ null $	$ null $

行の追加

レコード結合

ID	START	AGE	GENDER
B1	1998/02	23	男性
B2	1998/03	30	男性

ファイルB

（出所：SPSS社トレーニングコース配布資料を加筆修正）

図表3-24　レコード結合ノード（変数の追加）のイメージ

ファイルA

ID	START	AGE	GENDER	MARITAL	RESION
A1	1997/01	32	男性	未婚	都市
A2	1997/02	45	女性	既婚	農村
A3	1997/04	26	男性	未婚	都市
A4	1997/08	30	男性	既婚	都市
A5	1997/09	22	女性	既婚	農村

列の追加

レコード結合

ファイルB

ID	ACCT	BALANCE
A1	普通	28580
A1	当座	55205
A2	当座	30554
A3	普通	98744

ファイルA＋B

ID	START	AGE	GENDER	MARITAL	RESION	ACCT	BALANCE
A1	1997/01	32	男性	未婚	都市	普通	28580
A1	1997/01	32	男性	未婚	都市	当座	55205
A2	1997/02	45	女性	既婚	農村	当座	30544
A3	1997/04	26	男性	未婚	都市	普通	98744
A4	1997/08	30	男性	既婚	都市	$ null $	$ null $
A5	1997/09	22	女性	既婚	農村	$ null $	$ null $

（出所：SPSS社トレーニングコース配布資料を加筆修正）

を示すと図表3-23のようになる。このように，行の追加を行うことで，その
データファイル内でのサンプル，レコードを追加しているということがわか
る。

　一方，レコード結合ノードはフィールド（変数）を追加するのに用いられ
る。そのイメージは図表3-24のように示される。このように，列の追加を行
うことで，そのデータファイル内での変数を追加していることがわかる。

このようなノードの利用法において重要なのが，レコード結合ノードであり，それは，変数を追加する場合に用いられる。テキストマイニングを用いる場合，テキストマイニングの結果と属性変数を追加，結合する場合に用いられる。特に，混合マイニングには必要不可欠な作業である。

そこで，結合方法を説明すると，結合には2つの方法がある。

①**順序**：各入力ファイルのN番目のレコードを交互に取り，N番目の出力レコードを作成する。どちらかの入力でレコードがなくなると，それ以上，出力レコードが作成されなくなる。

②**キー**：一般的にキー結合と呼ばれる。この場合，「キー」として定義されたフィールドにおいて同じ値を持つレコードが結合される。複数のレコードにキーフィールドがある場合，可能なすべての結合が行われる。具体的にキーとして扱われるものに，ID，サンプル番号などがある。なお，ERP（基幹系情報システム）ではタスクを結合キーとしている。なお，テキストマイニングでは，必ずドキュメントIDを作る必要がある。そして，これがデータを結合する際のキーになるのである。

第6章での有価証券報告書のテキストマイニングの結果と各テキストの属性変数を結合するのに，以下のように用いている（図表3-25）。

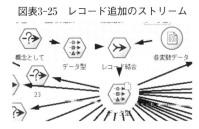

図表3-25　レコード追加のストリーム

以上のようにデータマイニングでのデータクリーニングについて説明してきた。そこでの特徴は「構造化されたデータ」でのデータクリーニングであるという点である（Feldman & Sanger, 2007）。そこで，本書がテキストなどの「非構造化データ」を対象にするテキストマイニングが中心であるということは，ここで説明してきたデータクリーニングよりも複雑なデータクリーニングが必要であり，非構造化データを対象にするテキストマイニングでのデータクリーニングについては，第5章に詳しく説明することにしよう。

V　モデリングの手法の概説

　以上のようなデータの理解や準備を経て，モデリングという段階を行うことができる。モデリングでは，各種アルゴリズムを用いながらモデル構築を行うことになる。そこで，ここでは，モデリング手法の概説をすることにしよう。Clementineで利用可能なアルゴリズム（ニューラルネットワーク，決定木，クラスター化，アソシエーションルール）について説明する。

1）モデリング手法の概説

　テキストマイニングに用いるモデル構築のしかた，もしくはデータマイニングの機能は大きく3つに分類できる[5]。
　①予測・判別
　②クラスター化：分類
　③アソシエーション（連関）：パターン発見

①予測・判別モデリングは**教師あり学習**（目的志向マイニング）とも呼ばれ，入力フィールドの値を使用して出力フィールドの値を予測する。Clementineには予測モデルを作成するノード（アルゴリズム）が**ニューラルネットワーク，決定木**などがある。なお，IBM SPSS Modelerでは，機械学習である決定木（C&R Tree，QUEST，CHAIDおよびC5.0アルゴリズム），ニューラルネットワーク，サポート・ベクター・マシーン（SVM），Bayesianネットワークなどがある。なお，統計的な手法である回帰分析などもこの種類に入る。
②**クラスター化手法**は，**教師なし学習**（探索的マイニング）とも呼ばれ，これには出力フィールドの概念がない。クラスター化手法の目的は，データを

5）Tan, Steinbach & Kumar（2006）では，データマイニングの機能を2つに分類している。第1は，予測・判別であり，第2は，記述的機能である。後者にここでいう，分類，パターン発見等が含まれる。その上で，データマイニングが持つデータの可視化という機能にも注目しており，グラフ化などを中心に議論している。この点はデータマイニングの段階でいうと「データの理解」に含まれる。

106 第3章 テキストマイニングツールの基礎知識

入力フィールドで類似するパターンを示すものどうしをグループに分類しようとすることである。Clementineのクラスター化のアルゴリズムには，**Kohonenネットワーク**，K-Meansクラスター，TwoStepクラスターの3つがある。なお，IBM SPSS Modelerのクラスター化のアルゴリズムには，Kohonenネットワーク，K-Meansクラスター，TwoStepクラスター，異常値検出がある。

③**アソシエーション手法**は一般化された予測モデリングと考えることができる。ここでは1つのフィールドが入力フィールドと出力フィールドの両方となることができる。アソシエーションルールは，ある特定の結果を1組の条件と関連づけ（連関）ようとする。Clementineには，AprioriとGRIという主要な2つのアソシエーション手法（アルゴリズム）がある。なお，IBM SPSS Modelerには，Apriori Carmaと主要な2つのアソシエーション手法（アルゴリズム）がある。

　データマイニングにおいてはこのようなアルゴリズムが用いられているが，Wu & Kumar（2009）ではよく用いられるトップ10位のアルゴリズムを説明しており，以下の順位となっている。①決定木（C5.0）の前のバージョンであるC4.5，②クラスタリングアルゴリズムであるK-Means，③予測・判別に用いるサポート・ベクター・マシーン（SVM），なお，これには判別に用いるSVC（判別アルゴリズム）と予測に用いるSVR（回帰アルゴリズム）で構成されており，SPSS Modelerでは実装されている。④パターン発見に用いるApriori，⑤EM（類似性発見，パターン認識），⑥ウェブログの分析に用いるPageRank，⑦画像分析にも用いることのできるAdaBoost，⑧クラスタリングアルゴリズムであるk-Nearest Neighbor，⑨ベイジアン的な統計学を基礎とする判別アルゴリズムであるNaiveBayes，⑩決定木の一種であるCART（本書の表記ではC&R Tree）である。また，彼らはこれらのアルゴリズムについて詳しく説明している。

　最後に，最新のIBM SPSS Modelerでは数多くのアルゴリズムが装備されている（図表3-26）。

　なお，そのそれぞれの説明と構築方法についてはLarose（2004）などを参照されたい[6]。

V モデリングの手法の概説

図表3-26 IBM SPSS Modelerでのアルゴリズム→モデル

(出所：SPSS社トレーニングコース配布資料；喜田, 2010, p.12)

本書では，テキストマイニングで用いる可能性の大きい4つのアルゴリズムについて説明することにしよう。第1は，ニューラルネットワークである。第2は決定木である。この2つは，ある属性についての予測・判別を行うのに用いることになる。第3のクラスタリング手法は話題（トピック）のカテゴリー化を行うために用いられる。最後のアソシエーションは話題と属性と関係および話題間および概念間の関係を調査に用いることになる。本書では，これらアルゴリズムの数学的基礎について説明することを目的としない[7]。ただし，これらのアルゴリズムを利用する際にカスタマイズする必要があるときにはこれらの数学的基盤が有効である。

2）ニューラルネットワーク

認知科学および人工知能研究を見ると，ニューラルネットワークは脳の動きを模倣することで問題を解決する手法として認識されさまざまな理論が生

---

6) その他，元田・津本・山口・沼尾（2006），Tan, Steinbach & Kumar（2006, 2013），Wu & Kumar（2009），喜田（2010），Linoff & Berry（2011ab），およびWendler & Gröttrup（2016）の第5章，第7章，第8章を参照されたい。
7) データマイニングの数学的基盤については，Giudici（2003），Larose（2004），Tan, Steinbach & Kumar（2006, 2013），加藤・羽室・矢田（2008），Provost & Fawcett（2013），Zaki & Wagner（2014）を参照されたい。

108　第3章　テキストマイニングツールの基礎知識

み出されてきている（Thagard, 1996）。特に，脳神経科学においてである
（安西・石崎・大津・波多野・溝口，1992）。これらの議論を応用したのが，
ここでのニューラルネットワークであり，今日においては，これは強力なモ
デリング手法として一般的に知られている[8]。典型的なニューラルネットワ
ークは，層に配置されてネットワークを構成しているいくつかのニューロン
から構成されている。各ニューロンはタスクの簡単な一部分を行う処理要素
と考えることができる。ニューロン間が接続されることで，データ間のパタ
ーンや関係をネットワークが学習できるようになる。ニューラルネットワー
クは図表3-27で示すことができる。

図表3-27　ニューラルネットワークの概念図

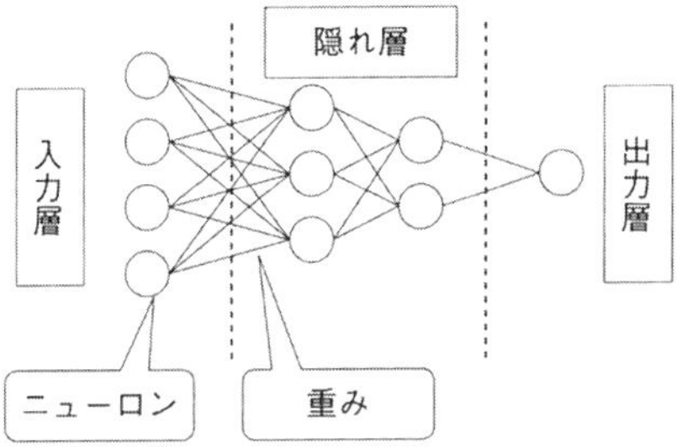

（出所：SPSS社トレーニングコース配布資料）

　ニューラルネットワークを使用して予測モデルを作成する場合，入力層に
はすべてのフィールドが含まれて，結果を予測するのに使用される。出力層
には出力フィールド，すなわち予測の対象が含まれる。入力フィールドと出
力フィールドは，数値型ならびにシンボル型の両方を扱うことができる。
Clementineでは，ニューラルネットワークで処理する前に内部でシンボル
型フィールドを数値型に変換する。隠れ層にはニューロンがいくつかあり，
ここではその1つ前の層からの出力を結合する。1つのネットワークには，
隠れ層を3層まで含むことができるが，通常これらは必要最低限にしておく。

8）詳しくは，Bigus（1996），Berry & Linoff（1997）第7章およびLinoff & Berry
　（2011b），Tan, Steinbach & Kumar（2006）pp.246-225，Tan, Steinbach & Kumar
　（2013），Wendler & Gröttrup（2016）pp.844-878を参照されたい。

ある層に含まれるニューロンはすべて、次の層にあるすべてのニューロンに接続される。ニューラルネットワークは、データと結果の間の関係を習得するが、これを学習と定義できる。完全に学習が終わったネットワークにおいては、新しい未知のデータを与えても、それまでの経験に基づいて意思決定や予測を行うことができる。

Clementineには、2種類の教師ありのニューラルネットワーク、マルチレイヤーパーセプトロン（MLP）とRadial Basis Functionネットワーク（RBFN）がある。なお、Clementineでは、図表3-28のノードを用いる。

図表3-28 Clementineでのニューラルネットワークノード

MLPでは、隠れ層の各ニューロンが、1つ前のニューロンからの重み付けされた出力の組み合わせを入力として受け取る。1番最後の隠れ層のニューロンが組み合わされて出力を作成する。次にこの予測値が正しい出力値と比較され、これら2つの値の差（誤差）をネットワークにフィードバックすることで、このネットワークが更新されていく。このように誤差をネットワークにフィードバックして戻すことをバックプロパゲーションと呼ぶ。なお、現在注目を集めているディープラーニングはこの応用であり、ここでいう層が10層ある。なぜなら、多様化したデータを分析するためには隠れ層の数が影響するからである。

以上がニューラルネットワークの説明であるが、簡単に長所と短所に触れることにしよう（Berry & Linoff, 1997；Linoff & Berry, 2011ab）。

この手法の長所としては、①広い領域の問題を扱える、②複雑な領域の問題であっても、ある一定の結果を生み出すことができる、③シンボル値、フラグ値、数値など幅広い変数の種類で用いることができる、④多くの市販のパッケージで利用可能である、などが挙げられている。一方短所としては①結果を説明できない、②早期に不適解に収束することがある、などが挙げられている。このような長所と短所を考慮に入れて、ニューラルネットワーク

の適用について考察すると、モデルの働き（流れ＝プロセス）を理解するときよりもモデルの結果が重要なときこの手法が有効であると考えられる。

3）決定木

ニューラルネットワークに対する批判としては、それが「ブラックボックス」的であることである。つまり、そこで得られた予測の根拠を理解するのが困難であるからである。決定木は、このような問題を回避するための補完的な役割も果たす手法である[9]。Clementineには、2種類のルール算出（ディシジョンツリー＝決定木）アルゴリズム、つまりC5.0とC&R Tree（分類木と回帰木）がある。なお、Clementineでは、図表3-29のノードを用いる。

図表3-29　Clementineでの決定木ノード

どちらもルール（規則）のディシジョンツリー（決定木）を生成し、結果（出力）フィールドとの関係に基づいて、データを個別のセグメント（部分）として記述していく。ディシジョンツリーの構造はルールの根拠をはっきりと示し、このためある特定の結果を導くまでの意思決定の過程を理解することができる。ここでは家を買うということについての決定木を挙げることにしよう（図表3-30）。

ルール算出の手法がニューラルネットワークよりも優れているもう1つの点は、意思決定に関して重要ではないフィールドを自動的に除去する点である。これに対してほとんどのニューラルネットワークにおいては、入力をすべて使用する。これを利用すると有用な情報を提供すると同時に、ニューラルネットワークへ入力するフィールド数を減らすこともできる。

Clementineのルール算出手法であるC5.0を使用すると、ルールを2つの

---

9) 詳しくはBerry & Linoff（1997）第6章、Linoff & Berry（2011b）、Tan, Steinbach & Kumar（2006）pp.150-168、Tan, Steinbach & Kumar（2013）、Wendler & Gröttrup（2016）pp.917-939を参照されたい。

図表3-30 決定木の概念図

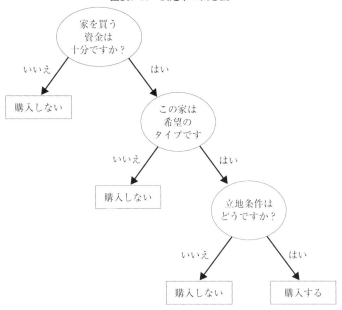

出所：SPSS社トレーニングコース配布資料より。

形式で表示することができる。1つはディシジョンツリーで，予測フィールドがデータをどのようにサブセットに分割しているのか視覚化したい場合に便利である。ルールセットとして表現すると，ディシジョンツリーが，結果を導く一連の「IF-THEN」ルールとして表示される。ある特定の入力値のグループが結果のある値にどのように関係しているのかを理解したい場合はルールセットが便利である。以上が決定木の説明であるが，簡単に長所と短所に触れることにしよう（Berry & Linoff, 1997；Linoff & Berry, 2011b）。

　この手法の長所としては，①理解可能なルールを作り出すことができる。これは，ニューラルネットワークと比較してという意味もある。②多くの計算を必要とせずに分類を行うことができる。③連続変数およびカテゴリー変数の両方を用いることができる。④予測や分類においてどの変数が最も重要化を明確に示すことができる，などが挙げられている。一方短所としては長所に連続変数を用いることができるとしたが，決定木は連続変数の値の予測

を目的とすることにはあまり適さないこと,等が挙げられている。

4）クラスター化：分類

クラスター化手法は,似たような値もしくはパターンを持つデータレコードのグループを発見するのに使用される[10]。これらの手法は,マーケティング領域（特に,顧客のセグメント化）に用いられる。クラスター化は予測モデルを作成する前に行われる。そのような場合,各顧客グループを別々にモデル化したり,あるいは得られたクラスタグループをモデルの新しい入力として使用する。Clementineには,Kohonenネットワーク,K-Meansクラスター,TwoStepクラスターの3種類のクラスター化手法がある。なお,Clementineでは,図表3-31のノードを用いる。

図表3-31　Clementineでのクラスター化ノード

ここでは,Kohonenネットワークについて説明する。なお,詳しくはKohonen（2001）を参照されたい。Kohonenネットワークはニューラルネットワークの一種で,教師なし学習を行う。これは,入力フィールドのパターンに基づいてデータをクラスター化するのに使用される。Kohonenネットワークの基本的な考え方は似たような機能を持つパターンに基づいてクラスターを作成しているので,似たようなパターンがグループにまとめられていることである。通常,Kohonenネットワークは,人工ニューロンが1次元あるいは2次元に配列している。各ニューロンは各入力（入力フィールド）に接続し,これらの接続の1つひとつに重み（重要度）が設定されている。各ニューロンの重みは分析に使用されるフィールドのクラスターのプロファイルを表している。Kohonenネットワークには実際には出力層はないが,Kohonenマップには,出力として考えることのできるニューロンが含まれる。

---

10) 詳しくは,Kohonen（2001）,Berry & Linoff（1997）第4章およびLinoff & Berry（2011a）,Tan, Steinbach & Kumar（2006）第8章およびpp.594-599, Tan, Steinbach & Kumar（2013）, Wendler & Gröttrup（2016）pp.587-712を参照されたい。

Ⅴ　モデリングの手法の概説　113

図表3-32　Kohonenマップ（自己組織化マップ）の概念図

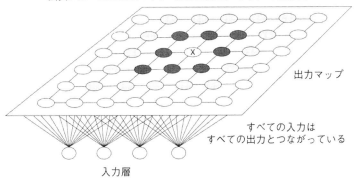

（出所：SPSS社トレーニングコース配布資料）

Kohonenマップの出力グリッドの概略を示すと図表3-32になる。

　Kohonenマップ（自己組織化マップ）ではレコードがグリッドに与えられると，その入力のパターンがこのグリッド内の人工ニューロンの入力パターンと比較される。この入力と最も似たパターンを持つ人工ニューロンがこの入力を勝ち取とる，重視する。この結果，この人工ニューロンがこの新しい入力のパターンにより近くなるように，重みが変化する。Kohonenネットワークは，入力を勝ち取ったパターンを持つ人工ニューロンの周りにあるニューロンの重みをわずかに調整する。この結果，入力データのレコードの位置に，最も似ているニューロンを動かし，またそれよりもわずかな量だがその周りにあるニューロンも動く。データがネットワークを何度も通過すると，データ内のさまざまなパターンに対応した，レコードのクラスターを含むマップ（自己組織化マップ）が得られる。以上がクラスター化の説明であるが，簡単に長所と短所に触れることにしよう（Berry & Linoff, 1997, Linoff & Berry, 2011b）。

　この手法の長所としては，①探索的知識発見手法であるということである。つまり，データの内部構造について事前の知識がない場合でも，この手法が使えることである。なおこの点は，構造が明らかでない非構造化データと構造化することが可能であるということである。それ故ビッグデータでの非構造化データの要約，構造化手法として使えることを示している。②カテゴリ

ーデータ，数値データ，テキストデータについて有効であること。③適用が簡単であることである。一方短所としては，初期パラメータに対する感度が高いこと，結果のクラスターを解釈することができない場合があること，などが挙げられる。

5）アソシエーション

アソシエーションルールはよく一緒に起こること（共起）をデータから発見しようとする[11]。発見されたルールは，ある特定の結果（結論）を1組の条件と関連づけを行う。結果フィールドは，規則によって異なるので，ユーザーはある特定の出力フィールドだけを重要視することはない。実際のところ，これらのアルゴリズムがルール算出よりも優れている点は，アソシエーション（連関）があらゆるフィールドの間に存在することである。アソシエーションルールに欠点が1つあるとすれば，パターンを探す対象となる空間が非常に大きい可能性があり，時間がかかる場合があるということである。Clementineには2つのアソシエーションルールを生成するアルゴリズムがあり，AprioriとGRIがある。なお，Clementineでは図表3-33のノードを用いる。

図表3-33　Clementineでのアソシエーションルールノード

これらのアルゴリズムでは最初に極めて単純なルールから始める。その後，これらのルールに，より厳密な条件が課せられていき，これらのルールが複雑になる。最後に，最も興味深いルールが保存される。Clementineを使用すると，何らかの制限（ルールの組み合わせの数を制限するなど）をアルゴリズムに加えることで，処理速度を向上させることができる。結果は1組のセットとして表示されるが，これを直接予測に使用することはできない。

以上がアソシエーションの説明である。このようなアソシエーションはデ

---

11) 詳しくはBerry & Linoff（1997）第2章およびLinoff & Berry（2011b），Tan, Steinbach & Kumar（2006）第6章，Tan, Steinbach & Kumar（2013）を参照されたい。

ータマイニングの代表的な事例であるマーケット・バスケット分析に用いられる（Berry & Linoff, 1997；Linoff & Berry, 2011b）。マーケット・バスケット分析とは，購買データ（POSデータ等）をもとに顧客の買い物籠（マーケットバスケット）にどのように商品が購入されているのか，を分析する手法である。それによって，商品の並び方，広くは店舗設計や併売商品の決定などに用いる。なお，このような手法はレコメンドシステムの構築に用いられる。レコメンドシステムにおいては，その商品を買った人が次にどのような商品を買っているのか，というデータをもとに，この商品を買った人に対して，その商品をレコメンド（推奨）する。このような事例として有名なのが，各種書店（紀伊國屋書店，アマゾンなど）やソフト小売業（ソフマップなど）のレコメンドシステムである。

　そこで，マーケット・バスケット分析に関する議論から，この手法の長所と短所とを考察することにしよう（Berry & Linoff, 1997；Linoff & Berry, 2011b）。この手法の長所としては，①結果が明確に理解できる，②探索的なデータマイニングができる，などが挙げられる。一方短所としては，①データの属性について限定的にしか扱えない。なお，この方法はシンボル値しか扱えない。②適切なアイテム数（商品数）の決定が困難である。なお，この点はテキストマイニングにおいて分析する言葉の数の決定が困難であることと共通する。③まれにしか購買されない商品については説明できない，などが挙げられる。ただし，最後の短所についてはモデル構築において操作できるということのみ注記しておくことにしよう。

　以上が，マイニングで用いられるアルゴリズム（モデリング手法）の概説である。この中で，テキストマイニングによく用いられるのが，ニューラルネットワーク，決定木，クラスター化である。詳しいモデル作成方法については次章で説明することにしよう。

　そのモデル作成において重要かつ必要になるのが，「テキストデータの構造化」である。その構造化に特化したツールがIBM SPSS Text Analytics for Surveysである。そこで，次の節では，このツールでの特徴や作業手順などについて説明することにしよう。なお，第8章の研究例Ⅲは，IBM SPSS Text Analytics for Surveysを用いて，テキストデータを構造化し，

Clementineを用いて，共起表および属性とのリンク分析等の作図とテキスト分類の変数を構築した後，統計的な分析を行っている。

Ⅵ　IBM SPSS Text Analytics for Surveysでのテキストマイニング

　前著でのテキストマイニングツールの中心は，Text Mining for Clementineであった。そして，この10年の間にツール自体がかなり進化した。その1つは，IBM SPSS Modelerにアドオンして使用するIBM SPSS Text Analyticsであり，もう1つは，IBM SPSS Text Analytics for Surveysである。前者は，Text Mining for Clementineを基礎とする部分も多いが，次の点で異なる。

　1つは，テキストマイニングの目的が，テキストマイニングで導出した変数を用いての話題の分類，著者の判別，その他予測モデル構築などのモデル構築（モデリング）に力点があることである。それ故，前著の中心であったText Mining for Clementineでの言及頻度分析や形態素分析を簡略化している。もう1つは日本語処理技術での係り受け分析の利用である。そのような動向は本節で取り上げるIBM SPSS Text Analytics for Surveysでも合致する。

　ツールの進化の背景はビッグデータでの議論とともにいわれる非構造データ（テキストデータ）がOCR技術，その他のITによってデジタル化が進められ，テキストマイニングの対象になるデータの総量が増加したことである。このような動向の中でのテキストマイニングの理論および技術についてはFeldman & Sanger（2007）を参照されたい。

　企業においても営業日誌や各種報告資料等のウェブデータ，ここではウェブで公表されている言語資料についてテキストマイニングがかなり簡単に行えるようになっている．インターネットの中核になりつつあるSNSデータなどはすべてテキストデータである。また，ウェブアンケートなどによって，質問票調査やアンケート調査などの自由筆記欄のデジタル化も簡単に行えることから，前著の時代に比べると世の中には分析可能なテキストデータがあふれている。

　このようにあふれているテキスト（非構造化データ）をテキストマイニン

Ⅵ　IBM SPSS Text Analytics for Surveysでのテキストマイニング

グで分類する，カテゴリー化する必要性，ニーズが高まった。このような状況が前述のツールの特徴を引き出したと考えられる。反対にいうと，前著でのテキストマイニングは有価証券報告書や『私の履歴書』などのロングテキストを中心とし，本来テキストマイニングが意図していたショートテキストのテキストマイニングとは一線を画すことである。なお，現在は，テキストマイニングがショートのものが中心であるとする立場から，ロングテキストを対象にした前著の新しさを指摘されることもある。

　本節では，以上のような点から，ビッグデータ時代での大量にあふれるテキストを対象にするテキストマイニングツールであるIBM SPSS Text Analytics for Surveys3.01でのテキストマイニングの特徴および作業手順などを喜田・金井・深澤（2013ab）をもとに説明する[12]。

　このソフトは，質問票調査の自由筆記欄などの分析に適している。つまり，今回のデータのように文字数の少ないものに適している。IBM SPSS系のテキストマイニングツールの特徴は，データマイニングの手法を数値データだけでなくテキストデータにも適用させるアプローチを採用することである。そこでは，元のテキストに，ある言葉があれば1，なければ0というように，データに変換することにより，テキストデータの数値化と構造化がなされる（Weiss et al., 2005）。

　もう1つの特徴は，テキストデータを言葉レベルで分析するだけではなく，自然言語処理技術を用いてカテゴリーレベルでの分析を中心とする点にある。言葉レベルでの分析ではより詳細な分析が可能になるが，その一方でその言葉を含むサンプル数がどうしても小さくなるという欠点がある。それ故に，ある言葉を言語処理技術，具体的にある種の辞書を用いて，その言葉の塊をある1つのカテゴリーにまとめるということが行われる。このようにカテゴリーにまとめることによってサンプル上の欠点を解決している。例えば，文書中に「両親」，「父親」，「母親」という言葉があったとすると，このレベルで分析するのが妥当であれば，言葉レベルでの分析を行う必要があるが，これらの言葉の出現頻度があまりにも少なく，サンプル上有意な結果が導けな

---

12) IBM SPSS Text Analytics for Surveys3.01の利用法については，日本IBM株式会社（2012）および内田・川嶋・磯崎（2012）を参照されたい。

い場合には，これら３つの言葉を「親」というカテゴリーにまとめることが有効である，ということを示している。

　喜田・金井・深澤（2013a）では，○○力は，忍耐力，チーム力，問題解決力，言語力，実務力，状況判断力，サポート力，観察力などを含んでおり，これらの言葉の言及頻度が低いことから○○力というカテゴリーでまとめた。つまり，本研究では，言葉レベルでのテキストマイニングではなく，カテゴリーレベルでのテキストマイニングであるということである。なお，自然言語処理技術について少し説明することにしよう。自然言語処理技術とは，自然言語を動詞，名詞などの形態素に分類した上で，ソフト内の辞書を用いて，ある言葉をカテゴリーにまとめる技術のことである。

　IBM SPSS Text Analytics for Surveysでは，自然言語処理技術を用いて，概念のまとまりであるカテゴリーを設定し，そのカテゴリーがあれば１，なければ０というように数値化される（図表3-34）。

　図表3-34において，あるカテゴリーがあれば１，なければ０となっている。例えば，受講者ID １の人を見ると，○○性に１があり，そのカテゴリーがあるということである。このデータを用いて，ウェブグラフ分析や言及頻度

図表3-34　構造化データ

受講者ID	性専説	部下一人と行動力	上下関係	下		性別	状況下	適性	感生霊人	==性	実行	重要性	リーダー
1	0	0	0	0	0	0	0	0	0	1	0	0	0
2	0	0	0	0	0	0	0	0	0	0	0	0	0
3	0	0	0	0	0	0	0	0	0	0	0	0	0
4	0	0	0	0	0	0	0	0	0	0	0	0	0
5	0	0	0	0	0	0	0	0	0	0	0	0	0
6	0	0	0	0	0	0	0	0	0	0	0	0	0
7	0	0	0	0	0	0	0	1	0	0	1	0	0
8	0	0	0	0	0	0	0	0	0	0	0	0	0
9	0	0	0	0	0	0	1	0	0	0	0	0	0
10	0	1	1	0	0	0	0	0	0	0	0	0	0
11	0	0	0	0	0	0	0	0	0	0	0	0	0
12	0	0	0	0	0	0	0	0	0	0	0	0	0
13	0	0	0	0	0	0	0	0	0	1	0	0	0
14	0	0	0	0	0	0	0	0	0	0	0	0	0
15	0	0	0	0	0	0	0	0	0	0	0	0	0
16	0	0	0	0	0	0	0	0	0	1	0	0	0
17	0	0	0	0	0	0	0	0	0	1	1	0	0
18	0	0	0	0	0	0	0	0	0	0	0	0	0
19	0	0	1	0	0	0	0	0	0	0	0	0	0
20	0	1	0	0	0	0	0	0	0	1	1	0	0
21	0	0	0	0	0	0	0	0	0	0	0	0	0
22	0	0	0	0	0	0	0	0	0	0	0	0	0
23	0	0	0	0	0	0	0	0	0	0	0	0	0
24	0	0	0	0	0	0	0	0	0	0	0	0	0
25	0	0	0	0	0	0	0	0	0	0	0	0	0
26	0	0	0	0	0	0	0	0	0	0	0	0	0
27	0	0	0	0	0	0	0	0	0	0	0	0	0
28	0	0	0	0	0	0	0	0	0	0	0	0	0
29	0	0	0	0	0	0	0	0	0	0	0	0	0

（出所：喜田・金井・深澤，2013b，p.10，表１）

Ⅵ IBM SPSS Text Analytics for Surveysでのテキストマイニング

分析などが行われる。なお，ここでいう言及頻度はサンプル数であることに注意する。次に，このソフトでの作業手順を説明することにしよう。

第1段階は，アンケートの自由筆記欄などのテキストデータを含むエクセルで作成したデータファイルをインポートしてプロジェクトの作成を行う。データには自由記述形式の回答（テキストデータ），ドキュメントID，属性変数（男性，女性など），その他質問票の項目などの参照変数が含まれる。このソフトでは，IBM SPSS Statisticsデータファイル，Microsoft Excel，ODBC準拠のデータベースプログラム，IBM SPSS Data Collectionデータソースからデータを読み込むことができる。なお，IBM SPSS Text Analyticsでも同様である。

第2段階は，分析に用いるカテゴリー，言葉を抽出する。内部抽出エンジン（自然言語処理技術）のキーワードを自動的に識別して収集する。これらのキーワードはメインコンセプトの下にグループ分けされ，カテゴリーを形成する。ここでの内部抽出エンジンには2種類ある（内田・川嶋・磯崎，2012）。1つは，出現頻度（言及頻度）に基づいて作成する方法である。もう1つは，内部辞書をもとに言語学的手法（同じ文字を含む語を集める）に基づいて作成する方法である。このようにこのソフトでは，今までのテキストマイニングツールでの言及頻度分析をもとにした研究者による概念選択を自動的に行うことができる。つまり，このツール以前でのテキストマイニングでの言及頻度分析の目的は分析する概念およびカテゴリーの選択に使われてきたということである。例えば，言及頻度上位のものを選択するなどのようにである。

第3段階で，辞書の整理などを行い，抽出を微調整したりできる。ここまでがツール上での作業である。

以上がこのツールでの一般的な作業手順である。そこで，本書では，第8章で研究例として取り上げた喜田・金井・深澤（2013b）の基礎となった喜田・金井・深澤（2013a）での作業手順からより具体的に示すことにしよう。この論文では，個人属性とリーダーの持論の関係を追求する基礎となる企業レベルでの特徴を明らかにしようとした。実施した分析のための作業手順は，次の5ステップからなっている。

第1段階は，資生堂における「2007年度マネジメント研修」における「持論の言語化」のテキスト部分に対して，Text Mining for Clementineでの言及頻度分析とIBM SPSS Text Analytics for Surveysでのカテゴリー化を行った[13]。そこで明らかになったのはつぎの2点である。1つには，言葉レベルでの分析では，個人属性との関係を明らかにするにはあまりにも複雑になりすぎることであり，もう1つには，有意な結果を得ることができない低い言及頻度のものが数多く存在するということであった。

そのために，第2段階では，同データをIBM SPSS Text Analytics for Surveysに読み込み（図表3-35），言葉レベルでの分析ではなく，カテゴリーレベルでの分析に転換し，そのカテゴリーの設定は自然言語処理技術（言語学的なカテゴリー）によって行った（図表3-36）。この部分は基本的にソ

---

13) なお，参考までにIBM SPSS Text Analytics for Surveysで自然言語処理によるカテゴリー化ではなく，出現頻度によるカテゴリー化を行った。その結果は参考図表である。

参考図表　出現頻度によるカテゴリー化

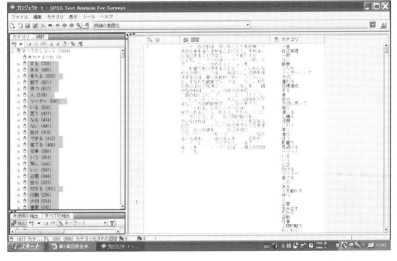

なお，参考までに出現頻度（5以上）のカテゴリー化の結果がこの図表である。これを見ると，「する」，「ある」などが中心になっていることがわかる。この中から分析の対象となるカテゴリー，概念を選択することになるが，意味の上での関係ではないことから分析には使いにくい側面がある。そこで，本書でこのツールを使う際は，言語学的手法によるカテゴリー化を用いることをお薦めする。ただし，テキスト全体の特徴などを導き出したいときは出現頻度を用いることもあると思われる。

Ⅵ IBM SPSS Text Analytics for Surveysでのテキストマイニング

図表3-35 データの読み込み

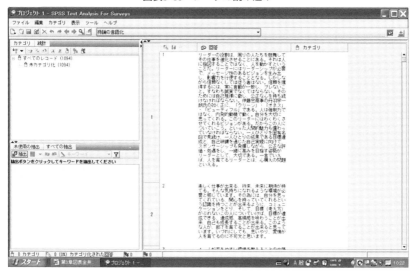

図表3-36 言語学的手法によるカテゴリー設定

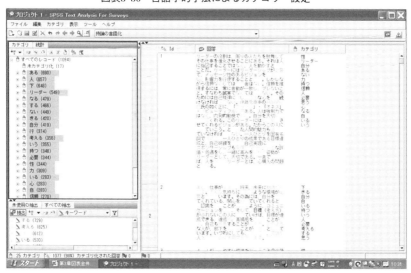

フトのデフォルトの辞書を用いて自動的に行われる。なお，出現頻度による
カテゴリー化については参考図表を参照されたい。

この作業の結果が，図表3-40である。

図表3-36の中でまず，「未カテゴリー化」の数を確認する。この数は言語学的手法を用いてテキストを分類した結果，カテゴリー化できていないことを示している。そこで，この数字が大きいほど，テキストの多様性が高く，低いほど，多様性が低く似ているということになる。そこで，分析できるようにカテゴリー化を進めていくが，まずはこの数字をできるだけ少なくする，つまり，多くのサンプルが分析に対象になるようにカテゴリーを変更していくことになる。次に「なる」，「する」，「ない」，「きる」，「ある」などのどのような文章にもあるようなカテゴリーを削除する。

第3段階では，「下」，「行」，「力」などこの画面でそのカテゴリー名では意味がわからないものを操作する。そのカテゴリーに含まれる言葉の言及頻度等を用いて，カテゴリーに名前を付けるなどのカテゴリーの整理が行われた。「行」について見てみることにしよう。

図表3-37の「行」のところを見てみると，数多くのサブカテゴリーでできていることがわかる。そこで，最もサンプル数の多いのを見てみると「行動」であることがわかり，まず，このカテゴリー名を「行動」と変更する。

図表3-37　カテゴリーの整理：「行」

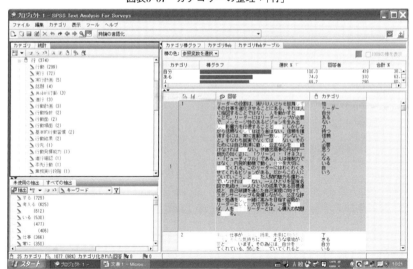

VI IBM SPSS Text Analytics for Surveysでのテキストマイニング

次に多い「実行」を新たなカテゴリーとして設定する。

以上のような作業を続けた後，下の「未使用の抽出」のところから分析に持ちえることができそうなカテゴリーを選択する。最終的な段階が次の2つの図表である。1つは，カテゴリーとサンプル数が示されているカテゴリーの設定状況を示す画面である。もう1つは，統計的な処理を可能にする，カテゴリーと要素（サブカテゴリー）とその数，サンプル数を含んでいる画面である（図表3-38，3-39）。なお，この段階では，67カテゴリーであり，サンプル数は1077である。その後，この67カテゴリーからさらにミーティングを重ね，53カテゴリーに集約している。

この段階を経て，基本的なカテゴリー分析の準備ができあがった（図表3-38）。その結果，企業レベルでの分析結果としても提示することが可能となった。この点については後述する。

第4段階ではウェブグラフ機能を用いて共起表の作成し，カテゴリー間の関係の解明を行いどのようなカテゴリーが関連しているのか，について明らかにした。この結果は第3段階と同様に企業レベルの研究である。

その結果を見てみることにしよう。前節で説明した通り，IBM SPSS Text

図表3-38 カテゴリーの整理の最終結果（カテゴリー）

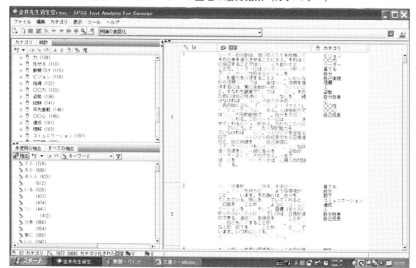

図表3-39　カテゴリーの整理の最終結果（統計的）

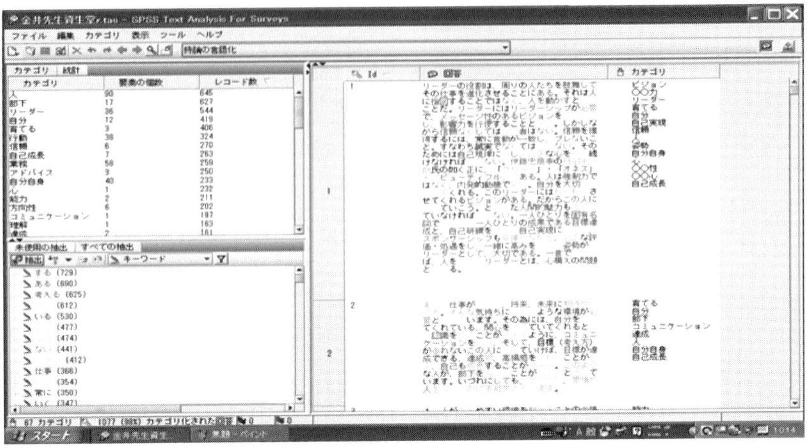

Analytics for Surveysを用いて，言語学的手法により，自動的に作成されたのが，図表3-40である。この表においては，品詞別に区別していない分析結果が提示される。そのため，「ある」「なる」「する」などの解釈・分析できないようなカテゴリーが設定されている。なお，この表の中での要素数とは，そのカテゴリーに含まれる言葉の種類の数を示している。回答者は言及されているサンプル数である[14]。

　ここではまず，名詞や研究上重要であると考えられる言葉に限定した上で再度カテゴリー化を行い，研究テーマに即して，データを観察することでカテゴリーの名前を変更するなどの修正が必要となるとわれわれは判断した。その修正方法の基本はカテゴリーに含まれる言葉のうち言及頻度を基礎に名前を変更することになる。このような基礎操作の後，共同研究者3名がミーティングを行い，カテゴリーの整理を行った。言及頻度を見ながら，カテゴリーの名称を考え，類似のものをどう束ねるかについて共同で判断をくだし，頻度が現状では低すぎる場合には，例えば，○○心，○○力というような形で複数の言葉を束ねるために，どのようにカテゴリーを新たに作成するべきか，共同研究者の間で議論しながら，解釈と分析の作業を進めていった。こ

14）喜田・金井・深澤（2013ab）での図表は第1段階の修正を行っている。

Ⅵ　IBM SPSS Text Analytics for Surveysでのテキストマイニング　125

図表3-40　修正前カテゴリー，N＝1094

カテゴリー	要素数	サンプル数
ある	23	690
人	94	657
下	34	648
リーダー	37	549
なる	12	479
する	11	466
ない	27	449
きる	2	420
自分	12	419
行	39	374
考える	9	356
いう	9	355
持つ	8	348
性	60	344
必要	9	344
力	94	309
自	50	283
心	26	283
いる	5	283
信頼	6	270
業務	59	260
思う	3	250
方	27	175
育てる	2	147
部	30	33

(出所：喜田・金井・深澤, 2013a)

のようなカテゴリーの設定のためだけでも３回のミーティングを行い，カテ
ゴリーの設定について最終案が合意されるまで，議論尽くした。それは，生
成されたカテゴリー，さらに新たに結合されてできたカテゴリーの妥当性と
信頼性を確保するための研究作業工程であった。その結果，合計53のカテゴ
リーが構築され，本研究の基礎となっている。ここでのカテゴリー設定では，
２つの点に注意すべきである。１つは内部者の実務的関心をもとにしたカテ
ゴリー設定を中心にしたことと，もう１つは研修後のデータであるために，
研修に用いられる，経営用語（モチベーションなど），指示（アドバイス）
やコミュニケーションなどのカテゴリーを削除した。このように削除したカ
テゴリーについては，著者たちの研究上の関心によっては追加的な研究を行

126　第3章　テキストマイニングツールの基礎知識

う予定である。

　以下の分析においては，この53のカテゴリーと関連する回答のみが対象になっており，全サンプル数（N＝1105）に対して，分析対象となった有効サンプル数はN＝1066（96％）になっている。また，研究のこの段階で属性データ（勤続年数，所属，地位など）の整理を行った。ほとんどの場合，企業提供のデータにおいては，テキストマイニングやデータマイニングに用いられることが事前に想定されていないことが多く，この研究の場合も例外ではない。そのため，この方法を用いるためには，事前作業としては，データの準備段階を慎重に行っておく必要がなる。この段階において，データマイニングを用いるための属性変数を整理なども通常行われる。この点について詳細は，前節および第5章などを参照されたい。その結果，図表3-41のような図表が，分析の出発点として，作成される。

　図表3-41から，「人」，「部下」，「リーダー」，「自分」，「考える」，「行動」，「信頼」，「業務」「思う」，「自分自身」，「心」，「方向性」，「○○心」，「育てる」，「○○力」，「力」，「○○性」「実行」，「個性」などの順にカテゴリーが出現していることがわかる。

　この中で，「○○心」，「○○力」，「○○性」について少し説明しておくことにしよう。「○○心」には，向上心，忠誠心，改革心，私心，道徳心，関心などの言葉が含まれている。「○○力」には，人間力，影響力，忍耐力，自力，説得力，提案力などの言葉が含まれている。「○○性」には，関係性，先見性，主体性，必要性，積極性，専門性，感性などの言葉が含まれている。ここで挙げた言葉は言及頻度およびサンプル数が少ないために分析に適さないと判断されたので，○○を含む新たなカテゴリーにまとめた。

　リーダーシップという対人関係のからむ社会的影響力の性質上，当然のことであるが，実践家のリーダーシップの持論は，図表3-41の一番右の欄，つまり，そのカテゴリーに言及したサンプル数の多い上位3カテゴリーに注目すれば，「人」，「部下」，「リーダー」という言葉によって構成されていることが確認された。その上で興味深いのは，もしも「○○心」，「○○力」，「○○性」等の言葉は主として，リーダーの生まれつきの特性（資質）を示すカテゴリーと考えられるが，これらに言及する管理職が上記の3要因と比べる

VI　IBM SPSS Text Analytics for Surveysでのテキストマイニング　127

図表3-41　修正後カテゴリー，N＝1066

カテゴリー	要素数	サンプル数
人	90	645
部下	17	627
リーダー	36	544
自分	12	419
考える	9	356
行動	38	324
信頼	6	270
業務	58	259
思う	3	250
自分自身	40	233
心	1	232
方向性	6	202
○○心	23	149
育てる	2	147
○○力	85	133
力	1	109
○○性	41	106
実行	1	72
個性	1	50
部下一人ひとり	9	44
自主性	1	44
行動力・実行力	2	43
協力	1	36
想像力	1	35
自立	3	34
可能性	1	33
決断力	2	31
人間性	1	29
自己成長	5	28
リーダー像	1	23
自己抑制	1	21
部下育成	5	20

とはるかに低いことである。この点は，リーダーが生まれつきのものである
というよりも，経験や薫陶や研修を通じて，育てられるということを共通認
識として持っているのではないか，と考えられる。ただし，このカテゴリー
化は経営学的な理論的背景によるものではなく，日常の用語に基づくもので

ある。それ故,「○○心」,「○○力」,「○○性」でカテゴリー化された元の言葉が資質と行動特性の両方を示すものも含まれる。例えば,平常心,洞察力,積極性などである。

さて,カテゴリーの出現の順位については以上で明らかになった。この分析の全般像を俯瞰する,図表3-41の分析結果は,資生堂のリーダーシップの持論の記述に際して頻度高く,用いられた言葉の構成を示している。

カテゴリー間の関係

次にここで出てくるカテゴリー間の関係についての調査を行うことにしよ

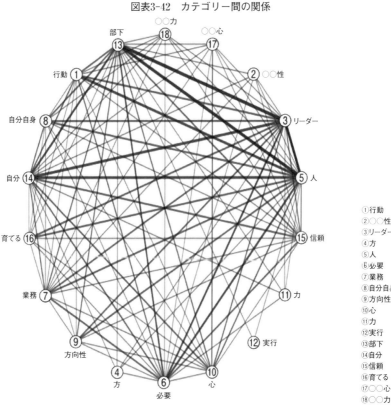

図表3-42　カテゴリー間の関係

(出所：喜田・金井・深澤, 2013a)。

う。それには，前章で提示した構造化されたデータが必要となる（図表3-34）。それをClementineでの図表作成の機能を用いてウェブグラフを作成する（図表3-42）。

まず，図表3-42の見方であるが，①関係があれば，線で結ばれている。②線の太さは，関係の強さ，を示している。図表3-42は，どのようなカテゴリーが同期しているのか，共起しているのかを示している。また，ここでは，研究者および分析者が仮説構築をしやすくするためにすべての関係が見られるものを提示しており，これらは操作可能である。

その結果，「人」，「部下」，「リーダー」，「自分」，「必要」，「信頼」，「行動」，「業務」，「心」，「育てる」などの間に強い関係があることがわかった。つまり，リーダーの持論にはこれらのカテゴリーが共通して含まれるということである。

ここでは，企業レベルの研究であるので，共通点について明らかにすることで，資生堂においてのリーダーの持論の特徴が明らかになった。

最後に

本章では，Clementine，Text Mining for Clementineと質問票調査の自由筆記欄に特化したIBM SPSS Text Analytics for Surveys，を用いてテキストマイニングを行う際に必要な最低限の知識を説明した。そこでは，テキストマイニングでのテキストデータをどのように読み込むのか。テキストデータが2種類あることなどを説明した。その次にデータに関する情報を得る方法であるデータのインスタンス化について説明した。そこで重要なのが，フィールドの種類（＝データ型）とフィールドの方向であることを指摘した。次に，データ操作としてデータ結合の行い方を説明した。その方法はテキストマイニングの結果とデータマイニングの結果＝数値データとの混合には必要な方法であり，重要である。次にClementineとIBM SPSS Modelerが用いることができるモデル構築のアルゴリズムについて説明した。最後にIBM SPSS Text Analytics for Surveysでのテキストマイニングの特徴や作業手順について説明してきた。次章では，本章で説明したモデル構築の方法を具体

130　第3章　テキストマイニングツールの基礎知識

的に説明していくことにしよう。

第4章

モデル構築の方法：アカデミック で用いるその他の方法の提案

　前章では，モデルの概説を説明してきた。そこでは実際どのようにデータをハンドリングしているのかを詳しく知ることはできない。そこで，本章では，具体的な課題およびデータを与えることで，モデルの作成手順，作成されたモデルの理解と評価について説明することにしよう。例えば，第7章では，ニューラルネットワークと決定木を用いて創業者と従業員型経営者の『私の履歴書』を判別する。また，クラスタリング手法を用いて，『私の履歴書』での人間関係に関する内容のクラスタリングを行う。このようなモデル別の利用法を挙げるがこれらには共通のプロセスがある。それは，①データの準備と理解→②モデルの構築→③作成されたモデルの理解→④作成されたモデルの評価，である。そして，最後にモデルの併用（比較）について説明する。なぜならマイニングを行うには通常2つ以上のモデルを併用していることが多いためである。

　このような方法は，現在まったくアカデミックな方法として用いられておらず，今後重要な方法の1つとして考えられるために本書で初めて提示する。また，実務界においても著者判別の手法として用いている例はほとんどないのが現状である。そして，最後の節では，著者判別のための指標作成を行っている。本章を読まれ，このような方法があることを認識していただけたらと幸いである。

　モデル構築の説明に入る前に，Clementineでのテキストマイニングの特徴であるテキストデータの構造化を説明することにしよう。なぜなら，この段階（作業）を経ないと，Clementineにおいてはテキストマイニングを行うことができないからである。なお，本書では，IBM SPSS Modelerを用いたモデル構築を行った研究については触れていないが，それでは，モデル比

132　第4章　モデル構築の方法：アカデミックで用いるその他の方法の提案

較を簡単に行えるということのみを付け加えておくことにしよう。

◆キーワード

　テキストデータの構造化，著者判別，クラスタリング，モデルの評価と精度分析

I　Clementineでのテキストマイニングの特徴：テキストデータの構造化

　Clementineは，データマイニングの手法を数値データだけでなくテキストデータにも適用させるアプローチを採用しており，Clementineでのテキストマイニングの大きな特徴である。そこでは，テキストデータを0または1のデータに変換するというテキストデータの構造化がなされる（Weiss et al., 2005）。具体的には，ある概念があれば1，なければ0というように数値化される（図表4-6）。それ故，テキストデータでの概念を数値化された変数＝モデル構築用の変数（構造化された変数）に変換するという作業がなされる。なお，ここで構造化された変数とは，あるコンセプトが出現しているかどうかのシンボル値（＝フラグ値）である。まず，データ型ノードで主要語のデータ型がセット型であることを確認する（図表4-1）。

図表4-1　データの構造化の基礎となるデータ型ノードの情報

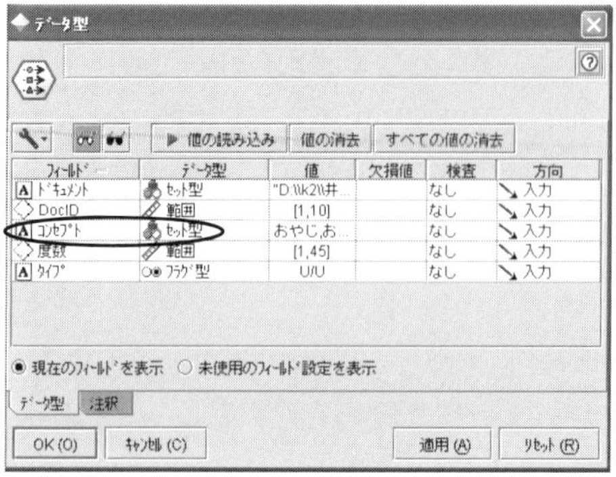

　次にフラグ設定ノードを利用する。フラグ設定ノードはフィールド作成パレットになり，図表4-2のようなものである。

I　Clementineでのテキストマイニングの特徴：テキストデータの構造化　133

図表4-2　フラグ設定ノード

これをダブルクリックし，編集することにする（図表4-3）。編集画面では，以下のような操作が必要である。

図表4-3　フラグ設定ノードの編集

まず，セット型フィールドにコンセプトを選択し，利用できるセット値を選択し，黄色の矢印をクリックする。その上で，真の値＝1，偽の値＝0を入力し，集計キーにチェックを入れ，集計フィールドとして，IDを選択する。すると，最終的にフラグ設定ノードは次のようになる（図表4-4）。

図表4-4　フラグ設定ノードにおける設定結果

134　第4章　モデル構築の方法：アカデミックで用いるその他の方法の提案

このようにテキストデータ構造化したものをテーブルノードおよびデータ型ノードを通じて確認する。そして、テキストデータの構造化のストリームは以下のようになる（図表4-5）。

図表4-5　テキストデータの構造化のストリーム

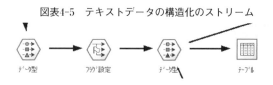

このストリームを通じた結果、次のようなテーブルを得ることができる（図表4-6）。その概念があれば1、なければ0で示されている。

図表4-6　テキストデータの構造化の結果得られるテーブル

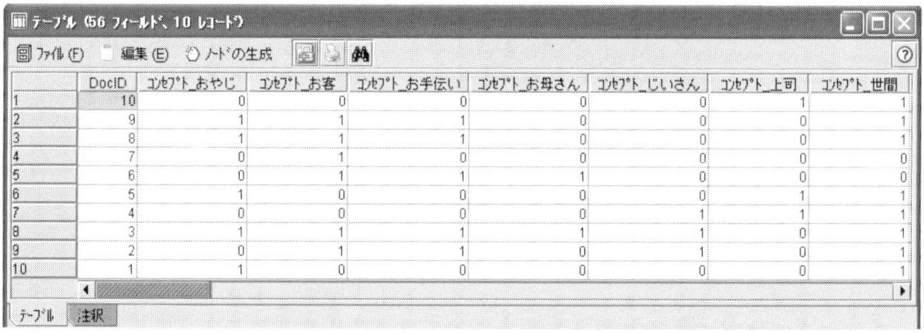

以上の操作を通じて、テキストデータを用いてモデル構築が行える準備が整ったことになる。つまり、テキストデータが構造化されたデータとなったということである。それをもとに、本章で説明するモデル構築を行うことが可能となる。なお、フラグ化したデータを用いて、ウェブグラフを作成し、概念間の関係を見ることもできる。

Clementineの最新版であるIBM SPSS Modelerにアドオンして使用するIBM SPSS Text Analytics、質問票調査の自由筆記欄に特化したIBM SPSS Text Analytics for Surveysでは、第3章で示したカテゴリーの設定を行うことで、自動的に、図表4-6のようなファイルを作成することができる。それで作成したのが図表3-34などである。

Ⅱ　ニューラルネットワークによる著者判別：『私の履歴書』の内容による判別

　以上のように，テキストデータを構造化した後，判別モデルの作成，話題のクラスタリングなどのモデル構築が行われる。そこで，ここでは，『私の履歴書』が，従業員型経営者の手によるものか，それとも創業者の手によるものかを予測・判別するモデル構築を行うことにしよう。予測・判別のモデル構築には，ニューラルネットワークと決定木が用いられる。ここでは，一般的によく用いられるニューラルネットワークを用いてその判別モデルを構築することにしよう。

1）ニューラルネットワークの作成手順

　ここでは，『私の履歴書』が，従業員型経営者の手によるものか，それとも創業者の手によるものかを予測・判別するニューラルネットワークモデルを作成する。Clementineでは，ニューラルネットワークモデルを構築するにはニューラルネットワークノードを用いる。なお，ここでは，デフォルトのアルゴリズムの設定を使用する。つまり，Clementineにおいては，モデル構築のためにオプションが用意されており，その時々でアルゴリズムの設定を変更することになる。この点については，SPSS（現IBM）社のアドバンスモデリングなどのトレーニングコースで説明されている。

　ニューラルネットワークノードは次のようなものであり，モデル作成パレットにある（図表3-28）。いったん学習が終わると，予測されたフィールド名のラベルが付いた生成されたネットワークノードが，生成されたモデルパレットに表示される。このノードは，学習済みのニューラルネットワークを示す。このノードの属性はブラウズすることができ，新しいデータをこのノードに通して，予測を作成することができる。学習済みのニューラルネットワークノードについては，この節の後半で説明する。なお，ニューラルネットワークノードについては前章を参照されたい（図表3-28）。

　このノードを用いる用件があり，その用件としては，変数の種類に特に制限はなく，数値型（定量的変数），シンボル値型（性別など定性的な変数），

136　第4章　モデル構築の方法：アカデミックで用いるその他の方法の提案

またはフラグ型（0.1）の入出力を処理できる。ニューラルネットワークノードには，方向が入力のフィールド（独立変数）と出力のフィールド（従属変数）がそれぞれ1以上必要である。なお，［両方］または［なし］が設定されているフィールド（＝変数）は無視される。フィールドタイプはノードの実行時に完全に変数の特定化をする必要がある。

　この用件のために，このノードを用いるためには，データ型ノードを通過させる必要がある。これは，データ型ノード内で各データの型と方向が設定され，この情報がすべてのモデル作成ノードで使用されるためである。この例では，図表4-7のようになる。

図表4-7　ニューラルネットワーク作成のためのデータ型の編集前

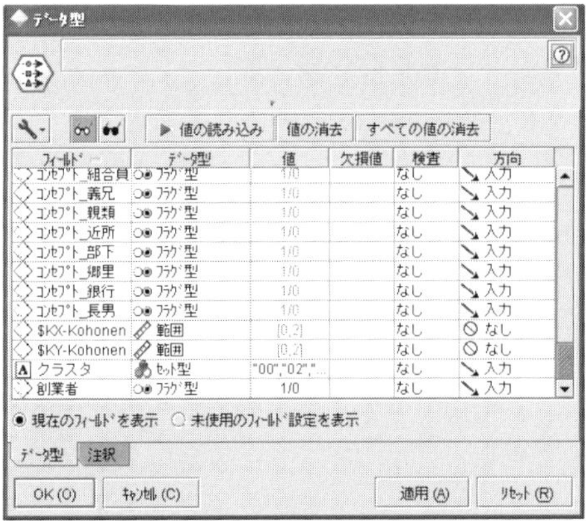

　その上で，フィールドの方向のところで，今回は創業者かそれとも従業員型経営者かに関する判別＝予測を行っているので，リスクのフィールドの方向を入力から出力に変える。その結果は，図表4-8のような編集画面になる。

　このように編集した後，ニューラルネットワークノードを接続し，実行すると，モデルパレットのところに，学習されたニューラルネットワークが作られる（図表4-9）。

　次に，この学習されたニューラルネットワークの内容を確認する（図表4-10）。そのモデルの上で右クリックすると，ポップアップメニュー画面で出てくる。このポップアップメニューの中で，**ブラウズ**をクリックするとこ

図表4-8 ニューラルネットワーク作成のためのデータ型の編集後

図表4-9 学習されたニューラルネットワーク

のモデルの内容を確認することができる。なお，この方法は次に説明する決定木でも同様である。

その内容は，図表4-11のようになっている。

そこで，図表4-11において重要な項目について説明することにしよう。

精度分析には，このニューラルネットワークに関する情報が示される。**推定精度**とは，これは正確に予測されたデータセットの割合を示している。57.1%での精度で予測されていることがわかる。そこで，このモデルの内容を詳しく見るのは，すべて展開をクリック（もしくは入力の相対重要度をク

138　第4章　モデル構築の方法：アカデミックで用いるその他の方法の提案

図表4-10　学習されたニューラルネットワークを理解するために

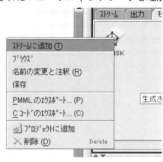

図表4-11　学習されたニューラルネットワークの内容

リックするとできる。すると，次のように，入力（独立変数）のどれが重要なのかを示す表が示される。重要度の値は，0.0から1.0の範囲の値をとる。この分析結果では，知人，祖父母，出資者の順に重要であるということがわかる。

2）ニューラルネットワークの理解

　テキストマイニングにおいて，このように作成されたモデルを理解をする必要がある。そこでここでは，予測値を含むデータテーブルの作成，予測値

と実測値の比較などを行うことにしよう。なお，評価ノードと制度分析を用いたモデルの評価を行うことも，1つのアルゴリズムを用いてモデル構築を行う際にも可能であるが，この評価に関しては，2つ以上のアルゴリズムを用いるときに重要である。そこで，これについては，モデルの比較・評価を行うことを説明するときに説明する。

①予測値を含むデータテーブルの作成

そのためのストリームは図表4-12のようになる。

このストリームによって，図表4-13のテーブル（表）を得ることができる。

図表4-13において，「$N-創業者」は予測値を示し，「$NC-創業者」は予測の**確信度**を示している。前者においては，0とあれば，従業員型経営者として判別・予測しており，1とあれば，創業者と判別・予測している。後者の予測の確信度（$NC-創業者）は，これも0.0から1.0の範囲の値をとり，確信度が高くなるほど1に近づく。しかし，この結果から，ニューラルネットワークにおいて，創業者として判別していないということがわかる。この結果は，次のクロス表の作成においても同様の結果となっている。今回の調査のようにサンプル数が少ない場合は，このようなテーブル作成を用いてニューラルネットワークでの理解は進められると思われるが，サンプル数が多い場合は，次に説明する方法が役に立つと思われる。

図表4-12　予測値を含むデータテーブルを作成するためのストリーム

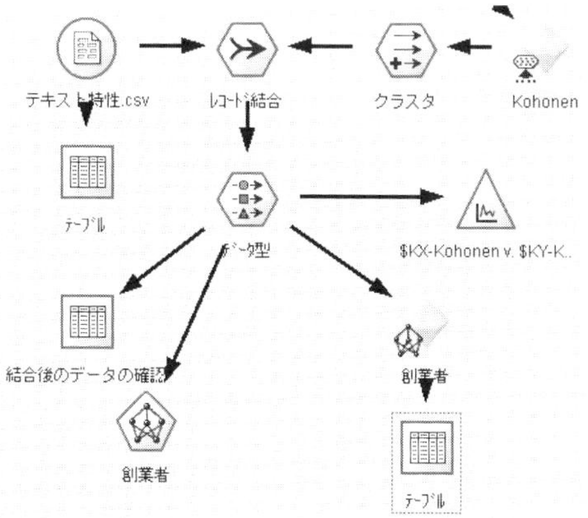

140　第4章　モデル構築の方法：アカデミックで用いるその他の方法の提案

図表4-13　予測値を含むデータテーブル

	コンセプト_銀行	コンセプト_長男	$KX-Kohonen	$KY-Kohonen	クラス	創業者	$N-創業者	$NC-創業者
1	1	1	0	0	1	11	1	0	0.347
2	0	0	0	0	2	02	1	0	0.430
3	1	1	2	2	2	22	0	0	0.423
4	1	0	2	2	0	20	0	0	0.458
5	0	0	2	2	2	22	0	0	0.467
6	0	1	2	2	2	22	1	0	0.411
7	1	1	2	2	0	20	1	0	0.441
8	1	1	0	0	0	00	0	0	0.391
9	1	0	0	0	2	02	1	0	0.452
10	1	1	0	0	0	00	0	0	0.433

②予測値と実測値の比較

シンボル型フィールドを予測する際は，予測値と実測値のクロス集計を作成する方法が取られる。クロス集計ノードは出力パレットにあり，次のようなものである。なお，ここでは，編集画面で，行に実測値を列に予測値を選択した後，概観タブで行のパーセンテージにチェックを入れる（図表4-14）。

図表4-14　クロス集計ノードの編集

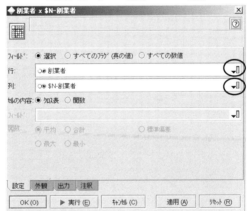

そのストリームが次のようなものである（図表4-15）。

Ⅲ 決定木による著者判別:『私の履歴書』の内容による判別　141

図表4-15　予測値と実測値の比較のためのストリーム

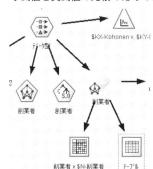

このストリームから図表4-16のようなクロス集計表が得られる。$N-創業者が予測値であり，創業者が実測値である。その結果，ニューラルネットワークでは，従業員型経営者としてしか予測（判別）していないということがわかる。

なお，このようにクロス表が作成されるが，統計的には検証されていないことを注記しておくことにしよう。

図表4-16　予測値と実測値の比較のクロス集計表

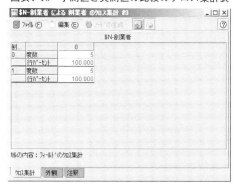

Ⅲ　決定木による著者判別:『私の履歴書』の内容による判別

以上のようにニューラルネットワークを用いた著者判別のモデルを構築す

ることができる。しかし，ニューラルネットワークでの判別結果はあまり芳しくないように思われる。データマイニングにおいて予測・判別を行えるもう1つのアルゴリズムが，ここで説明する決定木である。

1）決定木の作成手順

　Clementineで決定木を作成するには，C5.0とC&R Treeという2つのノードを用いる。

　なお，これらの決定木ノードについては前章を参照されたい（図表3-29）。

　これらの2つのノードはモデル作成パレットにある。そこで，ここでは，C5.0を用いて，前節で同様に『私の履歴書』が，従業員型経営者の手によるものか，それとも創業者の手によるものかを予測・判別するモデル構築を行うことにしよう。C5.0を用いてモデルを作成する際のストリームは以下のようになる。なお，ここでもデータ型ノードにおいてフィールドの方向を1つだけ出力にすることが必要である。ここでは，著者か創業者かいなかを示す変数を出力としてストリームを構築することになる。

　その結果得られたモデルが，モデル作成パレットに表示される。これをニューラルネットワークのときと同様にブラウズしてみると図表4-17のよう

図表4-17　作成された決定木の内容1

Ⅲ 決定木による著者判別：『私の履歴書』の内容による判別

な結果を得ることができる。

このような分析結果を見慣れた決定木の形にするのが，ビューアタブであり，それをクリックすると次のような決定木が得られた（図表4-18）。

図表4-18 作成された決定木の内容2

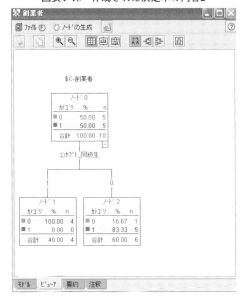

この結果，同級生という概念を用いて，著者を判別していることがわかる。

2）ルール（決定木）の理解

次に，ここで作られたルールを理解する方法を説明することにしよう。ここでもニューラルネットワークと同様に，予測値を含むデータテーブルの作成，予測値と実測値の比較，評価ノードを用いたモデルの評価を行う。なお，ここでは，前節と同様の操作なので，ストリームと結果のみを提示することにしよう。

①予測値を含むデータテーブルの作成

これを作成するためには図表4-19のようにストリームを構築する。

144　第4章　モデル構築の方法：アカデミックで用いるその他の方法の提案

図表4-19　予測値を含むデータテーブルを作成するためのストリーム（決定木）

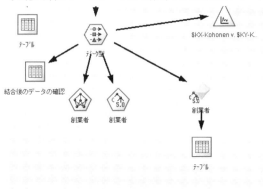

その結果，次のテーブルが得られる（図表4-20）。

図表4-20　予測値を含むデータテーブル（決定木）

データテーブルには，$C-創業者は予測値を示しており，$CC-創業者は予測の確信度を示している。また，ニューラルネットワークと比較して，創業者を判別していることがわかる。

②予測値と実測値の比較

次に，データのクロス集計表を示し，予測の精度を検討し，精度分析を行うことにしよう。その両方の操作を行ったのが次のストリームである（図表4-21）。

Ⅲ　決定木による著者判別：『私の履歴書』の内容による判別　145

図表4-21　予測値と実測値の比較のためのストリーム（決定木）

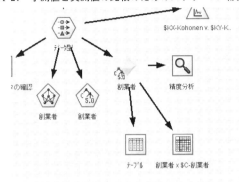

その結果，次のようなクロス集計表を得た（図表4-22）。

図表4-22　予測値と実測値の比較のクロス集計表（決定木）

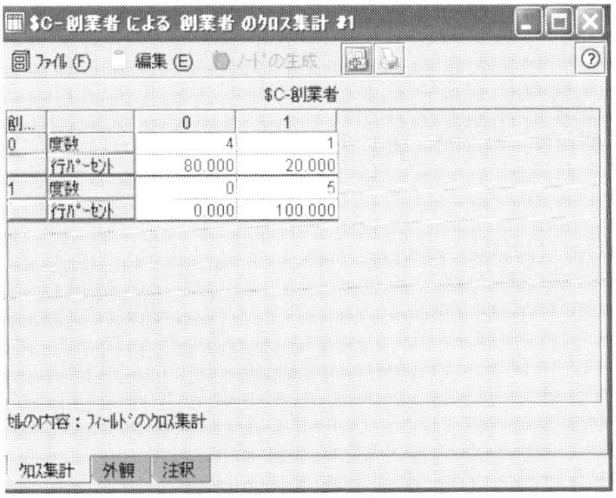

その結果，創業者についての判別の精度が高いことがわかる。

この結果，人間関係を示す概念から，従業員型経営者と創業者を判別するのに適したモデルが構築できたことを示している。つまり，この結果から，『私の履歴書』の著者を人間関係を示す概念から判別できるということがいえる。なお，これについては，再度第7章で説明することにしよう。

以上が，決定木を用いた『私の履歴書』の予測モデルの構築方法とその評価の方法である。以上の2つのアルゴリズムは，予測と判別に用いられる。

そして、この2つのアルゴリズムを比較することで、よりよいモデル構築が行われる。この点については、第V節において説明することにしよう。

Ⅳ　クラスタリング手法：話題の分類

モデル構築の方法を用いるテキストマイニングのその他の手法としては、クラスタリング手法を用いて話題をクラスタリング（分類）することが挙げられる。これは多量にあるテキストデータを要約する手法としても用いることができる。その目的は、テキストデータの主題を明らかにすることである。なお、この手法については、Feldman & Sanger（2007）の第4章を参照されたい。

1）クラスタリングモデルの作成手順

ここでも前節と同様に、『私の履歴書』のデータを用いて、人間関係に関連する内容についてのクラスタリングを行うことにしよう。このようなデータのセグメント化（クラスター化）のためのアルゴリズムとして、Kohonen、K-means、TwoStepの3つがある。なお、ここでは、Kohonenを用いることにする。これは、Kohonenネットワークまたは自己組織化マップと呼ばれ、ニューラルネットワークの一種である。これについては、前章を参照されたい。このタイプのネットワークを使用すると、開始時にグループの性質がわからない場合に、データセットを異なるグループにクラスター化することができる。つまり、教師なし学習を行うことになる。Kohonenノードは、モデル作成パレットにあり、以下のようなものである（図表4-23）。

図表4-23　Kohonenノード

なお、データ型ノードの編集画面で、人間関係を示す概念をフラグ型データ（変数）として認識しているのか、また、それのデータの方向が入力になっていることを確認する（図表4-24）。

Ⅳ　クラスタリング手法：話題の分類　　147

図表4-24　Kohonen作成のためのデータ型の編集

このような操作をした後，Kohonenノードを用いてストリームを作成する（図表4-25）。

図表4-25　Kohonen作成のためのストリーム

　Kohonenのようなニューラルネットワークを用いるときの注意点として，再現性の問題がある。具体的には，ニューラルネットワークは人の頭脳の動きを模倣しているために，ここでいう初期値に影響される現象が見られ，モデル構築の際にデータを読み込む順番にかなり大きな影響を受けることである。それ故，データをある程度読み込んでから，モデル作成に入るための設定が必要となる。その設定が，Kohonenノードの編集画面（モデル）において，ランダムシードの設定（1000）にすることである（図表4-26）。これは，再現できるようなモデルを構築するために用いる。次に，エキスパートタブをクリックし，モードをエキスパートにする。その上で，幅に，3，長さに

148　第4章　モデル構築の方法：アカデミックで用いるその他の方法の提案

図表4-26　Kohonenの編集画面1（モデル）

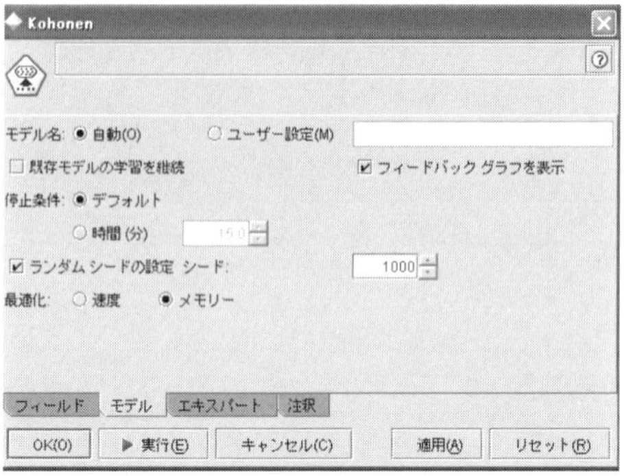

図表4-27　Kohonenの編集画面2（エキスパート）

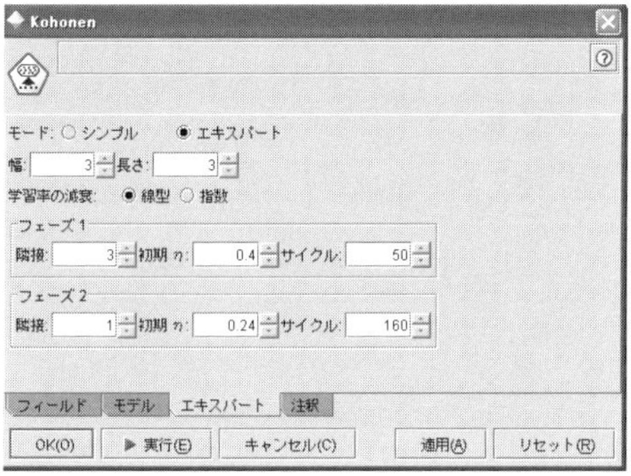

3を入力する。これによって，3＊3の9つのカテゴリーにクラスター化することができるようになる（図表4-27）。

　また，学習率の設定に関していうと，①フェーズ1，隣接＝3，初期 η ＝0.4，サイクル＝50，②フェーズ2，隣接＝1，初期 η ＝0.24，サイクル＝160に設定する（図表4-27）。この設定は，Kohonenをテキストマイニングで話題のクラスタリングなどで用いる際，SPSS（現IBM）社で推奨されている。なお，この設定は，第8章で取り上げる喜田・金井・深澤（2013b）も同じである。

　以上のような操作をした後，実行すると，モデルパレットに作成されたモデルが表示される。しかし，これまでのモデルと違って，ブラウズすることができない。

2）Kohonenネットワークの理解

最初に，このネットワークがクラスターをいくつ発見したのかを確認し，これらのクラスターすべてが役に立つかどうかを調査し，そのうちで含まれるレコード数が少ないもの，ある意味は極端な値のレコードを含むものを除去すべきかどうかを判断する。

そこで，この調査のためには，作成されたネットワークを散布図で表現する方法が効果的である。Clementineでは，散布図ノードがグラフ作成パレットの中にあり，それを編集することでこれを作成することができる（図表4-28）。

図表4-28 散布図ノードの編集

これを作成するために以下のようなストリームを作成する（図表4-29）。

図表4-29 クラスタ番号作成のためのストリーム

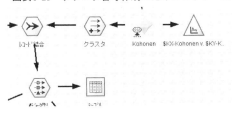

そこで，散布図ノードの編集であるが，Xフィールドのリストから，$-KXKohonenを選択し，Yフィールドのリストから$-KYKohonenを選択する。なお，このようにしてクラスタリングの結果を表示すると，多くのレコードが同一の座標にあるために，このグラフのオプションにある拡散を少し

用いる。なお，ここでは，拡散のところに0.3を入力している。その結果，次の散布図が得られた（図表4-30）。

図表4-30　作成された散布図

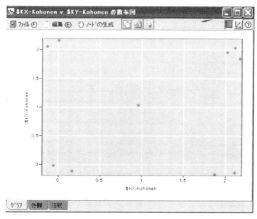

①各クラスタグループのクラスター番号の作成

次に，各レコードが属するセグメント（クラスター）を示す新しいフィールドを作成する必要がある。これには，2つの座標フィールドを組み合わせて2桁の参照番号を作成する。そのためには，フィールド作成ノードとCLEM（CLEM式ビルダー）を使用する（図表4-31）。

図表4-31　CLEM式ビルダー

CLEM式ビルダーをクリックすると，図表4-32のような画面が出てくる。その中で，フィールドを選択し，式（ここでは，結合記号＞＜）を入力するだけでクラスタを作成することができる。

Ⅳ　クラスタリング手法：話題の分類　　151

図表4-32　CLEM式ビルダーの編集：クラスタの作成

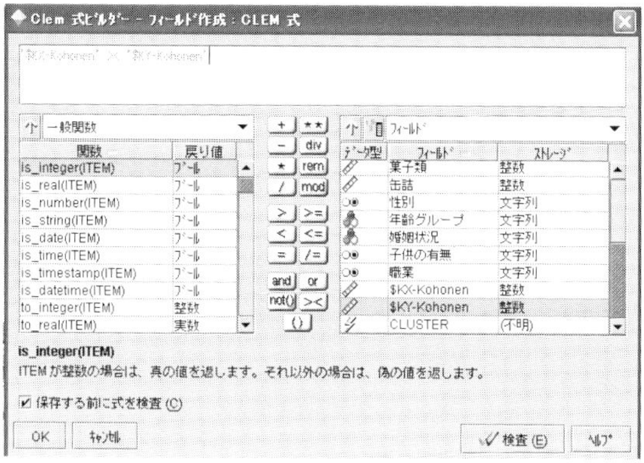

このように入力した後，OKボタンをクリックすれば，次のようなフィールドが作成することができる（図表4-33）。

図表4-33　作成されたフィールド（クラスタ番号）

このような操作をした後，図表4-29のようなストリームになる。

このストリームのテーブルノードを実行すると，図表4-34のようなテーブルが得られる。

152　第4章　モデル構築の方法：アカデミックで用いるその他の方法の提案

図表4-34　クラスタ番号を含んだテーブル

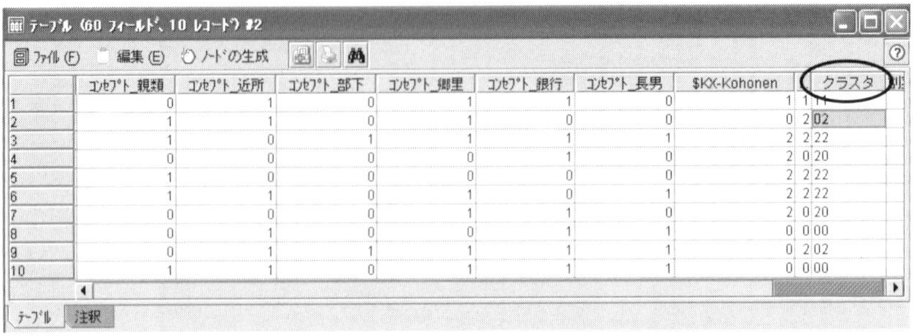

そこで，クラスターという，クラスターの参照番号が追加されている。このような操作をした後，主目的である主要なセグメントの調査に入る。そして，これを用いて，棒グラフノードなどで主要なセグメントを調査することになる。

②主要なセグメントの調査のために

まず，各セグメントでのレコード数を調査する。その方法としては，棒グラフノードを使用する。棒グラフノードはグラフ作成パレットにある。そのストリームは，次のようなものである（図表4-35）。

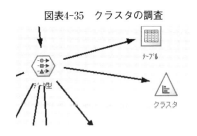

図表4-35　クラスタの調査

そこでフィールドでクラスターを選択し，棒グラフノードを実行すると次のようなグラフを得ることができる（図表4-36）。

図表4-36　各クラスタでの度数

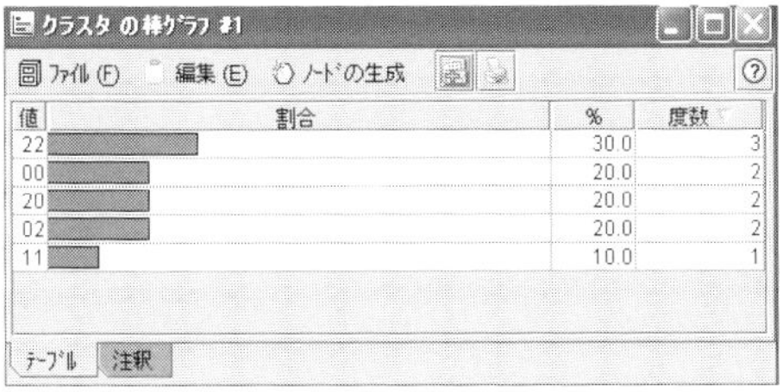

その結果，22，00，20，02のセグメントが主要なものであるということがわかる。この4つのセグメントを重視するために，条件抽出ノードを生成し，それ以外の5つのセグメントに含まれるレコードを除去する。そこで，主要なセグメントを反転表示させて選択し，ノード作成タブの中にある条件抽出ノードをクリックする。すると，ストリーム上に，条件抽出ノードが現れる。

これで，主要なセグメントのプロフィールを調査することができる。

③ウェブグラフによるセグメントプロフィールの調査

以上のように重要なセグメントを明らかにすると，次は，そのセグメントの間の関係を理解する必要がある。その際用いられるのが，ウェブグラフである。ウェブグラフはグラフ作成パレットにある。ノードの編集画面を説明することにしよう（図表4-37）。

図表4-37　クラスタと概念との関係を示すウェブグラフの作成

この画面では，ウェブグラフにチェックを入れる。終点フィールドにクラ

154 第4章　モデル構築の方法：アカデミックで用いるその他の方法の提案

スター，始点フィールドに，人間関係を示す変数を入れる。そして，真のフラグだけを表示にチェックを入れる。次の画面がより詳細なグラフ作成を行うための編集をしているが，ここでの作業は試行錯誤が必要であるということのみ述べておくことにしよう。

その結果，図表4-38のようなウェブ（クモの巣上）のグラフを得ることができる。図中の色の濃淡はクラスタおよび人間関係を示す各カテゴリー（概念）を示しており，線の太さは共起の強さ，関係の強さを示している。

その結果，次のように結論づけることができる。

クラスター22は，多くの人間関係の概念と関連がある。しかもその関連が強い。

その他のクラスターは弱い関連ではあるが，人間関係を示す概念と関連があるということがわかる。

このように，各クラスターがどのような登場人物の内容を持っているのかを見てみる段階になる。なお，この段階で絞ることも可能である。

図表4-38　クラスタと人間関係を示す概念の関係

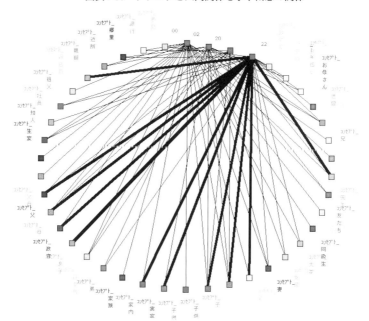

④クラスターに含まれる概念とその他の属性を見る

この作業は棒グラフを用いて行われる。棒グラフノードはグラフ作成パレットにある。

ここでは，クラスターと各属性を示すフィールドを選択する。その上で，色で正規化にチェックを入れる（図表4-39）。

図表4-39　クラスタの属性調査のための棒グラフノードの編集

その結果，次のようなグラフを得ることができる。なお，創業者＝1は創業者を示し，創業者＝0は従業員を示している（図表4-40）。

図表4-40　クラスタ調査結果

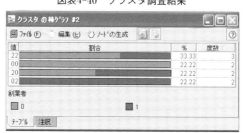

その結果，最も登場人物と関連があるとされるクラスター22および00は従業員型経営者が多いことがわかる。また，20，02では，創業者が多いことがわかる。

最後に散布図で登場人物の内容と従業員型経営者と創業者の関係を見てみることにしよう。

図表4-41では，創業者のテキストデータは，点線で囲む範囲に位置し，従

業員型経営者のテキストデータは黒線で囲む範囲に位置することがわかる。この結果，創業者と従業員型経営者のテキストデータは人間関係に関する内容の違いがあるということがわかる。なお，創業者の方がその内容にある種のばらつきがあるということもいえる。

図表4-41　散布図による調査結果

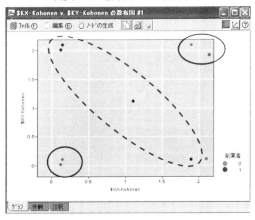

以上が，Kohonenを用いた登場人物の内容のクラスタリングの事例である。ここでは，Kohonenネットワークの作成，その理解，それを用いたプロフィールの作成などを行った。

なお，この手法を本格的に導入したのが，第8章で取り上げる喜田・金井・深澤（2013b）である。第8章においても分析方法については説明しているが，ツールでのプログラムについて説明していない。そこで，ここでは，そのプログラムについて説明するが，基本的には，本節で説明した通りであり，ストリームは図表4-42の通りである。

図表4-42　喜田・金井・深澤（2013b）でのストリーム

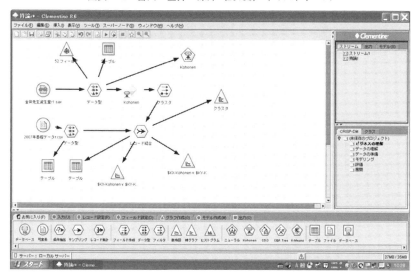

　なお，このようなクラスタリングは，K-Means, TwoStepなどの手法を用いてもできることを付け加えておくことにしよう[1]。ただし，K-Meansはデータとして，本書が中心としている図3-34のような0・1データではなく，言及頻度（実数）とない（0），というようなデータ作成をしていることが重要である。なぜなら，このアルゴリズムは連続変数を対象とするためである。

V　2つのモデルの比較→より良いモデル構築に向けて

　以上のように単独のアルゴリズムを用いてモデルを構築して終わるマイニングプロジェクトはほとんどなく，通常，2つ以上のアルゴリズムを用いてモデルを構築し，そのモデルを比較する。そこで，ここでは，本章での第Ⅰ節および第Ⅱ節と同様に，『私の履歴書』の著者の判別のモデルをニューラルネットワークと決定木（C5.0）を用いて作成し，その比較を行うことに

---

1) K-MeansクラスターとTwoStepクラスターについては，Wendler & Gröttrup（2016）pp.601-685を参照されたい。

158　第4章　モデル構築の方法：アカデミックで用いるその他の方法の提案

する。

　モデルの比較を行うには，次のように対象となる2つのアルゴリズムを用いてモデルを作成し，それをストリーム上に，作成されたモデル（ここでは，ニューラルネットワークと決定木）を以下のように配置することになる（図表4-43）。

図表4-43　モデル比較のためのストリーム

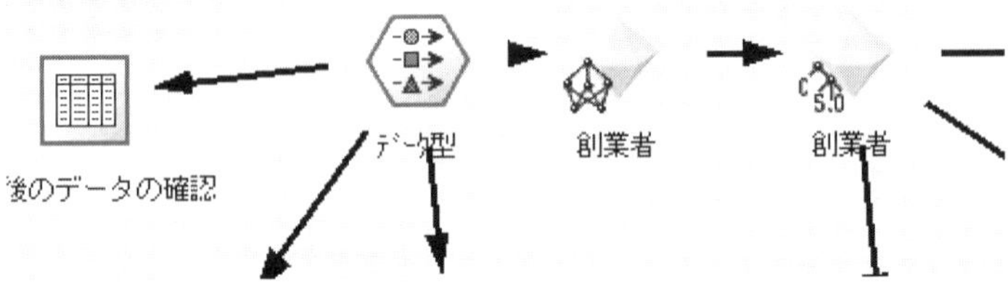

①精度分析ノードによる比較

　精度分析ノードは，生成されたモデルの予測値と実測値がどの程度適合しているのかを評価するのに用いられる。精度分析ノードは出力パレットにある。また，別のモデルの予測フィールドと比較することもできる。そのためのストリームが以下のようになる（図表4-44）。

図表4-44　精度分析による比較のためのストリーム

　その結果，図表4-45のような結果を得ることができる。
　まず，図表4-45では，$C-創業者は決定木での予測値を示しており，それを創業者という実測値と比較した上で正解を調査することで，精度分析を行っている。また，$N-創業者はニューラルネットワークでの予測値であり，これも同様の方法を用いている。

V　2つのモデルの比較→より良いモデル構築に向けて　159

図表4-45　精度分析の結果

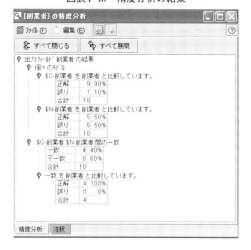

　その結果，決定木の予測値の精度は90%を示しており，ニューラルネットワークのそれは50%であるということがわかる。また，両者の一致点は40%であり，その予測の制度が100%となっている。このように，決定木を用いた結果，高い判別精度を持っているということが明らかになった。
②**評価グラフによるモデルの比較**
　評価ノードはグラフ作成パレットの中にあり，次のようなものである（図表4-46）。

図表4-46　評価ノード

　評価グラフを使用すると，異なるモデルの精度を容易に比較することができる。そのためには，図表4-43，4-44のようなストリームを作成することになる。
　このストリームを実行すると，図表4-47のようなグラフを得ることができる。このグラフの見方としては，このグラフにおいては上のほうにあるほど，

もしくは傾きが大きいほど精度が高いモデルとして評価される。そこで，ニューラルネットワークによる予測値（$N - 創業者）（グラフでは，点線）と決定木による予測値（$C - 創業者）（グラフでは，実線）を見てみると，一般的に決定木による予測値のほうが，精度が高いことがわかる。

図表4-47　評価グラフ

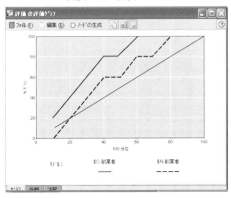

このように見てみると，人間関係の概念を用いて，『私の履歴書』の著者が判別できるということがわかった上で，決定木を用いたモデルのほうがよいということがわかる。ただし，ここではデフォルトの状態でモデル構築を行っている。それ故，推定精度を上げるためには，モデル作成の編集画面での操作が必要となると思われる。

以上，テキストマイニングに用いることを想定し，アルゴリズムの説明を行ってきた。ここでは，その構築方法と評価方法についても説明した。

■現在のモデル比較

現在のIBM SPSS Modelerではモデルの比較が自動的に行えるようになっている。そこでは，定量的変数の予測の精度を比較するための「自動数値」とテキストマイニングでのフラグ型の予測・判別を行う「自動分類」に分かれている（Wendler & Gröttrup, 2016）。特にテキストマイニングであれば，カテゴリーデータ，フラグ型のデータが中心であるので，自動分類を用いることになる。自動分類では，ニューラルネットワーク，決定木など，各種の判別アルゴリズムを用いて，その推定度の高いモデルを示すことが可能になる。なお，著者判別以外の「話題の分類」などのカテゴリー化については

「自動クラスタリング」を用いることになる。

以上の2つの章でClementineにおいてのテキストマイニングとして共通する部分について説明してきた。最後に，Clementineによる著者判別の指標作成について説明することにしよう。

VI　Clementineによる著者判別のための指標の作成

　前節では，データマイニングのアルゴリズム（ニューラルネットワークと決定木）を用いて，著者判別を行った。そこで，ここでは，計量文献学などを参考にし，著者判別を行うための指標を作成のためのストリームを説明することにしよう。計量文献学は，著者を判別できる文章の数量的特長の比較から，真贋の分析などを行う。その数量的特長としては，文の長さ，単語の長さ，品詞情報，特殊な言葉の出現率（ここでいう独占度），句読点の用い方などであり，これらは著者を判別する指標になりうる（村上，1994）。その事例としては，「ド・モルガンの書簡」の分析に始まり，「ジュニアス・レター」の作者の確定，「源氏物語」での「宇治十帖」の作者の確定，日蓮遺文の真贋判定などがある（村上，1994）。そして，村上（1994）では，日本語で書かれた資料の分析が他の外国語に遅れていることを示唆している。この点から，テキストマイニングが計量文献学でも用いることができるということを，本書では示唆したい。なぜなら，計量文献学の手法は統計的手法を中心としており，テキストマイニングの手法を用いていないからである。

　計量文献学で示唆された文書の数量的特長のうち，Clementineなどテキストマイニングツールを用いて，作成できるものとしては，品詞情報をもとにしたものと，メジャー度と独占度がある。ただし，古文の分析には用いることができないかもしれない，というのは，各資料での文法の辞書が必要であるかもしれないからである。まず，ここでは，品詞情報をもとにしたものを作成することにしよう。これは，そのテキストの持つ文法的な特性を把握するものである。

1）品詞情報をもとにした指標作成

ここでは，喜田（2006，2007）および第6章での有価証券報告書をもとにした分析を提示することにしよう。第6章で提示する喜田（2006）では，入力パレットにあるテキストマイニングノードを用いて，分析を行った（図表4-48）。

図表4-48 テキストマイニングのストリーム

そのテキストマイニングノードの編集画面で，以下のように入力する（図表4-49）。

図表4-49 入力のテキストマイニングノードの編集

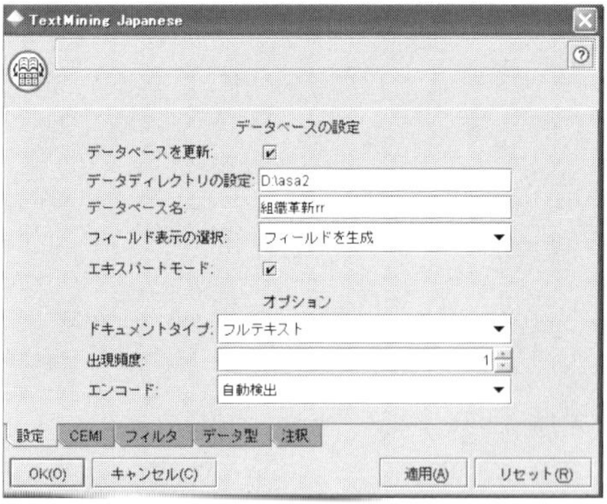

そこでは，エキスパートモードにチェックを入れると，品詞情報が得られる。

データ型ノードを通して，テーブルノードに出力すると，次のような表が得られる（図表4-50）。

Ⅵ　Clementineによる著者判別のための指標の作成　　163

図表4-50　テキストマイニングの結果のテーブル

	ドキュメント	DocID	文番号	文節番号	文節	主要語	主要語末尾品詞	分類
1	D:\asa2\1981a.txt	1	1	0	当期の	当期	名詞-一般	
2	D:\asa2\1981a.txt	1	1	1	わが国経済は、	わが国経済	名詞-一般	
3	D:\asa2\1981a.txt	1	1	2	輸出が	輸出	名詞-サ変接続	
4	D:\asa2\1981a.txt	1	1	3	好調でありました	好調	名詞-形容動詞語幹	
5	D:\asa2\1981a.txt	1	1	4	ものの、	ものの	助詞-接続助詞	
6	D:\asa2\1981a.txt	1	1	5	個人消費や	個人消費	名詞-サ変接続	
7	D:\asa2\1981a.txt	1	1	6	民間設備投資が	民間設備投資	名詞-サ変接続	
8	D:\asa2\1981a.txt	1	1	7	伸び悩み、	伸び悩む	動詞-自立	
9	D:\asa2\1981a.txt	1	1	8	景気回復の	景気回復	名詞-サ変接続	
10	D:\asa2\1981a.txt	1	1	9	足取りは	足取り	名詞-一般	
11	D:\asa2\1981a.txt	1	1	10	重く	重い	形容詞-自立	
12	D:\asa2\1981a.txt	1	1	11	低迷の	低迷	名詞-サ変接続	
13	D:\asa2\1981a.txt	1	1	12	まま	まま	名詞-非自立-副詞可能	
14	D:\asa2\1981a.txt	1	1	13	推移いたしまし…	推移	名詞-サ変接続	
15	D:\asa2\1981a.txt	1	2	0	当期の	当期	名詞-一般	
16	D:\asa2\1981a.txt	1	2	1	ビール業界は	ビール業界	名詞-一般	
17	D:\asa2\1981a.txt	1	2	2	各社が	各社	名詞-一般	
18	D:\asa2\1981a.txt	1	2	3	生ビール関連の	生ビール関連	名詞-サ変接続	
19	D:\asa2\1981a.txt	1	2	4	新製品を	新製品	名詞-一般	
20	D:\asa2\1981a.txt	1	2	5	発売するなど	発売する	動詞-自立	

　この表から，テキスト名，主要語，主要語の品詞の種類，などの情報が得られる。計量文献学や，著者判別においては，品詞情報を集計する必要がある。そこで，次に各テキストでの品詞情報を集計することにしよう。そのためのストリームが次のようなものである（図表4-51）。

図表4-51　著者判別のための品詞情報の集計ストリーム

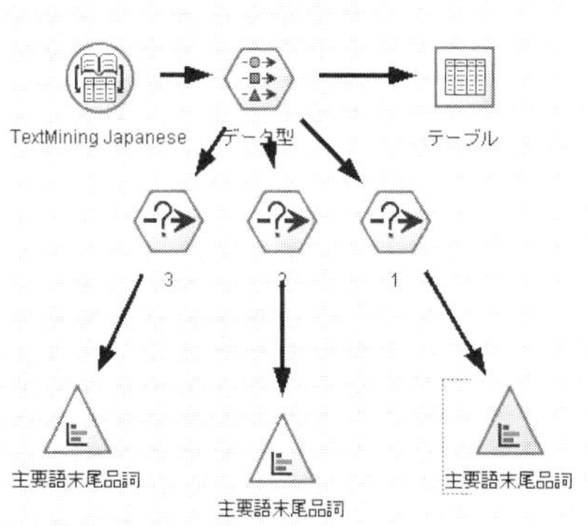

164　第4章　モデル構築の方法：アカデミックで用いるその他の方法の提案

このストリームにおいての条件抽出ノードでは，次のような編集が行われている（図表4-52）。

図表4-52　著者判別のための条件抽出ノードの編集

図表4-52では，テキストの種類をあらわすDocIDを入力し，そのIDを持つテキストのみを選択することを行っている。これに，1，2，3，……と続けることによって同様の作業を行うことができる。次に棒グラフノードの編集について説明することにしよう（図表4-53）。

図表4-53　著者判別のための棒グラフノードの編集

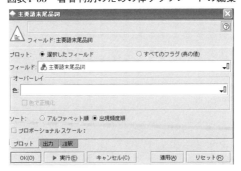

フィールドに主要語品詞を選択し，出現頻度順にチェックを入れる。すると次のようなグラフを得ることができる（図表4-54，4-55）。

Ⅵ Clementineによる著者判別のための指標の作成　165

図表4-54　DocID＝1の品詞情報

値	割合	%	度数
名詞-一般		25.94	62
動詞-自立		20.92	50
名詞-サ変接続		16.74	40
名詞-接尾-一般		7.95	19
名詞-副詞可能		5.44	13
名詞-形容動...		4.18	10
名詞-非自立-.		3.77	9
名詞-接尾-助.		2.09	5
接続詞		2.09	5
副詞-一般		1.67	4
副詞-助詞類...		1.67	4
未知語		1.26	3
形容詞-自立		1.26	3
名詞-非自立-.		0.84	2
名詞-代名詞-.		0.84	2
連体詞		0.84	2
名詞-接尾-サ.		0.42	1
名詞-数		0.42	1
動詞-非自立		0.42	1
名詞-接尾-副.		0.42	1

図表4-55　DocID＝2の品詞情報

値	割合	%	度数
名詞-一般		28.33	117
動詞-自立		23.49	97
名詞-接尾-一般		10.41	43
名詞-サ変接続		10.17	42
名詞-副詞可能		4.84	20
名詞-非自立-.		3.39	14
名詞-形容動詞		2.42	10
名詞-接尾-助		2.18	9
接続詞		1.94	8
副詞-一般		1.69	7
副詞-助詞類接続		1.45	6
名詞-非自立-.		1.45	6
名詞-接尾-副.		1.45	6
連体詞		1.21	5
未知語		0.97	4
形容詞-自立		0.97	4
動詞-非自立		0.73	3
名詞-接尾-サ		0.73	3
名詞-数		0.73	3
名詞-代名詞-.		0.73	3

　この2つのグラフを比較すると，DocID＝2のほうが，名詞一般が多いことがわかる。なお，%はすべての言葉のうちで占める割合である。

　テキストマイニングツールでは，このように簡単に各テキストでの品詞情報を要約することができる。その上で，その品詞情報から著者判別を行うことができよう。この手法を応用できると考えられるのが，計量文献学の領域

166　第4章　モデル構築の方法：アカデミックで用いるその他の方法の提案

や，経営史の領域である。

　このように品詞情報から著者判別は可能である。しかし，SPSS（現IBM）社においては著者判別の指標としてメジャー度と独占度という指標を提示している。それについては以下のようなストリームを構築することのみ注記しておくことにしよう。

2）メジャー度と独占度

　ここでは，プロセスノードであるテキストマイニングノードを用いてテキストマイニングを行う。その後，各レコード集計ノードによって，IDごとでの出現頻度，基本語ごとでの出現頻度，品詞ごとでの出現頻度など基本的な変数の集計を行う。それのレコード結合を行っていくことで，メジャー度および独占度を作成する準備を行う（図表4-56）。

図表4-56　メジャー度と独占度のためのストリーム

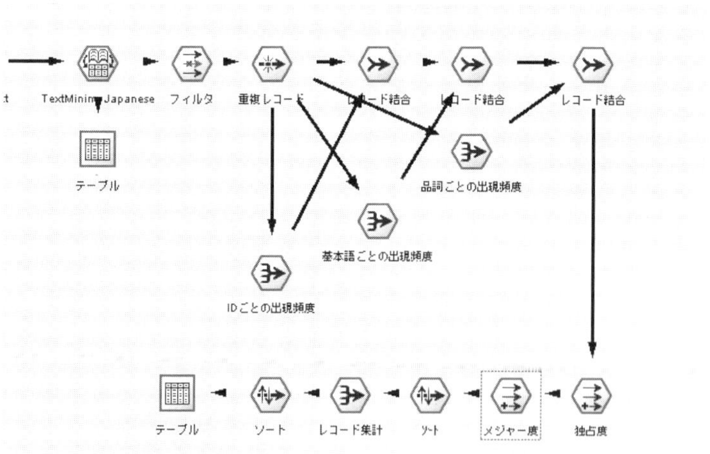

①メジャー度

　メジャー度はその言葉がどの程度幅広い使われ方をしているのかを示す指標であり，テキストデータ全体での主張を明らかにするのに用いられる。メジャー度を測定するのは，次のようなフィールドを作成する必要がある。そのフィールド作成ノードの編集は図表4-57のように行われる。

VI Clementineによる著者判別のための指標の作成 167

図表4-57 メジャー度のためのフィールド作成ノードの編集

②独占度

　独占度は，各単語を各回答者がどの程度独占して使用しているのかを示す
指標であり，ある特性のサンプルの主張を明確にするためのものである。独

図表4-58 独占度のためのフィールド作成ノードの編集

占度を測定するのは，次のようなフィールドを作成する必要がある。その
フィールド作成ノードの編集は図表4-58のように行われる。

　そして，前者の指標が顧客全体の主張に注目するのに対して，後者の指標
はサンプルの独自性に注目するという違いがある。なお，この2つの指標に
ついては学問的な意味づけについては行われていないということを付け加え
ておくことにしよう。しかし，この2つの指標はテキストマイニングにおい
て著者を判別する指標の1つとして利用できる可能性を持っていると考えら
れる。

　以上がClementineによる著者判別のための指標の作成についてである。
このような方法は峯田・岡田（2016）において，企業のIR情報に表れる企
業の戦略ワードは造語や固有語等，企業が独自に作成した言葉が多いことを
明らかにした上で，その分析が可能になる尺度開発の研究につながるもので
ある。

　最近では，法律の分野もしくは犯罪捜査で著者・筆者鑑定に応用する動き
もある。財津・金（2017）では，テキストマイニングを用いた文字数，テキ
スト数，形態素分析を基礎とした文体的特徴などから筆者識別へのスコアを
開発している。このような指標を生かす研究が今後の筆者の課題である。こ
こで挙げた各指標が現在のツールで可能かどうかを確認することも課題であ
る。

最後に

　以上のようにテキストマイニングでの中心である著者判別などを課題にモ
デルの利用法を説明してきた。そして，本書と前著では，①内容分析ソフト
の代替品として，②品詞情報の利用，③混合マイニング，をアカデミックの
主要な利用法として提示する。これらは，言語現象のどの側面（形態素もし
くは内容），それと定量的な側面との混合という視点で整理している。

　本章で提示した著者判別や話題のクラスタリングこそがテキストマイニン
グ独自の利用法である。その上で，本書は，第8章で研究例を提示し，その

最後に 169

手法の具体的なイメージを提供することにしよう。

このモデル構築を中心とするテキストマイニングの利用法が質的調査法で用いられるATLAS.tiなどのQDAソフトとの違いを示す点であると考えている。なお，QDAソフトに関しては，佐藤（2006）を参照されたい。その上で，いとう（2011）および日和（2013）なのではテキストマイニングが量的研究と質的研究の両面を持っていることなど方法論的議論がされている。

実務界においては，本章で提示した用い方を発展させて，途中解約者やキャンペーン（ダイレクトメール）の反応者の予測モデルを構築する際に用いることができると考えられる。それは，通常の定量的データのみではなく，テキストデータによってフィールド作成を行い（テキストデータの構造化），予測モデルを構築する際に作成されたフィールドを導入する手法であり，代表的な混合マイニングの手法である。そして，筆者はテキストマイニングがより有効であるというのは，この手法が定量データのみのモデル構築よりも推定精度の上で高いモデルを構築できることであると考えている。なお，この点については，データに関しての問題から本書では詳しく議論できないが，テキストマイニングの結果を用いたモデル構築のほうが定量データのみのモデル構築よりも推定制度が高い分析結果を得ていることを付け加えておくことにしよう。

その上で，計量文献学や経営史学などの領域での資料確定や著者判別＝真贋分析などに用いることができると考えられる指標作成についても説明した。これは，テキストマイニングの利用可能性をより拡大することになるだろう。また，第10章で実務界でのニーズなどを紹介しているので，参照されたい。

最後に，重要な点を1つだけ挙げておくことにしよう。それは，前述したように研究課題およびビジネス上の課題を研究者およびマイナー（マイニングを行う人，最近の言葉だと，データサイエンティスト）が十分認識する必要があることである。なぜなら，研究課題およびビジネス上の課題が，データ選択（データの準備と理解）およびモデル構築の方法を決めるからである。このような意識をもとにテキストマイニング（マイニング）を行うことが必要である。

以下では，まず，テキストマイニングを行うのに必要なデータ整理の方法

170　第4章　モデル構築の方法：アカデミックで用いるその他の方法の提案

と筆者の研究例を提示することで，より具体的にテキストマイニングの利用
法を明らかにしていくことにしよう。

第5章

テキストマイニングでのデータクリーニング：
言語資料の資料論と分析データの作成

　本書では，副題を「経営研究での「非構造化データ」の扱い方」にしている。それは，より明確にテキストマイニングを位置づけ，明確にすることから，テキストマイニングは非構造化データを中心にすることを意識することであると述べた。この点は，データクリーニングに関しての考え方にも関係している。本書では，テキストマイニングでのデータクリーニングとデータマイニングでのデータクリーニングとを区別している。

　そこで，第3章でデータマイニングでのデータクリーニングについて説明してきた。その特徴は「構造化されたデータ」でのデータクリーニングであるという点である（Feldman & Sanger, 2007）。そこで，本書がテキストなどの「非構造化データ」を対象にするテキストマイニングが中心であるということは，第3章で説明してきたデータクリーニングよりも複雑なデータクリーニングが必要である。

　本章では，テキストマイニングにおけるデータクリーニングについて詳しく議論する[1]。第1章で議論したように，データマイニングではCRISP_DMという標準的な段階をもとにその分析，モデル構築が行われる（図表1-1）。その段階を再度説明することにしよう。

① 【ビジネスの理解】ビジネス上の問題点をはっきり理解し，プロジェクト目標を設定する段階。研究でいうと，研究テーマの構築。
② 【データの理解】使用するデータが本当に利用できるかどうかを把握する段階。

---

1) 本章は，喜田（2005，2008b）を加筆修正した。

③【データの準備：データクリーニング】データマイニングの前処理として，使用可能なデータを分析に適した形式に整形する段階。欠損値の処理など。

④【モデリング】モデルの設計の段階。モデルとは，適した手法を用いて作成され，学術的な裏づけに立脚したデータを処理するための機能である。

⑤【評価】プロジェクト目標を達成するには十分なモデルであるかどうかをビジネスの観点から評価する段階。

⑥【展開／共有】プロジェクトで得られた結果を，意思決定者が使用できるように，具体的なアクションを起こす段階。

　これらの段階のうち，第2の段階と第3段階がデータマイニングおよびテキストマイニングの中で重要であると考えられる。

　データマイニングおよびテキストマイニングを含めてデータサイエンスの著作では特に重視されている（Berry & Linoff, 1997；Feldman & Sanger, 2007；Linoff & Berry, 2011ab；McCallum, 2012；Osborne, 2013；Nettleton, 2014；Squire, 2015；Buttrey & Whitaker, 2017等）。なぜなら，この段階の良し悪しがモデルの良し悪し，推定精度を決めるからである。そこでは，構造化データのデータクリーニングが中心であり，非構造化データのデータクリーニングとあまり区別していない。

　そこで，本章では，テキストマイニングのデータクリーニングの段階に注目し，つまり，非構造化データを構造化データに変換する前の言語資料の特性に関する議論を行う。第1章で説明したようにテキストマイニングは，内容分析と社会学を関連領域として持っている。つまり，内容分析および社会学での方法論における**資料論**がテキストマイニングのデータクリーニングの参考となる。なお，資料論という言葉については，歴史学での方法論より引用した（弓削，1986；Seignobos & Langlois, 1905）。歴史学においては，資料の特性に関しての調査の重要性が示唆されている。そこで，組織科学においても同様に，言語資料の特性に注目すべきであるというのが，本書の示唆である。その上で，社会学や心理学での資料に関する方法論的議論を参考と

する。なぜなら，言語資料分析の方法論をこれらの領域が確立しているからであり，組織科学の基礎領域であるためにそこでの議論が援用しやすいためである。

本章では組織科学が研究対象にする可能性のある4つの資料に注目する。第1は有価証券報告書である。第2は個人的ドキュメントであり，第3がインタビュー結果である。第4は，通常の質問票調査での自由筆記欄である。次いで，現在のテキストマイニングツールで用いる分析用データについて説明することにしよう。最後に，長いドキュメントだと分析単位の設定および整理基準が必要である。そこでデータ分割の方法などを説明することにしよう。

次に具体的な資料論に入る前に，テキストマイニングが想定する研究テーマとデータ選択の関係を示唆しておくことにしよう。ここで特に注目しているのは，追及する変数の分析レベルである（図表5-1）。

図表5-1　研究テーマとデータ選択の関係

	選択するデータ（テキストの種類）
研究テーマ1） 個人レベルの変数	個人としてのコミュニケーション 個人的ドキュメント，インタビューデータ，CS調査の結果，口コミ，など
研究テーマ2） 集団レベルの変数	集団としてのコミュニケーション
研究テーマ3） 組織レベルの変数	組織としてのコミュニケーション 有価証券報告書，事業報告書，など

以上のように追求する変数の分析レベルと選択するテキストの種類の関係を示すことができると考えられる。その上で，各テーマにおいて先行研究などをレビューすることで，そのデータ選択および方法論の選択の正当性を確認することが必要であろう。

そして，前述したようにテキストマイニングは内容分析を基礎とする。内容分析は，社会学でのコミュニケーション論を基礎としている。コミュニケーション論でもっとも内容分析の位置づけを明確にしたモデルとして一方向モデルがあり，図表5-2で示される（林，1988，加筆修正）。

174　第5章　テキストマイニングでのデータクリーニング：言語資料の資料論と分析データの作成

図表5-2　コミュニケーション論の一方向モデル

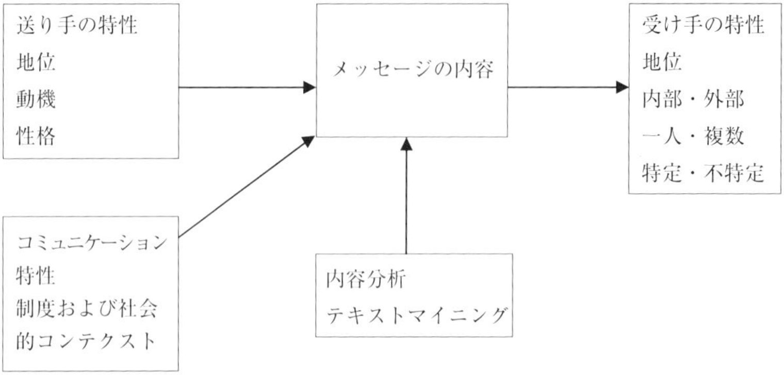

送り手の特性 地位 動機 性格		メッセージの内容		受け手の特性 地位 内部・外部 一人・複数 特定・不特定
コミュニケーション 特性 制度および社会 的コンテクスト		内容分析 テキストマイニング		

　図表5-2から，メッセージの内容を分析するためには，①送り手の特性，②受け手の特性，③コミュニケーション特性（社会的コンテクスト）の3つを考察する必要がある。そして，これらは，一言でコンテクストとして取り扱われてきた。そこで，次節では，具体的に，有価証券報告書について考えてみることにしよう。

◆キーワード

　「非構造化データ」のデータクリーニング，データクリーニングとしての資料論，有価証券報告書，個人的ドキュメント，自由筆記欄，分析用データの作成

I　テキストマイニングのデータクリーニング1：有価証券報告書の分析から

　まず，有価証券報告書の内容分析を行っている先行研究を参考に，テキストマイニングを経営学で用いる際の前提条件などを整理することにしよう。なぜなら，組織科学においてテキストマイニングの対象となる可能性が最も高く，基礎となるデータであると考えられるからであり，テキストデータのクリーニングという点においては有価証券報告書を基点としやすいと考えられるからである。喜田（1992）では，研究対象となる言語資料の特性によって，言語分析の種類を決定すべきであるとし，言語資料の特性の議論を行った。そこでは，コンテクストの安定性に注目した。これは言語資料がどのよ

I テキストマイニングのデータクリーニング1：有価証券報告書の分析から　175

うなコンテクストの元で発行されたかを考察することである。なぜなら、コ
ミュニケーション論の議論などからも言語資料における言葉の意味はコンテ
クストによって決定されるからである。コンテクストが不安定であると、言
葉の意味が不安定になり、分析が不可能になると考えられる。テキストマイ
ニングを用いる場合、対象となる言語資料のコンテクストの安定性が不可欠
になる。そこで、コンテクストが安定性の違いによって、現在考えられる言
語資料を考察することにしよう。安定性が高い言語資料としては、公式文書
や多くの研究者が研究対象にしている有価証券報告書などである。

　このようなコンテクストの安定性が言語分析の選択の問題にも関わってく
る。一般的に、または先行研究での言語分析の選択を見てみると、有価証券
報告書などコンテクストの安定性が高い言語資料の分析には、テキストマイ
ニング（内容分析）や言語構造分析などが適していると考えられる。一方、
低い言語資料の分析には、いわゆる社会言語学的分析（談話分析・会話分
析）が適している。このように一般的にいわれているが、コードシートの活
用などによって、研究対象となる言語資料のコンテクストを明らかにするこ
とによって、テキストマイニングの使用は可能であるとも考えられる。この
際重要であるのは、コードシートの基礎となるプロトコールをいかに構築す
るかの問題である。このようなプロトコールの設定の議論とともに参考にな
るのが社会言語学での分析方法である[2]。社会言語学では、談話のように相
互作用のあるコミュニケーションを研究対象にするための分析方法を開発し、
それを有効に用いている。そこで分析方法を見てみると、コンテクストの安
定性が低いと考えられるコミュニケーション、例えば、通常業務における会
話などは、エスノグラフィーやエスノメソドロジーなど社会学的・文化人類
学的な方法を用いて、安定性の高いものへの置換を図った後、内容分析を用
いている。このように、エスノグラフィーやエスノメソドロジー等の分析方
法を併用することによって、内容分析の精度を上げている。

　このような言語資料の特性を考慮することは言語分析の精度を上げるとい

---

2) これについては、Hymes（1974，邦訳）第1節、Stubbs（1983）などを参照されたい。
　前者は、社会言語学の教科書であり、後者は社会言語学の分析方法である、談話分析を
　説明している。

図表5-3　言語資料の特性とテキストマイニングの関係

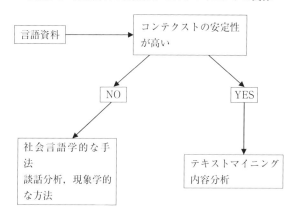

うことから，特に重要である。ここで言語資料の特性と言語分析の選択の問題は図表5-3で示される。

　このように，コンテクストの安定性と言語分析の議論してきた。より具体的に，有価証券報告書を研究対象にする際の言語分析の選択の問題を考察することにしよう。有価証券報告書は，多くの認知的組織論において研究対象に選択されており，ここで取り上げる重要性がある。結論からいうと，有価証券報告書を研究対象にする研究では，テキストマイニングが適している。この点は，序章で取り上げた会計学を中心に，経営学での先行研究の増加などから明らかである。

　その理由は，第1に，研究対象である有価証券報告書は，外部利害関係者への情報公開を目的としているという意味で，比較的安定的なコンテクストを持っている。第2に，有価証券報告書は，規則（法律）によって形式が決められているので，言語構造分析を利用することは難しいことである。この点は，歴史的・系時的研究を行う時に，その内容の変化が制度的な要因によるものなのかを明らかにする必要性があるという課題を生み出すことになる。

　このように，有価証券報告書を研究データとする際の方法論上の議論を行ってきた。そこでは，有価証券報告書は，比較的コンテクストの安定性が高く，ある意味ではフォーマットが決定されているので，テキストマイニングでの分析枠組みの構築が比較的簡単であることを示した。

そして，ここでの有価証券報告書の資料論が，第2章と第6章での研究の基礎となっていることはいうまでもない。

Ⅱ　テキストマイニングのデータクリーニング2：個人的ドキュメントの場合

有価証券報告書と比較して，自伝などの個人的ドキュメントはコンテクストの面で不安定である。つまり，テキストマイニング（内容分析）の対象となる以前に，資料としての価値についての議論がなされるぐらいである[3]。この点を最初に指摘したのは，Allport（1942）である。彼は，「心理科学において，個人的ドキュメントは，Thomas & Znaniecki（1918, 1958）の出現を待つまで，無批判的に，つまり，そのドキュメントの特性を考慮に入れないで，研究対象になっていた」と述べていることからわかるように，個人的ドキュメントを研究対象にすることの重要性を提示した最初の論文である。この研究はポーランド農民がアメリカに移民し，定着する過程において，母国での伝統的な行動様式や生活様式がどのように変容し，適応していくかを調査しようとしたものである。彼らの調査において，手紙，自伝，日記を研究対象にしている。実際の分析に入る前に，研究対象に関する方法論上の議論を多くのページ数を割いて行っている。その議論は「出来る限り完全な個人的ドキュメントは，完璧なタイプの社会学的資料である。もし，社会科学者がその他の資料を研究対象としなくてはならなくなるのは，その研究者の研究課題を調査するのに必要な記録を即座に手に入れることが難しいためか，それとも，ある社会集団の生活を特徴づける個人的ドキュメントをすべて手に入れたとしても，その研究においての作業が膨大になるためである（宝月・中道・田中・中野，1989, pp.237-238）」と要約できる。どの研究者も，個人的ドキュメントから，多くの研究成果を引き出し，その個人的ドキュメントの心理学や社会科学においての有効性を示そうとするものである。このように，社会学および心理学において個人的ドキュメントを研究対象にする

3）ここでの議論は基本的にAllport（1942）を基礎としている。なお，彼の具体的な研究としては，手紙をもとにある女性の性格を分析している研究がある。これは1982年に邦訳されている。

方法論的問題についての考察が進んできた。その方法論的問題についての考察が進むにつれて，心理学者の中で個人的ドキュメント研究対象にする研究が増加してきた。その増加は心理学において，個人的ドキュメントを研究対象にする目的が多様化してきたことを示している（星野，1989）。

1）個人的ドキュメントを書く動機

個人的ドキュメントはどのような動機・意図を持って作成されるのだろうか。そのことを明らかにするのは，個人的ドキュメントの言語データとしての特性を明らかにすることにつながり，方法論上の問題の1つである研究対象としての特性を明らかにすることにつながる。つまり，1方向のコミュニケーションモデルでの1つの構成要素である送り手の特性を追求することであると位置づけられる。また，心理学という分野であるがために，ドキュメントの作成と動機の関係が問題になるためである。このような議論は心理学において，個人的ドキュメントを「批判的」に利用する研究者によって考察されてきた（Allport, 1942）。その動機に関する議論としては，Burr（1909）がある。彼は，自伝が書かれる動機として，①特定の弁明，②単なる露出趣味，③文学的な喜び，④個人的な信念や視点の確認，⑤緊張からの解放（贖罪），⑥金銭の獲得，⑦共同執筆での割当，⑧心理療法の補助，⑨科学的な追求，⑩「忘却に対する戦い」，⑪社会のために（ある種の啓蒙のため），などを挙げている[4]。

以上のような動機が考えられている。また，彼は，心理学で用いる個人的ドキュメントについて，形態，動機，等に注目して議論している。そこで，以下では，コミュニケーションの一方向モデルを参考に，自伝，日記，手紙について整理することにしよう。

2）自伝

自伝に関する分類は，Allport（1942）によるものがある[5]。彼の分類は書かれている内容やそのテキストの長さや，編集されている，もしくは編集さ

4）Burr（1909）はAllport（1942）邦訳，pp.71-77所収。
5）Allport（1942）邦訳，pp.23-25。

Ⅱ テキストマイニングのデータクリーニング 2：個人的ドキュメントの場合　179

れていないといった形式の側面に重きを置いている[6]。彼によると，自伝は
大きく 3 種類に分類される。第 1 は「包括的な」自伝である。第 2 は「特定
の主題に関する」自伝である。そして，最後は「編集された」自伝である。
第 1 の「包括的な」自伝とは，言及内容も多方面にわたるようなものである。
包括的な自伝は相対的に数多くの種類の経験を扱っており，その人生におけ
る多様性と相互関連性を備えた像を当てえるものである。この種の自伝を経
営学での分野で見てみると，編集されてはいるが，『私の履歴書』がこれに
当たると考えられる。第 2 の「特定の主題に関する」自伝とは，テキスト自
体の規模も概して小さく，その言及内容がある主題を軸に展開されているも
のである。包括的な自伝が研究者の注意を個性記述的にその人生の特異なパ
ターン（および構造）に引きつけるのに対して，特定の主題に関する自伝は，
人生のある切断面を表現しており，比較や抽象化や一般化に向けられる。こ
の種の自伝は，経営学の分野においては，Sloan の『GM とともに』が代表的
である[7]。第 3 の「編集された」自伝とは，厳密には著者自身の言葉で書か
れてはいないが，それにもかかわらず直接的な報告のような形態を持つもの
である。この種の自伝は，前者の 2 つと異なり，他者の手を媒介にしている。
そのことによって，本人の手による自伝が，かさばりがちであったり，文法
的な誤りがあったり，脈絡がとれていない等の言語表層上のバイアスをある
程度排除することが可能になる。経営学においては，この種の自伝として
『私の履歴書』が挙げられる。そこで，本書では，第 7 章でこれを対象にし
た研究を提示する。

　以上が，自伝の分類に関する議論である。このように，自伝が分類される
ことと，その分類ごとの研究上の注意点が明らかになった。なお，実際の研
究において，形態とともに重要なのが，自伝そのものの長さである。つまり，
文字数である。これは，テキストマイニングの中心的な分析方法である言及
頻度分析に大きな影響を与える。サンプルである自伝の長さに差異があると
きには相対的言及頻度を用いて行うだろうし，自伝そのものの長さという点

---

6) Allport（1942）邦訳，pp.78-88。
7) 彼の経営者としての生活または組織改革を中心としているという意味においてである。
　なお，Baida（1990）は彼の自伝をアメリカでの成功観の変遷の中で位置づけている。
　第12章を参照されたい。

を考慮に入れた分析枠組みの構築が必要になることを示唆しておくことにしよう。

3）日記

Allport（1942）において，日記は精神的な発達の主観的な側面の持続的な記録として，他にまさるものはないとされ，経験の直接の影響下で書かれるために，気分のさまざまな変化をとらえるのに有効であるとする[8]。彼は，その上で，日記の分類を試みている[9]。彼によると，日記には，次の3つがあるとされる。①心の日記，②回顧録，③日誌（つまり，記入事項の定められたもの），である。「心の日記」は，心理学者にとって最も興味深いものであり，「内面を見つめる」という目的で記述されるものである。「回顧録」は，非個人的な日記であり，エピソード的に書かれる。個人的な見解を書かない傾向があるとされる。このタイプは，心理学者にとっては興味の薄いものになるが，政治学者や歴史学者にとっては興味深いものであると考えられるとしている。「日誌」は，会計簿，読書，訪問などの記入事項が定められたものであり，研究領域によっては無価値になる可能性もあるとしている。

以上の分類が考えられるが，経営学において日記を用いた研究が少ない。日記の一種である，手記を対象にした研究である岩田（2008）では過労死および過労自殺と職務上の出来事の関係を明らかにしている。また，教育学の領域では「就活活動記」を対象にした研究がある（豊田ほか，2010；豊田・竹内・石嶺，2013）。また，ネット上で公開されている旅行記を対象とした研究もある（泉澤，2015）。

最後に，コミュニケーションの一方向モデルから考えると，日記は，受け手を想定している場合と受け手を想定していない場合がある。前者は日誌や回顧録が考えられ，後者は心の日記などがそれに当たると考えられる。つまり，自己開示の問題と大きく関わるのである。この点を考慮に入れた分析枠組みの構築が必要であるといえよう。

8）Allport（1942）邦訳，pp.97-98。
9）Allport（1942）邦訳，pp.103-104。

Ⅱ　テキストマイニングのデータクリーニング2：個人的ドキュメントの場合　181

4）手紙（eメール）

　本章で取り上げる言語データの中で最もコンテクストの安定度が低いのが，手紙，メモ，eメールであると考えられる。なぜなら，一方向のコミュニケーションではない，双方向性を持つことと，考慮すべきコンテクストの変数が多いためである。つまり，最もテキストマイニング（内容分析）の対象としては，そのコントロールが困難なものであるといえる。まず，送り手の要因を見てみても，書く動機，内容などがさまざまである。手紙を資料として用いた研究として，Thomas & Znaniecki（1918, 1958）がある。そこで，取り上げられた手紙の内容はさまざまであるが，基本的にはすべて「挨拶状」である。彼らによれば，この挨拶状は，パーソナルで直接的なコミュニケーションという「身代わり的」機能によって，5つに分類できるとする[10]。

　①儀礼的な手紙（通例，家族全員の出席を求めるような家族的行事の際に送られる）

　②近況報告的な手紙（留守にしている家族の暮らしについて詳細に語るもの）

　③感傷的な手紙（儀式的な場合とは無関係に，個人の感情をよみがえらせる働きをする）

　④文学的な手紙（留守家族の饗宴に関わることができないので代わりに手紙を詩歌にして送ったり，また送られたりする）

　⑤事務的な手紙

　このようにして，彼らは，手紙を通して農民家族，婚姻，階級構成，社会環境，といったポーランド農民社会の特性や家族的連帯の崩壊というアメリカの生活様式に同化する過程を明らかにしている[11]。このように手紙を資料として用いるときは，内容においての多様性を持っている上に，その目的，送り手の地位などを考慮する必要がある。特に，企業内の場合は重要になると考えられる[12]。また，受け手を複数の想定した場合とひとりに限定した場

---

10) 宝月ほか（1989）pp.83-84。
11) 宝月ほか（1989）pp.234-235。

合についても区別が必要であると考えられる。複数の想定した場合は，Thomas & Znaniecki（1918, 1958）でいう儀礼的な手紙などの身代わり的な機能が果たされるが，ひとりに限定した場合，指示的もしくは説得的な目的を持つ可能性があるためである。このように見てみると，双方向性のコミュニケーションにおいては，より深いコンテクストの理解が必要であり，ルール策定において，考慮するべき点が多いことがわかる。そして，どちらかというと，談話分析や会話分析などの方法に近いこともここでは強調しておくことにしよう。

　以上が個人的ドキュメントに関する現在考えられる資料論である。しかし，これらの資料を用いた経営学での先行研究は少なく，その資料論も完全なものであるとは言い難い。そこで，本書では，ラスエルのモデルをもとにした個人的ドキュメントの資料特性の整理を行うことを示唆する。そして，ここでの個人的ドキュメント（自伝）の資料論が第7章で提示した研究の基礎となっていることはいうまでもない。なお，序章で示したように現在，手記，就活活動記，ネット上の旅行記等の個人的ドキュメントを対象にした研究が進められている。また，マーケティング領域や経営学の一部でその対象になりつつあるSNSや口コミなどもここでいう個人的ドキュメントに含まれると考えられ，そのための資料論が必要であると考えている。

Ⅲ　テキストマイニングのデータクリーニング3：インタビューデータについて

　第3に，口頭データ（インタビューデータ）を挙げることにしよう。この資料群は，最も研究者がテキストマイニングの対象としたいと考えるものである。そして，序章で示した心理学や教育学，経営学，マーケティング論などでの先行研究では特にこれを対象としたものが数多くある。

　そこで，ここでは，これについて述べることにしよう。インタビューデータについては，図表5-4が参考となる。

　以上のようなインタビューデータが考えられるが，一方向のコミュニケー

12）この点については，McCallum（2012）を参照されたい。

図表5-4　口頭データの収集方法の比較

	半構造化インタビュー（自由回答文）					ナラティブ法	
基準	焦点インタビュー	半標準化インタビュー	問題中心インタビュー	専門家インタビュー	エスノグラフィック・インタビュー	ナラティブ・インタビュー	エピソードインタビュー
インタビュイーの主観的見方へ解放性を確保する策	非構造化質問による非指示	オープンな質問	対象とプロセスへの志向性 ナラティブのためのスペース	限定されている	描写的質問	一旦始まったナラティブへの非干渉	意味ある経験のナラティブ インタビュイーによる選択
対象の構造化を確保する策	刺激剤を与える 構造化質問 感情に焦点を当てる	仮説志向の質問 直接的質問	インタビュー・ガイドによるテーマの切り替えと非生産的な提示の中断	インタビュー・ガイドによる舵取り	構造的質問 対照質問	ナラティブ生成質問 補足質問部分の最後 総括部分	ナラティブと論証の結合 語られるべき具体的状況の指示
適用領域	主観的意味の分析	主観的理論の再構成	社会的にまたはライフヒストリー的に意味のある問題	組織内の専門家の知識	開放的フィールドでのフィールド調査	ライフヒストリー的経過	日常生活における変化 ルーティン 状況
方法の限界	対象の客観的特徴が知られているという仮定は怪しい純粋な形ではほとんど適用されない	構造の導入 方法を研究対象とインタビュイーに合わせて修正する必要	問題志向性 様々な部分要素の非体系的組み合わせ	専門知の解釈という限界	観察とフィールド調査との組み合わせで意味がでてくる	経験とナラティブの相同性仮説 対象を語られるまで還元	日常知への限定

（出所：Flick, 1995, pp.162-163，表11-1に加筆修正）

ションモデルをもとに整理すると，聞き手の特性が重要であると考えられる。その聞き手の特性で議論されている点としては，①専門家か否か，②どの程度準備したか（＝質問がどの程度体系化・構造化されているのか），の2点に集約されていると考えられる。また，内容面では質問の構造に関連するのだが，ナラティブのように人生全体に関するものか，それともあるトピック（戦略，人事，会計など）に限定しているのか，などを考慮する必要がある。そして，口頭データの中で半構造化インタビューには自由記述の質問票（自由回答文）も含まれると考えられる。序章での先行研究の数多くが自由回答文を対象にしている。

　以上が口頭データ（インタビューデータ）に関する現在考えられる資料論である。

Ⅳ　テキストマイニングを用いることを想定した自由筆記欄の設計

　第3章では，ツールに使えるようにするという視点で自由筆記欄の設計について説明した。そこで，ここで再度自由筆記欄の設計の手順を見てみることで，分析用データの作成とここでいう資料論につながるように説明する。また，現在のツール（IBM SPSS Text Analytics for SurveysもしくはIBM SPSS Text Analytics）での分析用データの作成面から見てみることにしよう。

　前述したように，実際の作業から見ると，テキストマイニングを用いることを想定して質問票調査を行わないと有効な分析が行えないことがある。そこで，ここでは，この点についての示唆を提示することにしよう。テキストマイニングを用いることを想定した自由筆記欄には大きく2種類を提案することにしよう。

1）各質問項目の後や最後に自由筆記欄をおく。この場合，字数としては250字までとする

　この方法は通常の質問票調査で用いられている。字数制限をする理由はCSVファイルを用いるためであり，CSVファイルの1つのセルには250字ま

Ⅳ　テキストマイニングを用いることを想定した自由筆記欄の設計　185

でしか記述することができないためである。この方法のメリットとしては，字数という意味で限定的ではあるが，サンプルの自由な表記による分析が可能となるが，反面，調査者にとっては，分析する概念の選択の問題が複雑になるというデメリットがある。また，通常の言及頻度による分析の有効性についても疑念を持つ必要がある。ただし，著者判別の指標（メジャー度［その概念が広く言及されている程度］，独占度［あるサンプルのみで見られる程度］）を作成することで有効な分析が行えると考えられている。なお，この点については，第4章で説明した。

　前著ではCSVファイルでのデータのやり取りを中心にしたために，250字に限定していた。現在のツール（IBM SPSS Text Analytics for Surveys等）はエクセルを中心にデータ作成を行うために文字数については1700文字程度が入力可能になっている。なお，設定とパソコンのスペックによるが，現在のエクセルでは8000字程度が入力可能であり，かなりのロングテキストを扱うことができる。そして，この点は，今までの自由筆記欄などのショート（文字数の少ない）のテキストだけではなく，ロング（文字数の多い）のテキスト，字数制限はあるがかなり多様なテキスト（言語資料）を対象にすることが可能になっている。

2）調査者がある一定の入力フォーマットを作成する場合

　この場合のメリットは，現在のテキストマイニング技術では不可能な「満足」，「不満足」についての因果関係を分析することが可能になる点である。この点を顧客満足で説明すると，次のような入力フォーマットが考えられる。

- 当社の製品（サービス）について満足する点を5つ挙げてください。
- 当社の製品（サービス）について不満な点を5つ挙げてください。

もしくは，臨界事象法的に，

- 当社の製品（サービス）について最も満足したことが何ですか。
- 当社の製品（サービス）について最も不満な点は何ですか。

　以上に共通する点としては，現在のテキストマイニング技術が概念ベースでの分析であるために，フレーズ単位（文レベル）の分析ではないことを認識しておく点を注記しておく。それと同時に入力する文字についての注意点

が１つある。それは，テキストマイニングエンジンにおいて，入力すること
を禁止している文字の存在である。入力禁止文字としては，／．＊？：；"
〈 〉|等が挙げられており，また，先頭や末尾に半角スペースを使用できない
としている。これらの入力禁止文字はClementineおよびCBMIにおいて同様
のようである。これらに対処するためには，これらの文字がテキストデータ
内にあった場合，違う文字に置き換えるなどの作業が必要である。この作業
は，第５章で説明するデータクリーニング（テキストマイニングに用いるよ
うにできるようにデータ操作を行うこと）の１つであり，テキストマイニン
グにおいては，重要な作業の１つになる。

　実務界でデータベース場合，特に，SFA（営業支援システム）やKMS
（ナレッジマネジメントシステム）での営業日誌などの場合は，夜間バッチ
などでこれらの処理を行えるようにすることをお勧めする。この点について
は，ベンダー各社の課題でもあると思われる。

　そして，この議論から重要なことは，テキストマイニングを行うこと，さ
らにいうと，テキストマイニングのツールを想定してデータ作成をすること
が必要であり，重要であるということである。そこで，次節では，現在のツ
ールでの分析用データの作成方法について説明することにしよう。

Ⅴ　現在のツールでの分析用データの作成

　前述したように，現在のツール（IBM SPSS Text Analytics for Surveysも
しくはIBM SPSS Text Analytics）はマイクロソフトのエクセルを中心にデ
ータ作成を行うために文字数については1700文字程度が入力可能になってい
る。なお，設定とパソコンのスペックによるが，現在のエクセルでは8000字
程度が入力可能であり，かなりのロングテキストを扱うことができる。そし
て，この点は，前著の時に比べて，自由筆記欄などのショート（文字数の少
ない）のテキストだけではなく，ロング（文字数の多い）のテキスト，字数
制限はあるがかなり多様なテキスト（言語資料）を対象にすることが可能に
なっている。それ故，本章で取り上げた有価証券報告書やCSR報告書のよう
な他の各種外的報告資料，自伝や手紙などの個人的ドキュメント，インタ

V　現在のツールでの分析用データの作成　187

図表5-5　テキストマイニングでの分析用データ

ID（ドキュメントid）	テキスト部分	年次（出現）	個人・企業属性1	個人・企業属性2	個人・企業属性3	質問票調査でのその他の項目など	テキスト属性
1							
2							
3							

ビュー調査の結果，そしてもちろん，質問票調査での自由筆記欄，インタビューデータの一種である自由回答文なども一括に取り扱うことができると考えられる。

　その一般的な分析用データは図表5-5のようになり，エクセルなどを利用して作成する。なお，注意点としてはエクセルでデータ作成は行うが，エクセルのマクロを使うことは厳禁であるということである。なぜなら，現在のツールはエクセルのマクロを読み込むことができないからである。この点は筆者が参加している実務界での研究会でも議論されている。

　つまり，図表5-5は，質問票調査の自由筆記欄でのデータ作成と同様である。この点については，図表3-12を参照されたい。

　しかし，実際には一般書籍などを中心に1700字を超えるようなテキストデータも存在する。ここで重要になるが，どのようにテキストデータを分割するのか，ということである。なお，この点については，現在検討事項であるが，設定とパソコンのスペックによるが，現在のエクセルでは8000字程度が入力可能であり，かなりのロングテキストを扱うことができる。

　このようにツール上の必要性および限界からデータを分割することも必要になるであろうし，研究テーマによって分割する必要性があるかもしれない。例えば，『私の履歴書』であれば全人生が書かれているが仕事の期間のみ（キャリア）のテーマに限定するほか，年次が重要であれば，年次ごとに分割するなどの検討が必要である。なお，一般書籍を対象とする場合にはデータ分割の議論が必ず必要になると考えられる。また，会議資料であれば，発話者を限定するなどの検討も必要であろう。このようにテキストデータの特性と研究テーマの関係からテキストデータの分割を行うことがテキストマイ

ニングでの前処理の重要な点である。このようなデータ分割の基準が次に述べるデータクリーニングの基準である。分割した結果がサンプルの数になり，ドキュメントidの数になる。なお，ここでいうデータ分割の基準は，その他の変数としても扱うことができる。

　その上で，経営学領域であると，個人属性と企業属性の2つの要因を変数として用いることになる。個人属性としては，喜田・金井・深澤（2013ab）では，年齢，勤続年数，所属，地位を用いた。その他，性別，年収，職業などがここでいう個人属性に入る。一方，企業属性としては，業種，業績動向（低業績，高業績），ポジション（業界何位），マーケットシェア，などが入る。質問票調査やインタビュー調査でのテキストマイニングにおいては，その他の質問項目や定量的な変数が追加される。例えば，CS調査であると5尺度の顧客満足度などである。つまり，テキストマイニングで重要なのは，このような変数による比較・分析であるということである。

　このように分析用データを作成することになるが，重要なのが，このセルでの（テキスト）属性変数の議論である。前著では，データクリーニングの基準として提示した。つまり，そこでは，テキスト属性をそろえることでデータクリーニングを行うこととしていた。しかし，現在では，テキスト属性そのものが比較の軸になったりするために，属性変数の1つとして提示している。

　最後に，テキストマイニングツールに読み込むときのデータクリーニングの1つの問題を挙げておくことにしよう。それは，特にウェブデータ等で見られるが文字のコードの問題である[13]。テキストマイニングツールにもよるが，文字のコードを明らかにし，コードをそろえておく，デコードしておく必要がある。IBM SPSS Text Analytics for SurveysもしくはIBM SPSS Text Analyticsでは，文字のコードを自動に判別するが，できればUnicode（UTF-8）で入力することを薦める。これにより，テキストデータの文字およびコードの問題が解決できる。

13）この点については，McCallum（2012）pp.55-74を参照されたい。

以上が，組織科学で対象となる主要な言語資料に関する資料論である。最近では，序章で提示した先行研究でも明らかなように，組織科学でテキストマイニングを用いる場合，数多くの種類の言語資料，非構造化データを対象にする可能性がある。しかも，現在IT技術の進化によって，紙ベースの資料のデジタル化の進展，もしくはウェブ利用など前著の時代と比べると雲泥の差がある。紙ベースであった有価証券報告書，営業報告書やCSR報告書などの各種公式的資料などもデジタル化が進み，テキストマイニングが用いることが可能になった。CSR報告書については経営学での利用はいまだないが，会計学では用いられている（記虎・奥田，2009；大坪・黄，2014；中尾・西谷・國部，2014）。また，基幹系システムの中の営業日誌などもその対象になるであろうし，人事部門では退職者の面談記録なども対象になるであろう。各メーカーなどが出版しているニュースリリースなどもその対象になると考えられる（宮崎，2001）。このような資料だけではなく，SNSデータや企業ごとのウェブでの書き込み，口コミなどもその対象になる（井上・竹岡・高木，2014；竹岡・高木・井上，2014；中岡，2014；竹岡ほか，2016）。また，会議資料のテキストマイニングについても今後関心を持たれるであろう。会議資料（音声データも含む）については，そのデジタル化を行い，業務改革を行うという技術へのニーズからテキストマイニングの導入が意図されている。なお，長曽我部・榊原（2015）では，会議の効率化（ファシリテーション）の視点からテキストマイニングを導入しており，プロセスファシリテーションの研究や会議録を対象にしたテキストマイニングの参考になると考えられる。

このように，テキストマイニングが対象とする言語資料の種類および量は増大している。このことはテキストマイニングでのデータクリーニングおよび資料論の必要性を高める結果となっている。

最後に：経営学での非構造化データのデータクリーニングの基準と方法

最後に現在考えられるデータクリーニング（データ分割）の基準と方法および必要なことを示唆することにしよう。ここで整理基準（データクリーニ

ングの基準）としているが，仮説発見型の研究においてはより理論的なサンプリングを行うためであり，仮説検証型の研究においては，比較の軸という従属変数と言語資料の特徴という独立変数の関係を把握するためである。最後に，データ分割および整理基準とデータクリーニングの注意点を示すことにしよう。

1）データクリーニング（データ分割とデータ整理）の基準

このように現在，ビッグデータという現象とともに，世の中には，経営学の対象となる言語資料，非構造化データにあふれている。この点は，序章で提示した先行研究のレビューからも明らかである。ここで，そのすべての言語資料の整理基準もしくは分割基準を提示することはできないが，現在，筆者が考えられるデータクリーニングの基準と方法を提示することにしよう。それは次の7つが挙げられる。

①日付，年次などの時間軸

書かれた日時で整理する方法である。これは，系時的，動学的研究を行うときの中心となる。第6章で提示した研究例は時間軸を中心とした整理方法をもとにしている。

②テキスト特性

これは，主題別に分類することや個人的ドキュメントでは形態から整理する方法である。

③コミュニケーション特性（コンテクストの固定度）

これは，前述したコミュニケーションにおけるコンテクストの固定度によって分類する方法であり，コンテクストの固定度の違いによってどのように内容が変化するのかを追及するときに用いる。

④送り手の特性（地位，動機，など[14]）

これは送り手の特性（地位，性別，年齢，動機など）によって分類する方法であり，サンプルとテキストとの関係を分析するときに用いることができる。例えば，どの年齢の人はどのような発言をしているのかを追求する場合

14）この点は，企業内でのメールのやり取りに関して地位を明らかにしないことやハンドルネームを用いることの議論が参考となる。

がこれに当たる。なお，これを整理基準として用いない場合は混合マイニングとして位置づけられる。また，第10章で説明するコレスポンデンス分析と関係する。

⑤受け手の特性（専門家か否か，複数か個人か，誰といたか，内部・外部など）

これは，受け手の特性（特に，内部者か外部者か）で分類する方法であり，コミュニケーションの受け手とテキストの内容との関係を追求するときに用いることができる。例えば，有価証券報告書は外部に対するコミュニケーションであるが，事業報告は内部に対してのコミュニケーションとしてとらえられ，その内容の比較などが挙げられる。

⑥データを観察した整理基準

最後に，テキストデータを観察した結果導き出される整理基準である。具体的にはその内容および主題などをもとに整理することになる。そして，この方法は第1章および第2章で提示した内容分析の手法に近いと考えられる。また，この整理基準は各研究者の研究課題に大きな影響を受けると考えられる。

⑦CBMIの自由分析を用いた整理

⑥に関連するのだが，テキストデータの観察をテキストマイニングツールであるCBMIの自由分析で行う方法である（図表5-6）。CBMIでの自由分析はテキストをその内容の類似性を中心にカテゴリー化するという機能があり，これを用いてテキストデータを整理した上で通常のテキストマイニングを行うという手法である。このような方法はテキストマイニングの1つの利用法として提示できるであろう。図表5-6では，18の文書を5つの内容面からのカテゴリー化を行っている。そこでは，ジャストシステム社の辞書機能等によって類似度が計算されてその高い順に文書が並べられている。その結果を見てみると，0.6以上と高い数字が見られ，有価証券報告書の類似性の高さが明らかになっている。そして，整理方法としては，類似度を軸にテキストデータを整理する方法である。

また，CBMIでの自由分析ではストップワードを設定することで，各テキストの特徴を明らかにするという方法がある。そこでストップワードとなるものとしては，各テキストに共通して出てくる言葉，より一般的な言葉やそ

192　第5章　テキストマイニングでのデータクリーニング：言語資料の資料論と分析データの作成

図表5-6　CBMIの自由分析

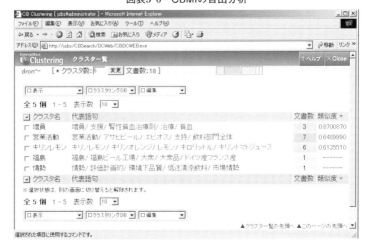

のテキスト特性ではあって当然の言葉などが挙げられる。例えば，有価証券報告書であると「当期」，「経常利益」，「売上高」など会計に関する言葉などが挙げられる。もっと簡単にテキスト特性を把握するには文書のカテゴリー数をサンプル数と同じにする方法もある。そして，どちらかというとCBMIのこのような利用法は言及頻度の高いほうのテキストマイニングではなく，少ないほうのテキストマイニングの可能性を示唆していると考えられる。

　以上が現在考えられる整理基準である。①から⑤の整理基準，テキストマイニングにおいての属性となることもあり，その属性間でのテキスト上の特徴（内容）の比較という側面を持つ。

　⑥に，データを観察した結果の整理基準を挙げている。それは，データを観察することによって導きだされる整理基準であり，データオリエンテドな基準である。これは内容面での整理基準が考えられ，あるコンテンツで検索にかけた後カテゴリー化する方法につながる。それを自動的に行うのが⑦である。

　このような整理基準のもとでデータの整理，もしくは分割基準でデータ作成が行われる。

2）データクリーニングの注意点

その際の次の点に注意が必要となる。

　①できるだけ，欠損値がないように，データをそろえる。なお，テキストデータの場合は書いていないこと，「空欄」や「特になし」も意味があるということを付け加えておく。質問票調査の自由筆記欄での「特になし」もしくは「空欄」については，各研究や調査目的での検討事項の１つとなりえる。例えば，不満な点を聞いたときの「特になし」は，満足しているための「特になし」かもしれないし，不満だが関心がそこまでのないという意味の「特になし」かもしれない。

　②統計分析に向けての整理。**ある程度のサンプル数**を確保する。この点は，選択した言葉，カテゴリーの数（変数の数）とサンプル数の関係で，自由度を意識することである。

　③データのデジタル化

　この中で，重要なのが，データのデジタル化であると考えられる。企業の中でさまざまなデータが存在すると考えられるが，定性的データ（ここでは言語データ）のデジタル化がどの程度進んでいるのかが，今後データマイニング（テキストマイニング）を行う際に重要になってくる。この点については，現在，前述したように通常のテキストがウェブ上にあることやウェブアンケートの利用などによってテキストデータのデジタル化が進んでいる。つまり，現在は，テキストマイニングを用いることができる研究対象があふれており，今後の研究が行いやすいということであり，今後テキストマイニングを用いる研究が数多くなると考えられる。しかし，会議資料を対象とする場合は音声データのデジタル化の領域がいまだに残されていることをデータのデジタル化の課題として提示しておくことにしよう。

　以上のように，テキストマイニングを用いる際のデータ整理およびデータクリーニング，つまり，前処理の方法について述べてきた。序章でのレビューではテキストマイニングの利用は増加しているが，テキストマイニングでのデータクリーニングについてはあまり議論されておらず，本章で議論したデータ整理の基準の構築やデータ整理を行うこと，データクリーニングを行

うことが後の分析に重要な意味を持つということを示唆する。

　つまり，テキストマイニングにしても内容分析にしても新たな研究資料の種類を手にしたときには，必ず，本章で提示した言語資料としての特性の把握，つまり，資料論が必要であるということである。なぜなら，この点を考察することによって，分析枠組みの構築が可能になるからであり，本当に研究者の課題を追求するのに正しいデータ選択を行っているかを確認することができるからである。この点は，序章で提示した先行研究が基礎となる。例えば，口コミが対象であるのであれば，口コミを研究対象にしている先行研究を確認することである。

　このような研究対象の広がりは，横（多様な種類）だけではなく，時間軸でも広がるかもしれない。次章では，品詞情報をもとにした分析について取り上げるが，計量文献学の領域では，「源氏物語」の品詞情報や文法上の特徴の分析から，「宇治十帖」の作者が他の作家である。もしくは，紫式部ではない，という仮説を検討，54巻での執筆順序の推定などを行っている（村上，1994）。ここではすべては取り上げられないが，「源氏物語」を対象としたテキストマイニングは近年数多く行われている。その中で井波・齊藤・堀井・細井・山縣・藤澤・村井・山田・熊谷（2013）では，「源氏物語」の可視化を行っている。また，深澤・沢登（2017）では，平安中期から鎌倉時代初期までの「八代集」を対象に，これらの和歌の形態素での計量分析を行い，「八代集」の違いについて，名詞率とMVRの関係を用いた手法により，機械学習の手法の1つであるNaïve-Bayesにより判別を行っている。その結果，「後撰集」は「八代集」の中で異質な存在であるという分析結果を得ている。

　このように古典を対象としたテキストマイニングが行われていることは，経営研究では，古典を対象とした歴史的研究を中心にテキストマイニングを利用することができる可能性を示唆しており，重要である。なぜなら，日本では創業100年を超える企業が数多くあり，事業継続の研究は注目されているからである（加護野・山田編，2016）。そして，その資料も古典と呼べるものがあると考えられるからである。

　現在のツールでは，現代の日本語にしか対応しておらず，テキストマイニングを行うには，分析用データを作成するときに江戸時代以前はおろか，明

治期であっても現代語訳が必要となるからである。それ故，古典用の辞書の開発は経営の歴史的研究でのテキストマイニングの利用を促進することは間違いないと考えられる。

　最後に，注記しておく点がある。それは前著，喜田（2008b）のテキストマイニングで用いたデータの特性についてである。それは，有価証券報告書もしくは『私の履歴書』というロングのテキストを研究対象にしたことである。それは，通常のテキストマイニングからすると少し想定外なのである。つまり，その時からテキストマイニングはここでいうショートのテキスト（自由筆記欄）などを想定したツール設計になっていることであり，その傾向は現在も変わっていないことである。

　ここでいうロングとショートの違いは，テキストマイニングにおける言及頻度分析の有効性に大きく影響する。ロングのテキストであると，ある言葉の言及頻度を分析することは重要であるが，ショートのテキストであると，あまり意味がないことである。その上で，言及頻度分析を用いた前著の研究例と本書で新たに取り上げた第8章の研究例では言及頻度分析は分析する概念，およびカテゴリーを選択するのみに用いている。しかも，最近のツールでは言及頻度としているが（言及している）サンプル数であることが多いことに注意しておくべきである。それは，ここで述べてきた非構造化データを構造化データにするということに力点があるためである。

　そこで少し言及頻度分析とコミュニケーション論の関係を明確にする必要がある。それはコミュニケーション論で言及頻度，サンプル数が多いことに注目するのはコミュニケーションの特性，内容面も含めて多様であることを前提として，その共通点を探すことに意義があるからである。一方，言及頻度の低いことに注目する，もしくは，のちで述べるカテゴリー化において言語学的に未カテゴリー化に注目するのは，分析した対象が似ており，均一的であり，その中での相違点を探すことに意味がある場合を示している。

　この点を注意しながら，まず，以下の2つの章では，前著，喜田（2008b）で説明したアカデミックの3つの利用法を具体的に示すために2つの研究例を挙げることにしよう。第1は，品詞情報の分析と数値データとの混合マイニングを行った喜田（2006）を取り上げる。第2は，内容分析ソ

フトの代替品としてという利用法と数値データとの混合マイニングを行った研究を提示する。

また，本書がテキストマイニングの利用法という方法論的意味合いが強いことから，元論文では議論されていない作業手順を詳しく説明する。

第6章

テキストマイニングの研究例Ⅰ：品詞情報，形態素を基礎にした分析

　アカデミックでのテキストマイニングには，３つの方向があることがわかる。第１は，品詞情報をもとにした形態素分析の方向であり，第２は，言葉，カテゴリーに注目し，内容分析ソフトの代替品として用いる方向，つまり，内容に注目する方法である。そして，第３は，この言語現象上の特性と定量的な変数との関係を分析する「混合マイニング」である。

　以下の２つの章では，この２つの方向を示す研究例を挙げることにしよう。

　本章では，品詞情報をもとにした分析の方向を示す研究として，喜田（2006）を提示する。そこでの分析では，数値データとの混合マイニングの側面も持っていることを付け加えておくことにしよう。喜田（2006）では，品詞情報の１つである名詞に注目し，名詞の持つ理論的意味である概念変化を追及している。以下では，喜田（2006）を加筆修正した後，全文を記載している。掲載については，組織学会で承認を得ている。なお，ここで取り上げていないカテゴリー変化や，喜田（2006）での理論的・方法論的背景については，喜田（2007）を参照されたい。

◆キーワード

　品詞情報，概念変化，認知変化，組織革新

喜田（2006）「アサヒビールの組織革新の認知的研究— 有価証券報告書のテキストマイニング—」

はじめに

　喜田（2006）では，アサヒビールの組織革新を概念変化という認知現象から追及した。認知科学において，概念変化は認知変化としてとらえられている（West & Pines, 1985）。この概念変化を追及する方法として，喜田（2006）では初めてテキストマイニングを用いる。第Ⅰ節では多くの先行研究が示唆するアサヒビールの組織革新を確認する。第Ⅱ節では喜田（2006）で新たに導入するテキストマイニングの説明と，認知変化と概念変化の関係などについて説明する。第Ⅲ節および第Ⅳ節ではテキストマイニングを用いた発見事実を提示する。第Ⅲ節では概念数に関する量的な変化について調査し，第Ⅳ節ではアサヒビールの組織革新に直結する概念の内容面での変化について調査する。最後に認知的組織革新研究との知見と喜田（2006）での発見事実から認知的組織革新研究でのモデルと作業仮説を提示することにする。喜田（2006）では認知変化を示す概念変化が組織革新に先行して起こることが発見された。この分析結果を提示することによってテキストマイニングが認知変化を明らかにする方法として利用できることを示すことができたと考えられる。

Ⅰ　アサヒビールの組織革新と経営成果の動向

　多くの先行研究でアサヒビールは組織革新の成功例として議論される（河合，1996；奥村，1998；原田，2000）。ここでは，アサヒビールの1976年からシェアの逆転する1998年までの経営成果の動向や出来事を整理することで，どのような組織革新があったのか，経営成果の動向はどうであったかを確認することにしよう。

1）シェアの動向（事業レベルの経営成果）

　まず，ここでは1976年から1998年でのシェアの動向を見ることにしよう。それによって，「アサヒビールの大躍進」を示すことにしよう。なぜなら，

I　アサヒビールの組織革新と経営成果の動向

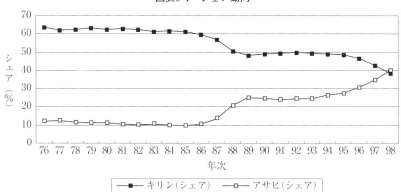

図表6-1　シェア動向

(出所：喜田, 2006, p.80, 図1)

河合（1996），奥村（1998）などの先行研究ではビール部門に注目してアサヒビールの組織革新を議論しているからであり，これらの先行研究がアサヒビールの成功が「スーパードライ」という大ヒット商品の出現によるとする傾向があるためである。つまり，スーパードライという商品レベルでの議論が中心であるために，その商品が属するビール業界での比較という正当性が得られるであろう。

図表6-1から，キリンの独走状態が1986年まで続き，1986年以降，アサヒビールの猛追に遭い，ついに，1997年にはシェアが逆転する。このような現象から河合（1996），奥村（1998），原田（2000）のようにアサヒビールの逆転現象に注目する研究が数多く存在することになる。これらの研究ではアサヒビールの逆転現象をドライ開発にいたる一連の組織革新にその説明に求めている。

2）売上高および経常利益の動向

このようにシェアの逆転は見られるが経営成果の動向はどうであろうか。喜田（2006）では経営成果の動向にも注目する。なぜなら，組織革新はあくまで企業レベルの議論であり，事業部レベル，もしくは商品レベルでのシェ

アの動向だけでは不十分であるからである。以上のように，喜田（2006）では，全社レベルでの経営成果の動向をもその分析に取り入れる[1]。そこで，喜田（2006）では，売上高と経常利益の動向について提示することにしよう。まず，売上高については図表6-2で示される。

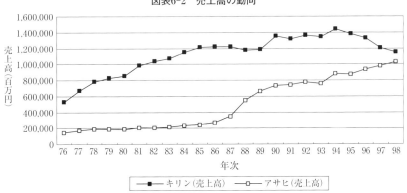

図表6-2　売上高の動向

（出所：喜田，2006，p.80，図2）

このように，両社ともに売上高を伸ばしている。しかし，アサヒビールの伸び率はキリンのそれを大きく超えており，躍進ぶりが明らかである。この

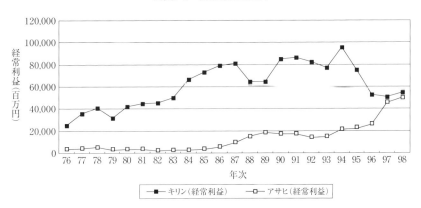

図表6-3　経常利益の動向

（出所：喜田，2006，p.81，図3）

---

[1] 三菱総合研究所編『企業経営の分析』昭和51年度版から平成10年度版までを参照した。

結果はシェアの変動と一致している。売上高を経営成果としてとらえた場合，アサヒビールの経営成果の動向および組織革新に注目すべきであるという先行研究の示唆は支持されると考えられる。次に，経常利益の動向を見てみることにしよう（図表6-3）。図表6-3から，売上高の伸びと比較して経常利益の伸びはそれほどではなかったが，最後の2年については猛追している現状がわかる。

3）研究期間での動き

　ここでは，アサヒビールの組織革新の動きを見てみることにしよう。

　1970年代後半，キリンはガリバー企業としてその地位を確保し，アサヒビールはシェア10％を切るじり貧の状態であるといえよう。しかし，アサヒビールのシェアは低下していたが利益は上がっており，社員の中にはある種の安堵感のようなものがあったとしている（河合，1996）。

　1980年代前半，アサヒビールが，「流れを変える」という意識のもとで，後に「アサヒビールの大躍進」の基礎になる諸施策（経営理念と長期経営計画）の策定，企業のイメージの向上計画（＝CI導入），AQC（アサヒビールのQC），5000人の嗜好・味覚調査の実施，等の組織革新，戦略革新を実行している。そこでは村井氏の社長就任というサクセッションも見られ，後に大躍進を引き起こす組織革新が行われている。1980年代後半，アサヒビールの「スーパードライ」の大ヒットによる大躍進の時期である。この商品は，CI導入の決定，CIやTQCに基づく味の変更（「コク・キレ生ビール」の発売）等の組織革新の結果であると考えられている。また，そのような中で，アサヒビールの大躍進の推進者となる樋口氏が社長に就任する。彼のリーダーシップによっていくつかの組織革新および拡大路線がとられる。その中では，「フレッシュローテーション」の徹底，広告宣伝の充実，組織改革などを実行している。

　1987年に大ヒットとなる「スーパードライ」が発売される。また，拡大路線を示すものとして多額の設備・広告投資を行い。その結果，スーパードライによってアサヒビールの一人勝ちの状況を示すようになりシェアも20％台を回復することになる。こうした業績向上の結果を受けて，新たな経営理念

および経営目標を作成する。それはアサヒビールがビール業界のトップ企業としての自信を示すものであり，これからのアサヒビールの方向性を示すものであった（河合，1996）。1989年には「アサヒビールの快進撃の最後の年であり，他社がさまざまな新製品を出したにもかかわらず，アサヒドライは通年では前年を上回りシェアも24.9%に達した。しかし，その後，この伸び率も前年度の伸び率と比較して大幅に鈍化していったとあるように快進撃も止まることになる。

　1990年代前半は，アサヒビールの苦戦が続く。1990年には86年以降4年連続を占めてきた売上伸び率業界トップの座をキリンに奪われ，シェアも24.7%とわずかながら減少した。

　1991年には1989年のスーパーイースト以来となる「アサヒ生ビールZ」を発売する。つまり，アサヒビールはその期間1つの新製品を出すことがなかった。これはスーパードライとのカニバリを恐れたためである（河合，1996）。しかし，期待された新製品である「アサヒ 生ビールZ」はスーパードライのような大型商品とはならなかった。そして，スーパードライが前期よりも約1割減少したこともあり，アサヒビールの1991年のシェアは前年に引き続き低下した。しかし「フレッシュローテーション」の徹底等が実り，1994年にはスーパードライの伸び率が高くなり，第2の飛躍へと向かう。1996年にはアサヒビールが1980年代後半に経験した大躍進を再び経験する。その結果，シェアが逆転する。その後，月別レベルでシェアの首位がアサヒビールとキリンが交互に奪い合うという現状が続く。アサヒビールにおいては，ドライの拡販を中心とする戦略がとられ，ほとんどといってよいほど新製品を導入していないという課題が残ることになる。

　以上のように，この研究期間において，アサヒビールの目覚しい躍進の状況が分かる。この点は多くの先行研究が示唆する通りである。喜田（2006）では組織革新を成し遂げた企業としてアサヒビールを取り上げることになる。

Ⅱ　分析枠組み：概念の変化による分析とテキストマイニング

　喜田（2006）ではアサヒビールの組織革新を認知的に研究する。そこで，

喜田（2006）では認知的な研究を行う手法としてテキストマイニングを導入する。まずテキストマイニングについて説明することにしよう。

1）テキストマイニング

テキストマイニングには一般的定義は存在しないが，大量のテキストからの知識発見および知識の可視化の手法ということでは一致している。また，コンピューターの利用という点から内容分析をコンピューターによって行うという点もある。現在，日本で用いられるテキストマイニングのソフトとしてはSPSS（現IBM）社のText Mining for Clementine，ジャストシステム社のCBMI，野村総合研究所のTRUE TELLER等がある。

テキストマイニングツールおよび考え方は大きく2つに分類される。1つは，データマイニングの研究から派生してデータマイニングの手法を数値データだけでなくテキストデータにも適用させるアプローチである。SPSS社のText Mining for Clementineと野村総合研究所のTRUE TELLERがこのアプローチを取っている。つまり，データマイニングの延長線上でテキストマイニングを考えているものであり，特に定量的な変数だけではなく，テキスト（例えば，アンケートの自由筆記欄など）を対象にすることを目的とする。もう1つは自然言語処理の研究をベースとしてテキスト分類や検索を発展させてテキストから知識発見に繋げるアプローチである。この流れを汲むものとして，ジャストシステム社のCBMIがある。

以上が簡単なテキストマイニングの説明である。なお，詳しくは本書第1章を参照されたい。

2）データおよびサンプル

喜田（2006）でデータとなるのが両社の有価証券報告書の「営業の状況」の部分である。これは組織革新を認知的に研究している先行研究が有価証券報告書をデータとしていることからも支持されている（Huff, 1990）。研究期間は1976年から1998年の22年間である。なお，会計制度上の変化（例えば，セグメント情報の記載義務化）にも注意が必要であるが，同様の手法を採用している先行研究において，この点については議論されていないので，喜田

（2006）では注記しておくのみにする（Huff, 1990 ; Barr, Stimpert & Huff, 1992）。

3）概念変化と認知変化：認知マップの議論から

テキストマイニングを用いて認知的研究を行うのが喜田（2006）の目的である。参考となるのがBarr, Stimpert & Huff（1992）である。彼らは，認知変化を有価証券報告書を対象に認知マップと呼ばれる言語分析の一種で行っている。彼らが認知変化の兆候としてとらえた認知マップ上の特徴を提示し，認知変化の強さと関連づけてまとめたのが図表6-4である。

図表6-4での認知マップの変化が認知変化を示しており，2つの側面を持つことがわかる。1つは認知要素である概念の変化である。もう1つは概念間関係に関するものであり，概念間関係を示す記号の変化と事例に関する変化がそれに当たる。また，喜田（2006）が対象とする概念の変化が最も強い認知変化としてとらえられていることが明らかである。この点から，喜田（2006）で概念変化に注目することが支持される。また，認知変化を概念変化から追求した研究として，認知心理学および教育学で存在することでも喜田（2006）のアプローチは支持されると考えられる（West & Pines, 1985）。なお，喜田（2006）で導入するテキストマイニングは，概念しか分析できないということからも，喜田（2006）では概念変化に注目する。

図表6-4　認知マップにおける学習（認知変化）の兆候

	強い（激しい）認知変化	弱い（漸進的）な認知変化
概念に関して1	概念間関係の変化を伴う新しい概念の出現	概念間関係の変化を伴わない概念の変化
概念に関して2	新しい概念の持続的な出現	
概念に関して3	新しいカテゴリーの出現	
概念間関係に関して	概念間関係を示す記号の変化[1]	
事例に関して[2]	その事例が概念の定義を示しており，事例の変化が，概念の定義の変化を示しているとき	それが単なる事例であるとき

1) 認知マップにおいて，概念間関係を示す記号がそのコード化のルールとして決められている。
2) ここでいう事例とは，有価証券報告書に記載されている出来事のことである。例えば，わが国経済は，一般消費，設備投資の動向などに当たる。
（出所：喜田，2006，p.82，表1）

4）喜田（2006）での作業手順

喜田（2006）では，マーケティング論での顧客の声分析を中心に用いられているテキストマイニングソフトを有価証券報告書に用いるというテキストマイニングの利用可能性を考察するという側面も持っている[2]。喜田（2006）での作業手順としては，アサヒビールの出版する有価証券報告書をデジタル化することから始まる[3]。そこでは，OCRソフトを用いて行った。これらの段階を経て，テキストマイニングソフトを用いた。なお，喜田（2006）では，SPSS社のText Mining for Clementine2.0およびClementine8.6を用いることにする[4]。

まず，ここでは，有価証券報告書での概念変化を研究するのであるが，テキストマイニングソフトにおいては，形態素分析が行われる。これは，文書を品詞などの文法知識から分析する方法である。そこで，喜田（2006）では，概念として，テキストマイニングソフトにおいて名詞とされるものを取り上げる。なぜなら，認知心理学でのカテゴリー化研究において概念は名詞にほかならないとしているからである（御領・菊池・江草，1993）。第Ⅲ節では，概念数の変化（名詞の数の変化）についての分析を行う。しかし，それだけではより詳しい概念の質的な変化を追及できない。そこで，第Ⅳ節では，一般経済環境を示すもの，業界環境を示すもの，その他環境を示すもの，それと，アサヒビールの組織革新に直結するような概念を選択した[5]。なお，ここではできるだけカテゴリー関係にある概念を排除した。例えば，天候不順と冷夏などである。しかし，図表6-4で示されるように認知的組織科学においては，カテゴリーが変化することは重要な認知変化としてとらえられてい

2）マーケティング領域でのテキストマイニングの利用については，Berry & Linoff（1997），Pyle（2003）などが詳しい。なお序章第3節でのレビューを参照されたい。
3）なお現在では，各社のホームページからダウンロードすることも可能である。
4）本書では，次節で詳しく説明するが，このストリームはこの研究のみに使えるものである。それ故，各研究テーマに応じて変更する必要があることを付け加えておくことにしよう。なお，ストリームについての質問は，kida@ogu.jpまでお願いします。
5）ここでは「営業活動」，「設備投資」，「個人消費」，「わが国経済」，「消費者」，「競争」，「生ビール路線」，「フレッシュローテーション」，「新商品」，「ビール業界」，「マーケティング活動」，「天候不順」，「ニューセンチュリー計画」，「品質訴求」，「ブランド力」，「情報システム」，「フレッシュマネジメント」，「広告宣伝」，「CI」，「商品特性」などの概念を取り上げた。

る（Barr, Stimpert & Huff, 1992）。この点については，喜田（2006）での課題とする。

5）喜田（2006）でのストリーム

そこで，ここでは，喜田（2006）で用いたストリームについて詳しく説明することにしよう（図表6-5）。その目的は，本書がこの研究を研究例として挙げるからには，その分析のプロセスを示す必要があるからである。なお，ここでのストリームについては，喜田（2007）の第V節のpp.106-113で説明している。また，図表もほぼ合致することを注記しておくことにしよう。

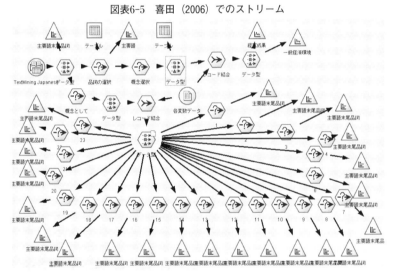

図表6-5　喜田（2006）でのストリーム

この部分では，テキストマイニングノードでデータである有価証券報告書を取り込み，テキストマイニングを行っている（図表6-6）。その上で，データ型ノードを通じて，フィールド（変数）の確定を行った後，どの品詞が多いのか，ということを棒グラフノードを用いて表示している。

Ⅱ　分析枠組み：概念の変化による分析とテキストマイニング

図表6-6　テキストマイニングノード

　その後，喜田（2006）では2つの種類の概念変化について議論しているために，次の2つのパートに分かれる。まず，第Ⅲ節での概念数の調査に用いるストリームについて説明することにしよう（図表6-7）。

図表6-7　概念数の変化を明らかにするためのストリーム

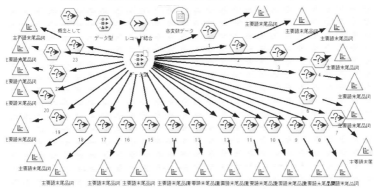

　前述の棒グラフノードの結果より，喜田（2006）で注目する名詞についての条件づけを行う（条件抽出ノード［概念として］）。その後，各変数データを取り込む可変長ノードとのデータを結合し，その結合した結果を，データ型ノードを用いて変数の確定を行う（図表6-8）。

図表6-8　テキストマイニングの結果と数値データの結合

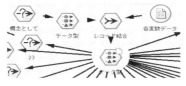

　そして，条件抽出ノードで出版年次を示すドキュメントIDによる条件づけを行い（条件抽出ノード［１］），名詞についての度数の集計を行う棒グラフを作成する。この作業を各年次で行う（図表6-9）。

図表6-9 概念数のグラフ化

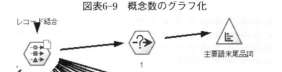

その棒グラフノードの出力結果が以下に示されるこれをエクセルにエクスポートし，度数を集計した（図表6-10）。なお，編集のところから，変数を含めたコピーを行えば，エクセルへのエクスポートを簡単にすることができる。それをエクセルにおいてグラフ化したのが，図表6-15などである。

図表6-10 概念数のグラフ化の結果

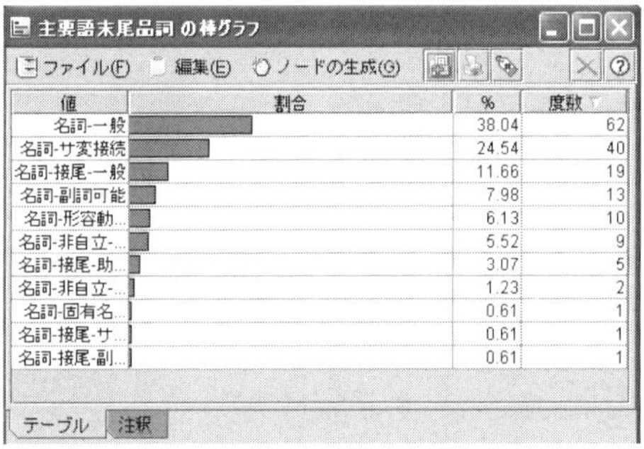

値	割合	%	度数
名詞-一般		38.04	62
名詞-サ変接続		24.54	40
名詞-接尾-一般		11.66	19
名詞-副詞可能		7.98	13
名詞-形容動		6.13	10
名詞-非自立-		5.52	9
名詞-接尾-助		3.07	5
名詞-非自立-		1.23	2
名詞-固有名		0.61	1
名詞-接尾-サ		0.61	1
名詞-接尾-副		0.61	1

以上のように名詞の数による概念数に関する調査を行った。次に，概念の内容面の変化を追求するためのストリームを構築した。それが次の部分である（図表6-11）。

図表6-11 概念の内容面の変化を明らかにするためのストリーム

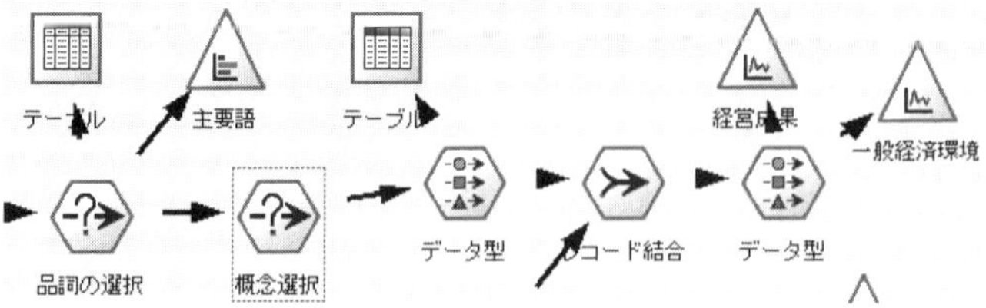

まず，条件抽出ノードで概念とされる名詞を選択し，それをもとに棒グラフノードを用いて，主要語（概念）に関する言及頻度分析を行う。その結果が図表6-12である。

この表から，ノード生成のタブをクリックし，条件抽出ノードを作成する。

Ⅱ 分析枠組み:概念の変化による分析とテキストマイニング

図表6-12 概念の選択のための全言及頻度分析の結果

値	%	度数
前期比	4.84	273
当期	1.81	102
当期売上高	1.54	87
当社	1.4	79
積極	1.33	75
ビール	1.31	74
売上高	1.28	72
売上	1.26	71
中心	1.13	64
消費者	1.05	59
前期	0.94	53
売上数量	0.92	52
新商品	0.89	50
増加	0.78	44
営業活動	0.76	43
アサヒスーパードライ	0.71	40
影響	0.6	34
拡販	0.55	31
伸び	0.55	31
業界平均	0.53	30
商品	0.51	29
ビール業界	0.51	29
飲料	0.5	28
ワイン	0.46	26
味	0.43	24

その条件抽出ノードでこの表で見られた概念を選択する。それが,概念選択という条件抽出ノードであり,その編集画面が図表6-13である。

図表6-13 概念の選択のための条件抽出

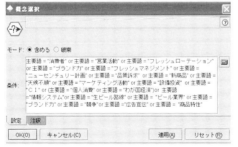

この条件をもとにデータ型ノードを通し,テキストマイニングの結果を確認した後に,各変数データを取り込む可変長ノードとのデータを結合し,その結合した結果をデータ型ノードを用いて変数の確定を行う。その後,散布図ノードを用いて各変数(経営成果=シェア,売上高,経常利益,一般経済環境)との関係を示すグラフを作成する(図表6-14)。そこでの散布図ノードの編集画面が図表6-14である。

図表6-14　散布図ノードの編集

　ここでは，X軸に年次（出版）を，Y軸に主要語を選択した後，各変数の関係を見るために，オーバーレイのところに経常利益，売上高，シェアなどの変数を選択する。その結果，図表6-21および図表6-22が作成できる。

III　テキストマイニングの結果1：概念数の変化と各変数との関係

1）概念数についての概説

　認知心理学，教育心理学においては，概念は名詞にほかならないとされており（御領・菊池・江草，1993），一般に，概念変化は名詞の数の変化と概念の内容の変化の2つに分けて分析される。そこで，第III節では，名詞の数の変化（ここでは「概念数」の変化と呼ぶ）を取り上げる。内容の変化については第IV節で扱う。

　まず，テキストマイニングノードで1976年から1998年に出版された有価証券報告書を取り込み，形態素分析（文書を品詞などの文法知識から分析する方法）を行い，主要語の言及頻度を分析してみた。なお，その際には主要語の品詞も明らかにされるので，その品詞のうちテキストマイニングソフトにおいて名詞とされるものを選択し，棒グラフノードによって名詞の数（＝概念数）を各年次で集計したのが図表6-15のグラフである。

　図表6-15から，アサヒビールにおいて1970年代後半はあまり概念数の変化は見られないが，1980年代前半に急激な概念数の変化が見られることが明ら

Ⅲ　テキストマイニングの結果1：概念数の変化と各変数との関係

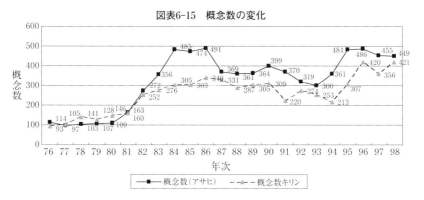

図表6-15　概念数の変化

(出所：喜田, 2006, p.83, 図4)

かである。1980年代後半から1990年代前半まで概念数が減少していることがわかる。その後，1994年では概念数が増加し，その水準にとどまっていることがわかる。なお，アサヒビール躍進の基本となるスーパードライの発売は1987年であり，この商品の基盤となった組織革新は1985年度に行われている。また，図表6-15は，アサヒビールと同様にキリンの有価証券報告書を対象にしたテキストマイニングの結果をもとに比較分析の結果も示している。その目的はアサヒビールの概念増加の特徴を明らかにすることにある。図表6-15から，1970年代後半についてはキリンが概念数は多い。しかし，アサヒビールにおいて1980年代前半および後半における概念数の増加が際立っていることが明らかである。しかし，その後，キリンと同様に，概念数の増加という点での認知変化のレベルが下がっていることがわかる。しかし，総じて，アサヒビールのほうが概念数は多いという結果を得た。この点はアサヒビールの認知変化の程度が高いことを示している。喜田（2006）では，アサヒビールの組織革新を概念変化から追求する。それ故，以下の分析では，アサヒビールの動向に注目する[6]。これらの結果については各変数との関係を示すことで議論することにしよう。

---

[6] キリンを取り上げないのは，Barr, Stimpert & Huff（1992）等の先行研究では，倒産企業という極端な事例を用いているためである。ただし，参考程度にキリンを取り上げている。

2）経営成果との関係（シェア，売上高，経常利益）

ここでは経営成果に関する変数と概念数との関係を見てみることにしよう。まず，シェアとの関係を示すことにしよう（図表6-16）。

図表6-16　シェアと概念数

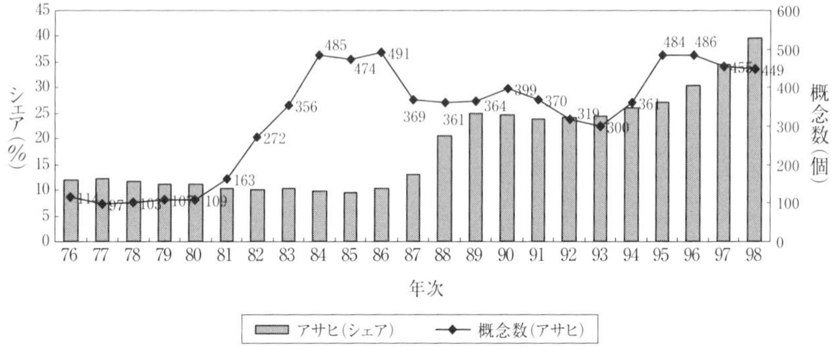

(出所：喜田，2006，p.84，図5)

この結果，シェアが増加する1987年以前に急激な概念数の増加が先行して見られることが分かる。そして，シェアが安定的である時には概念数が減少傾向にあることも明らかである。なお，売上高および経常利益については図表6-16の通りである。シェアと同様の結果を得ている。幾分ではあるが，売上高が増加時には概念数が減少している傾向があるとも見える。一方，減少時には，概念数が増加している傾向があるといえる（図表6-17）。

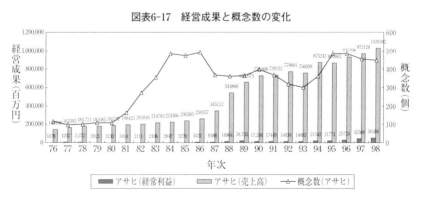

図表6-17　経営成果と概念数の変化

(出所：喜田，2006，p.84，図6)

3）環境変数との関係

ここでは，概念変化と環境変化の関係について調査する。環境変化として取り上げるのは，一般経済環境と業界環境の2つである。前者はGDPでの成長率などの変化について調査し，後者は業界環境として酒類組合が提示し，国税庁での業界変数として取り上げられるビールでの課税数量の変化を見てみる[7]。これらの変数を各年次で示したのが図表6-18である。

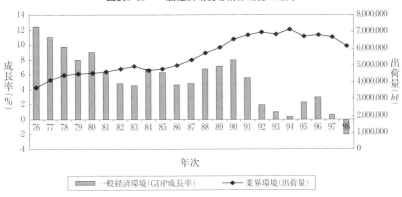

図表6-18　一般経済環境と業界環境の動向

（出所：喜田，2006，p.85，図7）

まず，一般経済環境については，低成長時代に突入し，特に，1998年には最低の成長率となっている。一方，業界環境については，研究期間において，業界環境である出荷量は順調に伸びてきてはいるが，1989年に入り，成長は鈍化し，1995年にはマイナス成長となっている。そこで，この環境変数と概念数の変化との関係を見てみることにしよう。まず，一般経済環境と概念数の関係を見てみる（図表6-19）。

このように見ると，経済成長率が減少しているときには概念数が増加するような傾向があるのかもしれない。業界環境については，研究期間において増加傾向にあり，1984年と1994年に減少しているが，経営成果と一致した傾向を持っている。それ故，一般経済環境と異なる解釈が必要である。

---

[7] ビール酒造組合は，アサヒ，キリン，サントリー，サッポロ，オリオンの5社が組合員である。また，一般経済環境については現内閣府の統計を参考とした。

第6章 テキストマイニングの研究例Ⅰ：品詞情報，形態素を基礎にした分析

図表6-19 一般経済環境の動向と概念数

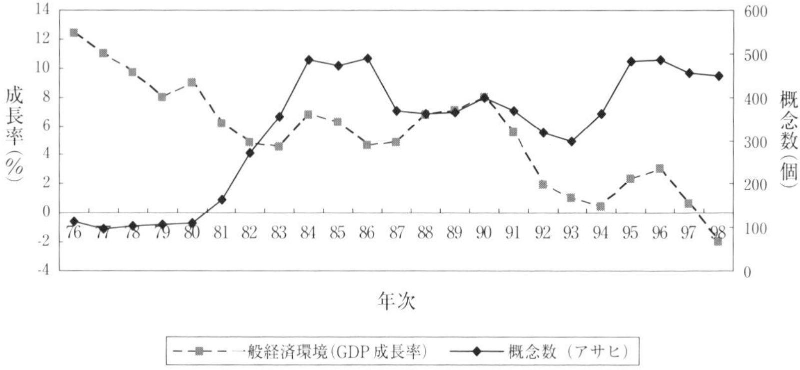

（出所：喜田，2006，p.85，図8）

4）各変数と概念数についての相関分析

ここでは，本章のまとめとして，アサヒビールの概念数（名詞の数），経営成果（シェア，売上高，経常利益），一般経済環境，業界環境の間の相関分析を行うことにする。その目的は概念数という変数がこれら経営成果と環境変数との関係を明らかにすることにある（図表6-20）。

図表6-20 各変数と概念数についての相関分析の結果

		アサヒ（経常利益）	アサヒ（売上高）	アサヒ（シェア）	一般経済環境（GDP成長率）	業界環境（出荷量(kl)）	概念数（アサヒ）
アサヒ（経常利益）	Pearson の相関係数	1	.885**	.950**	-.701**	.692**	.501*
	有意確率（両側）		.000	.000	.000	.000	.015
	N	23	23	23	23	23	23
アサヒ（売上高）	Pearson の相関係数	.885**	1	.972**	-.754**	.935**	.580**
	有意確率（両側）	.000		.000	.000	.000	.004
	N	23	23	23	23	23	23
アサヒ（シェア）	Pearson の相関係数	.950**	.972**	1	-.688**	.834**	.486*
	有意確率（両側）	.000	.000		.000	.000	.019
	N	23	23	23	23	23	23
一般経済環境（GDP成長率）	Pearson の相関係数	-.701**	-.754**	-.688**	1	-.746**	-.634**
	有意確率（両側）	.000	.000	.000		.000	.001
	N	23	23	23	23	23	23
業界環境（出荷量(kl)）	Pearson の相関係数	.692**	.935**	.834**	-.746**	1	.591**
	有意確率（両側）	.000	.000	.000	.000		.003
	N	23	23	23	23	23	23
概念数（アサヒ）	Pearson の相関係数	.501*	.580**	.486*	-.634**	.591**	1
	有意確率（両側）	.015	.004	.019	.001	.003	
	N	23	23	23	23	23	23

** 相関係数は1％水準で有意（両側）。

* 相関係数は5％水準で有意（両側）。

（出所：喜田，2006，p.86，図9）

Ⅳ　テキストマイニングの結果2：概念の内容上の変化と各変数との関係　　215

　図表6-20から，アサヒビールにおいて概念数は，経常利益，売上高，業界環境と正の相関があり，一般経済環境は負の相関があることがわかる。なお，これらについては統計的に検証される結果を得ている。ただし，正の相関があるとしてもその数字は低く，この点は概念数の変化がこれらの変数より先行して起こっているためであると考えられる。

　しかし，本節での分析には問題点がある。1つは，ここで概念＝名詞として，各年次での名詞の数の変化を分析してきたことに起因する。それは，ここでの「概念数」とは，テキストマイニングツールを用いて品詞情報から求めた「名詞の数」であって「概念の種類の数」ではないことである。同じ名詞が何度か出現しても「概念の種類の数」は変わらないが，「概念数」としては，その都度カウントされてしまう。ただし，当然のことながら「概念数」と「概念の種類の数」の相関は非常に高く0.993であったことを提示しておくことにしよう。

　もう1つは，ここで取り上げた概念の内容についてである。例えば，1984年の頻出名詞のトップ7は「当期」，「もの」，「前期比」，「昨年」，「中心」，「売上高」，「中」であったが，このように有価証券報告書の「営業の状況」で出てきて当然の名詞や一般的な名詞が出てくる。これではより詳しい概念の質的な変化を追及できない。そこで，第Ⅳ節では，このような一般的な名詞を削除して，より概念らしい名詞を対象として分析することにしよう。

Ⅳ　テキストマイニングの結果2：概念の内容上の変化と各変数との関係

　本節では，前節での概念数（名詞の数）の変化のみならず，より具体的にどのような概念が内容上に変化しているのか，どのような概念が出現してきたのか，また消えたのか，を明らかにする。そこで，ここでは，一般経済環境を示すもの，業界環境を示すもの，その他環境を示すもの，それと，アサヒビールの組織革新に直結するような概念を選択した[8]。その目的はそのような概念がいつの時点で出現するのか，を明らかにするためである。なお，

8）脚注5）と同。

ここでは同一カテゴリーにあると考えられる概念をできるだけひとまとめにした。例えば，天候不順と冷夏などである。しかし，図表6-4で示されるように認知的組織科学においては，カテゴリーが変化することは重要な認知変化としてとらえられている（Barr, Stimpert & Huff, 1992）。この点については，喜田（2007）を参照されたい。

1）経営成果との関係

ここでは，シェア動向，経常利益，売上高の動向と概念の質的な変化の関係を調査した。その結果は図表6-21の通りである。なお，この図では，交点のところに印があるとその年次で出現していることを示している。また，色の違い（白と黒）がシェアの増減との関係を示しており，四角と三角の違いが売り上げの前年度比を示している。そして，印の大きさが経常利益の前年度比との関係を示している（図表6-21）。なお，ここでお詫びしておくことがある。それは，喜田（2006）での図10についてであり，色の違いは２種類（白と黒）しかなく，グレーというのはない。そこで，1976年が白，1993年と1995年が黒である。以上のように変更し，再掲する。

図表6-21から，シェアが減少している1970年代後半までは，あまり概念的に変化は見られず，1982年を契機に増大している局面では，多様な概念が出現していることが明らかである。その概念として，ニューセンチュリー計画，マーケティング活動，ブランド力，フレッシュローテーションなど爆発的なシェアを拡大したスーパードライに関連する概念が出現していることがわかる。そして，ニューセンチュリー計画およびCIなどはわずか２年で消えていることがわかる。

シェアが安定的な1990年代前半においては，あまり概念変化がないことがわかる。また，図表6-21は，経常利益および売上高との関係も示している。図表6-21から，売上高および経常利益が減少時，特に，1982年に新たな概念が出現していることがわかる。しかし，売上高および経常利益が安定時，特に，1988年から1994年までの期間，あまり概念が増加していない傾向があるといえる。このように，業績変化と組織的知識構造の変化の間にはなんらかの関係があることがわかる。特に，概念変化（概念数の変化を含めて）が業

Ⅳ　テキストマイニングの結果2：概念の内容上の変化と各変数との関係　217

図表6-21　概念の内容の変化と経営成果との関係

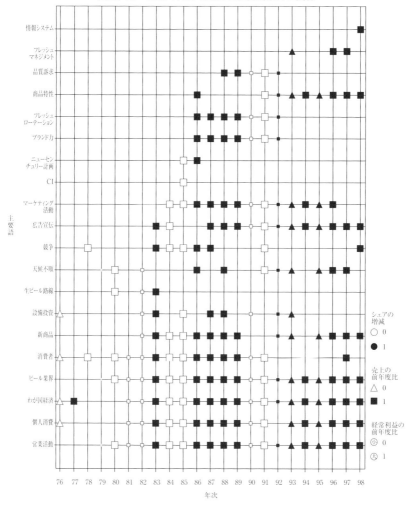

(出所：喜田，2006，p.87，図10に加筆修正)。

績変化に先行することが明らかになった。しかし，1996年以降再び新たな概念（情報システムなど）が出現している。

　以上の結果，アサヒビールの躍進の元になっている概念は1985年までに出現していることが明らかになった。この点から，アサヒビールの組織革新の

218　第6章　テキストマイニングの研究例Ⅰ：品詞情報，形態素を基礎にした分析

図表6-22　概念の内容の変化と環境変数との関係

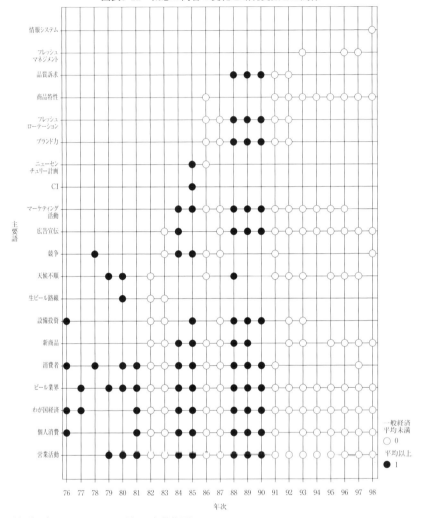

（出所：喜田，2006，p.89，図11に加筆修正）

前に大きな概念変化があったと結論づけることができる。しかし，研究期間を通じて，新たな概念が次々と出現する傾向があり，引き続き認知変化の程度が高いと結論づけることができよう。

2）環境変数との関係

　次に一般経済環境との関係を見てみることにしよう。なお，この期間の
GDPの成長率の平均を取り，平均以上を1，平均未満を0とした。この期
間の平均成長率は5.3%である。一般経済環境と概念変化との関係を示した
のが図表6-22である。なお，この図では，交点のところに印があるとその年
次で出現していることを示している。また，色の違いがGDEの成長率との
関係を示している（図表6-22）。

　図表6-22と前節の結果から，一般経済環境の良い年より悪い年のほうが概
念の増加しているように思われる。なお，業界環境については研究期間にお
いてはビール業界の業界環境は非常によく，業績（＝経営成果）に即した結
果を得ている。それ故，一般経済環境とは異なる解釈が必要であり，環境を
どのように定義するのかで異なるということを得た。

V　結論および課題：発見事実の解釈と作業仮説の提示

　喜田（2006）では，第Ⅲ節および第Ⅳ節での結果から，次のような6つの
発見事実を得た。

①1970年代後半には低かった概念数が1982年を契機に急激に増加し，著し
　い概念変化をしていることが分かる。
②キリンと比較しても①での特徴は顕著である。
③概念数の変化，概念変化が実際の組織革新および経営成果の改善に先行
　して起こっている。
④シェアが減少している1980年代前半までは，あまり概念変化は見られず，
　増大している時には，多様な概念が出現している。つまり，シェアが減
　少しているときには概念変化は起こらず，増加したときに概念変化が起
　こる。
⑤売上高および経常利益が減少しているときに，概念変化が見られること
　がわかった。しかし，売上高または経常利益の増加および安定したとき
　にはあまり概念変化しておらず，概念変化が起こりにくい傾向がある。

⑥概念変化は一般経済環境の良い年より悪い年のほうが見られる。

認知的組織革新研究からの解釈と発見事実からの作業仮説の構築

　以上のように，喜田（2006）では，アサヒビールの有価証券報告書をテキストマイニングすることで，いくつかの発見事実を得た。ここでは，これらの発見事実を解釈する枠組みとして認知的組織革新研究での知見を用いる。その代表的な認知的組織革新研究として，Barr, Stimpert & Huff, (1992) がある[9]。彼らは「組織革新はメンタルモデル上での変化を必要とする」という基本仮説を構築している。この仮説の検証に認知マップを用いている。そこでは，アメリカの鉄道産業に属する生き残り企業と倒産した企業での環境変化と認知変化の関係を調査している。そこでは，特に倒産に至るプロセスが重視されている。その結果，ほぼ仮説を支持する結果を得ている。この研究では，このような認知変化と環境変化，組織革新の関係を理論的に示しただけではなく，メンタルモデルにおける学習の兆候を示すという方法論的な貢献もある。

　以上の研究をもとに組織的知識構造の知識表象研究での議論から，組織レベルの認知変数である組織的知識構造概念を導入したのが図表6-23である[10]。組織的知識構造概念は組織レベルの認知変数として，Lyles & Schwenk (1992) が導入した。組織的知識構造はその構成要素である認知要素（概念）と概念間関係によって構成されており，その認知要素の数が増加することを複雑化とし，その複雑化の程度を認知変化の程度としている。

　ここでは，図表6-23について説明することにしよう。構成要素の第1は多

図表6-23　本章での基本モデル

(出所：喜田，2006，p.90，図12または，喜田，2007，p.32，図1-10)

---

9) その他の研究については，Thomas, Clark & Gioia (1993), Lant, Milliken & Batra (1992) などが挙げられる。
10) 組織的知識構造の知識表象研究については，経営者認知および組織的認知のレビュー論文であるWalsh (1995) を参照されたい。

V　結論および課題：発見事実の解釈と作業仮説の提示　221

くの先行研究で示唆されている環境変化である[11]。これは一般経済環境での
変化と業界環境での変化を示している。第2の構成要素である「組織的知識
構造の変化」は組織レベルでの認知構造である組織的知識構造を導入した上
で，それを基礎にした組織学習観に基づくものである（Lyles & Schwenk,
1992）。このような構成要素として取り入れるのは，Barr, Stimpert & Huff,
（1992）などでの先行研究で，経営者の認知変化もしくはトップマネジメン
トチームの認知変化を導入しているのと同一である。しかし，ここでは，そ
の分析レベルの混同をのぞくために，組織レベルの認知構造を導入している。
そして，この構成要素を明らかにするのが喜田（2006）で導入したテキスト
マイニングであり，テキストマイニングでの概念変化についての発見事実で
ある。第3の構成要素が，ここでは戦略内容の変更もしくは革新としてとら
えられている組織革新である。これは「企業行動の変化」であり，ケース分
析の対象となる。アサヒビールのケースでいえば，経営理念と長期経営計画
の策定，企業のイメージの向上計画（＝CI導入），AQC（アサヒビールの
QC），5000人の嗜好・味覚調査の実施，等である。第4の構成要素が経営成
果の動向である。そこで，喜田（2006）では，売上高と経常利益とシェアに
ついて調査した。第3の構成要素と第4の構成要素については，第Ⅰ節にお
いて確認した。

　しかも，このモデルでの構成要素間の関係については発見事実で提示した
ように，なんらかの関係があると考えられる。特に，認知変化として考えら
れる概念変化と環境変化，経営成果，組織革新との間になんらかの関係があ
るという事実を得ている。しかも，認知的組織革新研究によってこれらの発
見事実を認知変化として考察することは支持されると考えられる。

　このような認知的組織革新研究での議論と喜田（2006）での発見事実から，
次のような仮説を提示することができよう。その中心仮説は，「組織革新は
組織的知識構造の変化を必要とする」ということである。以下では，これを
中心にいくつかの仮説を提示することにしよう。なお，ここでは，発見事実
との関係を示唆することにする。

---

11) Rajagopalan & Spreiter（1997）は，組織革新の広範囲にわたるレビューを行ってお
　り，これを参照されたい。

222　第6章　テキストマイニングの研究例Ⅰ：品詞情報，形態素を基礎にした分析

■発見事実①，②，③から，**仮説1）「革新に成功している企業では，組織的知識構造の変化が見られる。しかも実際の組織革新に先行して起こる」**が提示できる。

■発見事実④，⑤，⑥から，**仮説2）「組織的知識構造の変化は，自社の業績および環境に影響を受ける」**が提示できる。この仮説は，組織革新を起こす企業は環境に対しても敏感であり，しかも自社の動向をモニタリングすることができるとする研究によっても示唆される（Thomas, Clark, & Gioia, 1993）。

■発見事実⑤から，**仮説3）「好業績が続くほど，組織的知識構造は固定化しやすい。つまり，組織的知識構造の変化が見られない」**が提示できる。この点は，加護野（1988，2011）での成功している企業のパラダイムの頑強性の議論を支持する結果であると考えられる。

■発見事実⑤から，**仮説4）「低業績であれば，組織的知識構造は変化しやすい」**が提示できる。これは，経営成果の原因帰属研究で，低業績時に他者帰属をすることが発見されている。これは既存の組織的知識構造では低業績という自体を解釈できないために新たな概念を導入すると解釈することもできる（Huff, 1990）。

　以上が，喜田（2006）での作業仮説である。

　喜田（2006）は，以上のような発見事実があり，認知的な組織革新研究に発見事実を伴う作業仮説を提示することで理論的貢献ができたと考えられる。しかも，分析結果から認知変化が組織革新に先行するという意味から組織革新の先行指標を構築できる可能性を示唆していると考えられる[12]。

　また，認知変化をより具体的に概念変化とするという方法論的な貢献もある。特にテキストマイニングという新しい手法を用いての研究であることも貢献の1つであろう。しかし，概念変化から認知的研究を行う点，テキストマイニングを用いて追及する研究はこれが最初であり，ここで提示した仮説

12）この議論は，神戸大学の加護野先生との議論から生まれた。加護野先生にはこの論文の題名を「組織革新の先行指標の研究」としてはというコメントをいただいたが，それはあくまで結果であるという理由でこのように結論部分での議論としてとどめた。

V　結論および課題：発見事実の解釈と作業仮説の提示　223

に基づく結果については，検証することが必要である。その上で，テキスト
マイニングを用いて認知変化および認知的研究を行う際の注意点を議論する
ことにしよう。

　認知心理学の領域では，名詞の数の変化および文字数の増加は学習（認知
変化）であるとされ，例えば，自由連想法やプロトコール分析では，文字数
や名詞の数の変化も認知変化であるとされる。喜田（2006）では，こうした
認知心理学的な視点から分析を行ってきた。しかし，このようにカウントし
た名詞の数は，結局のところ，有価証券報告書の「営業の状況」の部分の文
字数に依存している。「文字数」と「概念数」の相関は0.989，「文字数」と
「概念の種類の数」の相関は0.977と非常に高く，「概念数」「概念の種類の
数」は「文字数」とほぼ完全に連動している。ただし，喜田（2006）で取り
上げた各種指標との相関係数は，「概念数」，「概念の種類の数」の方が「文
字数」よりも若干大きかった。実は，テキストマイニングにおいては，まず
「文字数」が重要な変数であり，著者判別の重要な指数とされている。著者
が異なる場合には，絶対頻度ではなく，相対頻度を取り上げるといったよう
な手続きが必要になり，その上で，Walsh（1995）で提示されている諸研究
のように，ある認知構造でのその認知要素での中心性（＝認知中心性）や経
営者の認知構造における個人差の問題などを考えることもできる。

　しかし，これだけ文字数が変動しているということは，有価証券報告書の
「営業の状況」の部分の著者が交代した可能性を強く示唆しているという事
実の方が，経営学的には，はるかに重要であろう。喜田（2006）では，認知
心理学的な認知変化と他の指標との間で関係があるということを指摘したが，
なぜそのような現象が起こるのかということに関しては考察していない。し
かし，仮に，アサヒビール内部で1985年度に行われた「組織革新」より以前
に，これまでとは異なる部署が有価証券報告書の「営業の状況」の部分の執
筆を担当するようになったという背景が明らかにできれば，公表されていな
いアサヒビール内部でのパワーバランスの変化を計量的に測定・検出できた
ことになり，この点についても今後の研究課題としたい。

　また，喜田（2006）では，組織的知識構造の概念という認知要素にのみ注
目したが，テキストマイニングツールの進歩によるところが大きいが，認知

要素間の関係も重要であり，これを含めた研究を行うという課題が残されている。それによって，組織的知識構造などの認知変数（＝知識）および認知変化をより詳細に可視化することができると考えられる。

最後に：品詞情報による分析（形態素分析）について

このような利用法が可能になるのは，テキストマイニングによる品詞情報が追求すべき変数の代替変数として同定できる場合である（喜田，2006，2007）。本書の場合，名詞数＝概念数という観点から，概念変化を追及した。序章で取り上げた木南・古澤（2014）はこの応用研究であり，地域イノベーション戦略を認知変化の観点からとらえ，インタビュー調査のテキストマイニングから認知変化がイノベーションと関係することを明らかにしている。

また，この方法は計量文献学もしくは計量書誌学にも利用可能であると考えられる。計量文献学では，品詞情報をもとにした分析（文法上の特徴も含む）から，著者の判別および真贋分析などを行っている（村上，1994）。彼らの研究では，「源氏物語」の分析から，「宇治十帖」の作者が他の作家，紫式部ではない，という仮説を検討，54巻での執筆順序の推定などを行っている（村上，1994）。「源氏物語」を対象としたテキストマイニングは数多く行われている。その中で井波ほか（2013）では，「源氏物語」の可視化を行っている。また，深澤・沢登（2017）では，平安中期から鎌倉時代初期までの「八代集」を対象に，これらの和歌の形態素での計量分析を行い，「八代集」の違いについて，名詞率とMVRの関係を用いた手法により，機械学習の手法の１つであるNaïve-Bayesにより判別を行っている。その結果，「後撰集」は「八代集」の中で異質な存在であるのかも知れないという分析結果を得ている。

著者判別に再度振り返ると，第４章でも述べたが，財津・金（2017）では，犯罪捜査で用いる筆者識別へのスコア開発を行っている。なお，これらについては，第４章での著者判別の指標作成の項を参照されたい。より一般的にテキストマイニングによる言語研究については，岸江・田畑（2014）を参照されたい。

最後に：品詞情報による分析（形態素分析）について　225

　本章では，品詞情報の変化，名詞の数の変化を認知変化としてとらえ議論
したが，もう1つの解釈としては，有価証券報告書の著者が変わったという
パワーバランスの変化という解釈も提示していることからも，計量文献学的
な利用法の可能性を示唆していると考えられる。

　このような手法は，経営史，経営者研究などの領域において資料確定の議
論に用いることができるかもしれない。その上で，品詞情報を中心とする分
析結果は，本章で示したように数値データ（経営成果）とともに分析，マイ
ニングすることが可能であることを強調しておくことにしよう。

　そして，この研究が喜田（2007）として発展したのである。喜田（2007）
では，認知変化の可視化の方法としてテキストマイニングを採用した経緯や
組織科学での知識・認知変化の可視化の理論と方法について説明している。
また，新たな分析結果としてカテゴリー変化についての調査を提示している。

　前著の際，もしくは喜田（2006，2007）は，有価証券報告書を研究対象と
することから，会計学領域の先生よりのコメントも数多くいただいた。その
1つが会計学領域では最近，財務諸表などの数字の部分だけではなく，本書
が対象としたテキストの分析に注目し始めているということであった。

　現状は，序章で示したようにここで形態素分析のみでなく，次に挙げる内
容面の分析も含めて会計学領域（ファイナンスも含む）での有価証券報告書
を対象にテキストマイニングを用いた研究が数多く行われるようになってき
ている（白田ほか，2009；中邨，2014；澤登，2015；廣瀬・平井・新井，
2017等）。そして，今後もその方向性が学位論文でもテキストマイニングを
用いることから，より強まっていくと考えられる。

　このように，前著と同様に本書が有価証券報告書などの公式資料の営業の
状況などのテキストと売上高などの数字（業績）との分析，混合マイニング
の可能性を示したと考えられ，会計学領域（ファイナンスも含めて）や経営
学領域でのテキストマイニングを用いた今後の研究の助けとなればと考えて
いる。それを通じて，より広い意味で経営研究の利用法を示すことができる
と考えられる。

　しかし，この研究方法については課題がある。それは現在のツールにおい
てこの種の研究が可能か，どうかの確認であり，現在，それについては検討

226　第6章　テキストマイニングの研究例Ⅰ：品詞情報，形態素を基礎にした分析

しており，この点については，第9章で議論することにしよう（図表9-17）。本章での形態素分析を中心とした品詞情報の分析はタイプ分析を用いることで可能であると考えている。

第7章

テキストマイニングの研究例Ⅱ：
内容分析ソフトの代替品として

　第2のアカデミックの利用法として，本書では内容分析ソフトの代替品として用いることを提案する。この点は，第1章で議論してきた通りである。つまり，日本語を対象にした内容分析ソフトが未発達であることに関連する。ただし，現在ATLAS.tiなどのQDAソフトが日本語を対象に内容分析を行えるとしていることを付け加えておくことにしよう（佐藤，2006）。本書では，テキストマイニングソフトを内容分析の代替品として用いた研究例として，『私の履歴書』を研究対象に経営者の経歴に影響する人間関係の種類を明らかにした研究を提示する。

◆キーワード

　内容分析ソフトの代替品として，人間関係，経歴，ソーシャルキャピタル（社会的ネットワーク）

「経営者の経歴への人間関係の影響：『私の履歴書』の テキストマイニング」

はじめに

　本章では，経営者の経歴に影響する人間関係の種類の分析および創業者と従業員型経営者の比較分析を行った[1]。経営者の経歴を示すデータとして，本章では既存研究であまり用いられていない『私の履歴書』を研究対象にす

---

1) 本章でいう人間関係は，浜口（1979）のソーシャルネクサス，Granovetter（1995）でのネットワークと同様の用語である。

る。その上で，テキストマイニングを用いて，人間関係を示す『私の履歴書』上での登場人物の数，および種類等を明らかにする。その結果，経営者の経歴に影響する人間関係の種類としては，両親，家族，上司，部下，知人等が挙げられることがわかった。また，創業者と従業員型経営者での比較分析では，従業員型経営者のほうが登場人物が多いこと，また，経歴に影響する人間関係の種類等が異なることなどが明らかになった。

I　経営者の経歴に影響する要因の研究

本節では，経営者の経歴に関する研究の動向を示すことを目的に，経営学の先行研究の展望を行う。経営学の分野で，経営者の育成要因（経営者としての成功原因）および経営者になる人の特性（経営者の人物像）について言及している研究は数多くある（Bass, 1990；Zaleznik, 1977；Kotter, 1988；Conger, 1992；Gardner, 1990；United States Naval Institute, 1959；McCall, Lambardo & Morrison, 1988；Levinson, 1980；Hughes, Ginnett & Curphy, 2005；Adair, 2005）。なお，Hughes, Ginnett & Curphy,（2005）と Adair（2005）はどうすればリーダーが育成できるのか，つまり，リーダー発達（leadership development）を中心に議論している[2]。また，Robinson（1990）は，「創業者」という概念を用いて，経営者の心理的特性について議論している。その他，Baida（1990）は，自伝を研究対象に，経営者としての成功観の変遷を研究しており，経営者の経歴の研究に自伝を用いることの有効性をも示している。

以上の先行研究から，経営者の経歴に影響する要因として，①主体性＝自尊心，②心理的エネルギー（＝野心），③人格の統合性，④知能（知性），⑤肉体的活力，⑥組織化能力（＝如才なさ；対人関係知識＝部下に対する配慮），⑦創造性，⑧信頼，⑨家族（父，母，兄弟，親戚），⑩学歴（大学），⑪出自（早期影響），⑫良好な上司部下関係（メンター関係），⑬配置転換，

---

2)　'leadership development' はどちらかというと育つという側面を強調し，'leadership training' は，そのリーダーの教育の側面を強調する用語である。前者の中に後者を含むとする見解もあるということを注記しておくことにしよう（Adair, 2005）。

I　経営者の経歴に影響する要因の研究　229

⑭昇進するのが早い（初期のチャンス），⑮友人（同僚），⑯実績（＝良い
フォロワー），⑰困難（病気，左遷等），⑱部下に対する配慮，⑲メンタリン
グの機会があること，などである。このように見てみると本章での成功の原
因のリストの中での要因は心理学に関係する分野から抽出したために抽象性
の高いことがわかる。しかし，成功の要因として挙げられている，部下への
配慮，家族，良好な上司部下関係，メンタリングの機会，友人，出自，学歴，
などは人間関係の有効性を示している。つまり，経営者の経歴において重要
な成功要因の１つが人間関係であるということである。

　Baker（2000）等でのソーシャルキャピタル（社会関係資本）の議論では，
成功するためにはネットワーク資産であるソーシャルキャピタルを増やすべ
きであるという結論を提示しており，経歴には人間関係が重要であるという
ことを示している[3]。また，経営者に限っていないが，浜口（1979）は日本
人のキャリア展開が人間関係によって影響されることを『私の履歴書』をデ
ータに明らかにした。浜口（1979）では，キャリア展開に影響を及ぼす人間
関係として次のような人間関係を挙げている[4]。①父，母等両親，②兄弟，
③親族，④友人，⑤知人，⑥同僚，⑦先輩（地方，学校，会社），⑧雇い主，
⑨同業者，⑩恩師（小学校，中学，高校，大学），⑪上司，⑫師匠，⑬私淑
する人（尊敬する人），⑭間接関係（例えば，友人の知人，叔父の知人，恩
師の知人等），⑮無連結（キャリアに影響を及ぼした書物の著者）などであ
る。つまり，これらの研究では，共通して，経営者の経歴に関しても人間関
係が大きな影響を与える，としている。キャリア研究においても，
Granovetter（1995）や渡辺（1999）等においても転職という契機に関して
は人間関係の影響を示唆している。また，金井（1994）においては創業者
（＝企業者）のネットワークの特性についての研究も，創業者の経歴に影響す
るネットワーク（人間関係）の研究として位置づけることができよう。

　本章では，以上の先行研究のレビューから，経営者の経歴に影響する要因
として人間関係に注目することにしよう。そこで，人間関係とは，『私の履

3）ただし，ネットワーク資産＝ソーシャルキャピタルには，正の資産と負の資産がある
　点も示唆されている点を注記しておくことにしよう（金光，2003）。
4）彼の用語ではソーシャルネクサスである。

歴書』の中での登場人物である。なお，本章で注目する人間関係を社会ネットワーク分析の研究との関連でいうと，エゴセントリック・ネットワーク（任意の行為者がその回りに取り結んでいるネットワーク）を追求しているといえる（安田，2001）。この種の研究としてGranovetter（1995）や渡辺（1999），金井（1994）等が挙げられる[5]。その上で，本章も含めてこの種の研究では，ネットワークに属する人の属性に注目する点でも共通しており，この点が現在主流になっているネットワークの構造特性に注目する社会ネットワーク分析とは異なる点であると考えられる。また，本章がこの点で社会ネットワーク分析に用いられる手法と異なる方法をとる理由ともなっている[6]。

　しかし，これらの研究にも問題がある。第1にどのような人間関係の種類が経歴に影響するのか，を明らかにしていない点である。第2に，先行研究において，創業者と従業員型経営者との経歴を混同していることである。ただし，創業者と従業員型経営者（マネジャー）の経歴および特性の比較という点については，金井（1992）とZaleznik（1977）が参考となる。

　このような先行研究の課題から，本章では，以下の3つの研究課題を明らかにする。

　第1は経営者の経歴に影響する人間関係の種類を明らかにすることである。第2は創業者と従業員型経営者での経歴の形成の違いを人間関係の影響という視点から議論することである。最後に，本書の中心である方法論的にテキストマイニングの利用可能性を示すことである。これらの研究課題に対して，本章では，「私の履歴書（昭和の経営者群像）」を分析対象とした人間関係に関するテキストマイニングを行うことにしよう。

Ⅱ　分析枠組み

　ここでは本章での分析枠組みについて述べる。ここでは，データとサンプ

5）彼らの用語ではネットワークである。
6）ソーシャルネクサスと社会ネットワーク分析の関係については，金光（2003）およびBaker（2000）を参照されたい。また社会ネットワーク分析については，金光（2003）と安田（2001）を参照されたい。

ル（なぜ『私の履歴書』を研究対象にするのか），予備調査の結果，本章での作業手順とプログラム，テキストマイニングの問題点等について議論することにしよう。

1）データとサンプル（なぜ『私の履歴書』を研究対象にするのか）

本章では『私の履歴書（昭和の経営者群像）』を研究対象にする。『私の履歴書（昭和の経営者群像）』は，昭和に限定し，50人の経営者を日本経済新聞社が選択し，それをまとめたものである。本章で『私の履歴書』を研究対象にする理由は6つある。

第1は日本人のキャリア展開の特徴を研究した浜口（1979）で『私の履歴書』を研究対象にしていることである。第2はテキストマイニングがこのような個人的記録（自伝，伝記，手紙）を研究対象にできることを示すためである。第3は経営者の自伝はその経営者の人生そのものであることから生まれてきた。それ故，その追求には経営者が自分の人生を語るということ，つまり，個人史およびライフヒストリーの研究が適していると考えられる。また，自伝は個人史研究でもっともよく用いられるデータの1つである。『私の履歴書』は周知の通り「編集された」自伝である。このように考えてみると，本章で経営者の経歴の研究に『私の履歴書』を用いることは方法論的に支持される。第4はその他の分析方法（インタビュー，質問票調査，歴史学的研究等）との間にメソドロジカル・トリアンギュレーションが確立し，今までの先行研究の結果に精密さを加えることができるからである。第5は，経営史や経営者の研究において『私の履歴書』のような個人的記録を用いた研究例がないためである。つまり，これを研究対象にすることによって，経営者研究に対して資料論的な広がりを持つことが可能となるためである。最後に，方法論的な面からいうと，出版されている資料を研究対象にすることは，異なる研究者による追試が可能となるという面が挙げられる（水野，2000）。また，『私の履歴書』など個人的ドキュメントを研究対象にする際の問題点などについては，第5章を参照されたい。

以上が本章で『私の履歴書』を研究対象にする理由と意義である。

232 第7章 テキストマイニングの研究例Ⅱ：内容分析ソフトの代替品として

2）予備調査：データクリーニングとサンプリング

　以上のように，本章では『私の履歴書』を研究対象にする。本章では予備調査を行い，研究課題に対応するようにサンプリングを行った。また，このような予備調査はテキストマイニングでのデータクリーニングとしても位置づけられる[7]。なお，データクリーニングについては本書第5章を参照されたい。

　本章では，サンプリングの基準として3つの基準を用いている。第1は浜口（1979）で研究対象になっていることである。第2は，同じ産業分類に属する企業の経営者であることである。例えば，本田宗一郎氏（本田技研工業）と川又克二氏（日産自動車）であると「自動車産業」という共通の産業分野に属している。第3は，生まれた年が，創業者と従業員型経営者との比較において10年以内であること，である。

　それでは，本章でのサンプリングの流れを予備調査の結果を参照しながら見てみることにしよう[8]。はじめに浜口（1979）で研究対象になっていないものを挙げると，次の8人である。吉田忠雄氏，立石一真氏，土光敏夫氏，豊田英二氏，宮崎輝氏，江戸英雄氏，梁瀬次郎氏，早川種三氏である。これらをサンプルからはずして次に創業者と従業員型経営者とに分類する[9]。このような基本的なサンプリングを終えた後，社会的コンテクストに関する操作を行う。まず，産業分類によるサンプリングを行う。その結果，創業者は電機産業に遍在していることがわかった。一方，従業員型経営者は軽工業に属している傾向がある。それ故，創業者と従業員型経営者を1対1で対応させることに困難を生じ，大幅にサンプルを限定することになった。そして，世代ということを考慮すると，松永安左エ門氏（九州電力，明治8年生まれ）と木川田一隆氏（東京電力，明治32年生まれ）とでは24年離れている。この両者をサンプルから削除すると本章でのサンプルになる。

　つまり，本章でのサンプルは，①井上貞治郎氏（聯合紙器：現レンゴー），

7）テキストマイニングでのデータクリーニングの必要性については，Zanasi（2005）及び喜田（2005）を参照されたい。

8）予備調査の詳細については，付録1を参照されたい。

9）この区分については付録1を参照されたい。なお，企業家18名であり，サラリーマン型経営者24名になる。

足立正氏（王子製紙），②堤康次郎氏（西武鉄道），松尾静磨氏（日本航空），③山崎種二氏（山種証券），奥村綱雄氏（野村證券），④松下幸之助氏（松下電器産業），倉田主税氏（日立製作所），⑤本田宗一郎氏（本田技研工業），川又克二氏（日産自動車）の10名となる。

3）本章での作業手順とプログラム

本章では，本書でのアカデミックの利用法の1つを提示するためにテキストマイニングを用いる。テキストマイニングとは，大量のテキストデータよりの知識発見および知識の可視化の手法である[10]。本章での作業手順としては，『私の履歴書（昭和の経営者群像）』をデジタル化することから始まる。そこでは，OCRソフトを用いて行った。その後，テキスト特性に関する予備調査を行い，データを作成した。これらの段階を経て，テキストマイニングソフトを用いた。本章では，SPSS社のClementine 7.1とText Mining for Clementine1.0を用い，分析を行った。

4）人間関係の概念を選択するためのストリーム

ここでは，本章でのストリームで重要な点としては，人間関係の概念を選択するというストリームである。そこで，本章ではこの点のみ説明することにしよう[11]。図表7-1が示すようにテキストマイニングにおいては，まず，テキストマイニングノードにおいてテキストデータを読み込み，すべての概念を提示する必要がある。

図表7-1 テキストマイニングの第一段階

10）テキストマイニングについての説明については石井（2002），喜田（2006，2008b）等を参照されたい。
11）全体の流れについては，付録2を参照されたい。

図表7-2　概念選択

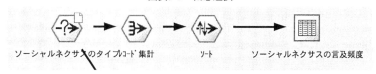

　図表7-1では、テキストマイニングノードでテキストデータにおいて、概念と言及頻度、レコード数（サンプル数）等の分析が行われ、その全体の言及頻度分析の結果をテーブルノード（全体での分析結果）で出力している。次に、図表7-2が示すように、研究者が関心のある概念を選択し、絞り込むことが可能である。そこで、本章では、人間関係を分析するので、人間関係を示す概念を選択する。この作業は、条件抽出のノード（人間関係の種類）で行うことができる。これにより、選択した人間関係の概念に関する言及頻度分析が行われる。この点が、テキストマイニングソフトを内容分析ソフトの代替品として用いる方法である。

5）テキストマイニングの問題点；同義語の設定等

　現在においては、同義語の設定ができないことが明らかになった。そこで、問題になったのがかなり多数出現してくる固有名詞である。言及頻度の高い個人名としては、倉田氏での小平氏（小平＝46）、足立氏の藤原氏（藤原＝39）などである。このような言及頻度の高い個人名については、できるだけ人間関係のカテゴリーに転換することが望ましいと考えられる。具体的には、倉田氏での小平氏、奥村氏での野村得七氏、足立氏での藤原氏などである。彼らは、そのときの上司であり、上司としてカウントするように、テキストレベルで操作した。

　以上のように各データでの個人名を上司としてカウントするようにテキストデータにおいて操作した。また、その他部下としてカウントしてもよいと考えられる本田氏での藤沢氏は9回出現していることを付け加えておくことにしよう。このように、本章で用いたバージョンもしくは、現在のテキストマイニングソフトでは少しでも解釈の必要な分析ができない。それ故、テキストデータにおいて操作するという方法しかないということが、本章での研

究で明らかになった。

　以上が，本章での分析枠組みである。本章では，『私の履歴書』がその人物の経歴，登場人物（数および種類）が人間関係の代替変数であると同定している[12]。本章での課題である経歴に対する人間関係の影響は，『私の履歴書』に出現してくる登場人物の数および種類で追求できるとする。このような同定の作業を行い，テキストマイニングを行った。次節では分析結果を提示することにしよう。そこでは，まず，全体での分析結果を，次に，創業者と従業員型経営者の比較分析の結果を提示する。

Ⅲ　全体での分析結果：経歴に影響する人間関係の種類

　まずサンプル全体での分析結果を提示することにしよう。その目的は，経営者の経歴に影響を与える人間関係の種類を明らかにすることである（図表7-3）。

　この結果，母，父等の両親，上司，子供，先生，祖父，従業員（＝部下）の順で出現することがわかった。この結果から，次の2点が明らかである。第1は，上司や両親等の強連結が影響することである。上司は，McCall, Lambardo & Morrison, (1988) 等での研究で，経営者の経歴に大きな影響を及ぼすことが知られている。その影響のプロセスでは，上司との良好な人間関係の構築によって，経営者としての成功の原因と考えられる機会の提示（エンパワーメント）やリーダーシップのメンタリング等の要因を導き出し，経営者としての成功を手にいれる（Block, 1987；Adair, 2005）。Adair (2005) においては，リーダーが成長する要因を7つ挙げ，その中で組織の中でリーダーのメンタリングを上司に受けるということを提示している。両親は，発達心理学やGardner（1990）で議論されているように，経営者の経歴の初期（子供時代）に形成されると考えられる心理的エネルギー等の経営者としての個人特性に影響を及ぼす。また，両親が経営者である場合，子供

---

12) 概念を代替変数として同定する方法については，内容分析での手法と同様であり，この点については，Krippendorff（1980）を参照されたい。

第7章 テキストマイニングの研究例Ⅱ：内容分析ソフトの代替品として

図表7-3 全体での言及頻度分析

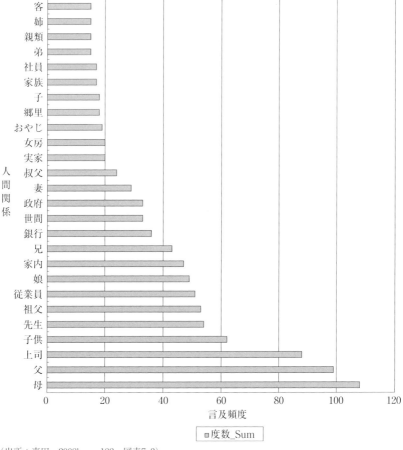

(出所：喜田，2008b，p.182，図表7-3)

時代にリーダーシップのメンタリングを受けていることも重要である。第2は部下（従業員および社員）への言及頻度の高さである。部下の経営者の経歴への影響は，2つのパターンが存在する。1つは，創業者において，部下とともに事業を興すというような影響の仕方である。本章での調査では，このような例は，松下氏，本田氏，井上氏等で見られた。もう1つは，従業員型経営者において，経営学でのリーダーシップの研究等でいわれる「部下への配慮」を示すパターンである。後者の例として，川又氏，足立氏，松尾氏

Ⅳ　創業者と従業員型経営者の比較分析　237

等の例が挙げられる。この点については，リーダー発達を部下の立場から追
及する研究の存在によっても明らかである（Hughes, Ginnett & Curphy,
2005）。

　この点等が以上の分析から明らかである。次節では，創業者と従業員型経
営者の比較を行うことで，よりその特徴を明らかにすることにしよう。

Ⅳ　創業者と従業員型経営者の比較分析

　本節では，創業者と従業員型経営者の比較分析を行った。その結果は図表
7-4で示される。なお，図表7-4では，言及頻度10以上を取り上げている。
　その結果，人間関係を示す概念の数は，従業員型経営者で53種類，創業者
46種類，全体での頻度は，従業員型経営者で828，創業者399という分析結果
を得た。この点から，まず，従業員型経営者のほうが『私の履歴書』上での

図表7-4　企業家と従業員型経営者の比較分析の結果1（言及頻度）

コンセプト	創業者	コンセプト	従業員
父	32	母	92
娘	27	上司	88
政府	26	父	67
従業員	26	子供	47
世間	22	先生	41
母	16	祖父	41
女房	15	家内	36
子供	15	兄	31
客	14	銀行	27
先生	13	従業員	25
妻	13	叔父	24
祖父	12	娘	22
兄	12	妻	16
実家	11	大学	14
部下	11	おやじ	13
家内	11	姉	13
		家族	13
		子	11
		世間	11
		親類	11
		郷里	11
		組合員	10
		社員	10
総合計	399	総合計	828

（出所：喜田，2008b，p.183，図表7-4）

登場人物が多く，経歴上，人間関係の影響を受けやすいといえる。一方，創業者は，登場人物も少なく，人間関係の影響をあまり受けないといえる。この結果は，浜口（1979）で，松下幸之助氏，本田宗一郎氏等本章で取り上げた創業者に重要なレファレント・パーソンはいない，としている点で一致している。

第2は，ほとんどの人間関係の種類で従業員型経営者の方が，言及頻度が高いことである。ほとんどの人間関係とは，家族，親族，両親，友人，兄弟，先輩，上司などである。また，同じ両親についても，創業者は父に言及することが多いが，一方，従業員型経営者では母のほうが多い，というような違いもあることがわかった。

次に，テキストマイニングを用いて，従業員型経営者と創業者ではどのような人間関係上の概念が関連しているのか，を示すことにしよう。その結果，図表7-5のようなグラフ（ウェブグラフ）が提示できる。なお，図表7-5において，創業者の変数が1のノードは，創業者であり，0のノードは従業員型経営者を示している。また，線が太いほど関連が強いことを示している。

図表7-5　企業家と従業員型経営者の比較分析の結果2（ウェブグラフ）

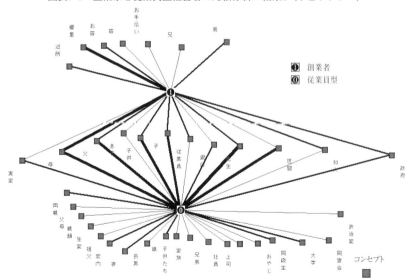

(出所：喜田, 2008b, p.184, 図表7-5を修正)

Ⅳ　創業者と従業員型経営者の比較分析　239

　図表7-5で重要なのは，創業者と従業員型経営者ではそれと関連する人間関係に関する概念，もしくはその程度が異なるということである。つまり，創業者と従業員型経営者での経歴に影響する人間関係に関する共通点と相違点を明らかにする。共通点としては，実家，母，父等の両親，息子等の子供，従業員（＝部下），先生，世間，知人，などが挙げられる。この点から，両者とも，強連結とされる両親，家族等を用いている一方で，弱連結とされる知人，世間，政府等を用いていることがわかる[13]。

　相違点として従業員型経営者のほうがより多くの人間関係を示す概念が出現していることがわかる。例えば，同級生，同窓会，大学等の学歴を示すものと，上司，社員というような組織内での人間関係を示すものが関連していることがわかる。また，祖父，実家，親類等の出自を示すものも多く出現していることがわかる。一方で，創業者では，お客，客という顧客を示すもの，また，近所，郷里等の弱連結とされる人間関係と関連が深いという分析結果を得た。

　以上のように，従業員型経営者のほうが経歴上において，人間関係を示す概念の関連が強いこと，これは，全体での分析結果でもそのようであるが，この点から人間関係の影響が強いと結論づけることができよう。また，従業員型経営者が組織内での人間関係（上司，社員等）の影響が強い一方で，創業者では，近所，郷里というような弱連結を示す概念が出現していることもわかる。つまり，従業員型経営者と創業者では経歴において人間関係の影響とその影響を与える種類が異なることが明らかになった。

　以上が，言及頻度分析の結果を用いた比較分析で明らかになったことである。

　そこで分析結果をまとめると次のようになる。①従業員型経営者の経歴の方が人間関係の影響を受けやすい。②従業員型経営者の方がほとんどの人間関係で言及頻度が創業者のそれより高い，③創業者の方が，知人といった弱連結をよく用いている，④創業者は水平的および下向きのベクトルで人間関係を構築し，従業員型経営者は階層的に上向きのベクトルで人間関係を構築

───────────────

13）弱連結と強連結についてはGranovetter（1995）を参照されたい。

している，などである。なお，前者の従業員型経営者のネットワーキングの方向性を説明する議論として，リーダーシップ論での上方影響力の議論や管理者論での連結ピンモデル等がある。後者の創業者のネットワーキングの方向性を説明する議論として，企業のガバナンスの議論やインプレッション・マネジメントに関する議論が考えられる。

　最近のソーシャルキャピタルの議論では，従業員型経営者の人間関係は「内部にフォーカスしたネットワーク」であるといえ，創業者のそれはどちらかというと「創発的なネットワーク」といえる（Baker, 2000）。また，ソーシャルキャピタル論では両方のネットワークをバランスよく構築することであるとされている（Baker, 2000）。しかし，この本書の分析結果から，日本での経営者の経歴において，従業員型経営者の方がソーシャルキャピタルの影響をより受けているということが明らかである。ただし，ソーシャルキャピタルの種類については詳細な分析が必要であり，本章の課題の1つである。しかし，本章で示した自伝を対象に登場人物の数を調査するという方法は社会的ネットワーク分析の新たな分析方法として提案できると考えている。

V　分析結果の解釈と課題：成長する経験には人間関係が関係する

　以上のように，『私の履歴書』の登場人物を調査することで，経歴に対する人間関係の影響を分析できることがわかった。その結果，経営者の経歴には，母，父等の両親，上司，子供等の家族，先生と呼ばれる人が影響するということが明らかになった。

　比較分析では，従業員型経営者のほうが登場人物は多く，その経歴に人間関係の影響が大きいということも明らかになった。しかも，創業者と従業員型経営者の経歴に影響する人間関係の種類（登場人物の種類）が異なるということも本章での発見事実の1つである。

　従業員型経営者のほうが，登場人物が多い理由を成長する経験との関係で見てみることにしよう。McCall, Lambardo & Morrison（1998）では経営者が成長する経験の1つに「異動」を挙げている。

Ⅴ　分析結果の解釈と課題：成長する経験には人間関係が関係する　　241

　異動とは配置転換や出向などの出来事の存在である。配置転換や出向など
の出来事が従業員型経営者の経歴の特徴である。配置転換や出向は人間関係
の変化，つまり，新しい人々との出会いを伴っている。このことはMcCall,
Lambardo & Morrison（1988）での配置転換と上司・部下関係との関係につ
いての議論でも支持されている。彼は，配置転換がゼネラル・マネジャーに
とって次のような意味を持つとしている。第1は，配置転換が新しい上司・
部下関係を構築する機会になるということである。つまり，新しい人の出会
いである。第2は，配置転換によって「良い」上司との人間関係から「悪
い」上司との人間関係へ変化することがあることから，配置転換を「困難」
という視点が提示できるということである。しかし，彼は，成功しているゼ
ネラル・マネジャーが悪い上司であろうが良い上司であろうが，どちらのタ
イプの上司に対しても合理的に接しており感情的に接していない，という分
析結果を提示している（McCall, Lambardo & Morrison（1988）。この結果は
興味深いものである。なぜなら，ほとんどの先行研究が良い上司との出会い
を強調しているからであり，また，良好な上司・部下関係を成功の原因とし
て提示することが多いからである。また，異動には「不慣れな任務」「自分
の力量を示す」という側面もある。しかし，本章で用いたテキストマイニン
グでは現在のところ登場人物とその経験との関係が明らかにすることはでき
ない。そこで，少し内容分析に近い方法でその登場人物が出てくる出来事を
見てみることにしよう[14]。この事例として挙げられるのが，日立製作所の倉
田主税氏での記述である。なお，小平氏は本章では上司としてコード化し分
析を行っている。

　「それは大正五年の秋ごろだったと思うが，故郷へ帰っていた私のところ
へ，日立の小平所長から突然「新規の計画があるからすぐ帰れ」という電報
が来た。ピンとくるものがあった。いよいよ始まるのか，小平さんも私の意
見をとうとう取り上げてくださったのかと思った。しかしそのときは，その

14）喜田（1995）においては，『私の履歴書』を対象に内容分析を行い，経営者の経歴に
　　ついて追求している。なお，この論文の分析結果と組織学会2005年度研究発表大会での
　　報告の概要が2006年11月23日付『日本経済新聞』掲載の「『私の履歴書』50周年記念シ
　　ンポジウム」において神戸大学加護野忠男先生によって引用された。

新規計画なるものの責任者に，よもや私が指名されようとは，思ってもいなかった。―（省略）―しかし私がおうかがいすると，小平さんは「おおきたか」と待ちかねていたように迎えて「お前がかねがね言っていた電線製造に日立製作所が踏み切ったからやれ」とヤブから棒に言った―（省略）―小平さんは「お前なら出来るからやれ」と言った。私は「ではやってみます」と答えた。小平さんのことばがうれしくて，あるいは声がふるえていたかもしれぬ。私はその瞬間から小平さんを絶対信頼した。そしてこれこそおれの一生の仕事だと心に決めたのである（日本経済新聞社編，1992，第 4 巻，pp.118-120)」。

　以上のように，異動と小平氏（上司）との人間関係との関係は明確である。また，この文章から，McCall, Lambardo & Morrison（1998）が成長を促進する経験として挙げている「新しい方向への展開」と「高度の責任」との関係を見ることもできよう[15]。入社後の経験には特に上司の影響が大きいことはいうまでもなく，多くの先行研究で示唆されている（McCall, Lambardo & Morrison, 1998；Conger, 1992；Gardner, 1990)。

　一方，入社前の経験などについても多くの先行研究が従業員型経営者の成功原因として挙げている（Whyte, 1956；Kotter, 1988；Conger, 1992；Gardner, 1990)。

　これらの先行研究が挙げているのは，学歴と出自の良さである。前章で提示した結果のうち，親族についての言及頻度はある種の出自の良さを示していると考えられる。当然両親というカテゴリーも示している。また，この出自の良さは従業員型経営者に特有の成功の原因である学歴に関係があると考えられる。この議論の参考になる研究としてはBourdieu（1979）がある。彼は，学歴と社会階層との関係を調査し，社会階層の高いほど良い学歴を得ているとしている。その上で，学歴の存在を示す人間関係である恩師について従業員型経営者において高いのも納得できることであろう。つまり，親族（出自の良さ）→恩師（学歴の存在）というモデルが構築されるのである。そして，学歴の存在によって大企業への入社が可能になる。このことは

15）McCall et al.（1998）p.108。経営者の成長を促進する経験については，金井（2002）での「一皮向ける経験」も同様である。

V 分析結果の解釈と課題：成長する経験には人間関係が関係する 243

Whyte（1956）で，従業員型経営者（ホワイトカラー）の成功の原因として学歴を挙げていることによって支持されている。このようにして従業員型経営者は大企業に入社し，そこで新しい人間関係タイプとの関係を構築することになる。それは上司と同僚である。特に前者の上司は，本章で何度もふれたように，組織の中での成功に不可欠である。この上司との良好な人間関係が彼の組織での生活を潤し，成功へと導く。それ故，上司への言及頻度が他のタイプへの言及頻度の比較と比べて差が大きい，ということは納得のいくことであろう。つまり，恩師（学歴）→上司（良好な上司・部下関係）というように関係があるということであろう。そして，上司との良好な人間関係は経営者としての成功の原因であるリーダーシップのメンタリングやエンパワーメントを促進する。このことは多くの先行研究でも議論されている（Block, 1987）。

以上のように経営者の形成過程において人間関係は「成長を促進する経験」と関連しながら，影響することがわかる。この点は，経営者の形成過程において人間関係（ある意味では，人間関係）が重要な要因であるということである。それ故，形成過程において異なると考えられる従業員型経営者と創業者において登場人物の数，質，種類などが大きく異なる。この点は本章での重要な発見事実である。しかし，なぜ，このような結果になるのかについては今後の研究課題になる。

以上が本章での分析結果の解釈である。以上の形成過程に関する分析結果のほかとして，Zaleznik（1977）において，マネジャーとリーダーの違いとして，マネジャー（本章では従業員型経営者）は，人と働くことを好み，ひとりで行動することを避ける。もしくはある物語を作成させると登場人物が多いことなどを挙げている。そこで，本章での分析結果はこの点を支持する結果であるといえよう。

以上のような理論的貢献とともに，本章には，テキストマイニングに関する方法論的貢献もある[16]。第1は，本稿ではテキストマイニングの対象を個人的ドキュメントの1つである自伝＝『私の履歴書』にまで広げることが可

16）なお，本章は，組織学会リサーチワークショップ（テキストマイニングの利用可能性）の助成研究の1つである。

244　第7章　テキストマイニングの研究例Ⅱ：内容分析ソフトの代替品として

能となったことである。この点もテキストマイニングの利用可能性を少しではあるが示すことができたと考えられる。なぜなら，テキストマイニングソフトは基本的には短いドキュメント（質問票調査での自由筆記欄など）を分析するために設計されているために，長いドキュメントを分析することがほとんど想定されていないためである。第2は，本章はテキストマイニングソフトを内容分析ソフトの代替品として用いる研究例にもなりうると考えられ，テキストマイニングの利用可能性を示す結果となったと考えられる。そこで，最後に本章での課題を提示することにしよう。

　その第1は，サンプル数が10と少ないことである。ただし，この点は，テキストマイニングを行う際のデータクリーニングの結果であり，新たなデータ作成の方法によってはサンプル数を増加させることも可能であると考えている。第2は，登場人物の数を数えるということのみであるということであり，登場人物と経験との関係などを分析することが現在のテキストマイニングでは不可能であった点である。なぜなら，現在のテキストマイニングにおいては，概念ベースでの分析が主流であり，フレーズ単位での分析が困難であるためである。この点については，今後の自然言語処理技術の発達を待つことになる。

　本章が登場人物のみを数えた理由としては，テキストマイニングおよび内容分析が持つ「非感応性」と関連がある。非感応性とは，研究者の意図が研究対象に影響しないことである。本章では，『私の履歴書』の中での登場人物に注目しているが，『私の履歴書』の著者もしくは編集者がその登場人物の種類や数などについて意識しているだろうか。たぶん，していないというのが，ここでいう非感応性である。本章で登場人物に注目したのは理論的な意味もあるが，このように非感応性を意識したものであるということを最後に付け加えておくことにしよう。なお，この点を通じて，『私の履歴書』などの自伝を研究対象に社会的ネットワーク分析の枠組みを構築できたことも本章が意図することである[17]。

　そこで，ここでは，テキストマイニングソフトを内容分析の代替品として

---

17) 社会ネットワーク分析およびソーシャルキャピタルの測定に用いるデータ作成については，Baker（2000）の第2章を参照されたい。

用いる研究例としてこの研究を挙げた。この研究の課題としては，サンプル数が10と少ないことである。これに対処する方法として，本書では，ニューラルネットワークや決定木などのアルゴリズムを用いた仮説の正しさのチェック方法・仮説の検証方法を提案する。なお，この方法はまったく新しい方法であり，アカデミックにおいても同意を得ていないということを示唆しておく。しかし，新たな仮説の検証方法として有効な方法であり，この点については今後の研究課題である。しかし，本書では，この点はテキストマイニングの利用法としても有望な方法であると考えている。なぜなら，テキストマイニングにおいてデータ作成は大きな負担となるために大量サンプルによるマイニングを行うことが困難である場合が多いためである。その上で，少量サンプルでも有効な仮説発見・検証を行う方法を開発することが必要となる。それが，次節で提示するモデリング手法による仮説発見と検証の方法である。

VI　人間関係の概念による『私の履歴書』の判別：新たな検証方法へ

　以上のように，創業者および従業員型経営者では，経歴に影響する人間関係の影響が異なるということがわかった。そこで，ここでは，人間関係の概念を用いて，創業者および従業員型経営者での『私の履歴書』を判別するためのモデル構築を行う。なお，このためのプログラム（ストリーム）は第4章を参照されたい。このような判別できることを示すことによって，経歴と人間関係の影響について統計的ではないが検証することにしよう。そこで用いるのがニューラルネットワークと決定木というデータマイニング手法である。この2つの手法は，データマイニングにおいて予測・判別に用いられる。この2つの手法に関する詳しい説明は，Berry & Linoff（1997），Linoff & Berry（2011ab）および本書の第4章を参照されたい。ニューラルネットワークを用いた判別結果は図表7-6に示される。

　その推定制度は57％であり，相対重要度を見ると，①知人，②祖父母，③出資者などの順でこのモデルにおいて判別が行われていることがわかる。次に，決定木の結果を提示することにしよう（図表7-7）。

246   第7章 テキストマイニングの研究例Ⅱ:内容分析ソフトの代替品として

図表7-6 予測モデルの内容1ーニューラルネットワーク(図表4-11再掲)

(出所:喜田,2008b,p.192,図表7-6)

図表7-7 予測モデルの内容2ー決定木(図表4-18再掲)

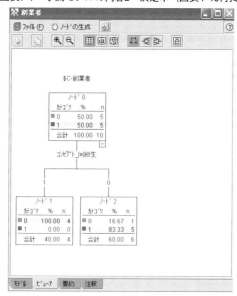

(出所:喜田,2008b,p.192,図表7-7)

最後に：内容分析ソフトの代替品として　247

図表7-8　予測モデルの精度分析（図表4-45再掲）

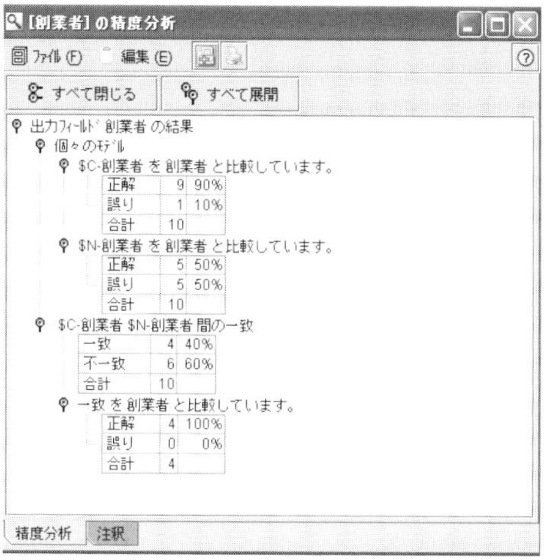

（出所：喜田，2008b，p.193，図表7-8）

　その結果，同級生というコンセプトを用いて判別していることがわかる。
このようなモデルを用いて，テキストの判別を行い，その精度を確認するの
が，精度分析ノードによるものである（図表7-8）。

　このように見ると，決定木の予測値の精度は90％を示しており，ニューラ
ルネットワークのそれは50％であるということがわかる。また，両者の一致
点は40％であり，その予測の制度が100％となっている。このように，決定
木を用いた結果，高い判別精度を持っているということが明らかになった。
つまり，人間関係の内容を用いて，創業者と従業員型経営者によるテキスト
データの判別が行えるということである。そして，このような著者判別のモ
デル構築は，第9章で提示する研究課題に利用可能であると考えられる（図
表9-16）。

最後に：内容分析ソフトの代替品として

　これは前述したように日本語を分析できる内容分析ソフトが未発達である
ことと関連する[18]。そして，テキストマイニングというと，こちらの利用法
を考えると思われる。しかし，概念を選択し，分析するにはその概念および

248 第7章 テキストマイニングの研究例Ⅱ：内容分析ソフトの代替品として

言語上の特徴が追及すべき変数の代替変数である場合である。このような利用法に基づいた研究を提示することが，筆者の課題の1つであり，その点を解決するために，本章を提示した。なお，序章で取り上げた先行研究のほとんどといってよいほどがこの研究例であり，また，これらの研究では，khコーダーを最も利用している。

　そして，社会学および心理学での内容分析との比較でいうと，テキストマイニングで可能であるのは第2章で議論した顕在的内容分析および量的内容分析である。それ故，テキストマイニングを方法論的に議論する際には，データは「非構造」もしくは「質的」な言語資料であるが，分析方法は「定量的」である，ということである。この点は，藤井・小杉・李（2005）でいわれるように「テキストマイニングは質的研究の問題点である，信頼性，妥当性，エビデンスに基づくアカウンタビリティーを解決する手法である」というテキストマイニングの長所につながるのである。また，テキストマイニング自体が大量データを対象とする意味からもこの点は強化される。さらにいうと，大量なデータを分析可能にするのがテキストマイニングなのである。一方でテキストマイニングの弱点とされる作業手順の中で，生データを観察すること，もしくは振り返ること，データの縮約の程度が高いこと等がある。これらの点については，各作業手順の中で確認すること，もしくはツール上で作業手順が表現されていることから，複数の人間による確認が可能であるということを付け加えておくことにしよう。

　また，このような内容面についての分析では，計量書誌学と呼ばれる領域がある。序章のレビューで取り上げた中野・橋本・清水（2009），堤・増田・齋藤（2014），澤登（2015）などの論文の表題などへのテキストマイニングを用いて分析し，その領域の傾向を明らかにしようとする研究はテキストマイニング導入期に見られる傾向ではあるが，最近では「計量書誌学」としてとらえられる（鈴木・大内，2016；中野，2017）。計量書誌学を研究戦略の一環として応用することも可能である。論文の表題をテキストマイニングにかけ，キーワードの出現度合いなどから自己の研究テーマを設定する方

18）現在においては係り受け分析が可能になったことや自然言語処理技術の発展によって比較的内容分析ソフトとしての利用可能性が高まっていると考えられる。

最後に：内容分析ソフトの代替品として 249

法である。これについては，福成（2014）を参照されたい。

　なお，現在のツールにおいてはこの種の研究については検討している（図表9-17）。IBM SPSS Text Analyticsでの分析結果で，グローバル言及頻度という分析結果を得ることができる。グローバル言及頻度は，そのとき読み込んだデータ全体での言及頻度である。読み込むシートなどで操作した上で同様の作業をすると，既存の言及頻度分析が可能になると考えられる。

　そこで，最近のツールで少し注意点を指摘しておくと，言及頻度なのか，サンプル数なのかを混同していることがある。IBM SPSS Modelerにアドオンして使用するIBM SPSS Text Analytics，IBM SPSS Text Analytics for Surveysは基本的に（言及している）サンプル数であり，ここでいう言及頻度ではないことに注記しておくことにしよう[19]。なお，IBM SPSS Text Analyticsにおいての言及頻度は「グローバル言及頻度」であり，データを操作したのち，ツール上で操作すれば取得することが可能である。

19）なお，ベルカーブ社のトレンドサーチでいう言及頻度もサンプル数である。

250　第7章　テキストマイニングの研究例Ⅱ：内容分析ソフトの代替品として

付録1　予備調査の結果

氏名	最終学歴	企業名	カテゴリー	生まれ年	産業分類
安川第五朗	東大（理）	安川電機	創業者	明治19	電気
井上貞治朗	高等小学校	レンゴー	創業者	明治14	紙・パルプ
井植歳男	小学校	三洋電機	創業者	明治35	電気
井深大	早大（理）	ソニー	創業者	明治41	電気
稲山嘉寛	東大（文）	新日鉄	従業員	明治37	鉄
永田雅一	小学校	大映	従業員	明治39	倒産
永野重雄	東大（文）	新日鐵（富士製鉄）	従業員	明治33	鉄
奥村綱雄	京大（文）	野村證券	従業員	明治36	金融
岡崎嘉平太	東大	丸善石油、全日空	従業員	明治30	石油
加藤弁三郎	京大（理）	協和発酵	従業員	明治32	化学
河合良成	東大（文）	小松製作所	従業員	明治19	機械
岩切章太郎	東大（文）	宮崎交通	創業者	明治26	運輸
吉田忠雄	小学校	YKK	創業者	明治41	非鉄金属
宮崎輝	東大（文）	旭化成	従業員	明治42	化学
大丸歓三	東京高商	帝国ホテル	従業員	明治20	サービス
五島慶太	東大法学部	東急急行電鉄	創業者	明治15	運輸
江戸英雄	東大（文）	三井不動産	従業員	明治36	不動産
江崎利一	高等小学校	グリコ	創業者、家業	明治15	食品
山崎種二	高等小学校	山種証券	創業者	明治26	金融
山本為三郎	中学校	アサヒビール	従業員	明治26	食品
市村清	中央大	理研、三愛	従業員	明治33	化学
鹿島守之助	東大（文）	鹿島建設	従業員	明治29	建設
出光佐三	神戸高商	出光石油	創業者	明治18	石油
小原鐵五郎	小学校	城南信用金庫	従業員	明治32	金融
松永安左ェ門	慶應義塾	九州電力	創業者	明治08	電力
松下幸之助	小学校	松下電器産業	創業者	明治27	電気
松尾静麿	九州大学（理）	日本航空	従業員	明治36	運輸
水上達三	東京商科大	三井物産	従業員	明治36	商社
石橋正二郎	久留米商業学校	ブリヂストン	従業員	明治22	ゴム
石坂泰三	東大（文）	第一生命、東芝	従業員	明治19	金融
石田退三	中学校	トヨタ自動車	従業員	明治21	輸送機械
川又克二	東京商科大	日産自動車	従業員	明治38	輸送機械
倉田主税	仙台工高	日立製作所	従業員	明治22	電気
早川種三	慶応大学（文）	興人	従業員	明治30	サービス
早川徳次	小学校	シャープ	創業者	明治26	電気
足立正	一橋大学	王子製紙	従業員	明治16	紙・パルプ
大屋晋三	一橋大学	帝人	従業員	明治27	繊維
大川博	中央大学（文）	東映	従業員	明治29	サービス
大谷米太郎	なし	大谷重工業	創業者	明治14	機械
中部謙吉	高等小学校	大洋漁業	従業員	明治29	漁業
堤康次郎	早稲田大学（文）	西武鉄道	創業者	明治22	運輸
田口利八	高等小学校	西濃運輸	創業者	明治40	運輸
田代茂樹	明治専門学校	東洋レーヨン	従業員	明治23	繊維
土光敏夫	東京工高（理）	石川島重工	従業員	明治29	輸送機械
萩原吉太郎	慶応大学（文）	北海道炭鉱	従業員	明治35	石炭
豊田英二	東大（理）	トヨタ自動車	従業員　家業	大正2	輸送機械
本田宗一郎	高等小学校	本田技研工業	創業者	明治39	輸送機械
木川田一隆	東大（文）	東京電力	従業員	明治32	電力
立石一真	熊本工高（理）	立石電気	創業者	明治33	電気
梁瀬次郎	慶応大（文）	ヤナセ	従業員、家業	大正5	流通

（出所：喜田，2008b，p.195，付録1）

最後に：内容分析ソフトの代替品として 251

付録2　全体のストリーム

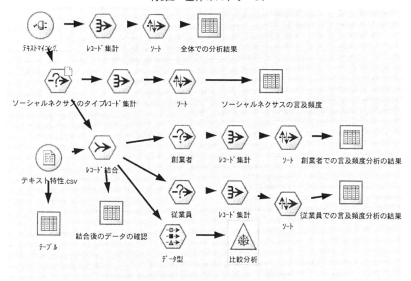

(出所：喜田，2008b，p.196，付録2)

第8章

テキストマイニングの研究例Ⅲ：モデリング
手法を用いたテキスト分類と変数の構築

　本章では，今までのアカデミックな利用法に加えて，テキストマイニング
の第3の研究例として，データマイニングの手法であるモデリング手法を用
いたテキスト分類と変数の構築を行った喜田・金井・深澤（2013b）を取り
上げる。この研究では，リーダーの持論と個人属性との関係を，テキストマ
イニングを用いて明らかにした。本研究での分析結果から明らかになったこ
ととしては大きく次の3点がある。第1は，所属，資格，勤続年数という個
人属性がリーダーの持論のコンテンツと統計的に有意な関係があることであ
る。第2は，所属，資格，勤続年数によって異なるカテゴリーの関係が見ら
れることである。第3は，異なるカテゴリーが見られる一方で，共通するも
のが多く，これが資生堂の特徴として挙げることができることである。これ
らの分析結果の提示により，この手法を用いた初めての研究例となる。また，
通常の言及頻度分析を中心としないことや，言葉レベルではなく，カテゴリ
ーレベルでのテキストマイニングの手法を導入した研究例でもある。そして，
この研究を通じて，著者は本書の改訂の検討点を導き出した。この点につい
ては「最後に」で示すことにしよう。

◆キーワード
　リーダーシップ研修，持論アプローチ，リーダーを育てるリーダー，テキスト
マイニング，内部者との共同

喜田・金井・深澤（2013b）「個人属性とリーダーの持論の関係について：リーダーの持論のテキストマイニング[1]」

I　はじめに

　リーダーシップについて，理論そのものを精緻化する方向は，リーダーシップのコンティンジェンシー理論以降，行き詰まっている。リーダー行動の有効性を示す状況要因とたくさん入れ込むほど，モデルは複雑化し，実践の指針としては使いにくくなる。この反省から，生まれた方法が，実践家に，実際にリーダーシップを発揮するときに気をつけているポイントを，キーワードで言語化する形で，リーダーシップの持論を書いてもらうことである（金井，2008）。研修の講師がリーダーを育てるのではなく，リーダーがリーダーを育てるという側面に注目する体系的育成法が模索されつつある。組織の中で実際にリーダーシップを効果的に発揮できている上位者が，経験に基づくリーダーシップの持論を語り，持論を生きる，つまり言っている通り実行する（walk the talk）ことを通じて，より若い世代にリーダーシップ行動の見本（達人になれば手本）を示すというのが，その方法である。世代から世代へとリーダーシップの連鎖ができている会社，また，それを目指す会社では，このような発想が尊重されるようになってから久しい。

　しかし，このような認識が高まってきたものの，OJTの場でも，Off-JTの研修の場でも，実際に，リーダーシップ発揮を期待されている部長や課長などの管理職が，自分なりのリーダーシップの持論を言語化する機会を提供されることは稀である。もしも，そのような試みが実現しても，言語化された持論の内容を，体系的に分析されることは，さらに稀であろう。

　他方で，このような分析に関わる手法として，テキストマイニングの方法

---

1) 本章は，喜田・金井・深澤（2013）を基礎とし，リーダーの実践的持論と個人的関係を明らかにすることを目的としている。その上で，テキストマイニングにおいて話題分類の研究例として提示する。それ故，リーダーの持論の企業レベルの分析については，喜田・金井・深澤（2013）を参照されたい。なお，非公開であるので，必要な方は，脚注3）提示のメールアドレスまでご連絡いただきたい。

が注目され，わが国の経営学においても，主として，マーケティング論，経営戦略論，認知的組織科学などの分野で適用されるようになってきた（喜田，2007，2008b，2010）。しかしながら，それらの分野以外，例えば，経営学における組織行動論のリーダーシップ論に適用されたという研究例を，著者たちは聞かない。研修でなく経験がリーダーシップを育むという観点から，経験の内容分析はなされてきた（McCall, Lambardo & Mottison, 1988；金井，2002）が，経験から蒸留され言語化されたリーダーシップに関する実践家の持論が体系的に内容分析されたことはない。また，そのような持論について，大量のデータが収集されることも稀であった。

もしも，ある組織体で持論について大量のデータが収集されたとしても，その組織体の戦略，トップの考え方，各部署の仕事，人材育成の仕組みなどに精通した内部者の全面的な協力がなければ，リーダーシップの持論に関する意味深いテキストマイニングが実施されたとしても，その結果の解釈に際して，内部者の視点（native point of view）を上手に引き出すような解釈を実現することはできない。

本研究は，テキストマイニングを組織論に導入した第1著者に，リーダーシップの経験による学習と持論の言語化を理論的・実践的に主張してきた第2著者が協力を依頼し，さらに，その際に，内部者の視点からのデータマイニングの結果の解釈のために第3著者も研究チームに招き入れて，三者それぞれの視点で協力し合う形で実現した。

II　研究目的，実践的背景，選択的な文献レビュー

ここでは，この研究の目的と，リーダーシップ育成という実践的な文脈でなされたので，その背景を述べて，併せて選択的な文献レビューを行う。文献レビューに比重をおかなかったのは，リーダーシップ育成という文脈については第2著者，データマイニングとテキストマイニングについては第1著者に，末尾の参考文献のリストにみる通り，先行する著書や論文等が存在するからである。

1）研究目的

　さて，本研究の目的は，テーマとしては，実践家が抱くリーダーシップの実践的持論（practical theory-in-use）の内容を検討することである。また，方法としては，実践家が研修の場で，自分のリーダーシップ行動を向上させるために言語化した持論に対して，テキストマイニングの方法を適用することである。本研究での分析は，(1)所属（販社，本社，関係，工場，研究所，海外拠点）の違い，(2)資格（参事［＝初任管理職］，課長，次長，部長）の違い[2]，(3)勤続年数の違い，によって持論の内容，持論の記述に使用される用語のカテゴリーがどのように異なるか，という点に焦点を合わせた。この3要因以外の分析も，引き続き実施していく予定である。ここで使用するデータ全管理職が受講している研修から得られた。この研修は，特定の階層の研修でなく，全管理職を対象としている点にあり，そのため，このデータセットの特徴は，所属（工場，営業，研究所，本社等）にも，資格（組織階層，レイヤー）にも，勤続年数にも，ばらつきがあり，海外拠点に勤務する管理職も，すべて含んでいる点である。例えば，販社（営業）だけでなされた研修，課長レベルの選抜研修，節目となる特定の年次に焦点を合わせた研修，等々から得られた持論のデータでは分析ができないことが本研究では可能になった。

　著者たちの知る限り，内外の組織行動論研究者によっても，あるいはテキストマイニングの活用者によっても，このような試みはなされてこなかった点に，この探索的研究の意味がある。さらに，これまでのところ経営学におけるテキストマイニングの活用領域は経営戦略論やマーケティング論などに主として応用され，そのため，製品市場や顧客属性など組織の外部への分析が中心であり，組織行動論などの組織の内部への分析がほとんど行われていなかった（喜田，2010）。次期経営幹部のリーダーシップの育成が時代の閉塞感を打破する上で期待されるものの，組織におけるリーダーシップ育成に関わるテキストマイニングは内外問わずおそらく初の試みであろう[3]。

---

2) 調査協力企業は，当時職能資格制度を採用しており，本論文中，「資格」と表記しているものは，正確には職能資格のことである。

3) 第2著者は，これまで体系的に日本企業の社長，会長に，一皮むけた経験と，経営者のリーダーシップ持論を，聞き出すインタビューを，主として『ビジネス・インサイ

Ⅱ　研究目的，実践的背景，選択的な文献レビュー　　257

これまでのこの種の研究がなかったことに理由がないわけではない。その理由としては，次の2つを指摘しておきたい。

一方で，すぐれた経営者の持論が著名な経営者自身によって語られる（例えば，Welch & Bryne, 2003；小倉，1999；他の例示について，金井，2005を参照）ことがあっても，ある特定の会社の全管理職がリーダーシップの持論を言語化し，それが記録され，製本され保存され，アカデミックな研究に活用されたことはこれまでなかったであろう。著名な経営者でない，普通の管理者の語る持論は，書籍等にはならない。そのため，特定の会社に限定されるとはいえ，全管理職の語るリーダーシップの持論がデータベース化されていたことは，貴重な例外事例であろう。

他方で，テキストマイニングが経営学にも適用されるようになってきたとはいうものの，リーダーシップに関わる分野でこの種の研修を通じて体系的に生成されたリーダーシップに関するデータへの応用例もこれまでなかった（喜田，2007，2008b）。この点にも，本研究の意義がある。というのは，これまでのテキストマイニングでは，意図的・計画的に収集されたデータではなく，既存の企業内情報システムに貯蔵されている営業日誌などのテキストデータや，自然とウェブを通じて顧客から書き込まれるクレームのデータなどにもっぱら用いられてきたからである。これまでにそのような試みがなかったという研究上，実践上の間隙を埋めるために，テキストマイニングという方法の専門家，リーダーシップ理論とリーダー育成の実践的研究の専門家，実際に企業の現実の中でリーダーシップ開発とキャリア発達に従事する実務家の経営幹部との間のコラボレーションでなされた共同研究である点にも，本研究の特徴がある。

2）本研究の実践的背景

さて，このような意味で，これまで未開拓の分野に挑むことが，本研究の

ト』誌に公表してきたが，N数が，テキストマイニングを必要とするレベルにはほど遠い状態である。1社から全管理職より，リーダーシップの持論を聞き出すような試みを含む先行研究は，寡聞にして著者たちの無知故に気づいてないということもありえる。もしも，リーダーシップの持論のテキストマイニングに近い先行研究に気づいている読者の方がおられたら，その情報を第1著者のアドレス，kida@ogu.ac.jp宛，もしくは第2著者のアドレス，tkanai@kobe-u.ac.jp宛にご教示いただきたい。

目的であるが，われわれがこれに取り組むことになった２つの背景事情がある。１つには，資生堂における壮大なリーダーシップ研修が実践されたという点。もう１つは，経験から紡ぎ出された実践者の持論を文書化することの効果に注目する研究例が徐々に蓄積されてきたという点を指摘しておきたい。

　まず，第１の実践面での背景事情としては，第３著者が所属する資生堂において，つぎのような研修が行われたことがこの研究の契機となっている。調査時の前田社長（現在は，会長も兼任）は資生堂の歴史において，まさに大きな組織変革が求められた時点で登壇することになった。

　社長着任後，真っ先に，人材育成に関わる基本理念が打ち出された。その結果，1000名を超す全管理職に対して，約50名ずつ21班編制の大がかりな研修が実施された。研修が終わった後もずっと研修の効果が持続するための仕掛けとして，全員が自分の言葉で自分のリーダーシップ持論をしたためるセッションが研修の流れ全体の中でも重要な構成要素として組み込まれた。特筆すべきことに，全管理職に経験を振り返り持論を言語化してもらうのに先立ち，他ならぬ当時の社長自身に，本論文の第２著者によるインタビューという形式で，リーダーシップにまつわるいくつかの仕事上の決定的な経験とそこから自分の言葉で結晶させた「リーダーシップの持論」を語ってもらった。そのインタビューは，録画・編集され，21班に分けて実施された研修の場で上映され，ある１つの班には当時社長と直接語り合うセッションも導入されていたので，リーダーシップについて自分なりの考えを自分のくぐってきた経験の内省をもとに言語化する意味づけ，動機づけが，受講生の管理者の間で高められていた[4]。

　1000件を超す持論を集大成した資料は，書籍化に際しても，美的な装いにこだわる資生堂らしい伝統に則って，コーポレートカラーを表紙に豪華に製本され，人事部と掛川市にある企業資料館に，閲覧可能な形で保管されている。

　貴重な資料ではあるが，その持論の集大成は，そのまま分析されなければ，

---

4) この映像は，社内限りでの使用であるが，別の機会に第２著者が行った当時の社長とのインタビューは公刊されている（前田，2007，インタビュアーは金井）。

研修に参加した記念碑にはなっても，膨大な頁数に圧倒されるばかりで，参加者への意味のあるフィードバックとはなっていなかった。この研修の受講生であった管理職たちにも，また，これからこの会社で管理職になる人たちにも，なにしろ1200ページを超す2冊セットの大著であるので，目に触れる機会があっても，その全体に目を通して，なんらかのパターンを自分一人で見出すのは難しかったはずである。

リーダーシップ持論は書くだけでなく，自分の手帳などに張って，日々眺め，書かれたことを現場の日常のリーダーシップ行動の中で実行していくことが肝心である。その際に，1000件を超す持論のデータセットのテキストマイニングが解明する全体像を提示する探索的試みの必要性が，資生堂の内部者である第3著者にも理解され支持された。これが本研究の実践面での背景事情であり，それがこの研究を推進する契機となった。

3）本研究の理論的背景：選択的な文献レビュー

第2の理論面の背景事情としては，経験からの教訓として実践者の持論に注目する研究がかなり蓄積されてきたという面があり，網羅的ではなく選択的にレビューをして，そのような研究の特徴を概観しておこう[5]。

経験ある管理職レベルの人たちは，出来合いのリーダーシップの諸理論をそのまま鵜呑みにして修得したつもりになってしまうよりは，それらの諸理論を参照にしつつも，実践に使用するに耐えるリーダーシップの現実的な持論を自分にとってしっくりする言葉で言語化するのが望ましい。修羅場経験などを乗り切った経験から教訓を引き出すことが，リーダーシップを修得し磨きをかけるのに有用であるというアプローチ（McCall, Lambardo & Morrison, 1988）が提唱され，日本でも追試がなされ始めた（金井・古野，2001）。内省と対話で，実践的な持論を言語化できるような内省的実践家（Schön, 1983, 1987）なら，音楽家なら演奏が，建築家なら設計が，アスリートなら競技中のプレーが，そのときどきの気分によってぶれることなく，

5）先に述べた通り，より体系的な文献レビューは，金井（2008），金井・谷口（2012），金井・守島・金井（2003）を参照されたい。なお，このアプローチを選抜型の経営幹部育成に用いた研修の理論的・実践的意味は，金井・守島・金井（2003）に詳しい。

場面が変わっても，うまくできるようになる。同様にリーダーシップの熟達にも，学者が構築する普遍的でやや抽象度が高い理論よりも，それらの理論とも両立するが，自分の経験とマッチする実践的持論（practical theory-in-use）を言語化してもらうことが有効である。

ビジネス界のマネジャーは，必ずしも，内省や言語化に長けているとは限らない。Jack Welchのリーダーシップの持論に含まれている通り，実行する（execute）というのが，経営幹部（executive）の真骨頂であり，実行重視でやりぬく人たちが賞賛されるビジネスの世界に彼らは生きている。しかし，ふだんは行動一筋の人こそ，自分の行動パターンの意味合いをときには内省すべきである。そのような機会として，マネジャー向けの研修において，リーダーシップ持論の言語化を通じて研修後のリーダーシップ行動が確固たるものになるような工夫がなされてきた（金井，2009；金井・守島・金井，2003）。

現実の仕事の場における自分の経験から学んだ教訓や仕事上接触のあった上司や経営トップや社外の顧客や取引先の社長や経営幹部の薫陶からの教訓をもとに，自分を振り返りマネジャー仲間たちと対話する場があれば，持論を書けるはずだと，金井（2008）は提唱してきたが，このように全管理職がリーダーシップ持論を言語化したというのは，資生堂が今のところ最初で最後である。

リーダーシップに限らず，特定の分野に熟達した人は，その仕事のやり方について，うまくやるコツについて知っている。そのコツは，暗黙知のままとどまり，徒弟制度のように学ぶほかない，あるいは，名人の芸や技を観察しながら模倣する以外に方法がないという考えもある。

他方で，Nonaka & Takeuchi（1995）の知識創造の組織理論におけるSECIモデルが提示してきた通り，暗黙知を言語化し形式知にするために，熟達者と修行中のものが共同したり，前者がコツを表出したり，複数の達人が語るコツが結合されたり，最終的には，修行中のものもそれを内面化する。自分なりのコツを内面化し，自分なりのコツを言語化するようになれば，かつての修行者は熟達者の境地に近くなり，後進をまたSECIモデルでもって鍛えるようになる。

金井（2005，2008）は，リーダーシップの曰く言い難いコツの伝授に役立つ個人的知識の言語化を，「リーダーシップ持論」と呼び，一方で，より経験豊かで効果的にリーダーシップをとれる熟達者が，自分の元でより若い世代がリーダーシップ入門するには，その持論について議論し，行動で見本を示しながら伝授することが必要であり，また，そのようにしたほうが効果的だと提唱してきた。他方で，経験豊かな管理職以上を対象としたリーダーシップ研修の場では，すぐれた経営者の経験と持論にふれるようなケース（例えば，小倉，1999：米国の経営者のGEのJack Welch，ペプシのRoger Enrico[6]）を学ぶことも大事である。

これらの著名な経営者の持論にあたる素材にふれながらも，自分のリーダーシップ経験を内省させたり，仲間と議論させたり，さらには，最終的には，経験と議論に基づく，自分なりのリーダーシップを言語化する機会を与えたりすることが，資生堂の全管理職を対象にした研修でも，重視された。このような機会は，本人にとって重要なばかりでなく，自分と身近に仕事をする，より若い世代にリーダーシップを育む上でも重要である。

以上のような背景となる契機を活かしながら，あらかじめ述べた通り，この研究では，資生堂における全管理職対象の研修において受講生全員が言語化した実践的なリーダーシップ持論というデータセットを対象にテキストマイニングを実施し，データマイニングの新しい領域（組織行動論や人事の研究など）での利用を開拓し，促進することを目的とする。

Ⅲ　調査枠組み

本章では，調査の概要とデータの性質，分析方法，データの構造化の方法，テキストマイニングの結果と個人属性の間の検証の方法について述べることにしよう。ここでのテキストマイニングの説明などについて第1章を参照いただきたい。また，詳しい作業手順については第3章を参照されたい。ここ

---

6) この3名の持論の内容については，金井（2005）を参照されたい。また，リーダーシップをいかに育成するかという実践的テーマにおいても，持論が大切だと示唆する文献のレビューは，金井（2005，2008）でなされている。

でのテキストマイニングの説明はこの3者の共通見解を示していると考えられ，テキストマイニングの初心者に対して参考になると考えられる。

1）概要およびデータ

本研究のデータは，資生堂における「2007年度マネジメント研修」における「持論の言語化」のテキスト部分（N＝1105）である。その分析方法としてはテキストマイニングを用いる。テキストマイニングとは，次の節でより詳しく述べるが，テキストという非構造データを言語処理技術を用いて構造化する技法のことをいう。現在テキストマイニングを可能にするツールにはSPSS（現IBM）社のText Mining for Clementine，IBM SPSS Text Analytics for Surveys，ジャストシステム社のCBMI，野村総合研究所のTRUE TELLER等が存在するが，本研究ではデータの特性からText Analytics for Surveysを用いることにする。ここでいうデータの特性とは，基本的には長さで指す。喜田（2007）で用いた有価証券報告書や自伝などの文字数が多く長いドキュメントにはText Mining for Clementineを用い，質問票調査の自由筆記欄などの短いドキュメントはText Analytics for Surveysを用いるのが適切である[7]。

生の言語データから，その他の特性との関係を明らかにするために構造化データを作成する方法は後述する。本研究では，テキストデータを構造化データにした後に，主として所属，勤続年数，資格（レイヤー）等の個人属性との関係を分析した。

本研究のデータは当時の社長がイニシャティブをとった全管理職対象の研修の後に生成されたものである。通常のテキストマイニングの主流であった，企業な情報システムの中にあるテキストデータとは異なり，研修の結果を示す豊かなデータとなっていることであった。実際の研究においては，分析段階，解釈段階では，資生堂の内部者である第3著者が分析と解釈に貢献した。社外の研究者である残りふたりの共著者への疑問に答えたり，3者で議論をしたりすることを通じて，本調査では，内部者の視点に近い解釈が可能に

7）ソフト名に含まれるサーベイという言葉からこのことは明らかである。なお，文字数によるテキストマイニングツールの使い分けについては喜田（2008b）を参照されたい。

なった。分析面では，かなりの試行錯誤が不可欠なデータマイニングの方法を適用しているものの，第1著者が，この方法に習熟しているがために，第2著者がリーダーシップ発達というコンテンツで貢献できるために，さらに，第3著者が内部者であるために，調査対象とは距離感をおいた通常の実証分析に比べて，内部者見解に近い観点からの解釈が可能となった。分析の方向づけが検討されるべき段階がくる度に，議論された。

2）分析方法：テキストマイニングとは

テキストマイニングは，データマイニングとの関係で説明されることが多く，実際，両者には共通点と相違点がある。ここでは，まず，データマイニングの説明をして，その次に，テキストマイニングの説明を行うことにしよう。

データマイニングとは，一般的な用語で，データ内の情報や意思決定に使用される知識を特定するために使用される様々な手法を指す。「データマイニングは，コンピューターのテクノロジーにすがるだけで膨大な量のデータから，パターンを発見でき，ビジネス上の問題を瞬時に解決できる玉手箱のようなものだ」という声を聞くことがあるが，これはよくある誤解であり，データマイニングの理解としては正しくない。なぜなら，データマイニングは，調査者にとって，インタラクティブかつ反復的な作業であり，データと対話しているような側面があり，その対話を有意義なものにするには，発達したテクノロジーに加えて，分析する分野の経験や知識が必要である。そのためには，例えば，経営学の分野でこれを適用するのであれば，経営学の知識と合わせて，ビジネス上の経験が豊富な人の知識が，意味ある分析と解釈には必要である。また，データマイニング・テクノロジーによって発見された一見しただけでは，意味をなさず，したがって役に立たないパターンだと分析者には思われることでも，ビジネス上の経験が深い人とのコラボレーションを活用することで，そのパターンから，有用かつ使用可能な情報（知識）が生成されることがよくあるからである。

このデータマイニングという手法では，さまざまなアルゴリズムを用いて，データから重要な知識を導き出すことになるが，そこで用いられるデータは，

数量的なデータ，もしくは，0（なし），1（あり）データで示されるバイナリーデータという意味で構造化されたデータを中心とするという特徴を持つ[8]。

　本研究で取り扱う資生堂の管理職がしたためたリーダーシップの持論は，次に挙げるいくつかの例に見るように，質的なデータであり，各自がわりと自由に記述しているので，共通の構造というものはない。研修の場でも，箇条書きで，実際に効果的にリーダーシップを発揮するために，自分がぶれないようにするための言葉を，リーダーシップの持論として書いてもらう，というのが課題であり，そこにはフォーマットの指定は特になかった。ただし，ヤマト運輸の中興の祖であった小倉昌男氏，パナソニックの創業者として名高い松下幸之助氏，GEをさらにビッグにしたJack Welch，リーダーシップの研修を自ら生み出したペプシコのRoger Enricoなどの著名な経営者のリーダーシップ持論[9]を例示しただけで，記述のためのなにか枠組みやテンプレートのようなものがあったわけではない。

　質的データ（テキストデータ）である場合には，データマイニングや統計的分析を用いることができないので，本研究ではテキストマイニングを用いることにした。

　このテキストマイニングに関して一般的定義は，現時点で存在しないが，テキストからの知識の発見ということでは一致している[10]。そこで重要なのは，データマイニングとテキストマイニングの関係について2つの考え方があることである。1つは，テキストマイニングが対象とするテキストデータにおいて構造化できるデータであればデータマイニングとして用いることが

8）なお，データマイニングについては，Berry & Linoff（1997），Larose（2004），Tan, Steinbach & Kumar（2006, 2013），喜田（2010），Linoff & Berry（2011ab），Davenport & Kim（2013），Provost & Fawcett（2013），Zaki & Wagner（2014），Wendler & Gröttrup（2016），Buttrey & Whitaker（2017）等を参照されたい。

9）これら4名の経営者が言語化しているリーダーシップの持論の内容については，金井（2005）に掲載されている。

10）この方法論の詳細については，喜田（2007, 2008b, 2010）を参照されたい。なお，喜田（2007, 2008b）においては，定義がないと結論したのは，むりやり定義をすることで方法論の可能性を狭めることを考慮したためである。現在では，テキストデータを，言語処理技術を用いて構造化データ・変数に変換し，それをもとに知識発見，仮説発見および仮説検証を行う手法と定義する。そして，この点が，本書の主要な改訂点を生み出している。

可能であり，その意味でテキストマイニングはデータマイニングの一種であるとみなす立場である。SPSS（現IBM）社のText Mining for Clementineと野村総合研究所のTRUE TELLERがこのアプローチを取っている。このアプローチでは，データマイニングの延長線上でテキストマイニングがとらえられており，特に定量的な変数だけではなく，テキスト（例えば，アンケートの自由筆記欄など）を対象にすることも，このアプローチの目的に含まれている。そして，この立場を応用したのが数値データとテキストデータとともに用いる「混合マイニング」である（喜田，2010）。

　もう1つの立場からは，テキストデータの構造化をしないようなテキストマイニング，特に自然言語処理技術を中心とするようなテキストマイニングは，データマイニングとは一線を画しているとされている。このアプローチでは，自然言語処理の研究をベースとしてテキスト分類や情報検索を発展させてテキスト集合から知識発見に繋げることが目指されている。この流れを汲むものとして，2007年当時のジャストシステム社のCBMIがこのアプローチを取っている。これらの対照的な立場とアプローチについては，喜田（2008b，2010）および第1章を参照されたい。

3）データの構造化

　本研究では，前者の考え方に基づくIBM SPSS Text Analytics for Surveysを用いることにする。このソフトは，質問票調査の自由筆記欄などの分析に適している[11]。つまり，今回のデータのように文字数の少ないものに適している。SPSS（IBM）系のテキストマイニングツールの特徴は，データマイニングの手法を数値データだけでなくテキストデータにも適用させるアプローチを採用することである。そこでは，元のテキストに，ある言葉があれば1，なければ0というように，データに変換することにより，テキストデータの数値化と構造化がなされる（Weiss, et al., 2005）。

　本研究で用いるIBM SPSS Text Analytics for Surveysの重要なもう1つの特徴は，テキストデータを言葉レベルで分析するだけではなく，自然言語処

11）より詳細な文字数の限界についての議論は喜田（2008b）を参照されたい。

理技術を用いてカテゴリーレベルでの分析を中心とする点にある。言葉レベルでの分析ではより詳細な分析が可能になるが，その一方でその言葉を含むサンプル数がどうしても小さくなるという欠点がある。それ故に，ある言葉を言語処理技術，具体的にある種の辞書を用いて，その言葉の塊をある1つのカテゴリーにまとめるということが行われる。このようにカテゴリーにまとめることによってサンプル上の欠点を解決している。本研究では，○○力は，忍耐力，チーム力，問題解決力，言語力，実務力，状況判断力，サポート力，観察力などを含んでおり，これらの言葉の言及頻度が低いことから○○力というカテゴリーでまとめた。

前述したようにIBM SPSS Text Analytics for Surveysでは，自然言語処理技術を用いて，概念のまとまりであるカテゴリーを設定し，そのカテゴリーがあれば，1，なければ0というように数値化される（図表8-1）。詳しくは，喜田（2008b，2010）および第3章を参照されたい。

つまり，本研究では，言葉レベルでのテキストマイニングではなく，カテゴリーレベルでのテキストマイニングであるということである。なお，自然言語処理技術について少し説明することにしよう。自然言語処理技術とは，

図表8-1　構造化データ（図表3-34再掲）

	A	B	C	D	E	F	G	H	I	J	K	L	M	N
1	受講者ID	性善説	部下一人ひ	行動力・多	上下関係	下	性別	状況下	適性	誕生室人	○○性	実行	重要性	リーダー(
2	1	0	0	0	0	0	0	0	0	0	1	0	0	0
3	2	0	0	0	0	0	0	0	0	0	0	0	0	0
4	3	0	0	0	0	0	0	0	0	0	0	0	0	0
5	4	0	0	0	0	0	0	0	0	0	0	0	0	0
6	5	0	0	0	0	0	0	0	0	0	0	0	0	0
7	6	0	0	0	0	0	0	0	0	0	0	0	0	0
8	7	0	0	0	0	0	0	0	1	0	0	1	0	0
9	8	0	0	0	0	0	0	0	0	0	0	1	0	0
10	9	0	0	0	0	0	0	1	0	0	0	0	0	0
11	10	0	1	1	0	0	0	0	0	0	0	0	0	0
12	11	0	0	0	0	0	0	0	0	0	0	0	0	0
13	12	0	0	0	0	0	0	0	0	0	0	0	0	0
14	13	0	0	0	0	0	0	0	0	0	1	0	0	0
15	14	0	0	0	0	0	0	0	0	0	0	0	0	0
16	15	0	0	0	0	0	0	0	0	0	0	0	0	0
17	16	0	0	0	0	0	0	0	0	0	0	1	0	0
18	17	0	0	0	0	0	0	0	0	0	1	1	0	0
19	18	0	0	0	0	0	0	0	0	0	0	0	0	0
20	19	0	0	1	0	0	0	0	0	0	0	0	0	0
21	20	0	1	0	0	0	0	0	0	1	1	0	0	0
22	21	0	0	0	0	0	0	0	0	0	0	0	0	0
23	22	0	0	0	0	0	0	0	0	0	0	0	0	0
24	23	0	0	0	0	0	0	0	0	0	0	0	0	0
25	24	0	0	0	0	0	0	0	0	0	0	0	0	0
26	25	0	0	0	0	0	0	0	0	0	0	0	0	0
27	26	0	0	0	0	0	0	0	0	0	0	0	0	0
28	27	0	0	0	0	0	0	0	0	0	0	0	0	0
29	28	0	0	0	0	0	0	0	0	0	0	0	0	0
30	29	0	0	0	0	0	0	0	0	0	0	0	0	0

持論の言語化

（出所：喜田・金井・深澤，2013b，p.10，表1）

自然言語を動詞，名詞などの形態素に分類した上で，ソフト内の辞書を用いて，ある言葉をカテゴリーにまとめる技術のことである。

図表8-1において，あるカテゴリーがあれば1，なければ0となっている。例えば，受講者ID1の人を見ると，○○性に1があり，そのカテゴリーがあるということである。このデータを用いて，ウェブグラフ分析や言及頻度分析などが行われる。

4）本研究での調査手順および枠組み

この論文で実施した分析のための作業手順は，次の5ステップからなっている。

第1段階は，資生堂における「2007年度マネジメント研修」における「持論の言語化」のテキスト部分に対して，Text Mining for Clementineでの言及頻度分析を行った。そこで明らかになったのは次の2点である。1つには，言葉レベルでの分析では，個人属性との関係を明らかにするにはあまりにも複雑になりすぎることであり，もう1つには，有意な結果を得ることができない低い言及頻度のものが数多く存在するということであった。

そのために，第2段階では，同データをIBM SPSS Text Analytics for Surveysに読み込み，言葉レベルでの分析ではなく，カテゴリーレベルでの分析に転換し，そのカテゴリーの設定は自然言語処理技術（言語学的なカテゴリー）によって行った。この部分は基本的にソフトのデフォルトの辞書を用いて自動的に行われる。

第3段階では，そのソフトでのカテゴリー化の結果をそのカテゴリーに含まれる言葉の言及頻度等を用いて，カテゴリーに名前を付けるなどのカテゴリーの整理が行われた。この点については，次の節で説明する。この段階を経て，基本的なカテゴリー分析の準備ができあがった。その結果，企業レベルでの分析結果としても提示することが可能となった。

第4段階ではウェブグラフ機能を用いて共起表を作成し，カテゴリー間の関係の解明を行い，どのようなカテゴリーが関連しているのかについて明らかにした。最後に，そのカテゴリーを用いたデータの構造化を行い，研修を受けた人の個人属性との関係を分析した。この段階は企業レベルではなく，

個人レベルの研究になる。なお，ここでの手法での詳しい手法や企業レベルでの分析結果については，喜田・金井・深澤（2013a）を参照されたい。その上で，ツール上の作業手順については，第3章「Ⅵ　IBM SPSS Text Analytics for Surveysでのテキストマイニング」を参照されたい。

5）モデリング手法を用いたテキスト（持論）の分類

　テキストマイニングの通常の用い方はウェブグラフ分析や言及頻度分析が中心となっている。しかし，本来テキストマイニングは，ある種のアルゴリズムを用いて，仮説検証および仮説発見を行う手法である。データマイニングには，このような変数を構築するための機能およびアルゴリズムは大きく3つに分類でき，①予測・判別，②クラスター化：分類，③アソシエーション（連関）：パターン発見，である（喜田，2010）。

　この3つの機能のうち，テキストマイニングの領域で利用可能であるのが，①の予測・判別と②のクラスター化：分類である。予測・判別は構造化されたデータをもとに著者を判別する，もしくは，顧客離反しそうな顧客をテキストマイニングの結果も含めて予測するなどが可能である（喜田，2007，2010）。本研究で注目するのは②のクラスター化である。この方法は膨大なテキストデータを言語現象上の特徴（言葉，カテゴリー，形態素などの特徴）から分類するのに用いられる。また，分類することで，そのセグメントを変数として構築することで，仮説検証に用いることが可能になる。

　そこで，ここでは，クラスタリング手法を用いてテキストデータ（ここでは，リーダーの持論）を分類し，そのグループと個人属性の関係を調査する。クラスター化手法は，似たような値もしくはパターンを持つデータレコードのグループを発見するのに使用される（喜田，2010）。この手法は，マーケティング領域，特に，マーケット・セグメンテーションに用いられる。その代表的なアルゴリズムにKohonenネットワーク（別名，自己組織化マップ）がある（Kohonen, 2001）。

　Kohonenネットワークはニューラルネットワークの一種で，教師なし学習を行う。これは，入力フィールドのパターンに基づいてデータをクラスター化，分類するのに使用される。Kohonenマップの出力グリッドの概略を示す

図表8-2　Kohonenマップ（自己組織化マップ）の概念図（図表3-32再掲）

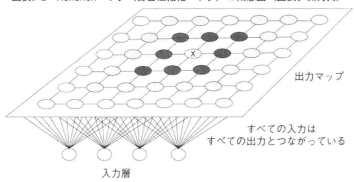

（出所：SPSS社トレーニングコース配布資料）

と図表8-2になる。

　Kohonenネットワークは，入力を勝ち取ったパターンを持つ人工ニューロンの周りにあるニューロンの重みをわずかに調整する。この結果，入力データのレコードの位置に，最も似ているニューロンを動かし，またそれよりもわずかな量だがその周りにあるニューロンも動く。データがネットワークを何度も通過すると，データ内のさまざまなパターンに対応した，レコードのクラスターを含むマップ（自己組織化マップ）が得られる。それを示したのが図表8-3での散布図である。この図は，本研究でのリーダーの持論を内容から9つに分類した結果である。なお，ここで用いたストリームについては，第4章での図表4-42を参照されたい。また，アルゴリズムの設定も第4章で話題の分類に用いたものと同じである。

　図表8-3は，サンプルを「リーダーの持論」を構成するカテゴリーの類似性から9つのグループに分類した結果である。このように分類したグループの番号（セグメント番号）を変数として構築し，それを個人属性と調査することで，リーダーの持論というテキストマイニングの結果と個人属性との間の検証を行うことができる[12]。

---

[12] なお，詳しい方法については，喜田（2008b，2010）を参照されたい。もしくは本書第3章を参照されたい。

図表8-3 作成された散布図

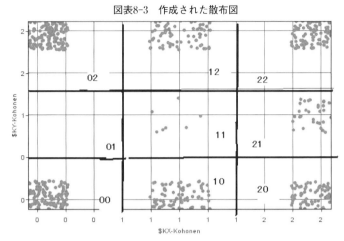

(出所:喜田・金井・深澤, 2013b, p.12, 図2)

Ⅳ　統計的分析結果：個人属性と持論の分類との関係

　本章では，個人属性と持論の内容との関係を検証することにする。ここでは，持論の内容から分類された9つのグループと個人属性（所属，資格，勤続年数）との間のクロス集計を行い，χ二乗検定もしくは，対称性による検定を用いて，統計的な分析を行った。

1) 所属と持論の関係

　まず，所属と持論の関係について分析を行った。その分析結果は図表8-4で示される。なお，ここでクラスタのところには前章でのクラスタ（セグメンテーション）を示す変数が示され，0は00, 1は01, 2は02を示している。この点は図表8-5, 8-6でも同じである。

IV　統計的分析結果：個人属性と持論の分類との関係

図表8-4　所属と持論の分類との関係，n=1058

クロス表

			クラスタ									合計
			0	1	2	10	11	12	20	21	22	
所属	海外	度数	3	1	8	2	2	0	5	1	.0	22
		所属の%	13.6%	4.5%	36.4%	9.1%	9.1%	.0%	22.7%	4.5%	.0%	100.0%
		クラスタの%	2.3%	1.3%	4.1%	2.2%	7.1%	.0%	1.8%	1.6%	.0%	2.1%
	関係会社	度数	12	7	28	13	4	10	30	7	20	131
		所属の%	9.2%	5.3%	21.4%	9.9%	3.1%	7.6%	22.9%	5.3%	15.3%	100.0%
		クラスタの%	9.1%	9.0%	14.4%	14.1%	14.3%	15.2%	10.5%	11.3%	16.7%	12.4%
	研究	度数	4	6	15	0	0	5	7	1	1	39
		所属の%	10.3%	15.4%	38.5%	.0%	.0%	12.8%	17.9%	2.6%	2.6%	100.0%
		クラスタの%	3.0%	7.7%	7.7%	.0%	.0%	7.6%	2.5%	1.6%	.8%	3.7%
	工場	度数	4	3	22	7	3	6	13	3	7	68
		所属の%	5.9%	4.4%	32.4%	10.3%	4.4%	8.8%	19.1%	4.4%	10.3%	100.0%
		クラスタの%	3.0%	3.8%	11.3%	7.6%	10.7%	9.1%	4.6%	4.8%	5.8%	6.4%
	資生堂販社	度数	71	31	64	46	13	28	197	40	64	554
		所属の%	12.8%	5.6%	11.6%	8.3%	2.3%	5.1%	35.6%	7.2%	11.6%	100.0%
		クラスタの%	53.8%	39.7%	32.8%	50.0%	46.4%	42.4%	69.1%	64.5%	53.3%	52.4%
	本社	度数	38	30	57	24	6	17	33	10	28	243
		所属の%	15.6%	12.3%	23.5%	9.9%	2.5%	7.0%	13.6%	4.1%	11.5%	100.0%
		クラスタの%	28.8%	38.5%	29.2%	26.1%	21.4%	25.8%	11.6%	16.1%	23.3%	23.0%
	労働組合	度数	0	0	1	0	0	0	0	0	0	1
		所属の%	.0%	.0%	100.0%	.0%	.0%	.0%	.0%	.0%	.0%	100.0%
		クラスタの%	.0%	.0%	.5%	.0%	.0%	.0%	.0%	.0%	.0%	.1%
合計		度数	132	78	195	92	28	66	285	62	120	1058
		所属の%	12.5%	7.4%	18.4%	8.7%	2.6%	6.2%	26.9%	5.9%	11.3%	100.0%
		クラスタの%	100.0%	100.0%	100.0%	100.0%	100.0%	100.0%	100.0%	100.0%	100.0%	100.0%

（出所：喜田・金井・深澤，2013b，p.14，表2）

　図表8-4から，所属に関しては，大きく2つに分類されると考えられる。1つは，海外，研究，工場，本社の02グループであり，もう1つは，関係会社，販社の20グループである。この分析結果はウェブグラフとの分析結果と合致する。その上で統計的に分析を行うと以下のような結果を得た。

　χ二乗検定もしくは，対称性による検定においても統計的に有意な結果を得ている（χ二乗値＝126.2，CramerのV＝.141，$p < 0.01$）。つまり，所属と持論のグループの間には統計的に有意な関係があることが示された。

2）資格と持論の関係

　次に，資格と持論の関係について分析を行った。その分析結果は図表8-5で示される。

図表8-5　資格と持論の分類との関係，n＝1058

クロス表

		クラスタ									合計
		0	1	2	10	11	12	20	21	22	
順位	度数	0	0	0	1	0	0	0	0	0	1
	資格の%	.0%	.0%	.0%	100.0%	.0%	.0%	.0%	.0%	.0%	100.0%
	クラスタの%	.0%	.0%	.0%	1.1%	.0%	.0%	.0%	.0%	.0%	.1%
その他	度数	33	14	30	23	7	10	83	24	25	249
	資格の%	13.3%	5.6%	12.0%	9.2%	2.8%	4.0%	33.3%	9.6%	10.0%	100.0%
	クラスタの%	25.0%	17.9%	15.4%	25.0%	25.0%	15.2%	29.1%	38.7%	20.8%	23.5%
課長格	度数	47	22	81	34	5	18	85	19	44	355
	資格の%	13.2%	6.2%	22.8%	9.6%	1.4%	5.1%	23.9%	5.4%	12.4%	100.0%
	クラスタの%	35.6%	28.2%	41.5%	37.0%	17.9%	27.3%	29.8%	30.6%	36.7%	33.6%
参事格	度数	35	22	37	23	12	24	92	14	33	292
	資格の%	12.0%	7.5%	12.7%	7.9%	4.1%	8.2%	31.5%	4.8%	11.3%	100.0%
	クラスタの%	26.5%	28.2%	19.0%	25.0%	42.9%	36.4%	32.3%	22.6%	27.5%	27.6%
次長格	度数	13	16	38	8	3	10	23	4	14	129
	資格の%	10.1%	12.4%	29.5%	6.2%	2.3%	7.8%	17.8%	3.1%	10.9%	100.0%
	クラスタの%	9.8%	20.5%	19.5%	8.7%	10.7%	15.2%	8.1%	6.5%	11.7%	12.2%
部長格	度数	4	4	9	3	1	4	2	1	4	32
	資格の%	12.5%	12.5%	28.1%	9.4%	3.1%	12.5%	6.3%	3.1%	12.5%	100.0%
	クラスタの%	3.0%	5.1%	4.6%	3.3%	3.6%	6.1%	.7%	1.6%	3.3%	3.0%
合計	度数	132	78	195	92	28	66	285	62	120	1058
	資格の%	12.5%	7.4%	18.4%	8.7%	2.6%	6.2%	26.9%	5.9%	11.3%	100.0%
	クラスタの%	100.0%	100.0%	100.0%	100.0%	100.0%	100.0%	100.0%	100.0%	100.0%	100.0%

（出所：喜田・金井・深澤，2013b, p.14, 表3）

　図表8-5から，資格に関しても大きく2つに分類されると考えられる。1つは，次長格，部長格の02グループであり，もう1つは，その他（M1，M2，M3，M4，SⅢ等），参事，課長格の20グループである。この分析結果はウェブグラフとの分析結果と合致する。その上で統計的に分析を行うと以下のような結果を得た。

　χ二乗検定もしくは，対称性による検定においても統計的に有意な結果を得ている（χ二乗値＝82.4，CramerのV＝.125，$p<0.01$）。つまり，資格と持論のグループの間には統計的に有意な関係があることが示された。

3）勤続年数と持論の関係

　最後に，勤続年数と持論の関係について分析を行った。その分析結果は図表8-6で示される。

V 個人属性とカテゴリーの関係についての調査結果 273

図表8-6　勤続年数と持論の分類との関係，n=1058

クロス表

		クラスタ									合計
		0	1	2	10	11	12	20	21	22	
勤続年数アルタイル 1	度数	28	14	25	13	4	7	48	15	24	178
	勤続年数アルタイルの%	15.7%	7.9%	14.0%	7.3%	2.2%	3.9%	27.0%	8.4%	13.5%	100.0%
	クラスタの%	21.2%	17.9%	12.8%	14.1%	14.3%	10.6%	16.8%	24.2%	20.0%	16.8%
2	度数	32	15	38	14	6	12	61	15	23	216
	勤続年数アルタイルの%	14.8%	6.9%	17.6%	6.5%	2.8%	5.6%	28.2%	6.9%	10.6%	100.0%
	クラスタの%	24.2%	19.2%	19.5%	15.2%	21.4%	18.2%	21.4%	24.2%	19.2%	20.4%
3	度数	29	19	58	14	4	12	38	14	26	214
	勤続年数アルタイルの%	13.6%	8.9%	27.1%	6.5%	1.9%	5.6%	17.8%	6.5%	12.1%	100.0%
	クラスタの%	22.0%	24.4%	29.7%	15.2%	14.3%	18.2%	13.3%	22.6%	21.7%	20.2%
4	度数	28	19	38	19	9	17	45	9	22	206
	勤続年数アルタイルの%	13.6%	9.2%	18.4%	9.2%	4.4%	8.3%	21.8%	4.4%	10.7%	100.0%
	クラスタの%	21.2%	24.4%	19.5%	20.7%	32.1%	25.8%	15.8%	14.5%	18.3%	19.5%
5	度数	15	11	36	32	5	18	93	9	25	244
	勤続年数アルタイルの%	6.1%	4.5%	14.8%	13.1%	2.0%	7.4%	38.1%	3.7%	10.2%	100.0%
	クラスタの%	11.4%	14.1%	18.5%	34.8%	17.9%	27.3%	32.6%	14.5%	20.8%	23.1%
合計	度数	132	78	195	92	28	66	285	62	120	1058
	勤続年数アルタイルの%	12.5%	7.4%	18.4%	8.7%	2.6%	6.2%	26.9%	5.9%	11.3%	100.0%
	クラスタの%	100.0%	100.0%	100.0%	100.0%	100.0%	100.0%	100.0%	100.0%	100.0%	100.0%

(出所：喜田・金井・深澤，2013b，p.15，表4)

　図表8-6から，勤続年数についてはほとんどが20のグループに属しており，3（中期）のみが02に属しているということがわかる。つまり，勤続年数においてはあまり違いがないことがわかった。その上で統計的な分析を行うと以下の結果を得た。

　この結果，統計的に有意な結果は得ているが，資格，所属と比較すると，χ二乗値，クラマーのV等の統計的な値が最も低いことがわかった（χ二乗値＝69.4，CramerのV＝.128，$p < 0.01$)）。この点から，持論のグループと個人属性の間ではここで取り上げた変数とは関係があるが，勤続年数についてはあまり有意ではないかもしれないということがいえる。

V　個人属性とカテゴリーの関係についての調査結果

　前章で，リーダーの持論と個人属性との間に統計的に有意な関係があることが明らかになった。そこで，本章では，個人属性とリーダーの持論の内容（カテゴリー）の間にどのような関係があるのかを明らかにすることにしよう。それ故，本章では，(1)所属（販社，本社，関係，工場，研究所，海外拠

点）の違い，(2)資格（参事［＝初任管理職］，課長，次長，部長）の違い，(3)勤続年数の違い，によって持論の内容，持論の記述に使用される言葉のカテゴリーにおいての共通点と相違点を明らかにすることにしよう。なお，本章では，ウェブグラフによる分析と言及頻度による分析を用いての発見事実の提示と，内部者による発見事実の解釈を報告することにしよう。なお，下記で言及頻度としているがサンプル数であることを注記しておくことにしよう。

1）所属とカテゴリーの関係

本節では，所属と持論でのカテゴリーの関係についての調査結果を報告することにしよう。ここでは，ウェブグラフによる分析と言及頻度分析が行われている。

①ウェブグラフによる分析（図表8-7）

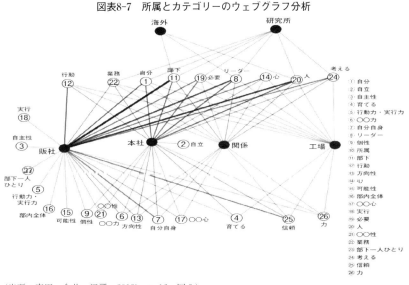

図表8-7　所属とカテゴリーのウェブグラフ分析

（出所：喜田・金井・深澤，2013b，p.16，図3）

■発見事実

図表8-7での分析からの発見事実としては次の8点が挙げられる。第1は，

所属（販社，本社，関係，工場，研究所，海外）すべてに共通しているのが，「考える」，「人」，「心」，「リーダー」，「必要」，「部下」，「自分」，「業務」，「行動」であることである。所属において共通しているということは，前章での企業レベルでの特徴としてもとらえられ，ほぼ同様の結果となっている。第2は，販社が最も多くのカテゴリーと関係があり，しかも共通するものについては，その関係が強いことである。第3は，海外および工場は第1点で示したすべてに共通するものにしか関係が見られないことである。第4は，研究所，海外以外の4つと共通して関係しているのが，「力」，「信頼」であることである。第5は，工場と海外は，本社もしくは販社と共通しているカテゴリーしか関係が見られないことである。第6は，「育てる」は，工場，本社，販社と関係していることである。第7は，販社は，数多くの独立したカテゴリーと関係を持っていることである。第8は，全般的にいうと，所属ごとで重視されるカテゴリーが異なることが明らかであることである。つまり，この分析での重要な発見事実としては，持論でのカテゴリーと所属との間に関係があることである。

■ 発見事実の解釈

　これらの発見事実について内部者による解釈は下記の5点である。

1）当研修のテーマに「人を育てるリーダー」を掲げた。これは，当社の求める人材像として「美意識」，「自立性」，「変革力」に加え，「人を育て組織を動かす力」をリーダーのあるべき姿としてメッセージしており，加えて，第2著者の「リーダーシップの連鎖」と関連した「リーダーを育むリーダー」を示す，「人」と「リーダー」が共通して言及されていることは，研修内容との関連性が高く表出されていると判断できる。

2）この研修において，前田社長より「人動かすには"心"を添えなければならない」というメッセージを発信しており，「心」が1つの大きなキーワードとして刻み込まれたものと考える。

3）販社で多くのカテゴリーで言及されているのは，対象人数も多く，基本的には同一の職掌といえるが，それぞれの事業所において独自の風土が形成されており，この多様性に原因があると考えられる。

276 第8章 テキストマイニングの研究例Ⅲ：モデリング手法を用いたテキスト分類と変数の構築

4）販社における「行動」，同じく販社と工場において「信頼」との関係が強く結びついているのは，他の事業所以上に「チーム」での業務行動を求められていることが反映されていると考えられ，逆に唯一，本社において「自立」というカテゴリーが浮かび上がっており，事業所ごとの業務特性が現れている点が興味深い。

5）日頃，職場環境的に，部下との距離についてハンデキャップが大きいとされている販社において「部下」との関係が強く言及されていることは，日頃から「部下」に対する意識をより強く持たなくてはならないことをリーダーシップとして求められている現状が窺える，ことである。

②言及頻度順による分析

以上のようなウェブグラフの分析に加えて，共通しているカテゴリーにおいても言及頻度において順位が異なることがある。そこで，言及頻度で多い順に20位までを見てみることにしよう（図表8-8）。ここでの言及頻度は言及しているサンプル数であることを注記しておくことにする。本章の分析では，言及頻度＝サンプル数である。

図表8-8　所属とカテゴリーの言及頻度分析，N＝1058

順位	海外	関係	研究所	本社	工場	販社
1	部下	人	人	リーダー	部下	部下
2	リーダー	部下	部下	人	リーダー	人
3	人	リーダー	必要	部下	人	リーダー
4	必要	考える	自分	自分	考える	自分
5	自分	自分	リーダー	必要	必要	行動
6	考える	必要	考える	考える	行動	考える
7	育てる	信頼	業務	業務	必要	必要
8	業務	業務	育てる	行動	信頼	信頼
9	自分自身	自分自身	信頼	信頼	業務	自分自身
10	行動	心	自分自身	育てる	自分	心
11	信頼	方向性	方向性	自分自身	育てる	方向性
12	方向性	○○力	行動	心	力	業務
13	自己成長	行動	○○力	方向性	自分自身	○○心
14	○○性	○○心	心	○○心	○○力	○○力
15	部下一人ひとり	力	○○性	力	○○心	○○性
16	○○心	○○性	実行	○○力	方向性	育てる
17	人間性	育てる	力	○○性	実行	力
18	心	実行	部下一人ひとり	自立	○○性	実行
19	○○力	決断力	○○心	個性	個性	自主性
20	個性	個性	人間性	想像力	想像力	行動力・実行力

（出所：喜田・金井・深澤，2013b，p.18，表5）

■ 発見事実

図表8-8での分析からの発見事実としては次の5点が挙げられる。第1は

研究所以外,「人」,「リーダー」,「部下」はトップスリーを占めているが,その順序が異なることである。第2は,工場以外,「自分」の順位が高い。言い換えると,工場では,「自分」,「自分自身」などのカテゴリーが低いことである。第3は,販社において,「育てる」が低い。言い換えると,販社以外では,「育てる」が上位になっていることである。第4は,海外以外,「心」,「信頼」が上位になっていることである。第5は,販社において「行動」は上位になっていることである。

■発見事実の解釈

　これらの発見事実について内部者による解釈は下記の4点である。

1）前述の通り,研修のテーマである,「人を育てるリーダー」を念頭に研修に臨んでおり,本研修と日頃の業務とを連携させた上で「リーダーシップの持論の言語化」に取り組んでいるとすれば,「人」,「リーダー」,「部下」がトップスリーを占めていることは,研修の狙いが浸透している状況が窺える。

2）しかしながら,前述のウェブ解析で,販社のリーダーたちが「部下」というキーワードを重視しているにもかかわらず,「育てる」というカテゴリーについて,他事業所に比べ低く,現実の職場環境を考えると,「育てる」という行動に,十分に時間をかけることが難しいという販社の実態が現れているともいえる。

3）販社においては,「行動」というカテゴリーが上位にランクされており,唯一「考える」ことより「行動」が上位に言及されている事業所である。営業部隊という特性が現れている興味深いデータである。

4）工場では,「自分」や「自分自身」が他の事業所に比べ言及頻度が低い。工場のリーダーが,まずは「自分」や「自分自身」より「部下」のことを優先し,念頭においたリーダーシップの持論を形成していると考えられる。

2）資格とカテゴリーの関係

　本節では,資格と持論でのカテゴリーの関係についての調査結果を報告す

278　第8章　テキストマイニングの研究例Ⅲ：モデリング手法を用いたテキスト分類と変数の構築

ることにしよう。ここでも同様にウェブグラフによる共通点と相違点の分析の後，言及頻度分析を用いてより詳細に見ていくことにしよう。

①ウェブグラフによる分析（図表8-9）

図表8-9　資格とカテゴリーのウェブグラフ分析

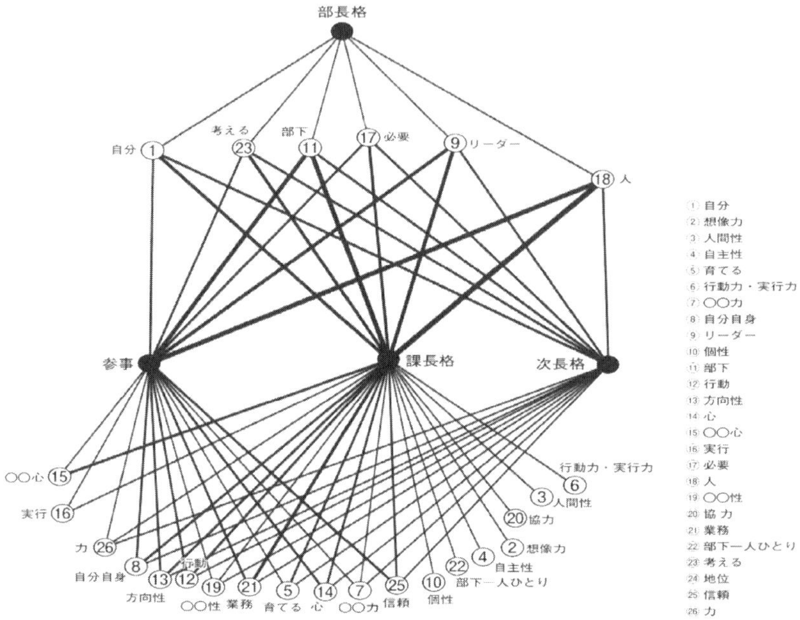

（出所：喜田・金井・深澤，2013b，p.20，図4）

■発見事実

　図表8-9での分析からの発見事実としては次の7点が挙げられる。第1は，資格（参事，次長，課長，部長）すべてに共通しているのが，「考える」，「人」，「リーダー」，「必要」，「部下」，「自分」であることである。この点も前節での所属と同様で企業レベルでの持論の特徴としてとらえることができるが，所属と比較するとそのカテゴリーの数に変化のあることがわかった。第2は，①課長が最も多くのカテゴリーと関係がある，②しかも共通するものについては，その関係が強い。③しかも数多くの独自のカテゴリーを持っている，ことである。第3は，部長は①で示したすべてに共通するものにしか関係が見られない，ことである。第4は，部長以外の資格で共通して関係

しているのが，「〇〇力」，「心」，「育てる」，「業務」，「〇〇性」，「信頼」，「行動」，「方向性」，「自分自身」である，ことである。第5は，課長と次長との間に多くの共通点が見られるが，課長のほうがより多くの種類のカテゴリーを持っている，ことである。第6は，参事と課長の間で「〇〇心」，「実行」などの共通点を持っているほか，多くの共通点を持っているが，課長のほうが多くの種類のカテゴリーを持っている，ことである。第7は，資格によって，関係するカテゴリーに違いが見られることと課長で数多くのカテゴリーが見られるようになり，レイヤーが上がっていくとともに収斂する傾向があることである。第7の発見事実は本調査の最も重要な発見事実である。

■ 発見事実の解釈

これらの発見事実について内部者による解釈は次の3点である。

1）資格ごとの特徴として，参事から課長・次長と上がるにつれて言及されるカテゴリーが増大し，部長格で収斂しているという興味深いデータとなっている。これは，同じ資格（職制管理職）であっても，徐々にさまざまな経験を積み重ねる中で，リーダーシップの持論として，多くのバリエーション，多くの行動様式を体得していくことと関連していると考えられる。また，ほぼ事業所責任者や部門長となる部長格においては，資生堂という企業体の中での，1つのモデルとして収斂されていくのではないかと推測される。

2）例えば，「部下」というワードの言及頻度については，課長が最も多い。これはGL（グループリーダー，部下を持つ管理職）クラスが多いレイヤー（階層）であり，まさにミドルマネジメントとして，日頃から「部下」と接する機会が最も多いポジションの特徴を明快に表している。

3）参事と課長格だけで言及されている「実行」についても，日頃から本社・研究所・工場のGL（グループリーダー）や販社の営業部長クラスとして部下の日々の業務推進に密接に関わっていることから，こうした持論の中に埋め込まれているものと考える。これは，課長クラスにおいて「業務」が特に強く言及されている点とも相関があり，興味深い部分といえる。

②言及頻度順による分析

　以上のようなウェブグラフの分析に加えて，共通しているカテゴリーにおいても言及頻度において順位が異なることがある。そこで，言及頻度で多い順に20位までを見てみることにしよう（図表8-10）。

図表8-10　資格とカテゴリーの言及頻度分析，N＝1058

順　位	参　事	課　長	次　長	部　長
1	人	部下	人	人
2	部下	人	リーダー	リーダー
3	リーダー	リーダー	部下	部下
4	自分	必要	自分	必要
5	考える	自分	考える	考える
6	行動	考える	必要	自分
7	必要	業務	行動	信頼
8	信頼	行動	業務	行動
9	自分自身	信頼	信頼	育てる
10	心	心	自分自身	力
11	業務	方向性	育てる	心
12	方向性	自分自身	心	○○心
13	○○力	○○心	方向性	業務
14	育てる	育てる	○○力	○○力
15	力	○○性	○○性	方向性
16	○○心	○○力	力	自分自身
17	○○性	力	○○心	人間性
18	実行	実行	決断力	○○性
19	部下一人ひとり	個性	行動力・実行力	自己抑制
20	行動力・実行力	自主性	自立	決断力

（出所：喜田・金井・深澤，2013b，p.21，表6）

■ 発見事実

　図表8-10での分析からの発見事実としては次の7点が挙げられる。第1に，すべての資格で，「人」，「リーダー」，「部下」はトップスリーを占めているが，その順序が異なる。第2に，「信頼」，「心」がすべての資格で上位になっている。第3に，課長格以外，「人」がトップになっている。第4に，資格が上がるにつれ，「自分自身」が低下する。第5に，資格が上がるにつれ，「育てる」が上がっている。第6に，下位（参事格，課長格，次長格）の資格ほど「業務」が上位になっている。第7に，以上の表では明らかではないが，資格が上がるにつれ「リーダー像」，「決断力」が上位になっている。

■ 発見事実の解釈

　これらの発見事実について内部者による解釈は次の5点である。

1）「人」，「部下」，「リーダー」は，前出の通り，本研修の狙いとも関係しており，事業所別，資格別にも，いずれにもトップスリーを占めてお

り，マネジメント研修のコンセプトである「人を育てるリーダー」，さらにはリーダーに求められる能力としての「人を育て組織を動かす力」というものを持論の言語化に当たり意識していることが窺える。

2）「自分自身」というカテゴリーが部長格において大きくランクダウンしている。これは参事，課長，次長格においては，現在の環境下では，マネジャーとしてもプレイングの部分を強く求められており，率先垂範を使命とする現在のリーダー像が浮かび上がってくるといえる。

3）一方「育てる」というカテゴリーについては，資格が上がるほど，上位にランクインしており，ポジションが上がるにつれて，「次世代を育てる」という意識醸成が図られている状況と考えられる。

4）「力」というカテゴリーが，部長格で大きく上位に位置づけられる。組織の長として，自分自身の「能力」や「スキル」といった力もさることながら，部門を牽引したり，大きな方向性を示したりとする，トップに求められる「人間力」といった部分の「力」を意識していると考えられる。

5）上記とも相関があると考えられるのが，「実行」というカテゴリーが，参事，課長格まででランク外となり，一方「決断力」や「自己抑制力」というキーワードが発生する。これは，ミドルマネジメントとしてより実務に近い立場としてのリーダーシップが求められる立場から，組織の長としてのリーダーシップが求められる立場への変化を如実に表していると考える。

3）勤続年数とカテゴリーの関係

本節では，勤続年数と持論でのカテゴリーの関係についての調査結果を報告することにしよう。ここでも同様にウェブグラフによる共通点と相違点の分析の後，言及頻度分析を用いてより詳細に見ていくことにしよう。なお，ここでは，勤続変数を5つに分類し，1，2，3，4，5というように，変数にしている（図表8-11）。図中，●1，●2，●3，●4，●5は右へ行くほど勤続年数が長くなる。ただし，注意すべき点がある。それは1−6年，6−12年のように固定幅に分けているわけでないことである。なぜなら，こ

のデータがリーダー研修の結果であり，勤続年数が15－25年に集中しているためである。そこでデータマイニングツールではサンプル数が同じようになるために5つに分類している。●1は続年数が短いが16年ぐらいまでを含んでいる。

①ウェブグラフによる分析（図表8-11）

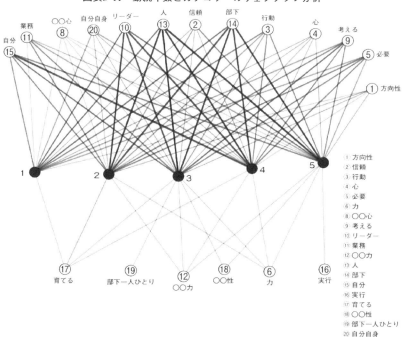

図表8-11　勤続年数とカテゴリーのウェブグラフ分析

（出所：喜田・金井・深澤，2013b，p.23，図5）

■発見事実

図表8-11での分析からの発見事実としては次の5点が挙げられる。第1は，すべてに共通しているのが，「方向性」，「必要」，「信頼」，「考える」，「人」，「心」，「リーダー」，「必要」，「部下」，「自分」，「自分自身」，「業務」，「行動」，「○○心」である，ことである。これは，第3章での企業レベルでの分析結果と合致している。第2は，●5および●4（勤続年数が長い）では，「実行」，「力」が重視されている，ことである。第3は，●3（勤続年数が平均

的）が最も数多くのカテゴリーと関係している，ことである。第4は，●1
-●4までにおいて，「育てる」が関係しており，勤続年数が長い5ではあま
り関係が見られない，ことである。最後が，勤続年数とカテゴリーの間にお
いても関係の違いが見られるが，ほとんど違いがないことである。

■発見事実の解釈

これらの発見事実について内部者による解釈は次の2点である。

1）資格や所属での分析と比較すると，その差はあまりないことがわかる。
本研修の受講者が，全員任用リーダーであることを踏まえると，勤続年
数によってリーダーシップの持論の言語化の言及項目にはあまり変化が
ないと考えられる。

2）ただし，「人」，「リーダー」，「部下」というすべての分析において上
位にあるカテゴリーについては，勤続年数においても，その年数による
差がなく，上位に位置づけられている。

②言及頻度順による分析

以上のようなウェブグラフの分析に加えて，共通しているカテゴリーにお
いても言及頻度において順位が異なることがある。そこで，言及頻度で多い
順に20位までを見てみることにしよう（図表8-12）。

図表8-12　勤続年数とカテゴリーの言及頻度分析，N＝1058

順位	1	2	3	4	5
1	部下	人	人	人	部下
2	人	リーダー	リーダー	部下	人
3	リーダー	部下	リーダー	リーダー	リーダー
4	自分	必要	自分	自分	行動
5	行動	自分	考える	考える	自分
6	考える	考える	必要	必要	信頼
7	必要	業務	業務	行動	考える
8	自分自身	信頼	行動	業務	自分自身
9	心	行動	信頼	心	必要
10	信頼	方向性	自分自身	信頼	心
11	業務	心	心	自分自身	方向性
12	方向性	育てる	方向性	方向性	業務
13	○○心	自分自身	○○心	○○心	○○力
14	育てる	○●力	育てる	育てる	力
15	○●心	○●心	力	○○力	○○性
16	○○性	力	○○性	力	○○性
17	実行	○○性	○○力	○○性	実行
18	力	実行	部下一人ひとり	自主性	育てる
19	自己抑制	自己成長	実行	個性	協力
20	自主性	自立	個性	行動力・実行力	個性

（出所：喜田・金井・深澤，2013b，p.24，表7）

■発見事実

　図表8-12での分析からの発見事実としては次の6点が挙げられる。第1は，すべての勤続年数グループで，「人」，「リーダー」，「部下」はトップスリーを占めているが，その順序が異なる，ことである。第2は，資格と異なり，勤続年数が長くなっても「自分」，「自分自身」は上位にとどまっている，ことである。第3は，勤続年数が長くなれば，「行動」と「信頼」が上位になっている，ことである。第4は，勤続年数が長くなれば「業務」が低下する，ことである。第5は，勤続年数が長くなれば，「育てる」が低下している，ことである。第6は，以上の図表では明らかではないが，勤続年数が長くなれば「協力」が上がってくる，ことである。

■発見事実の解釈

　これらの発見事実について内部者による解釈は次の3点である。

　1）「人」，「部下」，「リーダー」については，資格（レイヤー）別，所属別と同様にトップ3を占めており，研修コンセプトとの相関が強く窺われることである。

　2）職制と勤続年数との相関関係は見られないが，勤続年数が長くなるにつれて，「信頼されること」の大切さや，「協力」というカテゴリーが上位に上がっており，リーダーとしての持論として大切であることがわかる。

　3）リーダーシップの持論については，勤続年数ではなく，レイヤーや事業所によって大きく変わることが明らかになった。

Ⅵ　結び：理論的・方法論的貢献と課題

　ここでは，企業レベルの分析結果のまとめと個人属性とカテゴリーの関係についてのまとめを行い，本研究の理論的・方法論的貢献と課題を議論することにしよう。

　本研究での分析結果から明らかになったこととしては大きく次の3点がある。第1は，所属，資格，勤続年数という個人属性がリーダーの持論のコン

テンツと統計的に有意な関係があった。第2は，所属，資格，勤続年数によって異なるカテゴリーの関係が見られることである。第3は，異なるカテゴリーが見られる一方で，共通するものが多く，これが資生堂の特徴として挙げることができることである。

　本研究では，個人属性として，所属，地位（資格），勤続年数に注目した。

　所属に関わる分析において共通して見られる言葉，カテゴリー，例えば，「考える」，「人」，「心」，「リーダー」，「必要」，「部下」，「自分」，「業務」，「行動」が見られる。この結果は企業レベルでの言及頻度分析をより詳細に共通点を追求したものであり，言い換えると，資生堂全体の特徴ともいえる[13]。本研究では資生堂1社のみの研究であるが今後リーダーの持論についての企業レベルでの比較分析などを行う際の基礎となると考えられる。この点は本研究での課題の1つである

　所属に関しての大きな発見事実の一つは，所属ごとで関連するカテゴリーが異なることである。そこでまず，注目すべき管理者の所属部門別の違いは，例えば，販社の管理職が記述するリーダーシップ持論では，アクション系のキーワード——例えば，「行動」，「業務」はもちろん，「実行」，「行動力・判断力」，「可能性」などの言及頻度が多く，また，自主性と関連する言葉も持論によく使われていた。これに対して，本社に勤務する管理職の場合には，持論のキーワードとして，「自分」，「自分自身」，「方向性」という言葉が浮かび上がってきて自立と関連している。上述のように，販社の管理職も，自主性と関連した用語を使用する傾向があるが，本社の管理職は，自分で自立してできる仕事への言及が目立ち，販社とちがって，ひとりでも作業ができる課題・仕事が本社では多いことを反映しているのであろう。販社の管理職のリーダーシップ持論での傾向として，ひとりでもチームでも，イニシアティブをとって自ら動くという意味で，自主性を重視していることがわかる。例えば，「部内全体」など所属部門に対する言及があるのが，販社で見られるのも特徴である。

　また，所属ごとで上位の3つのカテゴリー（「人」，「リーダー」，「部下」）

13）なお，この点については喜田・金井・深澤（2013a）を参照されたい。

は共通しているが，しかし，3つの出現頻度の順番は異なる。順番の違いに意味があるのかについては，さらに各所属の人達のヒアリングなどの再調査が必要だが，3つのカテゴリーが同じというのは，共通の考えが浸透しているとも解釈できる。なお，所属との関係では5つの興味深い点がある。第1は海外拠点の「育てる」が高いことである。この点は現地法人で後継者の育成と，現地採用の社員の育成をしようということと関連すると考えられる。また，海外拠点では「信頼」もそれなりに上位に位置していることもこの点と関連があると考えられる。第2は，本社で企画と係る仕事をしているために「考える」・「想像力」・「方向性」が重視されていることである。第3は研究所で，「想像性」が低い点であり，これはイマジネーションというよりは，クリエーティビティを重視しているためであると考えられる。第4は，本社および研究所ではチームではあるが基本的に個人単位の業務推進の場面も多いため，自主性を示すカテゴリーの言及頻度が高かった点であり，最後は，工場および販社はチームとして動いていることが多いという要因があるせいか，「自分」や「自分自身」の言及頻度が低いことである。

　次に，資格とカテゴリーとの関係については，組織内の資格を上がっていくと，持論も部長になるころには，収斂していくことが明らかになった。組織内の資格を上がると持論が収束するということは，一皮むけた経験が増えるほど，より大事なものが浮かび上がってくるので，一致している。

　最後に勤続年数とカテゴリーの関係については，図表8-11では，●1，●2，●3，●4，●5が勤続年数のカテゴリーで，●5ほど年数が長い。しかし，一様で，勤続年数による違いはあまりないことが明らかになった。

　本研究では，主に所属，資格，勤続年数の3つの個人属性について調査した。以上の分析から勤続年数よりも所属および階層によるリーダーの持論のコンテンツに影響をしているという解析が有力であろう。

　以上が本研究の分析結果と理論的貢献である。最後に方法論的貢献としては，大きくは次の3点が挙げられる。第1は，元来マーケティング論などの領域で利用されるテキストマイニングを，従来とは異なる領域に適用したことである。つまり，人事部の研修という場から生成された，1000名を超す管理職のしたためた「リーダーシップ持論」を素材に，組織行動論領域におけ

るリーダーシップ論，人材育成論にテキストマイニングを適用し，その方法が活用できることを示した。今後もこれらの領域を中心に組織内部へのテキストマイニングの活用の方向性や可能性を示すことができた。

第2は，言葉レベルの分析を中心とするテキストマイニングをカテゴリーレベルで行うことでより明確な分析が可能になることを示した点である。この点は，言及頻度が少ない言葉を拾い上げる有効な手法であることを示していると考えられる。

第3は，テキストマイニングの結果をもとにテキストデータを分類し，それと個人属性との間の統計分析を行うという新たなテキストマイニングの手法の可能性を示したことである。しかし，アルゴリズムの設定やカテゴリー選択などの点で課題もあり，この点については，方法論的試論として今後まとめる予定である。なお，ここで方法論的詩論としているのは，アルゴリズムのカスタマイズについてであり，特にランダムシードの変更などを想定している。また，本研究では，カテゴリーの選択を行ったが，それをしない場合にどのようになるのか，を検討することである。

その上で，当時用いていない現在のツール（IBM SPSS Modeler）での「自動クラスタリング」を用いる方法なども検討すべきであると考えられる[14]。言い換えると，この研究では，カテゴリー化の推定精度を考慮しておらず，厳密な意味でのアルゴリズムの選択やカスタマイズを行っていないということである。それによって，より推定精度の高いクラスター化，話題の分類が行えるかもしれない。

第4は，先にもふれたことであるが，この方法に長けた，しかも応用実績のある研究者（方法論研究者）と，リーダーシップ育成の連鎖等に興味があり，調査企業の研修，経営者のインタビュー等で接触の長い研究者（リーダーシップの研究者）と，なによりも，データ源となった研修の総責任者で人材開発室長（内部者）との共同であることは，カテゴリーの形成は完全に自動的ではないことからも大きな意義があったことである。方法論研究者は言語学的手法もしくはツールの面からの貢献があり，組織から生成されたデー

---

14) なお，自動クラスタリングについては，Wendler & Gröttrup（2016）pp.685-710を参照されたい。

タならば，その組織の内部者は，組織内部で用いられている言葉のカテゴリー化および内部者の視点によるカテゴリー化に貢献している。最後にリーダーシップの研究者はその理論的な意味や今までの調査経験からのカテゴリー化に貢献している。本調査を通じて，この3者が共同研究者になることは，このような方法にとって大きな意義があり，方法論的貢献があることがわかった。

最後に，本分析結果についての内部者の解釈で研修との関係を示されるところを再掲することにしよう。その目的の第1は，リーダーの持論形成と研修の関係を明らかにするという理論的な意義を示すことである。第2は，本研究で用いたリーダーの持論に対するテキストマイニングでの分析結果が研修の効果を測定するのに役に立つことを示すためである。

具体的には研修前にも持論を書いてもらい，研修前と研修後での持論の内容の変化を調査することである。

この点を示す議論は，所属および資格，および勤続年数との持論との関係での発見事実（「人」,「リーダー」,「部下」がトップスリーを占めていることなど）に対して，所属との関係において下記のように解釈していることで示される。

当研修のテーマに「人を育てるリーダー」を掲げた。これは，当社の求める人材像として「美意識」,「自立性」,「変革力」に加え，第2著者の「リーダーシップの連鎖」と関連した「リーダーを育むリーダー」を示す，「人」と「リーダー」が共通して言及されていることは，研修内容との関連性が高く表出されていると判断できる。

資格との関係において研修のテーマである，「人を育てるリーダー」を念頭に研修に臨んでおり，本研修と日頃の業務とを連携させた上で「リーダーシップの持論の言語化」に取り組んでいるとすれば，「人」,「リーダー」,「部下」がトップスリーを占めていることは，研修の狙いが浸透している状況が窺える。

勤続年数に対しては，「人」,「部下」,「リーダー」については，資格（レイヤー）別，所属別と同様にトップスリーを占めており，研修コンセプトとの相関が強く窺われる。

VI 結び：理論的・方法論的貢献と課題 289

これらの点は，持論形成に研修の効果が見られるという結果を示している
だけではなく，研修の効果の測定にテキストマイニングが有効であることを
示していると考えられる。

本研究での貢献については，以上の通りである。ただし，本研究は全体の
分析結果に関する調査報告にとどまっている。それ故，本研究にも限界があ
り，今後の研究で克服されるべき課題として次の４点を挙げておきたい。

まず，第１は前述したように，本研究は資生堂１社のみの分析であるので，
他社との比較分析を行うことである。なかなかこのレベルの協力を得ること
は難しいのですぐに対応すべき課題というより，長期的な課題である。

第２の課題は，研修の狙いにおいて強調されたキーワード「人を育てるリ
ーダー」と持論の中にキーワードとして出現した言葉が，その言葉を使用し
た管理職の個人属性（所属，資格，勤続年数など）と，どのような関係を
持っているのかを分析することである。例えば，信頼という言葉がリーダー
シップ持論にどのぐらいの頻度で登場しているかという分析については，
「持論を構成するキーワードとは，つまるところ，フォロワーの目から見た
リーダーの信頼性に関わる言葉に他ならない」というKouzes & Posner
(2007)に基づく説明が研修の講師であった第２著者によってなされたとい
う背景からは，さらなる分析が必要だと考えられた。また，美意識，自立性，
変革力の３つが，全社員に求める人材像であった。

この研究を通じて，自立性と変革力については，ある程度言及されたが，
美意識についてはほとんど言及されていない。このことは，資生堂のリーダ
ーとして美意識が大切であるということの浸透策が，当時スタートしたばか
りであり，リーダー一人ひとりへの伝承が十分でなかったと考えられる。

第３は，本研究は2007年当時のデータであるので，その後の調査協力者の
キャリアおよびキャリア展開のデータと組み合わせることによって，どのよ
うなカテゴリーをリーダーの持論の中で持っていると昇進できるのかを明ら
かにすることができると考えられる。この種の研究を通じて，リーダーの持
論の内容に見られる個人差を明らかにすることができると考えられる。また，
これと関連してその他の個人属性との関係を調査することも課題として挙げ
られるであろう。

このような研究としての理論的，方法論的貢献と課題について述べてきた。この種の研究の実務的なメッセージとして次のように述べることができよう。

⑴所属，⑵資格，⑶勤続年数別の分析があれば，各人が自分の所属，資格，勤続年数に応じたリーダーシップ持論の特徴を把握するのに有益であろう。さらに，仕事がらよく接する他部署の管理職との違い，自分より上位で勤続年数の長い人，逆に自分より下位でより若い世代のリーダーシップ持論の特徴を知ることは，先達として彼らを育成する上で有用であろう。全体的なパターンと照らし合わせて，所属・資格・勤続年数の違いをもとに，自分が書いた持論の意味合いがいっそう明確に浮かび上がってくる。また，所属間，異なる資格・年齢の間で生じる誤解やコンフリクトの緩和にも役立つであろう。

異なる所属，異なる資格，異なる世代の管理職の間で，リーダーシップ持論に見られるギャップを埋める試みがデータマイニングで実現すれば，資生堂に対して意味のある個別フィードバックになるだけでなく，今後，持論アプローチでリーダーシップ育成に取り組む諸企業や他の組織にも１つの準拠となるであろう。

リーダーシップ育成に関わる人材育成のプロには，育成のためのフィードバックの例示として，自らのリーダーシップを磨きたいと強く望む管理職や経営幹部にも，持論を組織的文脈と関連づけて分析する範例となれば幸いである。

最後に：テキストマイニングの定義とデータサイエンスへ

本章では，テキストマイニングの第３の研究例として，データマイニングの手法であるモデリング手法を用いたテキスト分類と変数の構築を行った喜田・金井・深澤（2013b）を取り上げた。この手法は比較的新しい方法であり，技術報告書ではあるがマーケティング領域において，Webカスタマーレビュー文の理解支援を目的とした自己組織化マップによる評価分布の可視化などに用いられている（齊藤，2014）。それ故，今後の課題としては，この方法の精緻化と普及を挙げることにしよう。

最後に：テキストマイニングの定義とデータサイエンスへ　291

　この研究を通じて，著者は本書の改訂に当たって次の点を検討するように
なった。第1は，テキストマイニングを前著と異なり定義することである。
そして，第1章でも提示したが，本書では，「テキストデータを，言語処理
技術を用いて構造化データ・変数に変換し，それをもとに知識発見，仮説発
見および仮説検証を行う手法」とした。

　第2点がデータマイニングでは構造化データを扱い，テキストマイニング
では非構造化データを扱うことに意識することである。つまり，テキストマ
イニングは非構造化データを構造化データに変換する技術であるということ
である。そして，その目的はモデル構築であるとする点が，前著とは大きく
異なる。つまり，非構造化データ→言語処理技術→構造化データ→モデリン
グという段階を経るということである。

　第3は，以上の点と最近でのデータサイエンスの動向から，次章でその流
れをデータサイエンスおよびデータマイニングの視点でテキストマイニング
での研究例を位置づけ，整理する方向性を示すことである。

　そこで，次章では，データサイエンスおよびデータマイニングの視点で，
筆者のこれまでの研究を整理することを通じて，データマイニングとテキス
トマイニングの懸け橋としたいと考えている。

第 9 章

言語分析視点からデータマイニング（データサイエンス）視点でのテキストマイニングの整理

はじめに：言語分析との関係からデータマイニング，データサイエンスとの関係へ

　本章では，前章までに提示してきた研究例をデータマイニングの視点，データサイエンスの視点で整理し，現在のテキストマイニングの動向をより明確に示すことにしよう。なお，本章は，喜田（2014）を，本書の改訂版に合わせて再構成した。喜田（2014）では，喜田・金井・深澤（2013b）を経て，テキストマイニングを言語分析の視点からではなく，データマイニングやデータサイエンスとの関係で整理する必要を検討するようになった。そこで，本書の方向性でもある最近のデータマイニングおよびテキストマイニングおよびデータサイエンスの発達を考慮に入れて，本章では，データマイニングとの関係をより明確にする上でデータマイニングでの分類に応じた再整理を行うことにしよう。テキストマイニングの研究において，3つの段階，レベルおよび種類があると考えられる。①VISUALIZATION（可視化），②ANALYSIS（分析），③PREDICTIVE ANALYSIS（MODELING）（＝予測的分析），である[1]。

　そこで，まず第 6 章からの前章までの研究例を簡単に要約することにしよう。

　第 6 章では，品詞情報をもとにした分析の方向を示す研究として，喜田（2006）を提示する。また，そこでの分析では，数値データとの混合マイニ

---

1) 現在企業内情報活用の実務界での研究会に参加しており，そこで，企業内での情報活用ツールの分類についての議論も参考としている。なお，この研究会への参加は科研（基盤研究(c)課題番号24530434）を用いており，善田（2014）および本章はその成果の1つである。

293

ングの側面も持っていることを付け加えておくことにしよう。喜田（2006）では，品詞情報の1つである名詞に注目し，名詞の持つ理論的意味である概念変化を追及している。なお，喜田（2006）は，組織科学に最初にテキストマイニングをメソドロジーとして導入した論文である。

　第7章では，アカデミックの利用法のもう1つの方法である内容分析ソフトの代替品としての事例として，『私の履歴書』を研究対象に経営者の経歴に影響する人間関係の種類を明らかにした研究を初出として提示する。また，そこでは，経営者の経歴に影響する人間関係の種類の分析および創業者と従業員型経営者の比較分析を行った。経営者の経歴を示すデータとして，この章では既存研究であまり用いられていない『私の履歴書』を研究対象にする。その上で，テキストマイニングを用いて，人間関係を示す『私の履歴書』での登場人物の数，および種類等を明らかにする。その上で，モデリング手法を用いた著者判別の結果を提示することにしよう。

　第8章では，テキストマイニングの第3の研究例として，データマイニングの手法であるモデリング手法を用いたテキスト分類と変数の構築を行った喜田・金井・深澤（2013b）を取り上げた。この研究を通じて，筆者は本書の改訂に当たって次の点を検討するようになった。

　第1は，テキストマイニングを前著と異なり定義することである。そして，第1章でも提示したが，本書では，「**テキストデータを，言語処理技術を用いて構造化データ・変数に変換し，それをもとに知識発見，仮説発見および仮説検証を行う手法**」とした。

　このように定義することと関連しての第2点がデータマイニングでは構造化データを扱い，テキストマイニングでは非構造化データを扱うことに意識することである。つまり，テキストマイニングは非構造化データを構造化データに変換する技術であるということである。そして，その目的はモデル構築であるとする点が，前著とは大きく異なる。つまり，非構造化データ→言語処理技術→構造化データ→モデリングという段階を経るということである。

　第3は，以上の点と最近でのデータサイエンスの動向から，データサイエンスおよびデータマイニングの視点でテキストマイニングでの研究例を位置づけ，整理する方向性を示すことである。

本章は，このような改訂版の方向性をより明確に，前著との違いを明らかにする。

前著，喜田（2008b）では，テキストマイニングは言語分析の一種であるということからテキストマイニングを言語分析の視点で整理してきた。そこでは，言語分析には多様な手法があるが，内容分析との関係は重要である。そこで内容分析からテキストマイニングを見てきた。その上で言語分析からの視点からテキストマイニングの利用法を整理する。そこでまず，ここでは，言語分析との関係で利用法を整理する。

◆キーワード

言語分析視点，データサイエンス視点，VISUALIZATION（可視化），ANALYSIS（分析），PREDICTIVE ANALYSIS（MODELING）（＝予測的分析）

I　言語分析との関係での利用法の整理

テキストマイニングは，第1章，もしくは第2章で提示したように，内容分析などと同様に言語分析の一種であるとも考えられる。そこで，ここでは，テキストマイニングを用いる際の基礎となる内容分析について説明することにしよう。特に，テキストマイニングでの概念選択およびカテゴリー設定などの基礎となるためである。

内容分析は，コミュニケーション論でのマスコミ研究を起源としており，メッセージの内容を分析することによって，コミュニケーションの特性やコミュニケーションのセンダーの心理的側面などを分析しようとする分析方法である。

内容分析は，心理学，社会学，政策科学，一部経営学の分野で用いられている。内容分析は一般的に「明示されたコミュニケーションの内容を客観的・体系的にしかも定量的に記述する調査技術」あるいは「テキストにおける特定の特徴を客観的・体系的に同定することにより推論を行う調査技術」であると定義される。内容分析の一般的な研究作業のプロセスを述べることにしよう[2]。

第1段階は，研究テーマにそくした生データを選択することである。この段階では，いろいろある言語データから，どの資料を選択するかという問題を解決する。このような生データの選択の議論は資料論として議論される。そこでは，その資料の言語学的な特性を中心に議論され，例えば，形態に関すること，主題の範囲に関することが挙げられる。用いることの利点と欠点についても議論されることもあり，テキストマイニングにおいてはテキストデータの理解とデータクリーニングがそれに当たる。

第2段階では，言語資料をいくつかのカテゴリーに分類することである。そのカテゴリーに分類してから，統計学的なサンプリングセオリーをもとに，分析対象とすべき，生データを作成する。そのカテゴリー分けには，データマイニングでいうと，データクリーニングもしくは分析データの作成が当たる。

第3段階では，生データの中の文章を観察する（ながめる）ことから，言及頻度分析にかけるべきキーワードを探し出す。つまり，どの言葉をコード化するかを決定する。このように生データの文章の中からキーワードを選択する方法と，もう1つの方法がある。それは，その研究テーマに関する先行研究のレビューを行い，キーワードを選択する方法である。前者の方法は仮説発見型の研究に多く見られ，後者の方法は仮説検証型の研究に多く見られる。その後，ある程度の時間を経てから，第3段階に参加した人たちと同じ人たちによって，もう一度，第3段階と同様の作業を行う。その第3段階での作業と時間を経てから行ったキーワード探しの結果を照らし合わせることによって，キーワードの選択を終えるというのが，第4段階である。そして，この2つの段階は，テキストマイニングにおいては概念選択およびVISUALIZATION（=可視化）に当たる。

第5段階では，第4段階で選択したキーワードをもとに，コード化のフォーマットを作成し，実際の調査を行う。テキストマイニングにおいてはプログラム上にデータの加工履歴などが残るツールにおいては必要視していない。

第6段階では，そのコード化をした分析結果を統計学的な手法を用いて，研究課題を達成する。テキストマイニングではANALYSIS（分析），もっと

2）これについては，Krippendorff（1980）および本書第1章もしくは第2章を参照されたい。

進めてPREDICTIVE ANALYSIS（MODELING）の段階である。

　以上が，内容分析の作業手順であり，内容分析の説明である。このような内容分析は，社会学および心理学を中心に用いられているが，日本語を対象としたものが比較的少ないという現状がある[3]。なぜなら，日本語の自然言語処理技術が未発達であったために日本語の内容分析ソフトが未開発・未発達である現状があるためである[4]。そこで，本章の立場としては，前述したようにテキストマイニングソフトを内容分析ソフトの代替品として用いることになるのである。このような省力化はテキストマイニングの新たな方向性を示唆すると考えている。これによって，内容分析を用いた研究を行った研究者にとってはテキストマイニングが身近な方法であるということをご理解いただいたと思われる。

　前著（喜田，2008b）では，言語分析，特に，内容分析との関係を重視して，テキストマイニングのアカデミックな利用法として，大きくは3つの方法を考えた。

　第1は，形態素分析での品詞情報による分析を中心とするものであり，第6章で取り上げた喜田（2006，2007）での分析がそれに当たる。このような利用法が可能になるのは，テキストマイニングによる品詞情報が追求すべき変数の代替変数として同定できる場合である。例えば，喜田（2006）の場合，名詞数＝概念数という観点から，概念変化を追及した。また，この方法は，計量文献学にも利用可能であると考えられる。計量文献学では，品詞情報を基にした分析（文法上の特徴も含む）から，著者の判別および真贋分析などを行っている（村上，1994）。喜田（2007）では，品詞情報の変化，名詞の数の変化を認知変化としてとらえ議論したが，もう1つの解釈としては，有価証券報告書の著者が変わったことというパワーバランスの変化という解釈も提示していることからも，計量文献学的な利用法の可能性を示唆していると考えられる。また，このような手法は，経営史，経営者研究などの領域において資料確定の議論に用いることができるかもしれない。

3）最近の論文においてもその状況は変わらないようである。
4）現在においては係り受け分析が可能になったことや自然言語処理技術の発展によって比較的内容分析ソフトとしての利用可能性が高まっていると考えられる。

第2は，第7章で取り上げた内容分析ソフトの代替品として用いる方法である。2000年代前半，日本語を分析できる内容分析ソフトが未発達であることと関連する[5]。そして，テキストマイニングというと，こちらの利用法を考えると思われる。しかし，概念を選択し，分析するにはその概念および言語上の特徴が追及すべき変数の代替変数である場合である。

第3は，以上の2つの利用法からの分析結果は数値データとの統合が可能であり，定量的手法とテキストマイニングを統合する方法である。これは，テキストマイニングと統計的手法およびデータマイニングを統合するという意味で，「混合マイニング」と呼ばれる（Zanasi, 2005）。このような分析方法を用いることの可能性を示唆しておくことにしよう。また，数値データ（サンプル属性データなど）によるテキストデータのハンドリングもしくは分析結果の比較なども有効な手法であると考えている。

以上が言語分析，特に，内容分析との関係でのテキストマイニングのアカデミックな利用法である。

前述したように，喜田（2014）では，喜田・金井・深澤（2013b）を経て，テキストマイニングを言語分析の視点からではなく，データマイニングやデータサイエンスとの関係で整理する必要を考慮するようになった。データマイニングおよびテキストマイニングの研究において，3つの段階，レベルおよび種類があると考えられる。①VISUALIZATION（可視化），②ANALYSIS（分析），③PREDICTIVE ANALYSIS（MODELING）（＝予測的分析），である。次節では，このようにデータマイニングとの関係で整理することを目的にすることから，まずデータマイニングとの関係を説明することにしよう。

Ⅱ　データマイニングとの関係からのテキストマイニング

テキストマイニングは，データマイニングとの関係で説明されることが多く，実際，両者には共通点と相違点がある。ここでは，まず，データマイニ

5）現在においては係り受け分析が可能になったことや自然言語処理技術の発展によって比較的内容分析ソフトとしての利用可能性が高まっていると考えられる。

Ⅱ　データマイニングとの関係からのテキストマイニング　299

ングの説明をし，次に，テキストマイニングの説明を行うことにしよう。

　データマイニングとは，一般的な用語で，データ内の情報や意思決定に使用される知識を特定するために使用される様々な手法を指す。「データマイニングは，コンピューターのテクノロジーにすがるだけで膨大な量のデータから，パターンを発見でき，ビジネス上の問題を瞬時に解決できる玉手箱のようなものだ」という声を聞くことがあるが，これはよくある誤解であり，データマイニングの理解としては正しくない。なぜなら，データマイニングは，調査者にとって，インタラクティブかつ反復的な作業であり，データと対話しているような側面があり，その対話を有意義なものにするには，発達したテクノロジーに加えて，分析する分野の経験や知識が必要である。そのためには，例えば，経営学の分野でこれを適用するなら，経営学の知識と合わせて，ビジネス上の経験が豊富な人の知識が，意味ある分析と解釈には，必要である。また，データマイニング・テクノロジーによって発見された一見しただけでは，意味をなさず，したがって役に立たないパターンだと分析者には思われることでも，ビジネス上の経験が深い人とのコラボレーションを活用することで，そのパターンから，有用かつ使用可能な情報（知識）が生成されることがよくあるからである。

　このデータマイニングという手法では，さまざまなアルゴリズムを用いて，データから重要な知識を導き出すことになるが，そこで用いられるデータは，数量的なデータ，もしくは，0（なし），1（あり）データで示されるバイナリーデータという意味で構造化されたデータを中心とするという特徴を持つ[6]。

　一方，テキストマイニングの導入当時，多様な手法が並立したためにテキストマイニングに関して一般的定義は存在しないが，テキストからの知識の発見ということでは一致している[7]。

　喜田（2007）においては定義がないとしたのは定義をすることでテキストマイニングの方法論としての可能性を狭めることを考慮したためである。

　本書では，テキストマイニングとは「**テキストデータを，言語処理技術を**

6）なお，データマイニングについては，Berry & Linoff（1997, 2000）およびLarose（2004），Nettleton（2014），本書第3章および第4章を参照されたい。

7）この点については，喜田（2007, 2008b, 2010）を参照されたい。なお，序章で提示した先行研究のほとんどがこのタイプである。

用いて構造化データ・変数に変換し，それをもとに知識発見，仮説発見および仮説検証を行う手法」と定義する。

そこで重要なのは，データマイニングとテキストマイニングの関係について2つの考え方があることである。1つは，テキストマイニングが対象とするテキストデータにおいて構造化できるデータであればデータマイニングとして用いることが可能であり，その意味でテキストマイニングはデータマイニングの一種であるとみなす立場である。SPSS（現IBM）社のText Mining for Clementine，本書で説明したIBM SPSS Text Analytics for Surveysと野村総合研究所のTRUE TELLERがこのアプローチを取っている。このアプローチでは，データマイニングの延長線上でテキストマイニングがとらえられており，特に定量的な変数だけではなく，テキスト（例えば，アンケートの自由筆記欄など）を対象にすることも，このアプローチの目的に含まれている。そして，この立場を応用したのが，数値データとテキストデータとともに用いる「混合マイニング」である（喜田，2010）。

もう1つの立場からは，テキストデータの構造化をしないようなテキストマイニング，特に自然言語処理技術を中心とするようなテキストマイニングは，データマイニングとは一線を画しているとされている。このアプローチでは，自然言語処理の研究をベースとしてテキスト分類や情報検索を発展させてテキスト集合から知識発見に繋げることが目指されている。この流れを汲むものとして，2007年当時のジャストシステム社のCBMIがこのアプローチを取っている。

この2つの流れがあるが，本書全体，本章は前者の流れに基づいており，そのテキストマイニングの流れおよび仕組みを示したのが第1章でも説明した図表9-1（図表1-2再掲）である（Feldman & Sanger, 2007；Nettleton, 2014）。そこで，ここでは，第1章での議論を振り返ることにしよう。

図表9-1は，テキストマイニングの一連の流れ，作業手順を示しており，テキストマイニングをシステム化するための要件でもある。

①データ収集

各種「非構造化データ」を定量的なデータとともに収集する。

Ⅱ データマイニングとの関係からのテキストマイニング

図表9-1 テキストマイニングの流れ（図表1-2再掲）

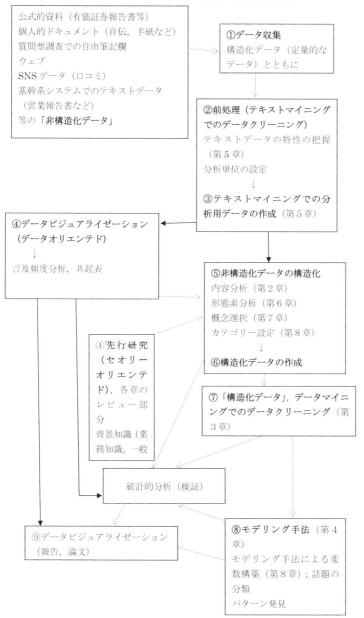

②前処理（テキストマイニングでのデータクリーニング）

テキストマイニングでのデータクリーニングでは，第5章で議論する資料論と対象となるテキスト特性の把握，長いドキュメントだと分析単位の設定などを行う。分析用データを作成する際に1700字程度の分析単位に設定することになる。『私の履歴書』などの場合はその全体のテキストをどのように分割するのかを検討する必要がある。

このようにツール上の必要性からデータを分割することも必要になるであろうし，研究テーマによって分割する必要性があるかもしれない。例えば，『私の履歴書』であれば全人生が書かれているが仕事の期間のみ（キャリア）のテーマに限定するほか，年次が重要であれば，年次ごとに分割するなどの検討が必要である。また，会議資料であれば，発話者を限定するなどの検討も必要であろう。このようにテキストデータの特性と研究テーマの関係からテキストデータの分割を行うことがここでいう前処理の重要な点である。

③テキストマイニングでの分析用データの作成

その作業手順を経て，図表5-5のような分析用データを作成する。

④データビジュアライゼーション（データオリエンテド）

まず，そのデータでの言及頻度分析および共起表を作成する。前者の言及頻度分析では，テキストの中でどのような概念，言葉が多いのか，を明らかにし，そのテキストの特性を明らかにする。次の共起表では概念間の関係を明らかにすることになる。この作業はデータサイエンスでは，データヴィジュアライゼーション（データ表現）の一部として考えられ，この結果は，次の段階の概念選択や分析する視点の提示の基礎となる。例えば，言及頻度の多い言葉および概念を選択する，などである。この段階は，テキストマイニングにおいてはデータオリエンテドな分析視点といえる。なお，データヴィジュアライゼーション（データ表現）にはもう1つのタイプがあり，⑨で示されるように報告，プレゼンテーションなどを効果的に行う方法を考察する方向であり，グラフ化セオリーなどがそこに含まれる（Tufte, 1990, 2006；Mazza, 2009；Nussbaumer, 2015；高間，2017）。

④′先行研究（セオリーオリエンテド）や背景知識から

前述したように，データオリエンテドな分析視点の構築，概念選択の一方，

先行研究のレビューや背景知識，業務知識から概念選択および分析視点を構築する方向がある。それが，セオリーオリエンテドな分析視点といえる。なお，各領域でテキストマイニングを用いている先行研究については序章のⅢ節および参考文献を参照されたい。そこで，どのようなデータに注目し，どのような言葉，概念を選択しているのか，を確認する必要がある。つまり，テキストマイニングでの研究にはこの2つの方向性があるということである。

⑤非構造化データの構造化

この段階がテキストマイニングにとって最も重要な段階である。それは，非構造化データ，テキストデータを構造化する段階である。この段階には大きく2種類が存在する。1つは，④での言及頻度分析等の頻度分析を中心とする手法であり，第2章での内容分析と第6章の形態素分析，そして，第7章で内容分析ソフトの代わりに，概念選択を行った上で言及頻度分析をする方法である。これは，テキストの特性，ある言葉の言及頻度や，形態素，例えば，名詞の数などのように定量的な変数に変換する方向である。もう1つは，第3章および第8章でのカテゴリー設定や概念選択は同様だが，データを0（なし）と1（ある）というバイナリーデータに変換する方法である。両者の違い，注意点を挙げると次のような点になる。

第1は，言及頻度分析を中心とする場合は，言及頻度自体に理論的な意味があるに限られることである。

第2は，対象とするテキストの分量（ロングか，ショートか）とサンプル数によることである。公式的資料などのロングの場合は，言及頻度を取る必要があるかもしれないが，質問票調査の自由筆記欄などショートの場合は，あまり意味がない可能性がある。次に，SNSデータ用にサンプル数が増大な場合，全体のデータの把握という意味でいえば，テキストをバイナリーデータに変換することの意味のほうが重要になる。

第3は，用いる統計的手法が異なる点である。前者は，相関係数の分析などを行うことになるだろうし，後者はχ二乗検定などのノンパラ手法が中心となる。

⑥構造化データの作成

このような段階を経て，図表3-34のような構造化データが作成される。も

しくは，言及頻度や形態素の数などの定量的変数とその他属性変数を含むデータを作成する。

このように統計的分析が可能になれば，統計的分析（検証）を行うことになる。

⑦「構造化データ」，データマイニングでのデータクリーニング

もう一方で構造化データにおいてもデータクリーニングが必要かもしれない。それは，第3章で述べる欠損値処理，重複データの削除などである。もう1つは，変数の追加やサンプル操作なども必要かもしれない。これは，データマイニングでのデータクリーニングとして位置づけられている。

なお，データマイニングでのデータクリーニングについては，Cody & SAS Institute（2008），McCallum（2012），Osborne（2013），Buttrey & Whitaker（2017）などを参照されたい。

本書では，テキストマイニングでのデータクリーニング（非構造化データのデータクリーニング）とデータマイニングでのデータクリーニング（構造化データのデータクリーニング）とを区別していることが特徴の1つである。

⑧モデリング手法

構造化データに用いて，統計的分析を行うこともできるが，データマイニングでのモデル構築によって変数構築も可能である。統計的手法とデータマイニングの最大の違いは，機械学習などのアルゴリズムを用いて，変数を構築することである。

第4章では，テキストマイニングに用いることができるアルゴリズム，予測・判別に用いるニューラルネットワークと決定木，話題の分類などクラスター化に用いるKohonen（自己組織化マップ），パターン発見に用いるアプリオリなどについて説明した。

第8章では，話題の分類という手法で変数を構築した研究例を提示している。

このようにアルゴリズムを用いて変数を構築した後，統計的分析で検証を行うことができる（図中，統計的分析）。

⑨データビジュアライゼーション

以上の分析結果が論文や報告などにつながっていく。そこでは，グラフ化セオリーなどによって分析結果の見せ方などが中心となる（Tufte, 1990, 2006；Mazza, 2009；Nussbaumer, 2015；高間，2017）。

以上のような作業手順を用いてテキストマイニングを行うことになる。喜田（2014）では，テキストマイニングを，データマイニングの3つの種類，段階①VISUALIZATION（可視化），②ANALYSIS（分析），③PREDICTIVE ANALYSIS（MODELING）（＝予測的分析）に応じて，自己の研究例を挙げながら説明した。本書も同様の分類を用いるが，データマイニングの3種類という視点のみでなく，データサイエンスでの視点も考慮に入れる。

Ⅲ　VISUALIZATION（可視化）：言及頻度分析とウェブ分析

データマイニングおよびテキストマイニングの機能には，VISUALIZATION（可視化）という機能がある[8]。これは，データの特性の可視化という意味であり，テキストマイニングでは，言及頻度分析や共起表，もしくはテキストマイニングの結果と属性との関係を可視化するのに用いるウェブ分析などがある[9]。

1）言及頻度分析

テキストマイニングを用いると，どのようなテキストデータであっても最初の段階として言及頻度分析を行うことになる。言及頻度分析では，ある概念（言葉）もしくはカテゴリーがどの程度言及されているのかを調査することであり，テキストデータの中でどの言葉が多いのかを明らかにすることでその研究枠組みの方向性を決めるのに役に立つ。言及頻度分析の代表的な事例が内容分析ソフトの代替品として用いる場合である。なお，最近のツール

8）この点については，喜田（2007, 2008b, 2010）を参照されたい。なお，序章で提示した先行研究のほとんどがこのタイプである。

9）Larose（2004）詳しくはTan, Steinbach & Kumar（2006）第2章を参照されたい。そこでは，統計学的な記述統計とデータマイニングでの可視化の違いについても説明されている。テキストマイニングでの可視化についてはFeldman & Sanger（2007）の第10章を参照されたい。また，データを可視化することについては，Tufte（1990, 2006）を参照されたい。

（IBM SPSS Text Analytics for Surveys等）では，言及頻度としているが，サンプル数であることに注意すべきである。

①内容分析ソフトの代替品として用いる場合：経歴に影響する人間関係の種類

第7章で提示した喜田（2008b）では先行研究のレビューから，経営者の経歴に影響する要因として人間関係に注目した。そこで，人間関係とは，『私の履歴書』の中での登場人物である。まずサンプル全体での分析結果を提示することにしよう。その目的は，経営者の経歴に影響をあたえる人間関係の種類を明らかにすることである（図表9-2）。

この結果，母，父等の両親，上司，子供，先生，祖父，従業員（＝部下）の順で出現することがわかった。

②言葉レベルの分析とカテゴリーレベルの分析

言及頻度分析を行うと，同じような言葉が別の言葉としてカウントされたりすることがある。

そこで，本章では，言及頻度分析では，言葉レベルの分析とカテゴリーレベルの分析があることを示唆することにしよう。第8章で提示した喜田・金井・深澤（2013ab）で用いたIBM SPSS Text Analytics for Surveysの重要なもう1つの特徴は，テキストデータを言葉レベルで分析するだけではなく，自然言語処理技術を用いてカテゴリーレベルでの分析を中心とする点にある[10]。言葉レベルでの分析ではより詳細な分析が可能になるが，その一方でその言葉を含むサンプル数がどうしても小さくなるという欠点がある。それ故に，ある言葉を言語処理技術，具体的にある種の辞書を用いて，その言葉の塊をある1つのカテゴリーにまとめるということが行われる。このようにカテゴリーにまとめることによってサンプル上の欠点を解決している。喜田・金井・深澤（2013a）では，○○力は，忍耐力，チーム力，問題解決力，言語力，実務力，状況判断力，サポート力，観察力などを含んでおり，これらの言葉の言及頻度が低いことから○○力というカテゴリーでまとめた。

このような作業を行うことにより，より有効な分析が可能になると考えられる。

10）このソフトについては，内田・川嶋・磯崎（2012）を参照されたい。

Ⅲ　VISUALIZATION（可視化）：言及頻度分析とウェブ分析

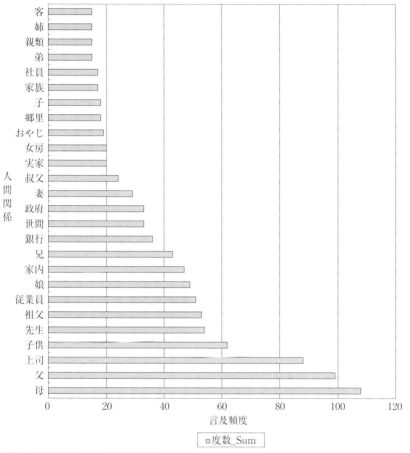

図表9-2　内容分析の代替品（図表7-3再掲）

（出所：喜田，2008b，p.182，図表7-3）

③テキストデータの構造化

　言及頻度分析でどのような概念，カテゴリーが出現しているのかを明らかにしたのちに，その言葉を用いてより詳しい分析を行うために，テキストデータの構造化が行われる。

　テキストマイニングをデータマイニングの延長線上にあるという考え方に基づくテキストマイニングツールの特徴は，データマイニングの手法を数値データだけでなくテキストデータにも適用させるアプローチを採用すること

図表9-3 構造化データ（図表3-34再掲）

	A	B	C	D	E	F	G	H	I	J	K	L	M	N
1	受講者ID	性善説	部下一人	行動力・8	上下関係	下	性別	状況下	通性	発生室人	○○性	実行	重要性	リーダー
2	1	0	0	0	0	0	0	0	0	0	1	0	0	0
3	2	0	0	0	0	0	0	0	0	0	0	0	0	0
4	3	0	0	0	0	0	0	0	0	0	0	0	0	0
5	4	0	0	0	0	0	0	0	0	0	0	0	0	0
6	5	0	0	0	0	0	0	0	0	0	0	0	0	0
7	6	0	0	0	0	0	0	0	0	0	0	0	0	0
8	7	0	0	0	0	0	0	0	1	0	0	1	0	0
9	8	0	0	0	0	0	0	0	0	0	0	1	0	0
10	9	0	0	0	0	0	0	1	0	0	0	0	0	0
11	10	0	1	1	0	0	0	0	0	0	0	0	0	0
12	11	0	0	0	0	0	0	0	0	0	0	0	0	0
13	12	0	0	0	0	0	0	0	0	0	0	0	0	0
14	13	0	0	0	0	0	0	0	0	0	1	0	0	0
15	14	0	0	0	0	0	0	0	0	0	0	0	0	0
16	15	0	0	0	0	0	0	0	0	0	0	0	0	0
17	16	0	0	0	0	0	0	0	0	0	0	0	0	0
18	17	0	0	0	0	0	0	0	0	0	1	1	0	0
19	18	0	0	0	0	0	0	0	0	0	0	0	0	0
20	19	0	0	1	0	0	0	0	0	0	0	0	0	0
21	20	0	1	0	0	0	0	0	0	1	1	0	0	0
22	21	0	0	0	0	0	0	0	0	0	0	0	0	0
23	22	0	0	0	0	0	0	0	0	0	0	0	0	0
24	23	0	0	0	0	0	0	0	0	0	0	0	0	0
25	24	0	0	0	0	0	0	0	0	0	0	0	0	0
26	25	0	0	0	0	0	0	0	0	0	0	0	0	0
27	26	0	0	0	0	0	0	0	0	0	0	0	0	0
28	27	0	0	0	0	0	0	0	0	0	0	0	0	0
29	28	0	0	0	0	0	0	0	0	0	0	0	0	0
30	29	0	0	0	0	0	0	0	0	0	0	0	0	0

（出所：喜田・金井・深澤，2013b，p.10，表1）

である。そこでは，元のテキストに，ある言葉があれば1，なければ0というように，データに変換することにより，テキストデータの数値化と構造化がなされる（Weiss, et al., 2005）。

また，カテゴリーレベルでは，自然言語処理技術を用いて，概念のまとまりであるカテゴリーを設定し，そのカテゴリーがあれば1，なければ0というように数値化される（図表9-3）。詳しくは，本書，第3章および第8章を参照されたい。

図表9-3において，あるカテゴリーがあれば1，なければ0となっている。例えば，受講者ID 1の人を見ると，○○性に1があり，そのカテゴリーがあるということである。

このデータを用いて，ウェブグラフ分析で，共起（どの言葉およびカテゴリーが同時に出現しているのか）と特性による共通点と相違点を明らかにすることができる。また，これを通じて，データマイニングのPREDICTIVE ANALYSIS（MODELING）を用いることが可能になるのである。

Ⅲ　VISUALIZATION（可視化）：言及頻度分析とウェブ分析　309

2）ウェブ分析での可視化

　言及頻度分析の結果や前述の構造化データを用いてより深い可視化を行うのが，ウェブ分析である。ウェブ分析では，どのような言葉およびカテゴリーが同時に出現しているのか，という共起と特性による共通点と相違点の表示が可能となる。

①共起

　共起表とは，あるテキストの中でどのような言葉もしくはカテゴリーが同時に出現しているのか，を示し，言葉間もしくはカテゴリー間の関係を示すものである。そこで，第3章で取り上げた喜田・金井・深澤（2013a）での

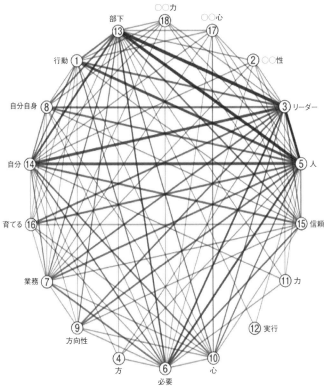

図表9-4　カテゴリー間の関係（図表3-42再掲）

（出所；喜田・金井・深澤,2013a）

分析結果を提示することにしよう（図表9-4）。

まず，図表9-4の見方であるが，①関係があれば，線で結ばれている。②線の太さは，関係の強さ，を示している。図表9-4は，どのようなカテゴリーが同期しているのか，共起しているのかを示している。また，ここでは，研究者および分析者が仮説構築をしやすくするためにすべての関係が見られるものを提示しており，これらは操作可能である。その結果，「人」，「部下」，「リーダー」，「自分」，「必要」，「信頼」，「行動」，「業務」，「心」，「育てる」などの間に強い関係があることがわかった。つまり，リーダーの持論にはこれらのカテゴリーが共通して含まれるということである。

②特性による共通点と相違点の表示

喜田・金井・深澤（2013b）では，リーダーの持論と個人属性との間に統計的な優位があることが明らかにした。個人属性とリーダーの持論の内容（カテゴリー）の間にどのような関係があるのかを明らかにすることにしよ

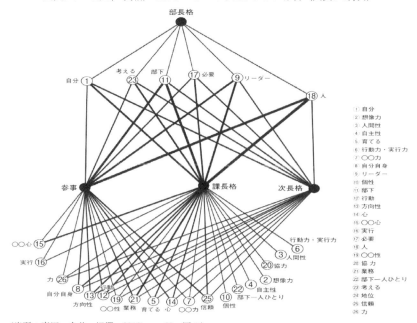

図表9-5　地位（＝資格）とカテゴリーのウェブグラフ分析（図表8-9再掲）

（出所：喜田・金井・深澤，2013b，p.20，図4）

う。そこでは、①所属（販社、本社、関係、工場、研究所、海外拠点）の違い、②資格＝地位、（初任管理職、課長、次長、部長）の違い、③勤続年数の違い、によって持論の内容、持論の記述に使用される言葉のカテゴリーにおいての共通点と相違点を明らかにすることにした。ここでは地位（＝資格）と持論でのカテゴリーの関係についての調査結果を報告することにしよう（図表9-5）。

喜田・金井・深澤（2013b）の重要な発見事実は、地位によって、関係するカテゴリーに違いが見られることと課長で数多くのカテゴリーが見られるようになり、レイヤーが上がっていくとともに収斂する傾向があることである。

以上がウェブ分析で可能になるVISUALIZATIONの例である。次にVISUALIZATIONで重要な研究例として挙げられるのが、言葉の系時的追求である。

③言葉の系時的追求：概念の内容上の変化（＝認知変化）と経営成果の関係

第6章で提示した喜田（2006, 2007）では概念数（名詞の数）の変化のみならず、より具体的にどのような概念が内容上に変化しているのか、どのような概念が出現してきたのか、また消えたのか、を明らかにした。そこで、ここでは、一般経済環境を示すもの、業界環境を示すもの、その他環境を示すもの、それと、アサヒの組織革新に直結するような概念を選択した。その目的はそのような概念がいつの時点で出現するのか、を明らかにするためである。なお、ここでは同一カテゴリーにあると考えられる概念をできるだけひとまとめにした。例えば、天候不順と冷夏などである。また、ここでは、シェア動向、経常利益、売上高の動向と概念の質的な変化の関係を調査した。その結果は図表9-6の通りである。なお、図表9-6では、交点のところに印があるとその年次で出現していることを示している。また、色の違いがシェアの増減との関係を示しており、四角と三角の違いが売り上げの前年度比を示している。そして、印の大きさが経常利益の前年度比との関係を示している。

以上の結果、アサヒの躍進の元になっている概念は1985年までに出現していることが明らかになった。この点から、アサヒの組織革新の前に大きな概念変化があったと結論づけることができる。しかし、研究期間を通じて、新

図表9-6 概念の内容の変化と経営成果との関係（図表6-21再掲）

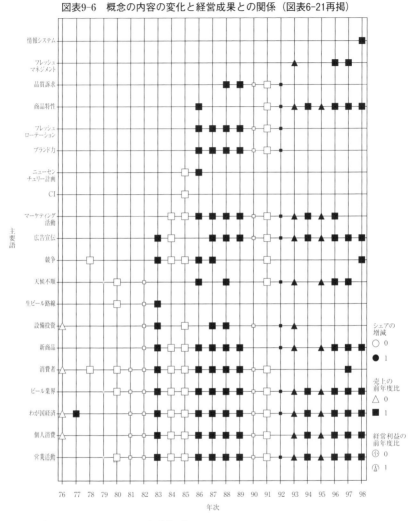

(出所：喜田，2006，p.87，図10に加筆修正)

たな概念が次々と出現する傾向があり，引き続き認知変化の程度が高いと結論づけることができよう。

　以上がVISUALIZATION（可視化）と分類されるテキストマイニングの利用法である。この手法はツール上でいうと，グラフ機能を中心として行わ

れる（Feldman & Sanger, 2007）。このような手法はテキストデータの言葉の状態（言及頻度，概念間関係，系時的変化など）を明らかにし，テキストデータ全体の特徴を把握することができる。

Ⅳ　ANALYSIS（分析）：他変数との関係を統計的に分析する

ANALYSIS（分析）はテキストマイニングの結果を統計的な分析手法を用いる利用法である。そこでは，通常の統計的な分析方法を用いて研究課題などを達成する。ANALYSIS（分析）とPredictive analyticsおよびデータマイニングの関係については後に説明することにしよう。また，この手法はテキストマイニングの結果のみならず，経営学であれば各成果変数などの定量的な変数との分析が中心になる。この事例に当たるのが，アサヒビールの組織革新を認知変化の観点から分析した喜田（2006, 2007）である。これについては，第6章を参照されたい。また，序章で提示した経営学および会計学で有価証券報告書記述と業績変数との関係を追求した先行研究の一部もこのタイプに当たる。例えば，竹内ほか（2008），吉田ほか（2012），廣瀬・平井・新井（2017）などである。また，業績変数以外であると，前章の個人属性とリーダーの持論との関係を統計的に検証した喜田・金井・深澤（2013ab）もこのタイプであるといえる。

1）概念数の変化と各変数との関係

認知心理学，教育心理学においては，概念は名詞にほかならないとされており（御領・菊池・江草, 1993），一般に，概念変化は名詞の数の変化と概念の内容の変化の2つに分けて分析される。

テキストマイニングでの形態素分析を行うことでこの点は簡単に行うことができる。テキストマイニングソフトで名詞とされるものを選択し，棒グラフノードによって名詞の数（＝概念数）を各年次で集計したのが図表9-7である。

図表9-7から，アサヒにおいて1970年代後半はあまり概念数の変化は見られないが，1980年代前半に急激な概念数の変化が見られることが明らかであ

図表9-7 シェアと概念数（図表6-16再掲）

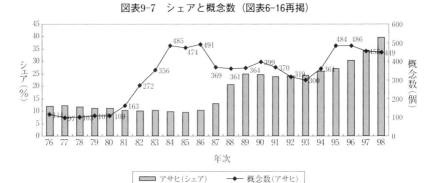

(出所：喜田，2006，p.84，図5)

図表9-8 各変数と概念数についての相関分析の結果（図表6-20再掲）

		アサヒ (経常利益)	アサヒ (売上高)	アサヒ (シェア)	一般経済環境 (GDP成長率)	業界環境 (出荷量(kl))	概念数 (アサヒ)
アサヒ (経常利益)	Pearson の相関係数 有意確率（両側） N	1 23	.885** .000 23	.950** .000 23	-.701** .000 23	.692** .000 23	.501* .015 23
アサヒ (売上高)	Pearson の相関係数 有意確率（両側） N	.885** .000 23	1 23	.972** .000 23	-.754** .000 23	.935** .000 23	.580** .004 23
アサヒ (シェア)	Pearson の相関係数 有意確率（両側） N	.950** .000 23	.972** .000 23	1 23	-.688** .000 23	.834** .000 23	.486* .019 23
一般経済環境 (GDP成長率)	Pearson の相関係数 有意確率（両側） N	-.701** .000 23	-.754** .000 23	-.688** .000 23	1 23	-.746** .000 23	-.634** .001 23
業界環境 (出荷量(kl))	Pearson の相関係数 有意確率（両側） N	.692** .000 23	.935** .000 23	.834** .000 23	-.746** .000 23	1 23	.591** .003 23
概念数 (アサヒ)	Pearson の相関係数 有意確率（両側） N	.501* .015 23	.580** .004 23	.486* .019 23	-.634** .001 23	.591** .003 23	1 23

** 相関係数は1%水準で有意(両側)。
* 相関係数は5%水準で有意(両側)。
(出所：喜田，2006，p.86，図9)

る。1980年代後半から1990年代前半まで概念数が減少していることがわかる。その後，1994年では概念数が増加し，その水準にとどまっていることがわかる。なお，アサヒ躍進の基本となるスーパードライの発売は1987年であり，この商品の基盤となった組織革新は1985年度に行われている，ことを明らかにしている。

ANALYSIS（分析）を最も示すのが，喜田（2006, 2007）でのアサヒの

概念数（名詞の数），経営成果（シェア，売上高，経営上利益），一般経済環境，業界環境の間の相関分析である（図表9-8）。

　図表9-8から，アサヒにおいて概念数は，経常利益，売上高，業界環境と正の相関があり，一般経済環境は負の相関があることがわかる。なお，これらについては統計的に検証される結果を得ている。ただし，正の相関があるとしてもその数字は低く，この点は概念数の変化がこれらの変数より先行して起こっているためであると考えられる。

　以上がデータマイニングおよびテキストマイニングでいうANALYSIS（分析）の事例である。このように，相関分析などの統計的な手法を用いることが中心となる。そこで重要になるのが，統計的な手法を中心とするANALYSIS（分析）とデータマイニングおよびテキストマイニングの関係である。

　Davenport & Harris（2007）では，データマイニングと分析との関係においては含まれる関係であり，それほど明確に区別されていない。しかし，Redman（2008）においては，次のように区別している。データマイニングはデータの中から隠れた重要な知識を見つけ出すためのツールと手法である，としている。データマイニングで使用される手法の多くは，マシンラーニング（機械学習）あるいはモデリングと呼ばれており，データ分析で中心となる統計学的な手法と一線を画している。データマイニングは，過去のデータがモデルおよび変数を生成するのに使用され，これらのモデルは，後で予測，評価，意思決定などの分野で利用されている。そして，これらの機能については，第4章で説明した通り「予測」・「判別」，「分類」，「関連づけ」の3つの機能があり，特に，予測モデル構築という側面から明らかであるが，どちらかというと未来志向の側面を持つことが特徴である（Davenport, Harris & Morison, 2010）。

V　PREDICTIVE ANALYTICS（予想・予言的分析）

　PREDICTIVE ANALYTICSは，データマイニングの一領域であり，マシ

ンラーニングを中心に用いて，過去の事象から変数を構築して未来に起こる，未知のことを予想することである。その活用領域は，通信業界，金融業界などで用いられ，特に顧客の行動の予想，分類などを中心としている[11]。

テキストマイニングの通常の用い方はウェブグラフ分析や言及頻度分析等のVISUALIZATION（可視化），統計的分析を行うANALYSIS（分析）が中心となっている。しかし，本来テキストマイニングでは，ある種のアルゴリズムを用いて，仮説検証および仮説発見を行う手法であり，新たな変数を構築することである。そこでまずPREDICTIVE ANALYTICS（MODELING）で用いられるアルゴリズムの説明をすることにしよう。

1）PREDICTIVE ANALYTICS（MODELING）の概説

データマイニングに用いるモデル構築のしかた，言い換えると，PREDICTIVE ANALYTICS（MODELING）は大きく3つに分類できる[12]。

①予測・判別

②クラスター化：分類

③アソシエーション（連関）：パターン発見

①予測・判別モデリングは教師あり学習（目的志向マイニング）とも呼ばれ，入力フィールドの値を使用して出力フィールドの値を予測する。Clementineには予測モデルを作成するアルゴリズムとして，ニューラルネットワーク，2つの決定木などがある。

11）詳しくは喜田（2010）を参照されたい。また，ビジネス界でのデータマイニングの利用法については，Bigus（1996），月本（1999），山鳥・古本（2001），大澤（2003，2006），中島・保井・神武（2011），Provost & Fawcett（2013），菰田・那須川（2014）などがある。また，Davenportの一連の著作などがこの参考となる。また，病院経営ではあるが，原・三枝・石橋（2015）などもある。

12）以下の説明は，SPSS（現IBM）社のトレーニングコースのテキストにその多くを拠っている。Tan, Steinbach & Kumar（2006）では，データマイニングの機能を2つに分類している。第1は，予測・判別であり，第2は，記述的機能である。後者にここでいう，分類，パターン発見等が含まれる。その上で，データマイニングが持つデータの可視化という機能にも注目しており，グラフ化などを中心に議論している。この点はデータマイニングの段階でいうと「データの理解」に含まれる。また，ここでClementineとしているが，最新のIBM SPSS Modelerや通常のデータマイニングツールでも実装されている。また，データマイニングで用いられる各種のアルゴリズムについては，第3章で掲げた参考文献，Wu & Kumar（2009）およびTan, Steinbach & Kumar（2006，2013）を参照されたい。

V PREDICTIVE ANALYTICS（予想・予言的分析） 317

②クラスター化手法は，教師なし学習（探索的マイニング）とも呼ばれ，これには出力フィールドの概念がない。クラスター化手法の目的は，データを入力フィールドで類似するパターンを示すものどうしのグループに分類しようとすることである。Clementineのクラスター化のアルゴリズムには，Kohonenネットワーク，K-Meansクラスター，TwoStepクラスターの３つがある。

③アソシエーション手法は一般化された予測モデリングと考えることができる。ここでは１つのフィールドが入力フィールドと出力フィールドの両方となることができる。アソシエーション・ルールは，ある特定の結果を１組の条件と関連づけようとする。Clementineには，AprioriとGRIという主要な２つのアソシエーション手法（アルゴリズム）がある。

これらの３つのPREDICTIVE ANALYTICのうち，テキストマイニングの領域で利用可能であるのが，①の予測・判別と②のクラスター化：分類である。なお，③のパターン発見については共起のモデル化としてとらえられることのみ注記しておくことにしよう。

この２つのアルゴリズムによって，前者は予測値（判別値）を，後者はセグメント番号という新たな変数を構築することになる。そこで，本章では，予測・判別の事例とクラスター化の事例を提示することにしよう。

２）ニューラルネットワークおよび決定木による著者判別

著者判別の事例については，第４章で提示した。ここでは，『私の履歴書』が，従業員型経営者の手によるものか，それとも創業者の手によるものかを予測・判別するモデル構築を行うことにしよう。予測・判別のモデル構築には，ニューラルネットワークと決定木が用いられる。詳しくは，本書第４章を参照されたい。

①ニューラルネットワークによる著者判別

認知科学および人工知能研究を見ると，ニューラルネットワークは脳の動きを模倣することで問題を解決する手法として認識されさまざまな理論が生み出されてきている（Thagard, 1996）。特に，脳神経科学においてである（安西ほか，1992）。これらの議論を応用したのがニューラルネットワークで

図表9-9 ニューラルネットワークの概念図 （図表3-27再掲）

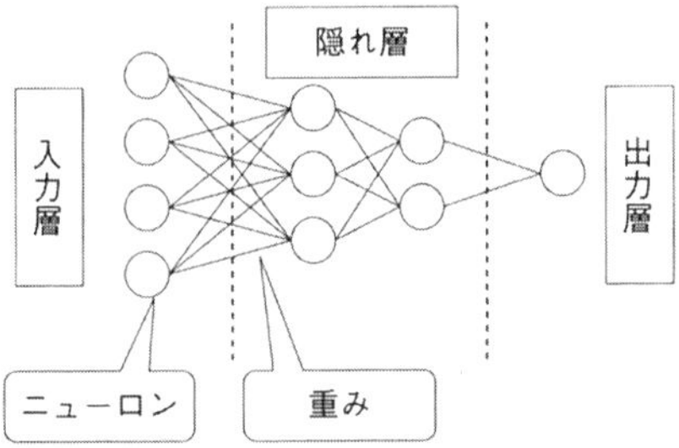

隠れ層

入力層

出力層

ニューロン　　重み

（出所：SPSS社トレーニングコース配布資料）

あり，今日においては，これは強力なモデリング手法として一般的に知られている[13]。典型的なニューラルネットワークは，層に配置されてネットワークを構成しているいくつかのニューロンから構成されている。各ニューロンはタスクの簡単な一部分を行う処理要素と考えることができる。ニューロン間が接続されることで，データ間のパターンや関係をネットワークが学習できるようになる。ニューラルネットワークは図表9-9で示すことができる。

　ニューラルネットワークを使用して予測モデルを作成する場合，入力層にはすべてのフィールドが含まれて，結果を予測するのに使用される。出力層には出力フィールド，すなわち予測の対象が含まれる。入力フィールドと出力フィールドは，数値型ならびにシンボル型の両方を扱うことができる。Clementineでは，ニューラルネットワークで処理する前に内部でシンボル型フィールドを数値型に変換する。隠れ層にはニューロンがいくつかあり，ここではその1つ前の層からの出力を結合する。1つのネットワークには，隠れ層を3層まで含むことができるが，通常これらは必要最低限にしておく。ある層に含まれるニューロンはすべて，次の層にあるすべてのニューロンに接続される。

　ニューラルネットワークは，データと結果の間の関係を習得するが，これ

---

13) 詳しくは，Berry & Linoff (1997) 第7章およびLinoff & Berry (2011b)，Tan, Steinbach & Kumar (2006) pp.246-225, Tan, Steinbach & Kumar (2013) を参照されたい。

V　PREDICTIVE ANALYTICS（予想・予言的分析）

図表9-10　ニューラルネットワークの内容（図表4-11再掲）

（出所：喜田，2008b，p.192，図表7-6）

を学習と定義できる。完全に学習が終わったネットワークにおいては，新しい未知のデータを与えても，それまでの経験に基づいて意思決定や予測を行うことができる。

ニューラルネットワークを用いて著者の属性判別を行ったのが図表9-10である。

そこで，図表9-10において重要な項目について説明することにしよう。精度分析には，このニューラルネットワークに関する情報が示される。推定精度とは，これは正確に予測されたデータセットの割合を示している。57.1％での精度で予測されていることがわかる。そこで，このモデルの内容を見ると，知人，祖父母，出資者の順に重要であり，これを用いて判別・予測していることがわかる。

②決定木による著者判別：「私の履歴書」の内容による判別

ニューラルネットワークに対する批判としては，それが「ブラックボックス」的であることである。つまり，そこで得られた予測の根拠を理解するのが困難であるからである。決定木は，このような問題を回避するための補完的な役割も果たす手法であり，その段階自体が意思決定を示すことである[14]。

図表9-11 決定木の概念図（図表3-30再掲）

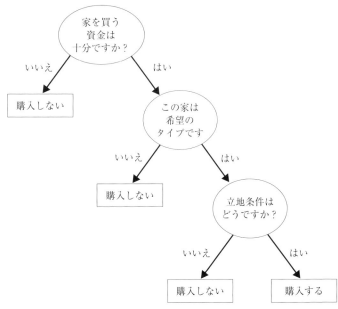

出所：SPSS社トレーニングコース配布資料より。

　Clementineには，2種類のディシジョンツリー＝決定木のアルゴリズム，つまりC5.0とC&R Tree（より一般的にCART）がある。その他，数多くのソフトで実装されているCHIAID等がある。どちらも決定木を生成し，結果（出力）フィールドとの関係に基づいて，データを個別のセグメント（部分）として記述していく。決定木の構造は予測の根拠をはっきりと示し，このためある特定の結果を導くまでの意思決定の過程を理解することができる。ここでは家を買うということについての決定木を挙げることにしよう（図表9-11）。

　決定木の手法がニューラルネットワークよりも優れているもう1つの点は，意思決定に関して重要ではないフィールドを自動的に除去する点である。これに対してほとんどのニューラルネットワークにおいては，入力をすべて使

---

14) 詳しくはBerry & Linoff（1997）第6章，Linoff & Berry（2011b），Tan, Steinbach & Kumar（2006）pp.150-168, Tan, Steinbach & Kumar（2013）を参照されたい。

V PREDICTIVE ANALYTICS（予想・予言的分析） 321

図表9-12 作成された決定木の内容（図表4-18再掲）

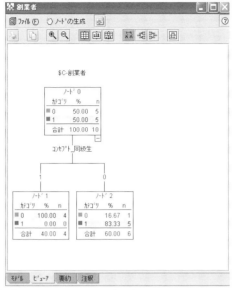

（出所：喜田，2008b, p.192, 図表7-7）

用する。これを利用すると有用な情報を提供すると同時に，ニューラルネットワークへ入力するフィールド数を減らすこともできる。

以上が決定木の説明である。次に前節と同様に『私の履歴書』の著者の判別を行った結果が図表9-12である。

この結果，同級生という概念を用いて，著者を判別していることがわかる。

このように見てみると，人間関係の概念を用いて，『私の履歴書』の著者が判別できるということがわかった

以上のように，ニューラルネットワークと決定木を用いて著者判別を行う方法について簡単に説明してきた。しかし，単独，一種類のアルゴリズムを用いてモデルを構築して終わるマイニングプロジェクトはほとんどなく，通常，2つ以上のアルゴリズムを用いてモデルを構築し，そのモデルを比較した上で推定精度が高いモデルを選択することになる（喜田，2010）。

3）モデリング手法を用いたテキスト（持論）の分類

モデリング手法を用いたテキストの分類については，前著からの課題であった。そこで，本書では，第8章においてその研究例を示すことができた。そこでの手法は，第3章および第5章で詳しく説明しているが，ここではもう一度振り返ることにしよう。

この方法は膨大なテキストデータを言語現象上の特徴（言葉，カテゴリー，形態素などの特徴）から分類するのに用いられる。また，分類することで，そのセグメントを変数として構築することで，仮説検証に用いることが可能になる。

そこで，ここでは，クラスタリング手法を用いてテキストデータ（ここでは，リーダーの持論）を分類し，そのグループと個人属性の関係を調査する。クラスター化手法は，似たような値もしくはパターンを持つデータレコードのグループを発見するのに使用される[15]。この手法は，マーケティング領域，特に，マーケット・セグメンテーションに用いられる。

その代表的なアルゴリズムにKohonenネットワーク（別名，自己組織化マップ）がある（Kohonen, 2001）。Kohonenネットワークはニューラルネッ

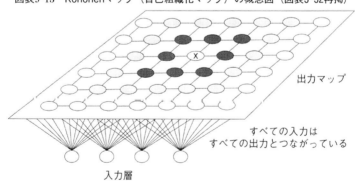

図表9-13　Kohonenマップ（自己組織化マップ）の概念図（図表3-32再掲）

出力マップ

すべての入力は
すべての出力とつながっている

入力層

（出所：SPSS社トレーニングコース配布資料）

15）詳しくは，Berry & Linoff（1997）第4章およびLinoff & Berry（2011a），Tan, Steinbach & Kumar（2006）第8章およびpp.594-599, Tan, Steinbach & Kumar（2013）を参照されたい。

V PREDICTIVE ANALYTICS（予想・予言的分析）

図表9-14　作成された散布図（図表8-3再掲）

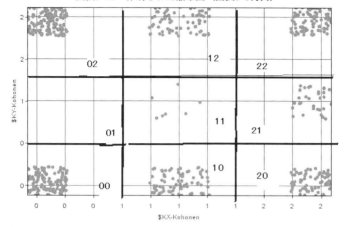

（出所：喜田・金井・深澤，2013b，p.12，図2）

トワークの一種で，教師なし学習を行う。これは，入力フィールドのパターンに基づいてデータをクラスター化，分類するのに使用される。Kohonenマップの出力グリッドの概略を示すと図表9-13になる。

Kohonenネットワークは，入力を勝ち取ったパターンを持つ人工ニューロンの周りにあるニューロンの重みをわずかに調整する。この結果，入力データのレコードの位置に，最も似ているニューロンを動かし，またそれよりもわずかな量だがその周りにあるニューロンも動く。データがネットワークを何度も通過すると，データ内のさまざまなパターンに対応した，レコードのクラスターを含むマップ（自己組織化マップ）が得られる。それを示したのが図表9-14での散布図である。図表9-14は，喜田・金井・深澤（2013b）でのリーダーの持論を内容から9つに分類した結果である。

このように分類したグループの番号（セグメント番号）を変数として構築し，それを個人属性と調査することで，リーダーの持論というテキストマイニングの結果と個人属性との間の検証を行うことができる。なお，詳しい方法については，第3章および第5章，喜田・金井・深澤（2013b）を参照されたい。この分析方法で得られた結果の1つが下記の通りである。ここでは，所属と持論の関係についての分析結果は図表9-15で示される。

図表9-15　所属と持論の分類との関係，n=1058，（図表8-4再掲）

クロス表

			クラスタ									合計
			0	1	2	10	11	12	20	21	22	
所属	海外	度数	3	1	8	2	2	0	5	1	.0	22
		所属の%	13.6%	4.5%	36.4%	9.1%	9.1%	.0%	22.7%	4.5%	.0%	100.0%
		クラスタの%	2.3%	1.3%	4.1%	2.2%	7.1%	.0%	1.8%	1.6%	.0%	2.1%
	関係会社	度数	12	7	28	13	4	10	30	7	20	131
		所属の%	9.2%	5.3%	21.4%	9.9%	3.1%	7.6%	22.9%	5.3%	15.3%	100.0%
		クラスタの%	9.1%	9.0%	14.4%	14.1%	14.3%	15.2%	10.5%	11.3%	16.7%	12.4%
	研究	度数	4	6	15	0	0	5	7	1	1	39
		所属の%	10.3%	15.4%	38.5%	.0%	.0%	12.8%	17.9%	2.6%	2.6%	100.0%
		クラスタの%	3.0%	7.7%	7.7%	.0%	.0%	7.6%	2.5%	1.6%	.8%	3.7%
	工場	度数	4	3	22	7	3	6	13	3	7	68
		所属の%	5.9%	4.4%	32.4%	10.3%	4.4%	8.8%	19.1%	4.4%	10.3%	100.0%
		クラスタの%	3.0%	3.8%	11.3%	7.6%	10.7%	9.1%	4.6%	4.8%	5.8%	6.4%
	資生堂販社	度数	71	31	64	46	13	28	197	40	64	554
		所属の%	12.8%	5.6%	11.6%	8.3%	2.3%	5.1%	35.6%	7.2%	11.6%	100.0%
		クラスタの%	53.8%	39.7%	32.8%	50.0%	46.4%	42.4%	69.1%	64.5%	53.3%	52.4%
	本社	度数	38	30	57	24	6	17	33	10	28	243
		所属の%	15.6%	12.3%	23.5%	9.9%	2.5%	7.0%	13.6%	4.1%	11.5%	100.0%
		クラスタの%	28.8%	38.5%	29.2%	26.1%	21.4%	25.8%	11.6%	16.1%	23.3%	23.0%
	労働組合	度数	0	0	1	0	0	0	0	0	0	1
		所属の%	.0%	.0%	100.0%	.0%	.0%	.0%	.0%	.0%	.0%	100.0%
		クラスタの%	.0%	.0%	.5%	.0%	.0%	.0%	.0%	.0%	.0%	.1%
合計		度数	132	78	195	92	28	66	285	62	120	1058
		所属の%	12.5%	7.4%	18.4%	8.7%	2.6%	6.2%	26.9%	5.9%	11.3%	100.0%
		クラスタの%	100.0%	100.0%	100.0%	100.0%	100.0%	100.0%	100.0%	100.0%	100.0%	100.0%

（出所：喜田・金井・深澤，2013b，p.14，表2）

図表9-16　アルゴリズムのテキストマイニングでの利用法

課題	データマイニングの機能	アルゴリズム
著者判別：計量文献学，歴史学での資料確定，真贋分析	予測・判別	ニューラルネットワーク 決定木（C&R Tree，QUEST，CHAID C5.0) サポートベクターマシン（SVM) Bayesianネットワーク 「自動分類」
話題の分類，資料の分類	分類（クラスター化）	Kohonenネットワーク K-Meansクラスター TwoStepクラスター 「自動クラスタリング」
話題と属性の関係	パターン発見	Apriori，GRI，Carma
話題間，概念間の関係	パターン発見，リンク分析	Apriori，GRI，Carma

図表9-15は，所属に関しては，大きく２つに分類されると考えられる。１つは，海外，研究，工場，本社の02グループであり，もう１つは，関係会社，販社の20グループである。この分析結果はウェブグラフとの分析結果と合致する。その上で統計的に分析を行うと以下のような結果を得た。

χ二乗検定もしくは，対称性による検定（CramerのV）においても統計的に優位な結果を得ている（χ二乗値 = 126.2，CramerのV = .141，p＜0.01）。つまり，所属と持論のグループの間には統計的に有意な関係があることが示された。その他の分析結果については，第8章を参照されたい。

以上のように，データマイニングのアルゴリズムを用いて，著者判別（予測，判別）と話題の分類（クラスター化：分類）の事例を示してきた。最後に，アルゴリズムとテキストマイニングでの利用法との関係で示すことにしよう（図表9-16）。

図表9-16で示した点については，今後の課題であると同時にテキストマイニングの利用可能性を拡大すると考えている。また，最近では新たなアルゴリズムの開発も進められている上に，人工知能（AI）の活用も考えられる。なお，最新のアルゴリズムの状況については，Wendler & Gröttrup（2016）や第3章で提示された現在のツールでの著者判別に用いることが可能なアルゴリズムは幾種類かある。しかし，その中心はここで挙げたニューラルネットワークと決定木であると考えられている。

結論：データマイニングからデータサイエンスへ

本章では，データマイニングの３つの種類，段階①VISUALIZATION（可視化），②ANALYSIS（分析），③PREDICTIVE ANALYSIS（MODELING）（＝予測的分析）に応じて，自己の研究例を挙げながら説明してきた。そこでは，データマイニングの手法がどのようにテキストマイニングで用いるのか，を明らかにしてきた。このようにデータマイニングとテキストマイニングで共通のアルゴリズムを用いることができるということは，この両者の結果を統合して分析できることを示している。それは「混合マイニング」と呼ばれる手法である（Zanasi, 2005；喜田，2008b，2010）。

混合マイニングでは，定量的変数のみの予測モデルや分析だけではなく，テキストマイニングの結果を変数として用いることにより，より精度の高いモデルの構築や分析が可能になる。

その上で，テキストマイニングの結果をもとにした分析を行うという変数の追加だけではなく，アルゴリズムを用いた新たな変数の構築の可能性を示唆している。混合マイニングはアカデミックな利用はもちろんのこと，ビジネス界での活用に幅を広げると考えられ，今後の大きな方向性の1つになると考えられる（喜田，2010）。

本章では，テキストマイニングの研究を①VISUALIZATION（可視化），②ANALYSIS（分析），③PREDICTIVE ANALYSIS（MODELING）（＝予測的分析）の3種類に分類した。

しかし，その他の研究では，次のように分類している。1つは，PREDICTIVE ANALYSIS（MODELING）とそれ以外（VISUALIZATIONとANALYSIS）であり，統計的手法とマシンラーニング（機械学習）という手法の上での違いを反映している。もう1つは，予測・判別とそれ以外（クラスター化，関連づけ，およびVISUALIZATIONとANALYSIS）の2種類に分類することもある（Tan, Steinbach & Kumar, 2006, 2013）。これは，現状の分析中心か，それとも予測的分析中心かの違いを反映している[16]。もしくはこの点については，今後も議論が必要であろう。

段階としては，VISUALIZATION（可視化）→ANALYSIS（分析）もしくはPREDICTIVE ANALYSIS（MODELING）となる。

そして，重要なのだが，各研究者はそのそれぞれの領域で専門的に研究しているために，データマイニングとテキストマイニングの間には隔たりがあることである[17]。そこで，本章で提示した方法が，データマイニングを専門とする研究者とテキストマイニングを専門とする研究者の橋渡しになることを願っている。

16）パターン発見を予測以外としているが，レコメンドシステムの構築などに用いられる場合，一般化された予測モデルという側面を持つためにパターン発見も予測に含む可能性もある。

17）この点は，喜田（2008）での引用文献と喜田（2010）での引用文献の比較から明らかである。

結論：データマイニングからデータサイエンスへ　327

　本章では，データマイニングの種類との関係で見てきた。

　このような分類はデータサイエンスでの議論を合致する[18]。データサイエンスは大きく3つの議論に分類される。特に，本章でのテキストマイニングの分類は，第2の「VISUALIZATION（可視化，もしくはデータ表現）」と第3は「ANALYSIS（分析）」と「PREDICTIVE ANALYSIS（MODELING）」に関係している。また，データサイエンス自身がこの3つおよび4つの分野，領域に専門，分化し，そのそれぞれでの議論が行われている。

　第1は「分析用データを作る」である。そこには，欠損値処理の問題などを扱うデータクリーニングやサンプリングなどのデータ操作などについて議論されている。なお，Cody & SAS Institute（2008）McCallum（2012），Osborne（2013），Buttrey & Whitaker（2017）などを参照されたい。具体的な方法などについては，本書第3章を参照されたい。また，分析用データの作成については，本書第5章を参照されたい。

　データクリーニングとよく似た概念にデータクレンジングがある[19]。これはセンサーデータなどの大量にあるデータの要約という側面があり，ここでいう分析用データを作成する以前のデータ分析基盤構築の側面があり，後述するデータマネジメントに含まれる[20]。それ故，データサイエンスでの分析用データを作る段階のデータクリーニング，基幹系システムなどのデータの質を管理するというデータマネジメントの段階でのデータクレンジングという区別が可能であると考えている。つまり，欠損値処理などをいつの段階で処理するのか，については議論の余地があり，本書はデータサイエンスでの段階で行うことを想定している。なぜなら，欠損値処理をデータマネジメントの段階で行うと，入力ミスなのかどうかを確認することが困難になると考えられるからである[21]。

18）データサイエンスについては，Tan, Steinbach & Kumar（2006, 2013），Provost & Fawcett（2013），Zaki & Wagner（2014），Nettleton（2014），Buttrey & Whitaker（2017）などを参照されたい。
19）なお，明確に区別していないこともある。
20）データ分析基盤整備，特にビッグデータに対応するための分析基盤については西田（2017）を参照されたい。
21）本書では詳しく議論しないが，各システムでのデータの加工履歴を残す必要があるためである。

そして，分析用データを作るという領域に関しては，このようにデータク
リーニングを中心に議論が進められている。

第2は，「VISUALIZATION（可視化，もしくはデータ表現）」である
(Tufte, 1990, 2006；Mazza, 2009；Nussbaumer, 2015；高間, 2017)。この
目的は2つある。

1つはデータ全体の特性（特に，分布）を把握することであり，単純集計，
テキストマイニング領域であると言及頻度分析，グラフ化などを用いて，報
告書やプレゼンを作成することである（Nussbaumer, 2015)。テキストマイ
ニングでのVISUALIZATION（可視化）についてはFeldman & Sanger
(2007) の第10章もしくは第11章を参照されたい。

もう1つは，データサイエンスの中で重要視されるのだが，分析用データ
を作る際に欠損値処理に用いる方法である。これは欠損値にどのような値を
入れるのか，という問題である。そこでは，正規分布であれば平均値を，そ
の他の分布であると，中央値を入れるか，それと最頻値を入れるかなどの選
択の問題を解決するためにVISUALIZATION（分布を知ること）は重要で
ある。

VISUALIZATIONは，このように2つの目的によって，そのそれぞれで
議論が進められている。

そして，データサイエンスで以上の2つの領域（「分析用データを作る」
と「VISUALIZATION（可視化，もしくはデータ表現)」）を持つことが，
統計学とデータサイエンスの違いを示していると考えられる。統計学では，
分析用データの作成（データ操作等）を行うことはないからである。なぜな
ら，データの分布が正規分布であることを前提として分析を進めるからであ
り，データサイエンスでは，データビジュアライゼーションによってこの点
を明らかにすることから始まり，データ操作などを通じて分析用データを作
成することになる。その目的はモデル構築を行うためであり，その推定精度
を上げるためである。つまり，「VISUALIZATION（可視化，もしくはデー
タ表現)」は「分析用データを作る」，特に構造化データのクリーニング段階
を先行することがある，ということである。

第3は「ANALYSIS（分析）」と「PREDICTIVE ANALYSIS（MODEL-

結論：データマイニングからデータサイエンスへ　329

図表9-17　データサイエンスと本書の内容

データサイエンスの領域	図表9-1．テキストマイニングとの関係	本書の内容
1）分析用データを作る	②前処理（テキストマイニングでのデータクリーニング） ③テキストマイニングでの分析用データの作成 ⑤非構造化データの構造化 ⑦「構造化データ」，データマイニングでのデータクリーニング	第3章の一部と第5章
2）VISUALIZATION（可視化，もしくはデータ表現）	④データビジュアライゼーション（データオリエンテド） ⑨データビジュアライゼーション	第2章，第4章，第6章および第7章
3）ANALYSIS（分析）	統計的分析（検証）	第2章，第6章，第7章および第8章の統計的分析の部分
4）PREDICTIVE ANALYSIS(MODELING)	⑧モデリング手法	第4章，第8章

ING)」であり，分析手法の議論である[22]。そこでは，統計的な分析方法と機械学習を用いる手法，アルゴリズムの開発やカスタマイズなどが議論されている。また，アルゴリズムごとの特性や利用法などについて議論されている（Nettleton, 2014）。最近での人工知能はここに含まれる。

　そして，この領域は，このように「ANALYSIS（分析）」と「PREDIC-TIVE ANALYSIS（MODELING）」の2つの領域で，それぞれ議論が進められている。

　このようにデータサイエンス自身が専門・分化していることを注記しておくことにしよう。そして，この全体についてはFeldman & Sanger（2007）を参照されたい。そこで，この整理に従い，データサイエンスと図表9-1で示したテキストマイニングとの関係や本書の内容を整理すると図表9-17になる。

22）なお，詳しい説明については第3章，Berry & Linoff（1997，2000），Wu & Kumar（2009），Linoff & Berry（2011ab），Larose（2004），Tan, Steinbach & Kumar（2006，2013），喜田（2010），Provost & Fawcett（2013），Nettleton（2014），Zaki & Wagner（2014），Wendler & Gröttrup（2016）を参照されたい。

ここでは，テキストマイニング（分析活用）を中心にデータサイエンスについて説明してきた。

データサイエンスおよびデータ活用はこのような分析活用以外の領域もある（石倉ほか，2016）。それは，ここでの「分析用データ」を作成する以前の議論である。ここで分析用データは企業，組織であるとその基幹系システム（ERP）やそのほかの情報システム（CRM）のデータをもとに作成することになる[23]。そこで重要になるのが，基幹系システムおよびそのほかの情報システムの利用頻度およびデータの質である（Redman, 2008）。

この点に注目するのがデータマネジメントの領域である[24]。データマネジメントとはデータを資源としてとらえ管理しようとする。そのトピックとしては，データ基盤，データの定義，データのガバナンス，セキュリティー，入力ミスを防ぐ，データ入力フォーマットの作成などのデータの質の管理，ERPの刷新スピードの管理，データおよび分析ニーズの把握，名寄せなどのデータ統合およびシステム統合，データエンジニアリング，データの利活用方法（データサイエンスと接点），データ分析基盤の構築，情報投資の事業価値化等が挙げられる。それ故，特にビジネスでのデータサイエンスの領域では，データマネジメント領域まで含める研究もある（Nielsen & Burlingame, 2013）。

しかし，本書はアカデミックを中心としているためにこの点については注記しておくのみにしよう。

本章の最後に，アカデミックな方法に関して，本書で取り上げたソフトがどのように関係しているのか，を示すことにしよう（図表9-18）。なお，空欄は現在の筆者が用いたことがないという意味であり，そのソフトがその機能を持っていないことを示すものではない。また，CBMIについては，以下の章で説明する。

23）企業内情報システムについては，越出（1998），Monk & Wagner（2006），歌代（2007），Bradford（2008），Magal & Word（2012），宮川・上田（2014），Pelphrey（2015），遠山・村田・岸（2015）などを参照されたい。

24）データマネジメントについては，DAMA International（2006），Bradford（2008），Loshin（2008），Redman（2008），Berson & Dubov（2010），Watson（2013），Pelphrey（2015），西田（2017）などを参照されたい。

結論：データマイニングからデータサイエンスへ　331

図表9-18　3つの方法と各ソフトでの分析の関係

	Clementine	IBM SPSS Text Analytics	Text Analytics for Surveys	CBMI
品詞情報の分析	条件抽出で品詞を選択する分析（第6章）	タイプ分析	タイプ分析	自由分析
内容分析ソフトの代替品として	条件抽出で，概念を選択する方法（第7章）	言及頻度分析に力点がない。テキストデータのカテゴリー化分類中心（第3章の一部と第8章）なお，グローバル言及頻度分析が言及頻度分析である。	言及頻度分析に力点がない。テキストデータのカテゴリー化分類中心	主題分析
混合マイニング	以上の2つの分析方法に加えて数値データを結合する方法（第6章，第7章，第8章）	同左（第8章）	同左	コレスポンデンス分析
モデル構築	モデル構築（第4章）			
話題のクラスタリング　テキストデータのクラスタリング	概念を抽出した後，構造化し，クラスタリング手法を用いる（第4章）	IBM SPSS Modelerで左同（第8章）	IBM SPSS Modelerで左同	主題分析（デンドログラムの作成）自由分析による類似度調査
名詞以外の分析：より深い意味の分析へ		係り受け分析が可能	係り受け分析が可能	評価分析（形容詞の分析），機能要求分析（動詞の分析），感性分析（副詞と形容詞の分析）

以上のように整理できる。このような対応関係にあり，各研究者が自身の研究課題に応じてここで挙げた3つの利用法を考察しながら，テキストマイニングを実施してほしいと考えている。以上がアカデミックな利用法についてである。しかし，IBM SPSS Modelerにアドオンして使用するIBM SPSS Text Analytics，IBM SPSS Text Analytics for Surveysでの研究については途上であり，その他の利用法があるかもしれず，この点を課題としておくことにしよう。

なお，CBMIについては，第5章の一部，第10章で説明する。

次章では，実務界での動向と利用法などについて説明することにしよう。なぜなら，実務界で用いられる方法は今後アカデミックな利用法に応用可能であるかもしれないからである。ただし，次章においては，前著とほとんど変えていない。なぜなら，基本的な実務界でのニーズがあまり変わっていないためである[25]。

---

25) 筆者が参加している実務界での研究会での議論からである。

第10章

実務界でのテキストマイニングの動向と利用法

前章までがアカデミックでの利用法である。本書では，アカデミックにおいてメソドロジーとしてテキストマイニングの利用法を説明してきたが，本章では実務界でのテキストマイニングの動向と利用法について説明することにしよう。ただし，本書はその目的から，企業での事例を提示するものではない。しかし，参考までに各社の事例を挙げておくことにしよう。ジャストシステム社がテキストマイニングの活用事例として挙げている企業は，全日空，大阪ガス，コクヨ，NTTドコモ，オリンパス，リクルートなど数社である。なお，これについては，同社のホームページを参照されたい。一方，SPSS（現IBM）社では，NTTソルコ，ティップネス，TOTOなど数社が挙げられている。これについては，上田ほか（2005）の第3章を参照されたい。また，野村総研のTRUE TELLERについては，三室・鈴村・神田（2007）の第2章を参照されたい。

筆者は2004年度よりジャストシステム社とテキストマイニングの利用可能性についての共同研究を行っており，本章はそこでの議論を基礎にしている[1]。そこで，以下では，実務界での動向を説明することにしよう。

現在，インターネットの普及により，大量のテキストデータが流通・蓄積されるようになって久しい。顧客サービス向上のためにコンタクトセンターを設け，顧客の生の声を大量に受け入れデジタルデータ化して蓄積する企業

---

[1] 本章は，ジャストシステム社のデータの提供を基礎としている。なお，本章での議論の一部は最新BIソリューション総覧編集委員会編『BIソリューション総覧ビジネスインテリジェンス（BI）ソリューション：最新の企業戦略と情報活用の実践方法』として，2009年9月に産業技術サービスセンターより出版されている。その上で現在での基本的動向については，喜田（2008b）当時とあまり変わっていないと考えているがより具体的になってきているといえる。この点については菰田・那須川（2014）などを参照されたい。

も増加している傾向にある。具体的には，コールセンターでのクレーム処理や顧客満足に関するウェブでのアンケート調査結果などを保存している。

ITの進展により，データマイニングなどの定量分析をエンドユーザー自身が行うことが一般化しただけでなく，自然言語処理技術をベースとするテキストマイニング・ツールを使用して大量に蓄積された文書を分析する定性分析も注目されている。BI（business intelligence）の中でもテキストマイニングは新しい領域である。BIには，他にデータマイニングやデータウェアハウスの構築，SFA（営業支援システム）やKMS（ナレッジマネジメントシステム）の構築などがある。自然言語処理技術がまだ研究開発の途上にあり，次々に新たな手法が開発されている。なお，自然言語処理技術については，荒木（2004）などを参照されたい。しかし，現時点では決定的な手法が確立されているわけでないし，体系的整理もさまざまになされており，混沌としている。本章では，テキストマイニングの実務界での最新動向を，ユーザーニーズと方法論の両面から説明することにしよう。

◆キーワード

係り受けなどの文法解析，コレスポンデンス分析，好評なもの・不評なものの把握，業務への一体化

I　実務界でのテキストマイニングの動向

テキストマイニングツールの使用経験を積む中で，ユーザーがテキストマイニングに期待することや，適用範囲が変化してきている。なお，ここでの議論は，喜田（2007）を参考とした。

1）初期のニーズ

テキストマイニングに対して，初期のニーズとしては大きくは2つある。1つは分類体系作成ニーズである。もう1つは顧客調査を中心とするアンケート調査ニーズである。

①分類体系作成ニーズ

大量に蓄積された文書を，その内容の類似性で分類し，「いくつぐらいの
グループに分かれるのか」，「各グループの特徴は何か」，「グループの大きさ
はどのくらいか」といった大まかな整理を行いたいというニーズである。例
えば，コンタクトセンターに寄せられる大量の「顧客の声」を分類すると
いった場合がこれに当たる。また，メールに対する分類などもこれに当たる。

②アンケート調査ニーズ

アンケート調査票内の「自由記述欄」に書かれている文章を分類したいと
いうニーズである。自由回答文を分類することによって，仮説に基づいて設
計した選択式の質問の検証をしたり，想定外の「異見グループ」を発見した
いというニーズである。

上記２つのニーズはともに大量の文書をうまく分類・整理できればよいと
いうものであった。

2）新たな目的やニーズ

その後，テキストマイニングの適用業務範囲の広がりに伴いニーズは多様
化した。大きく分類すると次の３つに分かれる。１つは初期のテキストマイ
ニング手法である分類・整理を，より業務にフィットさせたかたちで使用す
ることを望むものである。具体的には，①変化情報を導き出したい。②誰も
が同じ結論を導き出したい。の２つである。

①変化情報を導き出したい

大量のテキスト情報の分類・整理を定期的に繰り返し行うと，分類結果の
変化に気づく。一度の分類では特に発見的なことがなくても，「変化したこ
と」自体に大きな意味がある場合がある。例えば，コンタクトセンターに寄
せられる顧客の声の分析結果を時系列で並べて，顧客の関心事がどのように
変化しているかを見たいといったニーズなどがこれに当たる。これは，アカ
デミックにおいては，ある概念，品詞情報の系時的分析において同様の研究
が見られることと関連する。

②誰もが同じ結論を導き出したい

テキスト情報の分類による分析の場合，分類結果をどのように分析し，ど
のような意味を見いだすかは分析者の分析スキルや経験に依存する部分が大

きい。テキストマイニングにおいては，どの概念に注目するのか，どのように分析対象を選択するのか，どのような方向でマイニングを行うのか，という点は分析者の内部的な知識と経験に依存するのである。また，同じツールでも利用方法が違うことによって分類結果が大きく異なる場合もある。ツール利用の巧拙によって結果が異なるようでは，業務上の判断が正しく行えない。そこで特定の分析手法を提供してほしいというニーズが出てきた。

　上記の2つのニーズに対応するには，分析作業を定型化し，定期的に実施・レポートする業務をシステム化する必要がある。

　2つめのニーズは，文書の内容により深く踏み込んだり，文書以外の情報（数値データや属性データ）との組み合わせによって，文書を集団として見る分類からは得られない，より詳細な分析を望むものである。具体的には，③ヒントを導き出したい，④背景となる情報を導き出したい，の2つが挙げられる。

③ヒントを導き出したい

　文章内の言葉の関係性に着目することによって，より具体的なヒントを得たいというニーズである。例えば，商品のユーザーの声の中からある機能を表す言葉とそれに関係している言葉に着目することで，「商品がどのように受け入れられているか」，「商品の改善点はどこか」といった分析を行い，マーケティングや商品開発のヒントを得たい場合がこれに当たる。

④背景となる情報を導き出したい

　分析対象となる文書の作成者の属性とその文書内容を組み合わせて分析することによって，「このような内容の文書を書くのはどのような人か」といったことを知りたいというニーズである。例えば，同じ商品機能について，10代女性と50代男性がそれぞれどのように評価しているかを比較したい場合などがこれに当たる。これは，後で議論するコレスポンデンス分析によって行われる。

　上記のニーズは，言葉と言葉，言葉と属性の関係性を浮かび上がらせるツールが必要となる。

　3つめのニーズは，テキスト情報に込められた意味を導き出すことによってビジネス上の課題に対する答えを得たいというニーズである。例えば，あ

る商品の評価について書かれた文章から，それが「好評」，「不評」のどちら
を意味するのかを知りたいといった場合がこれに当たる。テキストマイニン
グを行う本来の目的に直結するような，ビジネスにおける意思決定ツール，
つまりBIツールを望むものである。

　このような適用範囲やニーズの広がりに伴って，各社から提供されるテキ
ストマイニングツールの機能もさまざまな展開を見せている。アンケート分
析に特化したもの，分類をベースとしたレポート作成に特化したものなど，
特定のユーザーニーズにあわせたテキストマイニングツールがある。

　以上のように実務界においては，テキストマイニングに対するニーズの多
様化とそれに対応しようと，各ベンダーはそれぞれの強みを生かしたテキス
トマイニングツールの開発を進めている。

Ⅱ　実務界におけるテキストマイニングの方法論

　前述のように，テキストマイニングのベースとなる自然言語処理技術はま
だ進化の途上である。しかし，実務界においては次々に新しい方法が開発さ
れている。ここでは，テキストマイニングを行う場合に一般的によく用いら
れる方法として，次の5つの方法が挙げられる。①単語数などの統計量，②
係り受けなどの文法解析，③言葉と属性の関係の分析，④比較軸の発見，⑤
意味の抽出，である。そこで，以下では，そのそれぞれについて説明するこ
とにしよう。なお，ここでは，CBMIの用い方を中心に説明することにしよ
う。

1）CBMIの概要：データ作成の点を中心に

　ここでは，簡単にCBMIでのテキストマイニングの流れなどを説明するこ
とにしよう。CBMIにおいては，テキストマイニングが図表10-1で示される
ような流れで行われる。

　そこで示されるように，まず，分析対象であるテキストデータがデータベ
ースとして保存される。そのデータベースをもとに，①主題分析，②感性分
析，③評価分析，④機能要求分析，自由分析等の手法が用いられる。主題分

第10章 実務界でのテキストマイニングの動向と利用法

図表10-1 CBMIの概要

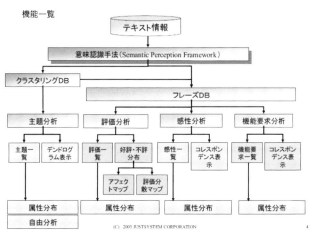

(出所:ジャストシステム社CBMI簡易機能説明書)

析では,主題一覧,デンドログラム表示を経て,属性分布という流れで行われる。評価分析では,評価一覧,好評―不評の分布を行った上で,属性分布,アフェクトマップなどが作成される。感性分析では,感性一覧,コレスポンデンス表示を経て,属性分布が行われる。機能要求分析では,機能要求一覧,コレスポンデンス表示を経て,属性分布が示すことになる。これらの手法については,次の項以降で説明する。ただし,自由分析については本書第5章を参照されたい。

そこで,ここでは,その対象となるデータベース作成について説明することにしよう。データベース作成はテキストマイニングにおいては,必要不可欠であるからである。また,テキストマイニングの実践者にとってデータ作成が最も重要な点であるからである。この点については後に議論する。

CBMI分析を行うにあたって,まず分析対象となる文書からデータベースを作成する。分析できる文書には,①クラスタリングデータベースに保存されている文書,②CSVファイル(質問票調査の結果など),③フォルダ内文書(テキスト単位で長い文書),④文書データベースに保管されている文書,⑤文書データベースを対象にして検索された文書等である。作成できるデー

タベースにはクラスタリングデータベースとフレーズデータベースの2種類がある。1つは，クラスタリングデータベースであり，これは，内容の類似度に応じて自動的に分類された文書の集合（クラスタ）を保管し，文書どうしの内容の類似度も保有している。もう1つはフレーズデータベースであり，これは，文書内の修飾・被修飾関係の語句（フレーズ）を抜き出して保管し，文書内のフレーズの位置・登場頻度の情報も保有している。

　そして，これらのデータベースの種類と用いるべき手法（＝機能）とは関係がある。主題分析にはクラスタリングデータベースを利用し，評価分析，感性分析，機能要求分析にはフレーズデータベースを利用する。また，前述した自由分析はクラスタリングデータベースを用いる。これらの方法について後に説明する。通常のテキストマイニングにおいては，まず，クラスタリングデータベースを作成し，その後，分析の方向にあわせて，用いる機能（＝分析）方法に即した形でフレーズデータベースを作成する。この点は図表10-1で示されている。なお，具体的な作成方法については，製品ホームページなどを参照されたい。ただし，第3章で説明したように，CSVファイル形式か，それともフォルダに保存されているテキストかという違いによってデータベース作成の方法が異なることを注記しておくことにしよう。

　このように作成されたデータベースをもとに，テキストマイニングが行われていくが，実務界においてテキストマイニングの利用法の中心となるが，次のような手法である。また，そこでは，CBMIの機能について，分析手法と関連づけて説明することにしよう。

2）単語数などの統計量

　最初に紹介するのは，単語数などの統計量を基礎とする分析である。これは，本書でアカデミックな利用法として位置づけた内容分析ソフトの代替品としてという利用法に最も近い形での方法論である。そこで，単語などの統計量を基礎とする分析方法に関連するものとしては，①単語の単純出現頻度，②同義語・類義語の補正，③停止語（ストップワード）による補正，④傾向の整理と把握等がある。②と③の2つの論点は，単語の単純出現頻度を基礎としてテキストマイニングを行う際に問題点となるところである。それでは，

340 第10章 実務界でのテキストマイニングの動向と利用法

そのそれぞれのトピックを見てみることにしよう。

①単語の単純出現頻度

　形態素解析技術を用いて文書から単語を抽出し，１文書中に同じ単語が何度用いられているかを算出する。「多く用いられている単語がその文書の特徴を表す」という考え方に基づいている。ただし，単純出現頻度の場合，文書全体の量が多ければ単語の出現頻度も多くなるので，文字量の極端に異なる文書間の比較には不向きである。文字数制限のある論文や記事での比較に向いている。

　文書量が異なる文書の比較を可能にするために，単純出現頻度ではなく，文書内での単語の重みづけをし，ベクトル演算処理などを行うことによって，文書をある特定の数値にして比較する機能を持つツールも提供されている。この機能の場合，「多く用いられている単語が特徴を表す」という考え方に加えて，「その特定の文書（群）にしか用いられていない単語がその文書の特徴を表す」という考え方に基づいている。これは，第３章で説明した独占度とメジャー度等の指標などが役に立つ。また，内容分析での議論でいうと，相対的言及頻度を算出する方法などもこれに対応している（Krippendorff, 1980）。

　しかし，テキストマイニングにおいて，どの概念を選択するのか，という点についての１つの基準として，単語の単純出現頻度は重要な指標であること間違いない。

②同義語・類義語による補正

　形態素解析などを行って機械的に単語を抽出した場合，同じ言葉でも，表記ゆれがある場合や類義語，短縮語などはそれぞれ別の単語として認識される。その結果，同じ意味の単語が頻出しているにもかかわらずそれぞれの単語数は少なく算出されてしまい，特徴点として気づかなかったり，分析を誤る可能性がある。これを防ぐために，類義語辞書などを活用して同じ意味の単語はまとめて算出するようにするといった補正を行う。テキストマイニングツールの中には，蓄積された文書をもとに辞書を自動学習させる機能や，辞書のカスタマイズを容易にする機能などを持つものもある。なお，この点は，第７章での研究に重要な点となる。現在のところ，同義語を設定し，自

動的に分析することについては慎重な態度が要求されることが多いと思われる。例えば「おやじ」という言葉でいえば，同義語として「父」「父親」などと同様に考えられるが，実際にはそのとき勤めていた上司のことを示すこともある。このような場合は，各テキストに戻り補正することになると考えられる。

③停止語（ストップワード）による補正

頻出単語であっても意味のない言葉やほとんどすべての文章に入っていると思われる単語は，停止語として分析対象としないようにする補正を行うことによって，分析の煩雑さをなくすことができる。例えば，アンケートの自由記述文における「特になし」といった表現や，質問文を引用して回答している部分などを停止語とすることが多い。

④傾向の整理と把握

単語数などの統計量の分析によるテキストマイニングでは，対象となる文書群の傾向の整理と把握が行える。各文書の詳細よりも，単語の集合である文書がどのような傾向を示すのか，似た傾向の文書がどの程度あり，どのようなグループに分かれるか，といった，大量文書の傾向を把握するのに適している。

CBMIでは，このような単語数に関する分析を主題分析と呼んでいる。**主題分析**は，テキスト内に含まれる名詞に関しての分析を行い，ある商品・サービスに対して顧客の話題が集中した点を把握することができる。その分析を行うには，クラスタリングデータベースを構築する必要がある。その結果は，図表10-3および図表10-4のように提示される。

以上が，単語数などの統計量を基礎にする分析方法である。この方法は，テキストマイニングにおいて基本的な地位を占めており，その基本となる方法である。

3）係り受けなどの文法解析

以上の単語数など統計量による分析に加えて，自然言語処理技術を最も生かした方法が，ここで説明する係り受けなどの文法解析である。この方法には，①修飾語（形容詞）と被修飾語の分析，②主語と述語（動詞）の分析，

③関係性の整理と把握の3つがある。

①修飾語（形容詞）と被修飾語の分析

係り受け解析技術を用いて，文書内の特定の言葉に対して「どのような修飾語が」，「どの程度頻繁に」かかっているかを算出する（図表10-2）。例えば，商品名（被修飾語）とその修飾語の関係性を分析することによって，その商品が顧客に与えているイメージや評価を知ることができる。あるいは，特定の商品に関する感想文を集め，「デザイン」（商品の1つの機能）を被修飾語として「派手な」，「明るい」，「使いやすそうな」といった修飾語がそれぞれどの程度係っているかを算出する。その機能に関する言及頻度の多寡は「何に着目しているか」という基本的な情報として確認した上で，さらにそれがどのようにとらえられているかを利用者自身の表現で知ることができる。なお，ここでの事例では，ブランド品に関するアンケート調査での自由筆記欄をデータとして用いている。

そこで，CBMIにおいて，このような修飾語を分析する手法としては，評価分析と感性分析がある。**評価分析**は，テキスト内に含まれる形容詞に関しての分析を行い，ある商品・サービスに対して顧客の評価を把握することができる。その分析を行うには，フレーズデータベースを構築する必要がある。その分析結果は，図表10-6で示される。なお，この分析方法は，6）の意味の抽出でもう一度取り上げることにする。

感性分析は，テキスト内に含まれる副詞・形容詞に関しての分析を行い，

図表10-2　係り受け分析例（ジャストシステムCBMI）

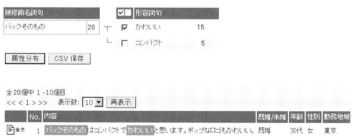

II　実務界におけるテキストマイニングの方法論　　343

ある商品・サービスが顧客に与えた印象を把握することができる。これも，評価分析と同様に，その分析を行うには，フレーズデータベースを構築する必要がある。

②主語と述語（動詞）の分析

　修飾・被修飾語の関係と同様に，主語と述語の関係に着目し，文書内の特定の言葉が「どう結論づけられているか」を算出する。例えば商品機能に係る動詞の関係性を分析することによって，その機能が顧客にもたらしている効果や，顧客がその機能に対して「どうあってほしい」と思っているかを知ることができる。

　CBMIでは，このような分析を機能要求分析と呼んでいる。**機能要求分析**は，テキスト内に含まれる動詞に関しての分析を行い，ある商品・サービスに対する顧客の要求を把握することができる。その分析を行うには，フレーズデータベースを構築する必要がある。

③関係性の整理と把握

　単語数などの統計量による分析が文書の傾向の把握を行うのに対して，係り受け分析では言葉の関係性の整理と把握ができる。特定の言葉について，どのような表現が関係しているか，またどの表現が最も強く関係しているか，といったことを把握するのに適している。係り受け解析を行うテキストマイニングツールでは，関係のビジュアライズに工夫をこらしているものも多い。

4）言葉と属性の関係の分析（コレスポンデンス分析へ）

　現在のテキストマイニングの方法論においては，本書で提示してきたように，言葉（テキストマイニングの結果）と属性（数値データ）との混合マイニングの形態をとることが多い。それでは，どのような数値データ（属性）と混合すればよいのか，これについては，①人（サンプル，顧客），②製品・サービス，③コミュニティなどが挙げられる。

①人（サンプル，顧客）

　言葉とそれを発した人の属性の関係性に着目した分析である。人の属性とは，年齢・性別，職業などが一般的である。特定の製品について10代の女性は「かっこいい」と表現するが，50代男性は「使いづらそう」と表現するこ

とが多いといった分析が可能である。なお，これは，後で説明するコレスポンデンス分析を用いることになる。これに加えて，アンケート調査の場合，分析対象となっている自由記述部分以外で回答者が選択した項目もその人が示した「態度属性」として扱い，例えば，「ある商品を「使うのが楽しい」と表現するのは，選択式の質問でその商品の使用時間を「朝」と選択した人に多い」といった分析も可能である。また，ある製品に対しての満足度や利用頻度との関係を分析するのもこの方法に含まれる。

②製品・サービス

　言葉と人の属性の関係分析と同様，言葉と製品（あるいはサービス）の属性との関係を分析することによって，その製品の特定の要素がどのように評価されているかを分析する。例えば，あるサービスの料金体系を１つの属性として「割引サービスAのユーザーは「変更方法がわからない」と表現することが多い」といった分析を行う。また，広くは，ブランドイメージの分析もこれに含まれるであろう。

③コミュニティ

　コミュニティの属性とは，ある集団が持つ属性であり，集団の大きさや所在地などさまざまである。人の属性と同様，そのコミュニティの持つ属性と言葉の関係性を分析する。

　このようなテキストマイニングにおける言葉と属性の関係分析は，統計分析におけるクロス集計と比較してみると理解しやすい。特定の言葉を発した集団を特定の属性で分類し，その数を算出するものである。属性ごとに商品に関する評価が異なるだろうという仮説を検証したり，ターゲットとする属性でどのような評価がなされているかを確認するのに利用する。

　言葉と属性の関係分析は，自然言語処理と統計解析などの数値処理を組み合わせる分析の基本的な例である。

5）比較軸の発見

　自然言語処理と統計解析・データマイニングの組み合わせをさらに進めた分析として，次の２つがある。①クラスタリング，②コレスポンデンス分析，である。この２つの目的は，比較の軸を発見することである。

Ⅱ　実務界におけるテキストマイニングの方法論

図表10-3　クラスタリング分析

No.	クラスタ名	代表語句	文書数	類似度
1	メール	メール/メール機能/他/発信/いったっきり	81	0.8791110
2	携帯電話	携帯電話/電話/携帯/高校/思い	72	0.8756860
3	アドレス	アドレス/迷惑メール/変更/メール/アドレス変更	70	0.8961050
4	a社	a社/a/aショップ/修理/ユーザー	63	0.8766860
5	機種変更	機種変更/変更/機種/新規/店	59	0.8812410
6	機種	機種/電源/山間部/山間/自動車道	54	0.8651730
7	基本料金	基本料金/基本/料金/通話料/日割り	51	0.8621740
8	迷惑メール	迷惑メール/指定受信/許可/メール/受信	49	0.9196780
9	交換	交換/機種交換/機種/製造中止/中止	45	0.8745170
10	ワン切り	ワン切り/ニュース/実際/会社/請求	42	0.8611100
11	広告	広告/毎日/承諾広告/承諾/出会い	40	0.8929060
12	bショップ	bショップ/手続き/引き落とし/変更手続き/ショップ	36	0.8739340
13	番号	番号/手口/やつ/知り合い/福岡	31	0.9204840
14	円	円/月/込み/併用/~繰り越し	30	0.9059060
15	サイト	サイト/アダルトサイト/情報量/サポート/通信料	29	0.8951600
16	下	下/サービス/知識/通話記録/姉さん	27	0.8914710
17	お金	お金/金/契約者/クレジット会社/税金	25	0.8875300
18	仕事	仕事/気/電話/バッグ/マナー	21	0.8838150
19	ボタン	ボタン/アクション/ボード/ボードゲーム系/シューティング	10	0.8661450
20	機能	機能/感度/話題/公衆/トイレ	10	0.9698040

①クラスタリング

　テキストで記述されている文書を主題の類似性でクラスター分類する。主題とは文書内に出現する単語の出現頻度と組み合せから統計量で判定される。

　主題は指定したクラスター数に応じて分類される（図表10-3, 10-4）。分類されたクラスター内部に出現する代表語句に着目することで文書群の中でどのような主題が存在するかを理解できる。例えば，製品に関わるアンケートを分析する場合，ユーザーはどのようなことを話題にしているのか，また，話題が集中している点はどこなのかを特定することができる。なお，図表10-3では，携帯電話での質問票調査での自由筆記欄を，図表10-4ではデジタルカメラに関する質問票調査での自由筆記欄をデータとして用いている。

②コレスポンデンス分析

　軸の発見方法としてコレスポンデンス表示が有効である。これは項目同士の結びつきの強さを視覚的に表示して関係性の理解を促進する方法である。

第10章 実務界でのテキストマイニングの動向と利用法

図表10-4 クラスタリング分析（デンドログラム）

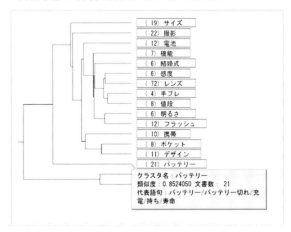

図表10-5 コレスポンデンス表示

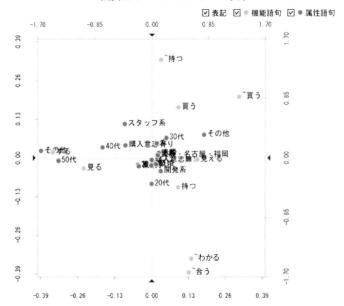

もともと数値分析で利用されていた手法だが，テキストマイニングでも有効である。最も簡単な例では，主題とそれを発言した人物の属性を結びつけて嗜好傾向を理解する場合である。ある意見集合（クラスタリングの結果など）と性別，年齢，居住地域，所得額などの個人属性とを関係性を表示する（図表10-5）。傾向の近いものが近くに表示され，ある集団と別の集団との位置関係を理解することができる。４象限の中にどのようにマッピングされるかを分析し，X軸Y軸が何を表現するか，また，どのような集団がどこに位置づけられるかを発見することができる。

6）意味の抽出

　自然言語処理をテキストマイニング技術の中に組み込む方向は，さらに発展を見せて，単語の意味を解釈し意見を判定する手法が現れている。この手法はCBMIにおいては，評価分析と呼ばれている。評価分析においては，名詞に係る形容詞を中心に分析し，意見判断や行動判断の基本となる態度を正・反の二軸で自動判定する。これは以下のような判断を文書中の表現から解析し，広い範囲と表現の軽重を網羅した辞書を参照することによって判断される。

　　―好き・嫌い

　　―良い・悪い

　　―ポジティブ・ネガティブ

　　―好評・不評

　前述のクラスタリング，コレスポンデンスとの組み合せによりテキスト分析時に主題→態度→関係属性を素早く判定するための重要な軸であり，顧客の行動の要因を素早く分析して企業活動へと反映することが可能となる。

　これまで同様な分析は単語出現頻度による主題の判定とそれによる主題分類が中心であった。この場合，全体像をつかむためには分類されたクラスター内の文書を結局は読み下していく必要があった。しかし，まず態度判定を行えることで，全体像の把握が大きく前進して，よりきめ細やかな分析へと移ることが可能となった（図表10-6）。

図表10-6 好評なもの・不評なものの把握（アフェクトマップ）

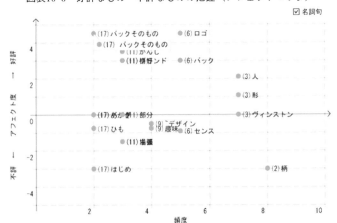

III 実務界における分析の切り口：テキストマイニングと業務の一体化

これまで見てきたようにテキストマイニング技術の進展により分析手法も新たな形式が見出され，求める回答も多岐にわたり始めている。この項では成果を現し始めている代表的な3つの分析手法を解説する。この3つの手法はそれぞれに独立した手法でもあるが，この3つの手法を1）→2）→3）の順番でサイクリックに実施することで，事象の変化の認知をし，この事象の変化を確認し，さらにはその要因を探ることが可能となる。

このように気づき→理解→確認の手順を経て創出された内容は，初めてデータマイニングのような数値系の検証へと手渡すことができる。つまり，テキストマイニングで導き出された仮説を検証すべき活動へと手渡し，数値分析で仮説を最終確認する流れができあがる。

1）定型分析

ここでいう定型分析は，最も単純化された手法である。テキストマイニングの技術を採用するが，事象や要因の発見といったマイニングを目的とするものではない。むしろ既知の事象や要因が変化しているかどうかを定型的な

Ⅲ 実務界における分析の切り口：テキストマイニングと業務の一体化　349

処理で確認していくのに用いる。

①定量分析

　単純な選択式の回答を集計するだけでは，変化量は確認できても気づきに
つながるトピックを認知することはできない。そこで，意見欄などを併用す
ることで変化量とともに要因となる情報を入手して役立てることとなる。

　新たに利用が進み始めたのがクラスタリングを利用して類似性の高い意見
群を分別し，この集計値の変化量に着目することで詳細な分析を行う必要が
あるかを判定する方法である。この方法は分別精度を高めるために常設の
フィルタを準備し，これを経由することで情報群を定型処理として分別する
ことが可能になる。この方法では選択肢を利用せずに，フリーテキストを対
象に実施できるため，定型処理といえどもより未知の事象を認定することに
優れていると考えられる。

②変化量への着目

　定型分析におけるポイントは変化量である。したがって毎日，毎週，毎月
といった比較的短期間のサイクルで定期的に情報収集できる情報源を確立し
ていることが重要となる。

　また，情報の確認方法も時系列の単純変化や特異点の確認，前年同時期比
較や新製品出荷などの企業活動における同時期比較など，さまざまな手法が
有効になると考えられる（図表10-7，10-8）。

　継続的に品質が安定した情報を入手できる情報源の確立と情報特性にあっ
た分析方法を見出すことが成功の秘訣となるだろう。

　この２つの方法は従業員の「気づき」を目的にしている。気づきを得る仕
組みを構築するためには，情報源の確立や特性にあった分析方法を継続的に
監視する人的資源の育成と固定が必要となる。これは該当のビジネスノウハ
ウを持つことよりもむしろ情報提供者と同じ視点を確保することが必要とな
る。変化量に気づくだけではなく，その背景となる事象までも気づくことが
重要であるが，これは人的資源におけるスキルセットとなると考えられる。

350　第10章　実務界でのテキストマイニングの動向と利用法

図表10-7　話題の変化をグラフ化①

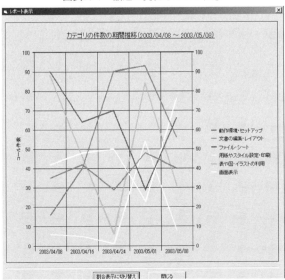

図表10-8　話題の変化をグラフ化②

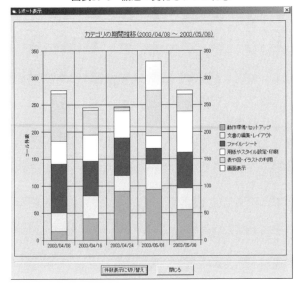

Ⅲ　実務界における分析の切り口：テキストマイニングと業務の一体化　351

2）仮説展開型分析

　ここからが内容に踏み込んだテキスト分析となる。変化への気づきを得た後に，変化した主題に対する傾向を分析していく。その主題に対する発言者の態度を確認し，全体像を描いていくことができる。このとき，前項で述べた，クラスタリング，意味の抽出，コレスポンデンスなどの技術を連携させて進める。気づきの状態から仮説を展開していくためのステップであるといえる。なお，ここでいう仮説は，アカデミックな仮説ではなく，戦略仮説やビジネス上の仮説という意味である。

①意向分析

　定量分析で変化量が認められた発言群に対して，評価分析を行う。主題分別された（クラスタリングされた）情報群それぞれに対して評価分析を行うと，その主題に対する認識構造をとらえることができる。例えば新製品に対して好意的であるのか，否定的であるのか，といったことを認定する。

　次に，この意向を構成している要件を機能要求分析する。これは該当する情報群の動詞句と名詞句の関係に着目することによって，発言者の要求がどのようなものなのかをとらえることができる。例えば，搭載された新機能に対してどのように改善してほしいと思っているのかを認定する。

　さらに，この意向がどのような印象で構成されているかを感性分析する。これは同様の情報群に対して形容詞句と名詞句の関係に着目することによって，発言者の印象をとらえることができる。例えば，ある製品の色使いが明るいのを好んでいると認定する。

　これらの分析方法を，分析の目的に応じて流れや組み合せを変更しながら進めると，さまざまな結果を得ることができる。気づきで得た印象から仮説へと展開するために，主題→要求→印象→属性を結びつけて，論理構成を行うのが仮説展開型分析である。

②話題と意向の関係への着目（事象の検証）

　仮説展開型分析におけるポイントは論理構成である。したがって，「何が」，「どのような印象で」，「どのような要求になっているのか」，それらは，「どのような属性集団なのか」を整理していくことになる（図表10-9，10-10）。つまり，分析の段階でこのような論理構成を順次組み立てていくことが重要

第10章　実務界でのテキストマイニングの動向と利用法

図表10-9　評価の分散度を分析

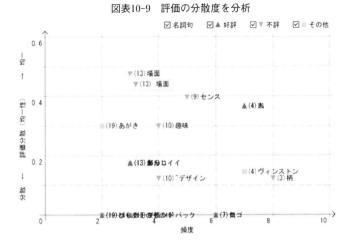

図表10-10　ものの印象とそれを発言した人の属性の関係

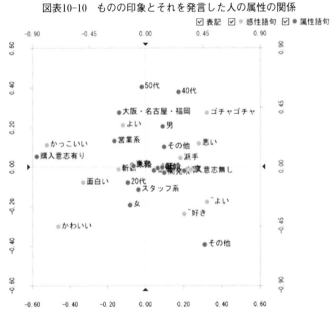

になる。ここに示した論理パーツを常に頭の中に置きながら分析を進めていくことが重要となる。

　この2つの方法は従業員の「理解」を目的としている。理解の精度を高め

るためには，情報構造が重要である。そして，これらは製品やサービスなどがマーケティングされていく上で常に整理されているものでもある。したがって，この分析フェーズにおいても，本来制定されているマーケティングコンセプトを念頭におきながら進めていくことが重要であると考えられる。

3）仮説検証型分析

　仮説展開型分析で導き出された仮説を検証するための手法である。仮説では「何が」，「どのような印象で」，「どのような要求になっているのか」，それらは，「どのような属性集団なのか」が整理されているので，これらをアンケート形式の設問作成に利用し，得られた回答を分析することによって仮説に対する調整と確認を行う。あるいは，仮説に基づいて別途，数値情報を分析することによって確認を行う。

①属性分析

　この仮説検証型分析ではアンケート設計が重要な活動となる。仮説展開型分析で導かれた複数の仮説群を1つのアンケート形式に設計する。整理された論理構成を選択肢を用いて回答を得る。したがって，これらの入手された情報はテキストマイニングツールで分析するのではなく，統計解析ツールで分析することとなる。

　アンケート実施時に対象者を絞り込むことが可能なことから対象者の設定を工夫することで仮説と対象者の関係性を詳細に分析することができる。

　仮説展開型分析に比べて獲得できる情報の精度が高いために，得られる分析結果も精度の高いものとなる。

②因果関係への着目

　この仮説検証型分析の場合，上記に示した分析の進め方を主とするが，補足的な方法を実施することでさらに詳細な関係性を見出すことができる。

　さらに詳細な情報を必要とする対象者に対して，自由筆記でのアンケートを実施したり，インターネット上での掲示板やコミュニティを利用して意見を求める方法がある。この方法の場合，対象者を特定することに優れ，アンケート形式では補足し得ないより詳細な情報を得ることができる。

　これらの情報を分析する方法は，仮説展開型分析で採用したテキストマイ

354 第10章　実務界でのテキストマイニングの動向と利用法

ニングを利用する。

さらに，仮説に基づいて社内に蓄積されている数値情報を分析することによって，検証の補完を行うこともある。

この2つの方法は，従業員の「確認」を目的としている。このように定型的な情報収集と分析によって得られた気づきから演繹的に仮説を展開し，最終的にはコミュニティなどを利用して顧客セグメントごとの意見を収集して直接確認していくことが技術的には可能になった。そして，このような仕組みを構築して連続的に実施することで小さな意味のある変化をいち早く確認して，事業へと反映することが現実となっている。

Ⅳ　分析サイクルと適用分野

前述の3つの分析手法を企業活動のコアサイクルに結びつけて定型業務として実施することは重要である。このような業務を確立し，獲得した情報を部門間で共有することによって共有すべき情報のみならず，状況の変化さえも刻一刻と共有することができる。また，ここで共有される情報や状況は，顧客の声を直接扱っているものが中心であるため精度の高い意思決定が可能となる。本項では，分析手法とコアプロセスがどのように適合するのか，そしてどのような適用分野があるのかを解説する。

1）サイクル

これまでの企業活動はビジョンや企業戦略に基づきPDCAサイクルを展開して行われてきた。**PDCAサイクル**は典型的なマネジメントサイクルの1つで，計画（plan），実行（do），評価（check），改善（act）のプロセスを順に実施する。最後のactではcheckの結果から，最初のplanを継続（定着）・修正・破棄のいずれかとして，次回のplanに結びつける。このらせん状のプロセスによって，品質の維持・向上および継続的な業務改善活動を推進するマネジメント手法がPDCAサイクルである。しかしながら，環境の変化が激しいこの時代には，企業がその変化に迅速に対応して反応していかなければグローバルな競争を勝ち抜くことは困難である。そこで市場，顧客，競合に

Ⅳ　分析サイクルと適用分野　355

俊敏に反応するためにはこれらの情報をサイクリックに分析する仕組みが必要となる。

　分析サイクルは，前述の3つの分析手法を回転させることで行われる。

　①時系列モニタリング：「定型的な定量分析で変化に敏感に気づき」
　　　　↓
　②ポジション分析：「変化情報への定性分析により仮説を立案」

　③因果関係分析：「仮説を直接情報で詳細まで検証」
　　　　↓
　①時系列モニタリング：「新たな変化を定型処理に組み込む」

2）適用分野

　顧客の声を業務へ迅速に反映させようとする要求がテキストマイニングに対する今日的要求であるとすれば，その反映の方向は業務のより上流工程へと向かい根本改善を目指すものと，小規模な改善を断続的に行うことを目指すものに分けることができる。

　これは，想定している情報獲得サイクルが製品開発単位のように数ヶ月から数年に及ぶような中期的なものと，顧客からの反応に応じてマーケティング施策を改善していくような週単位のものが代表的な例であろう。

　ここではそれぞれの実施ポイントについて述べる。

①上流工程へのフィードバック

　ターゲットとなる顧客や機能性などへの仮説は存在しているので，定型的な定量分析で起点となる評価は実行されている。

　しかし，顧客の価値観がわかっている，仮説は当たっているという認識で，顧客の声を収集しているため，実際の顧客像と乖離する危険がある。また，経験則の中での価値創造のため，ともすると今までの再認識に終始してしまいがちである。

　このような危険性を回避するためには，雑ぱくな分析に依存せずに，テーマや属性，セグメントをより細かく分類して分析を行うことが重要になる。そして，多くのテーマ設定をより詳細に分析するためにテキストマイニングが活かされることになる。

356 第10章 実務界でのテキストマイニングの動向と利用法

このように詳細に分析された結果は，単純な情報の集積とせず，顧客像に対する価値シナリオとして構造を構成することが成功へのポイントとなる。

顧客の購買行動や，顧客の満足感，達成感の認知シナリオなど製品やサービスが提供する価値の認知をシナリオとして，これを起点とした仮説と分析を構成することが必要となる。

②**断続的で小規模なフィードバック**

非常に短いサイクルで改善を実施していくために必要な意思決定情報を提供するためには，漏れ分析が重要となる。

このアプローチにおいても起点となるのも定型的な定量分析となる。しかし，異なる点はシナリオのような重層な情報による意思決定ではなく，定型化された視点から漏れる情報を認定して，これらに対する情報構造を探り，対応を立案するところにある。

新たな意見に迅速に対応することで問題点が放置されることなく対処され，顧客や市場との円滑な循環が可能となる。例えば，マーケティング施策のように短期間に特定の活動を実行する場合，導く結果をより向上させるための調整機能として利用される。

しかし，この手法を長期間に目標を設定せずに行うと対処療法のみが連続し，全体最適な対応からは逸脱していくことになる。したがって，短期短目的な活動に対する手法として限定することが重要である。

以上が，実務界でのテキストマイニングの動向と利用法である。そこでは，テキストマイニングのニーズの多様化とそれに対応して，各ベンダーがテキストマイニングの手法を開発しているということが明らかである。また，テキストマイニングの手法を業務の中に埋め込む方法についても示唆があった。そして，ここで示された方法は，実務界でのテキストマイニングを用いる際の1つの方向性および台本を示しており，実際テキストマイニングを行う人の1つの指針となろう。

終章

本書のまとめと方法論としてのテキストマイニング，テキストマイニングでの問題点

終章では，本書のまとめと方法論としてのテキストマイニング，テキストマイニングを実際用いることでの問題点を提示し，そして，最後に著者のマイニングを行う者の立場を確認し，本書のまとめとしよう。

◆キーワード
概念選択の問題，データ作成の問題

I　本書のまとめと方法論としてのテキストマイニング

本書では，前著と同様にテキストマイニングをアカデミックでのメソドロジーとして確立することを目的に，テキストマイニングの利用法を用いてきた。また，そのそれぞれに対応する研究例も提示してきた。そこで，最後にここでは，本書のまとめと方法論としてのテキストマイニングを議論することにしよう。

1）本書のまとめ

本書は，前著の特徴の検討や最近のビッグデータやデータサイエンスの議論，ツールの進化，経営学領域やそのほかの領域でのテキストマイニングを用いる研究が進められていることなどから，次のような方向性を持って議論してきた。

第1は，テキストマイニングを前著と異なり定義することである。本書では，「テキストデータを，言語処理技術を用いて構造化データ・変数に変換し，それをもとに知識発見，仮説発見および仮説検証を行う手法」とした。

このように定義することと関連しての第2が**データマイニングでは構造化データを扱い，テキストマイニングでは非構造化データを扱う**ことに意識することである。つまり，テキストマイニングは非構造化データを構造化データに変換する技術であるということである。

その目的はモデル構築であるとする点が前著とは大きく異なる。つまり，非構造化データ→言語処理技術→構造化データ→モデリングという段階を経るということである。

第3は，その流れをデータサイエンスおよびデータマイニングの視点でテキストマイニングでの研究例を位置づけ，そのメソドロジーとして確立する点である。

このような点から，本書では，副題を「経営研究での「非構造化データ」の扱い方」に変更している。前著では，導入の側面が強いことから，「経営研究での活用法」としたが，より明確にテキストマイニングを位置づけ，明確にすることから，テキストマイニングは非構造化データを中心にすることを意識した上で本書を再構成してきた。そこで，本書の流れを再掲することで，本書のまとめとすることにしよう。

第1章では，テキストマイニングの概説として，まず，データマイニングとテキストマイニングの説明を行い，その後，メソドロジーとしての側面を強調するために，テキストマイニングと内容分析の関係について説明した。テキストマイニングが内容分析の知識を基礎とする点および言語資料を研究対象にするという共通点などから，内容分析についての基礎知識を説明した。そして，最後に，データマイニングおよびテキストマイニングに関して標準的な作業手順を提示するために，CRISP__DMを紹介した。最後に，テキストマイニングの特徴を明確にした作業手順の基礎を習得することができよう。

第2章では，内容分析の研究例として喜田（1999）を再掲し，テキストマイニングにおいて特に重要な概念選択の問題とその事例を示した。テキストマイニングを行うには，前述した通り内容分析の基本的な知識が必要であり，そこで特に重要になる概念選択の事例として，この研究を取り上げた。そこでは，先行研究から内容分析においてはコード化する言葉の選択，つまり概念選択の流れを特に注目してほしい。

I 本書のまとめと方法論としてのテキストマイニング 359

第3章では，テキストマイニングツールの基礎知識を習得した。そこで，本書では，筆者が実際研究において用いたText Mining for Clementineと IBM SPSS Text Analytics for Surveys3.01について説明した。前著で中心としたClementineは現在のツールであるIBM SPSS Modelerの習得の基礎となり，本書でもClementineを中心に説明した。Clementineの入門として，基本的な知識を習得した。ここでは，データの読み込み，データの理解（データ型とインスタンス化），データマイニング，「構造化データ」でのデータクリーニング，モデル（アルゴリズム）の概説（ニューラルネットワーク，決定木，クラスター化，アソシエーション）について説明した。そこで，最近のテキストマイニングツールである最後にIBM SPSS Text Analytics for Surveysでのテキストマイニングの特徴や作業手順について説明した。

　なお，ここで注意しておく点がある。それはデータクリーニングに関してである。本書での副題を「経営研究での「非構造化データ」の扱い方」にしていることから，より明確にテキストマイニングを位置づけ，明確にすることから，テキストマイニングは非構造化データを中心にすることを強調した。この点は，データクリーニングに関しての考え方にも関係している。本書では，テキストマイニングでのデータクリーニングとデータマイニングでのデータクリーニングとを区別していることが特徴の1つである。第3章ではデータマイニングでのデータクリーニングについて説明した。その特徴は「構造化されたデータ」でのデータクリーニングであるという点である（Feldman & Sanger, 2007）。

　第4章では，具体的な課題およびデータを与えることで，モデルの作成手順，作成されたモデルの理解と評価について説明した。例えば，第7章では，ニューラルネットワークと決定木を用いて創業者と従業員型経営者の『私の履歴書』を判別する。また，クラスタリング手法を用いて，『私の履歴書』での人間関係に関する内容のクラスタリングを行う。このようなモデル別の利用法を挙げるが共通のプロセスがある。それは，①データの準備と理解→②モデルの構築→③作成されたモデルの理解→④作成されたモデルの評価，である。そして，最後にモデルの併用（比較）について説明した。なぜなら，マイニングを行うには通常2つ以上のモデルを併用していることが多いため

である。また，Clementine独自の著者判別の指標の作成についても説明した。

第5章では，本書がテキストなどの「非構造化データ」を対象にするテキストマイニングが中心であるということは，第3章で説明してきたデータクリーニングよりも複雑なデータクリーニングが必要である。テキストマイニングのデータクリーニングの段階に注目し，具体的に経営学が対象にする言語資料の特性に関する議論を行った。この章では組織科学が研究対象にする可能性のある4つの資料に注目した。第1は有価証券報告書である。第2は個人的ドキュメントであり，第3がインタビュー結果である。第4は，通常の質問票調査での自由筆記欄である。次いでテキストマイニングに用いる分析用データの構築方法について説明し，最後に経営学での非構造化データのデータクリーニングの基準と注意点などについて説明した。

第6章では，品詞情報をもとにした分析の方向を示す研究として，喜田（2006）を提示した。また，そこでの分析では，数値データとの混合マイニングの側面も持っていることを付け加えておくことにしよう。喜田（2006）では，品詞情報の1つである名詞に注目し，名詞の持つ理論的意味である概念変化を追及している。なお，喜田（2006）は，組織科学に最初にテキストマイニングをメソドロジーとして導入した論文である。

第7章では，アカデミックの利用法のもう1つの方法である内容分析ソフトの代替品としての事例として，『私の履歴書』を研究対象に経営者の経歴に影響する人間関係の種類を明らかにした研究を提示した。また，そこでは，経営者の経歴に影響する人間関係の種類の分析および創業者と従業員型経営者の比較分析を行った。経営者の経歴を示すデータとして，この章では既存研究であまり用いられていない『私の履歴書』を研究対象にした。その上で，テキストマイニングを用いて，人間関係を示す『私の履歴書』上での登場人物の数，および種類等を明らかにした。その上で，モデリング手法を用いた著者判別の結果を提示した。

第8章では，テキストマイニングの第3の研究例として，データマイニングの手法であるモデリング手法を用いたテキスト分類と変数の構築を行った喜田・金井・深澤（2013b）を取り上げた。この研究では，リーダーの持論

と個人属性との関係を，テキストマイニングを用いて明らかにした。この研究での分析結果から明らかになったこととしては大きく次の3点がある。第1は，所属，資格，勤続年数という個人属性がリーダーの持論のコンテンツと統計的に有意な関係があることである。第2は，所属，資格，勤続年数によって異なるカテゴリーの関係が見られることである。第3は，異なるカテゴリーが見られる一方で，共通するものが多く，これが資生堂の特徴として挙げることができることである。

これらの分析結果の提示により，この手法を用いた初めての研究例となる。また，通常の言及頻度分析を中心とはしないテキストマイニングの手法を導入した研究例でもある。

この研究を通じて，本書の改訂の検討点が明らかになった。

第9章では，前章までに提示してきた研究例をデータマイニングの視点，データサイエンスの視点で整理し，現在のテキストマイニングの動向をより明確に示した。ここでは，テキストマイニングを言語分析の視点からではなく，データマイニングやデータサイエンスとの関係で整理する必要を考慮するようになった。テキストマイニングの研究において，3つの段階，レベルおよび種類がある。①VISUALIZATION（可視化），②ANALYSIS（分析），③PREDICTIVE ANALYSIS（MODELING）（＝予測的分析），である。そこでは，データマイニングの手法がどのようにテキストマイニングで用いるのか，を明らかにしてきた。このようにデータマイニングとテキストマイニングで共通のアルゴリズムを用いることができるということは，この両者の結果を統合して分析できることを示している。それは「混合マイニング」と呼ばれる手法である（Zanasi, 2005；喜田，2008b, 2010）。重要なのだが，各研究者はそのそれぞれの領域で専門的に研究しているために，データマイニングとテキストマイニングの間には隔たりがあることである。そこで，この章で提示した方法が，データマイニングを専門とする研究者とテキストマイニングを専門とする研究者の橋渡しになることを願っている。データマイニングとデータサイエンスの関係を検討するとこのような分類はデータサイエンスでの議論を合致しており（Nettleton, 2014），この点から，本書のデータサイエンスでの位置づけを行った。

第10章では，実務界でのテキストマイニングの動向と利用法について説明した。そこでは，テキストマイニングのニーズの多様化とそれに対応して，各ベンダーがテキストマイニングの手法を開発しているということが明らかである。また，テキストマイニングの手法を業務の中に埋め込む方法についても示唆があった。そこでは，代表的なテキストマイニングツールの1つであるCBMIの利用法についても説明した。そして，ここで示された方法は，実務界でのテキストマイニングを用いる際の1つの方向性および台本を示しており，実際テキストマイニングを行う人の1つの指針となろう。

以上のように，本書では，第2章，第6章，第7章，第10章は前著に先行研究の動向などを付け加え，第1章，第3章，第4章，第5章を，テキストマイニングを「テキストデータを，言語処理技術を用いて構造化データ・変数に変換し，それをもとに知識発見，仮説発見および仮説検証を行う手法」を定義した上で，テキストマイニングは「非構造化データ」を扱うという視点から再構成，加筆した。なお，第6章と第7章では，序章で提示した先行研究のレビューなどを付け加えている。その上で，第8章では新たな研究例を提示し，第9章では，データサイエンスおよびデータマイニングの視点でテキストマイニングおよびその研究例を整理した。言い換えると，第9章は本書の要約でもある。

これらの各章を通じて，アカデミックにおいてはメソドロジーとして用いることができるようになると考えられる。また，実務界での最新の動向や方法論は今後のテキストマイニングの指針となると考えられる。これらを通じて，多くの研究者もしくは実務家がテキストマイニングに関心を持っていただければと期待する。

また，第6章，および第7章および第8章で提示した研究例を提示したことで，テキストマイニングのアウトプット（成果）のイメージを持つことが可能になったことで，テキストマイニングへの期待の一部を引き起こすことができれば幸いである。なお，第6章での成果は組織学会という場で正式に認められた成果であることが重要であると考えられる[1]。なぜなら，このこ

---

1) 第6章掲載論文は2006年度に『組織科学』に自由論題として採択された。

I　本書のまとめと方法論としてのテキストマイニング　363

とにより研究成果として正当化され，メソドロジーとしてある意味では確立
したと考えられるからである。メソドロジーとして確立するためには，研究
成果自身が正当性を持つ重要性を再認識させられた。つまり，テキストマイ
ニングをメソドロジーとして確立させるためには，学会等での正当化が必要
であるということである。それは，企業内においてもテキストマイニングの
アウトプットをどのように正当化させるのか，という問題にもつながると思
われる。なお，この点は，第1章でのCRISP_DMでも第5段階である評価
と第6段階の展開と関連している。

　これらの点は，本書が通常のテキストマイニングの技術論と異なるところ
であり，本書の意義であると考えている。なぜなら，テキストマイニングの
普及を遅らせているのは，具体的な成果のイメージが欠けているのと，成果
自身の正当化がなされていないためである，と著者が信じているからである。
今後もテキストマイニングを用いた研究成果を出し続けることが，筆者の最
大の課題であると考えられる。もっというと，テキストマイニングに限らず，
データマイニングの結果，より一般的に分析の結果の正当性や受容度が低い
ことが，この種の手法の普及を遅らせていると考えられる[2]。

　以上のようにテキストマイニングの利用法について説明してきたが，次に
テキストマイニングの方法論としての位置づけを少し議論することにしよう。
その上でテキストマイニングを用いる上での問題を2つ挙げておくことにし
よう。

2）方法論としてのテキストマイニング

　前著でも本書でも同様に，テキストマイニングは言語分析の一種であると
する。それ故，本書では，まず，言語分析の1つである内容分析の議論をベ
ースに作業手順などの説明を行ってきた。そこでは，「テキストマイニング
とは文字テキストという質的データを統計と多変量解析という量的分析方法
によって研究する研究手法である」ということは序章での先行研究のレビュ
ーでも明らかであるが，各領域によってはそのスタンスが異なると考えられ

2）実務界での研究会でもその分析結果の用い方に注目が集まっている。

る。

①内容分析を従来から用いてきた心理学や社会学の関連領域と②実務界からの要請でテキストマイニングに接近してきた領域との違い，それと，③もともと属性変数や定量的変数との「混合」を検討してきた領域の3者に分かれる。

①心理学および社会学でのテキストマイニングの利用法の特徴は，あくまでアカデミックな利用法に特化していることであり，第1章および第5章での言語資料の扱い方や言語分析（内容分析）の議論と同様に質的方法論の延長線上での議論になることである。確かにテキストマイニングが言語資料を対象とするが故に，質的研究方法の一部であることは本書でも否定しない。藤井・小杉・李（2005），いとう（2011），日和（2013）によると，テキストマイニングは定性的でもあり，定量的でもある，としている。この点は，第1章で示した内容分析（顕在的）および定量的内容分析を含めて内容分析の議論と同様である。これらの領域でのテキストマイニングのとらえ方は，言語分析および内容分析の議論の延長線上でとらえることであり，スタートポイントとして内容分析の議論があり，言語資料，本書でいう「非構造化データ」がまずあり，それをどのように扱うのかもしくはどのように分析するのか，どのようにテキストマイニングを利用するのか，に特化していると考えられる。

社会学および心理学での内容分析との比較でいうと，テキストマイニングで可能であるのは第2章で議論した顕在的内容分析および量的内容分析である。それ故，テキストマイニングを方法論的に議論する際には，データは「非構造」もしくは「質的」な言語資料であるが，分析方法は「定量的」である，ということである。この点は，藤井・小杉・季（2005）でいわれるように「テキストマイニングは質的研究の問題点である，信頼性，妥当性，エビデンスに基づくアカウンタビリティーを解決する手法である」というテキストマイニングの長所につながるのである。また，テキストマイニング自体が大量データを対象とする意味からもこの点は強化される。さらにいうと，大量なデータを分析可能にするのがテキストマイニングなのである。経営学に近い領域では，佐藤（2006）や行動科学の影響力が強い領域ではこの立場

I 本書のまとめと方法論としてのテキストマイニング 365

をとっている。

　一方でテキストマイニングの弱点とされる作業手順の中で，生データを観察すること，もしくは振り返ること，データの縮約の程度が高いことなどがある。これらの点については，各作業手順の中で確認すること，もしくはツール上で作業手順が表現されていることから，複数の人間による確認が可能であるということを付け加えておくことにしよう。なお，この点は，第10章で示した「だれでも同じ分析結果を得ることができるように」という実務界での要請でもある。

　②実務界からの要請でのテキストマイニングについては，マーケティング領域を中心に行われた。そして，本書でも実務界での利用法を第10章で説明したが，これらの手法がアカデミックな利用法として援用することが可能であるという立場に立っている。その上で，技術報告書とされるテキストマイニング関連書籍や諸論文はマーケティング領域を事例とすることが多いことを付け加えておくことにしよう。

　③本書の定義である「テキストデータを，言語処理技術を用いて構造化データ・変数に変換し，それをもとに知識発見，仮説発見および仮説検証を行う手法」に近いのが，属性変数および定量的な変数との混合を検討する上でテキストマイニングを導入している経済学，経営学，会計学なのである。

　経済学であれば，一般経済環境を示す変数であり，経営学では業績変数などの定量的な変数がまずあり，それに付け加える形で定性的で，非構造化されたデータを扱い，分析した上で「混合」するというスタイルがとられる。この点を最も示すのが会計学である。会計学では，有価証券報告書などの会計報告を対象とする。そして，まず，有価証券報告書に含まれる定量的な個所の分析・研究が行われたのちに「営業の状況」などのテキスト部分の追及にテキストマイニングが用いられるのである。つまり，これらの領域では，テキスト部分，非構造化データの定量化および構造化が必然であり，本書での「テキストマイニングは非構造化データの定量化および構造化の手法である」という定義に沿っているのである。その定義に従い，第1章では作業手順を明らかにし，それに従った研究例を提示し，そして，最後に，データサイエンスでの位置づけを明らかにするためにこれら研究例を整理したのであ

る。

　以上のようにテキストマイニングを方法論的に議論することで，各領域でのテキストマイニングとの接点や活用法などが明らかになったと考えられる。

Ⅱ　テキストマイニングでの問題点と解決方法

　ここでは，テキストマイニングにおいての重要な問題点を2つ挙げることにしよう。1つは，以上の研究例などでは，各領域での先行研究などから，ある意味では容易に概念選択，分析できた。しかし，実際のテキストマイニングにおいては，概念選択および分析する対象，言葉の選択は大きな問題となる。もう1つは，テキストマイニングの基礎となるデータ作成の問題である。なお，三室・鈴村・神田（2007）では，テキストマイニングツールに関する調査結果から顧客の声を生かすというテキストマイニングを行う問題点として，①組織・人材の問題，②テキストマイニングの結果を施策に反映できない，③データ分析での問題，④データ入力，などを挙げている。この点は，筆者が近年行った企業でのデータ活用に関する質問票調査でも同じ結果を得ており，10年近くその現状は変わっていない[3]（石倉ほか，2016）。

1）概念選択の問題

　テキストマイニングにおいて概念選択，分析する対象の選択が大きな問題であることをいうまでもない。この選択のプロセスからすべてのテキストマイニングが始まるからである。筆者はテキストマイニングの利用可能性をベンダーや企業と共同研究を行ってきた。その経験からいうと，序章でも述べたが，外部者である研究者にとってはその企業内の用語（商品名も含む）の意味体系が理解できないために，そのデータでの有効な概念選択が行えないということがありうる。

　また，組織科学の領域においても喜田（2007）で提示したように，言語資

3）なお，筆者が参加している実務界の研究会，一般社団法人日本情報システム・ユーザー協会（JUAS）（2014）でも同様の結果となっている。

II テキストマイニングでの問題点と解決方法 367

料を対象とした分析，特に内容分析の先行研究が当時数少なく，しかも認知的研究に限定されているために，理論的に有意味な概念選択を行うことの困難さもあった。しかもテキストマイニングの関連領域である内容分析の教科書的な存在であるKrippendorff（1980）では，内容分析を行うには社会科学のシソーラスが必要であるということを指摘している。IBM SPSS Text Analytics for Surveysにおいての概念選択，カテゴリー設定，つまり，分析する言葉の選択については，第3章及び第8章を参照されたい。本書では取り上げていないが，IBM SPSS Text Analyticsについてもほぼ同様の作業である，ということを注記しておくことにしよう[4]。

　テキストマイニングにおいて概念選択がとても重要な問題であり，これを解決する方法を提示することがテキストマイニングの普及に大きな影響を持つと考えられる。

　この問題点を解決するのが，図表9-1で，非構造化データから構造化データにするところにある2つの矢印である。1つは，データビジュアライゼーション（データオリエンテッド）からのパスであり，もう1つはセオリーオリエンテッドからのパスである。

　前者の方法は，言及頻度による概念選択である。これは，言及頻度の上位順に概念を選択し，それをもとにテキストマイニングを行う方法であり，最も一般的に使われている。なお，テキストマイニングの手法においてはある程度の言及頻度がないと他の分析が行いにくいという問題点がある。

　後者の方法は，第2章および第7章で提示したように，先行研究によって，概念選択を理論的に行う方法である。第2章では，原因帰属の方向を示す外部環境を示す概念と内部環境を示す概念とをD'Aveni & Macmillan（1990）での研究を参考に，選択した。第7章では，『私の履歴書』を経営者の経歴の代替変数とし，そこで語られる登場人物（選択された概念）を人間関係の代替変数として同定した。以上のような先行研究を基礎とした概念の選択方法もある。

　ここからいえることは，先行研究をレビューする際には分析結果だけでは

4）なお，現在，このツールを用いた共同研究を行っている。

なく，分析枠組み，どのような言語資料なのか，どのように概念選択を行っているのか，もしくは明らかになった分析結果等を注意深く読み込むことである。このことを意識したために，序章では幅広いレビューを行っているのであり，それらを参照されたい。

現在のツール，IBM SPSS Text AnalyticsとIBM SPSS Text Analytics for Surveysでは，前著の時代より辞書の精度などが格段に良くなっている。係り受け分析等も可能である。しかし，自然言語処理技術を用いて，カテゴリー設定を行うことや概念の選択時に注意すべき点がある。それは，一番最初から辞書設定やコーディングなどを行わないことである。その作業をしてしまうと，本来の意味や言葉も同義語として設定される可能性があるためである。例えば，第7章で取り上げた『私の履歴書』の登場人物の分析であると，「おやじ」が挙げられる。「おやじ」というと普通の両親などの親なのであるが，上司や親方を「おやじ」としていることなどがある。このような例は他の研究でも考えられることであり，「言語資料を観察する」ことが重要であり，最初の分析段階，カテゴリー化の段階においてはその余地を残す必要があることを指摘しておくことにしよう。

しかし，本書での概念選択の方法であると，ある意味厳格的過ぎると考えられる。そこで，このような先行研究がなく，分析枠組を構築できない場合の方法として，次の2つの方法が現在考えられる。1つは，第4章第IV節で提示したクラスタリング手法を用いる方法である。この手法では，まず，テキストマイニングの結果である概念を構造化し，その上で，Kohonenネットワーク（自己組織化マップ）を作成する。そして，クラスター参照番号を作成し，話題をクラスター化する方法である。そこで作られたマップは各クラスターで重要になる概念によって構成されている。その上で，数値データおよび属性データを混合することで重要なクラスターを発見し，そのクラスターを構成する概念を選択するという方法である。これは，「教師なし学習」と呼ばれる方法であり，テキストデータを要約することができる。しかし，そのように選択した概念についての理論的意味は後から探すことになるということを注記しておく。なお，このような利用法については今後検討していきたいと考えてはいる。しかし，本書では，このような「知りたいこと」が

Ⅱ　テキストマイニングでの問題点と解決方法　369

図表終-1　主題分析の結果

わからない，もしくは仮説のないテキストマイニングを推奨するものではない。

　もう1つはCBMIでの評価分析を用いる方法である。評価分析は，テキスト内に含まれる形容詞に関しての分析を行い，ある商品・サービスに対して顧客の評価を把握することができる。その分析を行うには，フレーズデータベースを構築する必要がある。そこで，ここでは，内田（2002）で挙げられている遊園地への顧客調査のデータをもとに，その手順を紹介することにしよう[5]。まず，通常の顧客調査ではその全体像を知るために主題分析を行うことになる。その結果が図表終-1である。

　その結果，「従業員」，「食事」に関する主題が多いことがわかる。この結果から，確かに「従業員」，「食事」という2つの概念を選択することが可能である。しかし，この2つの概念が顧客調査の中でどのように位置づけられるのか，調査者が知りたい課題と合致しているのか，広くは経営課題とどの

---

5) なお，ここでのデータは筆者が手順紹介を目的に内田（2002）pp.194-195のデータに属性データを結合したものであり，そのデータについては信頼性のあるものではないということを付け加えておくことにしよう。

図表終-2　評価分析でのアフェクトマップ

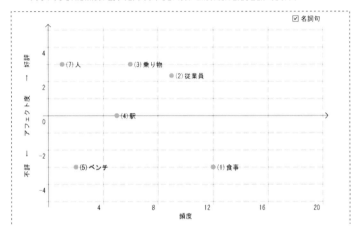

ように関連しているのか，などの点で不明確である．そこで，本書では，このような課題と関連がない形で概念選択を行う方法として，ジャストシステム社が得意とする自然言語処理技術を中心とした評価分析を行うことにする．評価分析では，その概念の修飾語から，その概念が評価される．その結果をアフェクトマップと読んでいる．この点については，第10章を参照されたい．その結果，図表終-2が得られる．図表終-2において，上方にあれば好評であり，下方にあれば不評であることを示している．

　その結果，好評なものとしては，「乗り物」，「従業員」があり，一方，不評なものとしては，「食事」と「ベンチ」が挙げられていることがわかる．そこで，アフェクトマップでの結果は直接経営課題（ここでは，顧客満足を改善する）を明確にするのに役に立つと考えられる．例えば，乗り物と従業員はこの遊園地の強みであると考えられ，一方，食事とベンチが不評であるということから，改善点として挙げることができる．つまり，顧客満足を上げるためには，「食事」という概念に注目するということになる．これを軸に以下の分析においては，コレスポンデンス分析でどのような性別，どのよ

図表終-3 食事などについてのコレスポンデンス分析（年齢層）

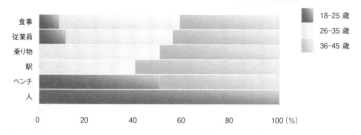

うな年齢層が不満を持っているのか，という分析につながっていくと考えられる。その結果は，図表終-3で示される。

その結果，食事に不満を持っている年齢層が明らかになる。

本書では，以上のように，自然言語処理技術（評価分析）を用いた概念選択の方法を提案する。この方法は，テキストマイニングを行う際に外部者の場合やその商品についての知識がない場合に特に有効である。筆者の直面した例でいうと，大学院生によって持ち込まれたデータが化粧品を販売している一般消費財メーカーのメールの分析や，SPSS（現IBM）社で事例として用いられるスキンケアの調査に関する分析などである。この両者は化粧品ということで共通しているが，筆者はまったく理解できなかった。

そこで，これを分析するために主題分析や言及頻度分析をまず行うのではなく，評価分析を行ってから概念選択を行うという手段を考え出したのである。その経験から，以上のような手法を提案する。なお，現在のツール，IBM SPSS Text AnalyticsとIBM SPSS Text Analytics for Surveysにおいては，係り受け分析等の形容詞もしくは副詞からの分析や態度変数（満足度調査）との組み合わせで分析できる。前者は，「良い」，「悪い」に結びついている言葉を選択する方法である。後者は満足度調査においての5点尺度の分析とともに，低い満足度と高い満足度で比較した上で，概念選択を行う方法である。また，質問票の設計の際に「満足する点」と「不満足な点」を自由筆記させた上でテキストマイニングを行うことも可能であろう。

この点から重要なことは，テキストマイニングを実践することで異なるテキストマイニングでの問題（概念選択）に直面することがあるということである。テキストマイニングを実践して直面する問題点，気づく問題点として

大きいのが次に挙げるデータ作成の問題である。

2）データ作成の問題

　第2の大きな問題はデータ作成の問題である。テキストマイニングにはその対象となるデータが必要であることはいうまでもない。しかし，現実的には，どれだけの言語資料がデジタル化されているだろう。そして，そのデジタル化されたデータはテキストマイニングを用いることを想定しているだろうか。この点は，実際テキストマイニングを用いるようになってのみ明らかになる問題点である。実際，筆者が，第6章で提示した有価証券報告書のテキストマイニングにしても，第7章で提示した『私の履歴書』のテキストマイニングにしても，その対象となるデータはデジタル化されていなかった。そこで，これらの研究においてはOCRソフトを用いてデジタル化するところからスタートしたのである。また，数多くの研究者が質問票調査を行っているだろう。その質問票調査の結果のうち，自由筆記欄の分析は行われているのだろうか。自由筆記欄を分析にかかる労力から後回しにしている多くの質問票調査があることは筆者自身がかかわった調査においても見られる。一方，実務界においても多くのテキストデータはデジタル化されていない状況にある。それ故，テキストマイニングツールを購入することも，購入したとしても利用していないという状況がある（三室・鈴村・神田，2007）。つまり，テキストマイニングを行おうにもそのデータとなるテキストがデジタル化されていないという現状が，テキストマイニングの利用可能性の問題となるということである。また，筆者が経験したテキストマイニングのプロジェクトもしくはデータマイニングのプロジェクトは第5章で示した分析用データが作成できないために頓挫しているものも現在でも数多くある。

　テキストマイニング，もっというと現在注目を集めているデータドリブン経営やマーケティングはそのデータ作成と両輪の関係がある（Redman，2008；Jeffery，2010；Davenport & Kim，2013；Provost & Fawcett，2013）。どちらが欠けてもテキストマイニングはできないのである。そこで，テキストマイニングツールを販売しているベンダーに1つのお願いがある。それは，テキストマイニングの対象となるテキストのデジタル化を支援するようなシ

ステムやソフトを開発してほしいということである。具体的には，OCRソフトの精度を上げることと，最近ではインタビューデータのデジタル化の問題から音声認識ソフトの開発などがそれに当たるであろう。なお，数社より，前述の自由筆記欄の問題については，ウェブで質問票調査を行えるようなソフトが開発・販売されている。

現在，前述したように通常のテキストがウェブ上にあることやウェブアンケートの利用などによってテキストデータのデジタル化が進んでいる。つまり，現在は，テキストマイニングを用いることができる研究対象があふれており，今後の研究が行いやすいということであり，今後テキストマイニングを用いる研究が数多くなると考えられる。この点については序章Ⅲ節，第1章および第5章を参照されたい。

最後に，データ作成において組織の問題も関わっている。なぜなら，一般的にいうと，仕事の内容，必要とされる情報を基礎に組織は部門化されており，同じ顧客データであっても部門が違えば違うデータとして保存・蓄積されていることが多いからである[6]。また，違うファイル形式で保存されていることもある。このような状況でテキストマイニングを行うには，個別に保存・蓄積されているデータを結合するという手続きが必要になる。本書では，この問題に対処するために，第3章において別々に保存・蓄積されているデータの結合方法について説明した。ただし，この方法は，ソフトの上での説明であり，組織的にこのような問題にどのように対処できるのか，という点については，本書の議論の範囲を超えている（三室・鈴村・神田，2007）。

前著では，ビジネスインテリジェンスツールおよびナレッジマネジメントツールとしての位置づけを考察する際にも大きな問題となると考えられ，今後の研究課題の1つである，とした。しかし，現在のところで議論すれば，第5章で説明した「分析用データ」を作成する以前の議論である。ここで分析用データは企業，組織であるとその基幹系システム（ERP）やそのほかの

6）なお，筆者は所属する大学において，退学者予測のデータマイニングを行う際に，学生に関するデータが入試課，教務課，学生課，キャリアセンターなどに部門別・個別に保存されている上に保存形式まで異なるという問題点に直面した。その上で，このような部門間にまたがるようなデータ作成の権限についても問題が発生したという経験をしている。

情報システム（CRM）のデータをベースに作成することになる。そこで重要になるのが，基幹系システムおよびそのほかの情報システムの利用頻度およびデータの質である（Redman, 2008；喜田，2010）。

この点に注目するのがデータマネジメントの領域である（DAMA International, 2006；Bradford, 2008；Loshin, 2008；Redman, 2008；Berson & Dubov, 2010；Watson, 2013；西田，2017）。データマネジメントとはデータを資源としてとらえ管理しようとする。そのトピックとしては，データ基盤，データの定義，データのガバナンス，セキュリティー，入力ミスを防ぐ，データ入力フォーマットの作成などのデータの質の管理，ERPの刷新スピードの管理，データおよび分析ニーズの把握，名寄せなどのデータ統合およびシステム統合，データエンジニアリング，データの利活用方法（データサイエンスと接点），データ分析基盤の構築，情報投資の事業価値化等が挙げられる。日本において，データマネジメントを研究している実務界の研究会として，JDMC（日本データマネジメント・コンソーシアム）とJUAS（日本情報システム・ユーザー協会のデータマネジメント研究会，現ビジネスデータ研究会）がある。前者においては，一般社団法人日本データマネジメント・コンソーシアム「データマネジメントの基礎と価値」研究会（2015）では，データマネジメントの概説を行い，一般社団法人日本データマネジメント・コンソーシアム「データマネジメントの基礎と価値」研究会（2016ab）ではデータマネジメントのケーススタディーを行っている。後者は一般社団法人日本情報システム・ユーザー協会（JUAS）（2014）などで日本企業の情報活用についての調査を行っている。

それ故，特にビジネスでのデータサイエンスの領域では，データマネジメント領域まで含める研究もある（Nielsen & Burlingame, 2013）。しかし，本書はアカデミックを中心としているためにこの点については注記しておくのみにしよう。なお，現在，JUASでのビジネスデータ研究会において「データマネジメント」に関する書物を企画・作成中である。

以上が，テキストマイニングにおいてのデータ作成の問題であり，特にデジタル化の問題については，これを解決するというビジネスが存在するということを付け加えておくことにしよう。

Ⅲ　おわりに：マイニングを行う者としての筆者の立場再掲

　以上が，テキストマイニングを実践する際の問題点として提示できる。この2つの問題がテキストマイニングの普及に悪影響を与えていると考えられる。しかし，このような問題を明確にすることがテキストマイニングを行う者には重要であると考えられる。なぜなら，この点を解決することでより有効なテキストマイニングを行うことが可能になり，実務界および学界での成果を生み出すことになるからである。そして，実践者のひとりとして，各共同研究では，各テキストマイニングのプロジェクトでの課題の明確化が重要な使命となると考えている。その課題とは，テキストマイニングを行うことを想定した分析枠組みの構築であり，データ作成を行うことである。

　最後に，「はじめに」でも提示したがテキストマイニングを実践する者としての立場を確認するおくことにしよう。なぜなら，テキストマイニングを実践する上で研究上の特徴がテキストマイニングの利用法に直結するからである。筆者が，内容分析を含めて言語資料の分析を行ったのは大学院時代の喜田（1992）に始まる。後に内容分析の有効性について考察する上で次のような方向性を模索した。内容分析がテキストマイニングの関連領域であり，その基礎となることは第1章で説明した通りである。そこで，以下の議論での内容分析のところにテキストマイニングと置き換えることができる。

①内容分析を用いることができる研究テーマおよび領域の構築
②内容分析を用いることができる言語資料の種類を拡大すること
③内容分析をより簡単に行うようにすること：テキストマイニングの利用
　　へ

　そこで，この3つの論点と本書の関係などを説明することにしよう。
　①の内容分析を用いることができる研究テーマおよび領域の構築は，テキストマイニングにおける概念選択および分析枠組みの構築と深く関連する。喜田（2007）でも説明したように，内容分析を用いることができる領域とし

て，認知的組織論の領域をまず確定した。その後，社会的ネットワーク論および社会資本論の研究を基礎とした人間関係に関する研究が行えることを本書第7章で提示した。

　現在は，序章で提示した先行研究のレビューからテキストマイニングを利用する領域と研究テーマは広がっていることが明らかである。

　それと呼応する関係で，②の内容分析およびテキストマイニングを用いることができる言語資料の種類も拡大した。認知的組織論の領域では，有価証券報告書を中心としたが，人間関係および社会的ネットワーク論および組織行動論の領域では，個人的ドキュメントの1つである自伝（本書では『私の履歴書』），そして，第8章では研修後のインタビュー調査の結果を研究対象にすることができた。その他の研究では，CSR報告書やニュースリリース，ウェブアンケートの自由筆記欄，ウェブ上での口コミなどがその対象としての広がりを見せている。この点については，序章，第1章および第5章を参照されたい。特に，第5章において新たな言語資料を取り扱うときにはデータクリーニングおよび資料特性を明らかにすることが必要であることを議論した。

　しかし，もっと重要な点は眠っている言語資料が「非構造化データ」，データとして用いることができるかもしれないというインサイト（洞察）を持っているか，どうかもしれない。このようなインサイトがあれば，今まで眠っていたテキストデータをテキストマイニングの対象として用いることが可能になる。もっと一般的にいうと，データはあるというが，データを分析する対象であるということを認識することのほうが重要かもしれない。それは，データは存在するものか，それとも作るものか，という深い問いにつながっていくと考えられる。筆者自身は第5章などで説明したように，データ（分析可能な状態のデータ）を作るものであると考えている。それは，今後の新たなデータの出現を可能にするテキストマイニングを行う者の姿勢ではないかと考えている。

　③の内容分析をより簡単に行うようにすることが，筆者がテキストマイニングに注目し，研究する契機となった。内容分析は研究者の負担の大きなメソドロジーとして位置づけられている。これは，「内容分析を用いる研究者

Ⅲ　おわりに：マイニングを行う者としての筆者の立場再掲　377

は「廃人」になる」という言葉で示される[7]。そこで，筆者は内容分析の省力化を内容分析の利用可能性の中心テーマの1つとして持ち続けたのである。2002年にテキストマイニングに触れたときに内容分析ソフトの代替品として使えるのではないかと考え，テキストマイニングに関する研究を続け，前著に至ったのである。

　その後，本書で示した通り，テキストマイニングはデータマイニングとの関係が深い。この点から，データマイニングのビジネスでの活用方法を研究し，喜田（2010）を出版した。テキストマイニングを用いる研究については，神戸大学の金井壽宏先生と深澤晶久様（現，実践女子大学教授）との共同研究を進め，第8章で取り上げた喜田・金井・深澤（2013ab）を論文として出すことができた。同時期に，日本情報システム・ユーザー協会でのデータマネジメント研究会およびJDMCの研究会に参加することで，データマイニング，データマネジメント，データサイエンスの動向，企業でのデータ活用などについて研究を進めることになった（石倉ほか，2016）[8]。このような研究から，前著の改訂を進める上での検討点などを明らかにし，本書に至った。

　最後に，本書でのテキストマイニングにおいては，文書内にある名詞のみを分析していることに注意してほしい。第6章では，認知変化＝概念変化とし，名詞をテキストマイニングの対象にし，第7章では，登場人物という名詞を取り上げている。第8章においても，リーダーや○○性などの名詞を取り上げている。

　しかし，テキストマイニングにおいて品詞情報として取り上げられるのは，名詞だけではない。この点は，第10章で取り上げたジャストシステム社のCBMIでのテキストマイニングからも示唆できる。つまり，形容詞，動詞などの品詞についてのテキストマイニングに関しては，本書では，第10章以外取り上げていないということである。これらの品詞についてのリサーチアイデアのみを提示することにしよう。なお，次の形容詞とも関係するが「否定

7）筆者が大学院時代内容分析を用いることで，神戸大学の加護野忠男先生および金井壽宏先生に示唆された。

8）この研究会への参加による成果であり，その参加には，科研JSPS科研費24530434を受けている。それ故，本書は，この科研の成果である。

的」,「肯定的」な名詞を,係り受け分析で明らかにする方法も考えられる。

　形容詞については,消費者行動論やマーケティング論での顧客満足に関する調査がまず行えるであろう。実務界でいえば,自社の製品の好評面と不評面を明らかにすることができるであろう。このような分析を見てみると,形容詞については,広くは「態度」の研究に用いることができるということであり,組織科学においては,従業員の満足(職務満足,不満足)の問題などに援用することができるかもしれない。また,組織内での従業員の態度の分布として組織文化をとらえると,組織文化や組織風土についての研究にも有効な方法となると考えられる。これと関連して,新たな経営手法や技術(例えばナレッジマネジメントシステム)の導入に対する従業員の態度の研究等に用いることも可能であろう。

　動詞については,消費者行動論においては,顧客行動を追及するのに用いられるだろうし,より深いニーズの分析が可能になると考えられる。また,組織科学においては,組織学習論や組織行動論でのアクションリサーチを行うことの助けとなるかもしれない。現在,この点については,ニューラルネットワークや決定木を用いて行動の予測と理解をする場合,動詞や副詞も含める研究が有効であるかもしれないということを検討している。

　そして,これらの品詞と名詞との関係を係り受け分析を用いることでより深いテキストマイニングの可能性を示唆することができると考えられるために,本書での第10章でその一端を提示した。このように幅広い種類の品詞情報を取り上げるテキストマイニングを経営研究での行うことを今後の課題としたい。

　その上で,現在,マルチリンガルな研究も進めている。そこでマルチリンガルについての分析枠組みを少しだけ述べると,言語資料の言語が異なる場合,その比較の中心となるのが,固有名詞(氏名,製品名,企業名,国名・地名等),それと翻訳してもあまりゆれのない名詞(各領域での専門用語,業界用語や製品の機能名,４ｋ等)などがその対象になると考えられる[9]。そして,最も有効であると思われるのが形態素分析であると思われる。なぜ

---

9) なお,マルチリンガルの分析については,金(2016)を参照されたい。

Ⅲ　おわりに：マイニングを行う者としての筆者の立場再掲　379

なら，言葉の意味を検討しなくてもよいためである。その上で，このような分析枠組みが可能かどうかを現在，ツール上で試行錯誤していることのみ注記しておくことにしよう。

　本書は，アカデミックでの利用法を中心としてきたが，前述したように実務界，ビジネスにおいてテキストを中心として「非構造化データ」があふれている[10]。例えば，第6章で取り上げた有価証券報告書などの公式的資料のテキストマイニングは他社の競争分析などの経営戦略立案で用いることができるかもしれない。第7章での『私の履歴書』などの個人的ドキュメントも経営者理解などで用いることができるかもしれない。そして，第8章での研修データの利用については自社の従業員に向けてのテキストマイニングを行う参考となると考えられる。なお，本書では，「非構造化データ」をテキストデータに限定していることを注意しておく。その他の「非構造化データ」としては，言語データになりえる音声データや，画像データ，動画データもある。しかし，非構造化データである言語データの分析を行うこと，テキストマイニングを行うことは，その他の非構造化データの扱い方の参考になると考えている。なぜなら，非構造化データを構造化データに変換する方向性に変わりはないからである。

　本書を読まれ，前著よりもテキストマイニングをアカデミックの研究手法および実務界において用いられることが普及することを祈りつつ，本書を終えることにしよう。

---

10) このような点については菰田・那須川（2014）などを参照されたい。そこでは，各種テキストデータの利用について議論している。

参考文献

A

Adair, J.（2005）*How to GrowLeaders: The Seven Key Principles of Effective Development*, London: Kogan Page Ltd.

Allport, G. W.（1942）*The Use of Personal Documents in Psychological Science*, New York: Social Science Research Council（大場安則（1970）『心理科学における個人的記録の利用法』培風館）.

Allport, G. W.（1965）*Letters from Jenny*, New York: Harcourt Brace Jovanovich（青木孝悦・萩原滋共訳『ジェニーからの手紙：心理学は彼女をどう解釈するか』新曜社, 1982）.

安念保昌（2015）「テキストマイニングによる空間的表象の分析：性と移動手段による方向音痴の研究」『瀬木学園紀要』第9号, pp.48-69。

安西祐一郎・石崎俊・大津由紀雄・波多野誼余夫・溝口文雄編（1992）『認知科学ハンドブック』共立出版。

荒木健治（2004）『自然言語処理ことはじめ』森北出版。

有馬明恵（2007）『内容分析の方法』ナカニシヤ出版。

浅野浩美・藤田昌克・津田和彦（2015）「テキストマイニングによる職業紹介機関が保有するデータからの採用決定要因の抽出について」『経営情報学会　全国研究発表大会要旨集 2015』, pp.253-256。

Axelrod, R.（1976）*Structure of Decision: The Cognitive Maps of Political Elites*, Princeton : Princeton University Press.

B

Badaracco, J. L. Jr（1997）*Defining Moments: When Managers Must Choose between Right and Right*, Boston : Harvard Bussiness School Press（金井壽宏監訳, 福嶋俊造訳（2004）『「決定的瞬間」の思考法』東洋経済新報社）.

Baida, P.（1990）*Poor Richard's Legacy: American Business Values from Benjamin Franklin to Donald Trump*, New York : W. Morrow（野中邦子訳（1992）『豊かさの伝説アメリカ：ビジネスにおける価値観の変遷』ダイヤモンド社）.

Baker, W.（2000）*Archiving Success Through Social Capital*, San Francisco : Jossey-Bass（青木薫訳（2001）『ソーシャル・キャピタル：人と組織の間にある

「見えざる資産」を活用する』ダイヤモンド社).

Barr, P. S., Stimpert, J. L. & A. S. Huff (1992) "Cognitive change, strategic action and organizational renewal," *Strategic Management Journal*, Vol.13, pp.15-36.

Bass, B. M. (1990) *Bass & Stogdill's Handbook of Leadership: Theory, Research, and Managerial Applications*, NewYork: Free Press.

Bennis, W. G. & R. J. Thomas (2002) *Geeks and Geezers: How Era, Values and Defining Moments Shape Leaders*, Boston : Harvard Business School Press (斎藤彰悟監訳, 平野和子訳 (2003)『こうしてリーダーはつくられる』ダイヤモンド社).

Berelson, B. (1952) *Content Analysis in Communication Research*, New York : Free Press.

Berry, M. J. A. & G. S. Linoff (1997) *Data Mining Techniques: For Marketing, Sales, and Customer Support*, Indianapolis: Wiley (Sd) (SASインスティチュートジャパン・江原淳・佐藤栄作訳 (1999)『データマイニング手法:営業, マーケティング, カスタマーサポートのための顧客分析』海文堂出版).

Berry, M. J. A. & G. S. Linoff (2000) *Mastering Data Mining: The Art and Science of Customer Relationship Management*, New York : Wiley (江原淳・金子武久・斉藤史朗・佐藤栄作・清水聰・寺田英治・守口剛訳 (2002)『マスタリング・データマイニング:CRMのアートとサイエンス(理論編)』海文堂出版).

Berson, A. & L. Dubov (2010) *Master Data Management AND Data Governance, 2/E.*, McGraw-Hill.

Bettman, R. & B. Weitz (1983) "Attributions in Board Room: Causal Reasoning in Corporate Annual Reports," *Administrative Science Quarterly*, Vol.28, No.2, pp. 165-183.

Bigus, J. P. (1996) *Data Mining with Neural Networks: Solving Business Problems—From Application Development to Decision Support*, New York : McGraw-Hill (社会調査研究所・日本アイ・ビー・エム株式会社・ビジネス・インテリジェンス事業推進部共訳 (1997)『ニューラル・ネットワークによるデータマイニング』日経BP社).

BIソリューション総覧編集委員会 (2009)『最新の企業戦略と情報活用の実践方法:BIソリューション総覧―ビジネスインテリジェンス(BI)ソリューション』産業技術サービスセンター。

Block, P. (1987) *The Empowered Manager: Positive Political Skills at Work*, San Francisco : Jossey-Bass (安田嘉昭訳 (1991)『21世紀のリーダーシップ:人を奮い立たせ, 組織を動かす』産能大出版部).

Bourdieu, P. (1979) *La Distinction*, Paris: Minuit (石井洋二郎訳 (1990)『ディス

タンクシオンⅠ・Ⅱ』藤原書店).

Bowman, E.（1976）"Strategy and Weather," *Sloan Management Review*, Vol.17, pp.49-62.

Bowman, E.（1978）"Strategy, Annual Reports, Alchemy," *California Management Review*, Vol.20, No.3, pp.64-71.

Bradford, M.（2008）*Modern ERP: Select, Implement, and Use Today's Advanced Business Systems*, Lulu. com.

Buttrey, S. E. & L. R. Whitaker（2017）*A Data Scientist's Guide to Acquiring, Cleaning, and Managing Data in R*, Wiley.

C

Cabena, P., Hadjnian, P., Stadler, R., Verhees, J. & A. Zanasi（1989）*Discovering Data Mining: From Concept to Implementation*, first edition, Upper Saddle River : Prentice Hall（河村佳洋・福田剛志監訳，日本アイ・ビー・エム株式会社ナショナル・ランゲージ・サポート訳（2000）『データマイニング活用ガイド：概念から実践まで』エスアイビー・アクセス社).

Charan, R., Drotter, S. & J. Noel（2001）*The Leadership Pipeline: How to Build the Leadership-Powered Company*, San Francisco : Jossey-Bass（グロービス・マネジメント・インスティテュート訳（2004）『リーダーを育てる会社 つぶす会社：人材育成の方程式』英治出版).

長曽我部まどか・榊原弘之（2015）「ワークショップにおける相互補完的対話の分析」『都市計画論文集』第50巻第1号，pp.28-36。

Cody, R. P. & SAS Institute（2008）*Cody's Data Cleaning Techniques Using SAS*, 2nd ed., Cary : SAS Institute Inc.

Conger, J.（1992）*Learning to Lead*, San Francisco, : Jossey-Bass.

Conger, J. & B. Benjamin（1999）*Building Leaders: How Successful Companies Develop the Next Generation*, San Francisco : Jossey-Bass.

Conger, J. & R. M. Fulmer（2003）"*Developing your leadership pipeline*," *Harvard Business Review*, December, pp.77-84.

D

大坊郁夫・安藤清志・池田謙一編（1989）『社会心理学パースペクティブ1：個人から他者へ』誠信書房。

大坊郁夫・安藤清志・池田謙一編（1990a）『社会心理学パースペクティブ2：人と人を結ぶとき』誠信書房。

大坊郁夫・安藤清志・池田謙一編（1990b）『社会心理学パースペクティブ3：集

団から社会へ』誠信書房。

DAMA International（2006）*The DAMA Guide to the Data Management Body of Knowledge*, でDAMA-DMBOK（データ総研監訳（2011）『データマネジメント知識体系ガイド』日経BP社）.

D'Aveni, R. & I. Macmillan（1990）"Crisis and Content of Managrial Communication: A study of the Focus of Attention of Top management in Surviving and Falling Firms," *Administrative Science Quarterly*, Vol.35. No.4, pp.634-657.

Davenport, T.（2005）*Thinking for a Living: How to Get Better Performance and Results from Knowledge Workers*, Boston : Harvard Business School Press（藤堂圭太訳（2006）『ナレッジワーカー』ランダムハウス講談社）.

Davenport, T.（2014）*Big Data at Work: Dispelling the Myths, Uncovering the Opportunities*, Boston : Harvard Business Review Press.

Davenport, T. & J. Haris（2007）*Competing on Analytics: The New Science of Winning*, Boston : Harvard Business School Press（村井章子訳（2008）『分析力を武器とする企業：強さを支える新しい戦略の科学』日経BP社）.

Davenport, T., Harris, J. & R. Morison（2010）*Analytics at Work: Smarter Decisions, Better Results*, Boston : Harvard Business Press（村井章子訳（2011）『分析力を駆使する企業：発展の五段階：分析で答を出す六つの問題』日経BP社）.

Davenport, T. & J. Kim（2013）*Keeping Up with the Quants: Your Guide to Understanding and Using Analytics*, Boston : Harvard Business Review Press（古川奈々子訳（2014）『真実を見抜く分析力：ビジネスエリートは知っているデータ活用の基礎知識』日経BP社）.

Davenport, T. & L. Prusak（2000）*Working Knowledge: How Organizations Manage What They Know*, Boston : Harvard Business School Press（梅本勝博訳（2000）『ワーキング・ナレッジ：「知」を活かす経営』生産性出版）.

太宰潮（2015）「クチコミサイトにおける価値階層構造の実証分析」『Direct Marketing Review: Journal of the Academic Society of Direct Marketing』第14巻, pp.44-59。

道面千恵子・長弘千恵・大池美也子・原田博子・仲野宏子・石橋昭子・原田広枝（2016）「専門的資格を有する看護師の糖尿病患者教育に対するビリーフの特徴」『国際医療福祉大学学会誌』第21巻第2号, pp.103-112。

E

越中康治・廣瀬真喜子・松井剛太・朴信永・若林紀乃・八島美菜子・山崎晃（2014）「障害のある幼児の保育に関する保育者の意見：テキストマイニングを

用いた職種による特徴の検討」『宮城教育大学情報処理センター研究紀要』第21巻，pp.33-38。

越中康治・目久田純一（2014）「懲戒と体罰の区別に関する学生の認識：テキストマイニングによる分析から」『宮城教育大学情報処理センター研究紀要』第21巻，pp.39-44。

Erl, T., Khattak, W. & P. Buhler（2015）*Big Data Fundamentals: Concepts, Drivers & Techniques*（*The Prentice Hall Service Technology Series from Thomas Erl*）, Prentice Hall: Amazon Services International, Inc.

F

Feldman, R. & J. Sanger（2007）*The Text Mining Handbook: Advanced Approaches in Analyzing Unstructured Data*, Cambridge : Cambridge University Press（辻井純一監訳，IBM東京基礎研究所（2010）『テキストマイニングハンドブック』東京電機大学出版局）.

Flick, U.（1995）*An Introduction to Qualitative Research*, London : SAGE（小田博志・山本則子・春日常・宮地尚子訳（2002）『質的研究入門：「人間の科学」のための方法論』春秋社）.

藤井晃（2017）「テキストマイニングに関する調査研究」『北陸先端科学技術大学院大学・課題報告書』。

藤井美和（2003）「大学生の持つ『死』のイメージ：テキストマイニングによる分析」『関西学院大学社会学部紀要』第95巻，pp.145-155。

藤井美和・小杉孝司・李政元（2005）『福祉・心理・看護のテキストマイニング入門』中央法規。

藤本隆宏・高橋伸夫・新宅純二郎・阿部誠・粕谷誠（2005）『有斐閣アルマ　リサーチ・マインド経営学研究法』有斐閣。

藤嶋裕美・山本育子・山口達也（2015）「テキストマイニングによるアルコール依存症者の発言内容の分析」『日本看護学会論文集. 精神看護』第45巻，pp.215-218。

藤原育子・今井多樹子・岡田麻里（2016）「卒業を控えた看護系大学生における患者急変時の看護に対する認識と困難感：テキストマイニングによる自由回答文の解析から」『人間と科学：県立広島大学保健福祉学部誌』第16巻第1号，pp.33-42。

深澤克朗・沢登千恵子（2017）「和歌集における計量分析と機械学習による判別」『情報知識学会誌』第27巻第2号，pp.133-143。

福成洋（2014）「研究戦略のための計量書誌学の実戦的活用と応用」『情報管理』第57巻第6号，pp.376-386。

福岡裕美子・畠山禮子（2012）「グループホームで暮らす認知症高齢者のアクティ

ビティに関する研究：テキストマイニング手法による紙芝居の感想の分析」『弘前学院大学看護紀要』第 7 巻，pp.31-35。

Fulmer, R. M. & J. A. Conger（2004）*Growing Your Company's Leaders: How Great Organizations Use Succession Management to Sustain Competitive Advantage*, New York : AMACOM.

古屋健・懸川武史・音山若（2013）「心理教育的集団リーダーシップ訓練の試み（4）：リフレクション報告のテキストマイニング分析」『立正大学心理学研究年報』第 4 巻，pp.21-32。

古谷豊（2014）「テキストマイニングを用いたスミス『国富論』普及の分析」『DSSR Discussion Papers』第29巻，pp.1-17。

G

Gardner, J. W.（1990）*On Leadership*, New York : Free Press（加藤幹雄訳（1993）『リーダーシップの本質：ガードナーのリーダーの条件』ダイヤモンド社）.

Giudici, P.（2003）*Applied Data Mining: Statistical Methods for Business and Industry*, Chichester : Wiley.

Glaser, B. G. & A. L. Strauss（1967）*The Discovery of Grounded Theory: Strategies for Qualitative Research*, Chicago : Aldine Publishing（後藤隆・大出春江・水野節夫訳（1996）『データ対話型理論の発見：調査からいかに理論をうみだすか』新曜社）.

御領謙・菊池正・江草浩幸（1993）『新心理学ライブラリ 7　最新認知心理学への招待：心の働きとしくみを探る』サイエンス社。

後藤康志・生田孝至（2008）「テキストマイニングをもちいた学部学生と現職教員の授業認知の比較」『新潟医療福祉学会誌』第 8 巻第 2 号，pp.2-9。

Granovetter, M.（1995）*Getting a Job: A Study of Contacts and Careers*, Chicago : The University of Chicago（渡辺深訳（1998）『転職：ネットワークとキャリアの研究』ミネルヴァ書房）.

H

萩原孝恵（2015）「グローバル人材として働くタイ人社員の異文化葛藤：来日 3 か月目のインタビューの分析」『山梨国際研究 山梨県立大学国際政策学部紀要』第10巻，pp.77-84。

浜口恵俊（1979）『日本人にとってキャリアとは』日本経済新聞社。

浜崎隆司・吉田美奈（2015）「添い寝時における就眠儀式についての研究：テキストマイニング法による自由記述の分析〈研究論文：学習開発学の今〉」『広島大学・学習開発研究』第 8 号，pp.175-183。

原敦子・三枝信・石橋雄一（2015）「病理診断におけるテキストマイニングの応用」『計算機統計学』第28巻第1号，pp.57-68。

原慎之介（2014）「テキストマイニングによる管理会計研究とSCM研究の比較：組織間管理会計への貢献に向けて」『原価計算研究』第38巻第2号，pp.136-147。

原田保（1999）『戦略的パーソナル・マーケティング：データベースによるリテンション経営』白桃書房。

原田勉（2000）『競争逆転の経営戦略』東洋経済新報社。

橋本泰樹・上野修平・大内紀知（2015）「テキストマイニングを用いた製品の付加価値の定量的把握」『経営情報学会　全国研究発表大会要旨集』，pp.160-163。

橋元理恵（2007）『先端流通企業の成長プロセス』白桃書房。

服部兼敏（2010）『テキストマイニングで広がる看護の世界：Text Mining Studioを使いこなす』ナカニシヤ出版。

林進（1988）『有斐閣Sシリーズ：コミュニケーション論』有斐閣。

Heider, F.（1958）*The Psychology of Interpersonal Relations*, New York：Wiley（大橋正夫訳（1978）『対人関係の心理学』誠信書房）。

樋口耕一（2011）「現代における全国紙の内容分析の有効性」『行動計量学』第38巻第1号，pp.1-12。

樋口耕一（2014）『社会調査のための計量テキスト分析：内容分析の継承と発展を目指して』ナカニシヤ出版。

疋田眞也・萩原克幸・鶴岡信治（2012）「組織研究におけるテキストマイニングを用いた系統的分析方法」『日本情報経営学会誌』第32巻第3号，pp.97-109。

平野銘子・古井景・二宮昭（2012）「リラクセイション体験における中学生の自由記述の分析：テキストマイニングを用いて」『愛知淑徳大学論集. 心理学部篇』第2巻，pp.17-25。

平野泰宏（2015）「体育教材としてのバドミントン指導法に関する一考察」『大妻女子大学家政系研究紀要』第51巻，pp.47-56。

平本健太（2007）『情報システムと競争優位』白桃書房。

平本毅・山内裕・北野清晃（2014）「言語と情報への会話分析によるアプローチ：ハンバーガー店の調査から（〈特集〉情報経営への言語的アプローチ）」『日本情報経営学会誌』第35巻1号，pp.19-32。

平尾誠二・金井壽宏（2005）「スポーツと経営学から考えるリーダーシップ」『CREO』第17巻第1号，pp.79-86。

広垣光紀（2017）「地域ブランドと経験価値マーケティング：テキストマイニングによる探索的分析」『愛媛大学・地域創成研究年報』第12巻，pp.1-8。

廣瀬喜貴・平井裕久・新井康平（2017）「MD&A情報の可読性が将来業績に及ぼす影響：テキストマイニングによる分析」『経営分析研究』第33巻，pp.87-101。

日和恭世（2013）「ソーシャルワーク研究におけるテキストデータ分析に関する一考察」『評論・社会科学』第106巻，pp.141-155。

日和恭世（2014）「ソーシャルワーカーの実践観に関する一考察：テキストマイニングによる分析をもとに」『別府大学紀要』第55巻，pp.73-83。

宝月誠・中道實・田中滋・中野正大（1989）『有斐閣Sシリーズ；社会調査』有斐閣。

星野命（1989）『性格心理学新講座；第6巻 ケース研究』金子書房。

Huff, A. S.（ed.）（1990）*Mapping Strategic Thought*, Chichester: Wiley.

Hughes, R. L., Ginnett, R. C. & G. J. Curphy（2005）*Leadership: Enhancing the Lessons of Experience*, 5th edition, Boston : Irwin McGraw-Hill.

Hymes, D.（1974）*Foundations in Sociolinguistics: An Ethnographic Approach*, Philadelphia : University of Pennsylvania Press（唐須敏光訳（1979）『言葉の民族誌：社会言語学の基礎』紀ノ國屋書店）.

I

今井むつみ・野島久雄（2003）『人が学ぶということ：認知学習論からの視点』北樹出版。

今井多樹子・池田敏子（2015）「ICU, CCU, および救命救急センターに配属される新人看護師に必要な基礎教育内容：テキストマイニングによる臨床看護師と新人看護師の自由回答文の解析から」『日本看護学教育学会誌』第24巻第1号，pp.39-50。

今井多樹子・高瀬美由紀（2016）「新人看護師が「離職を踏み止まった理由」：テキストマイニングによる自由回答文の解析から」『日本職業・災害医学会会誌』第64巻第5号，pp.279-286。

稲葉元吉・山倉健嗣（1985）「組織革新論の展開」『組織科学』第19巻第1号，pp.78-89。

井波真弓・齊藤兆古・堀井清之・細井尚子・山縣貴幸・藤澤延行・村井祐一・山田美幸・熊谷一郎（2013）「『源氏物語』の可視化」『可視化情報学会誌』第3巻第130号，pp.97-107。

井上祐輔・竹岡志朗・高木修一（2014）「テキストマイニングに関する方法論的検討：クチコミ情報に基づくイノベーションの普及分析（〈特集〉情報経営への言語的アプローチ）」『日本情報経営学会誌』第35巻1号，pp.59-71。

印南一路（1997）『すぐれた意思決定』中央公論社。

一般社団法人日本データマネジメント・コンソーシアム「データマネジメントの基礎と価値」研究会（2015）『データマネジメント概説書（JDMC版）：ビジネスとIT をつなぐ―データマネジメントとは』Amazon Services International,

Inc.

一般社団法人日本データマネジメント・コンソーシアム「データマネジメントの基礎と価値」研究会（2016a）『データマネジメント・ケーススタディ ボトムアップ編：始まりは品目検索へのクレームだった』Amazon Services International, Inc.

一般社団法人日本データマネジメント・コンソーシアム「データマネジメントの基礎と価値」研究会（2016b）『データマネジメント・ケーススタディ トップダウン編：顧客満足度向上のための業務横断データ活用』Amazon Services International, Inc.

一般社団法人日本情報システム・ユーザー協会（JUAS）（2014）『企業IT動向調査報告書 2014』日経BP社。

石田基広（2017）『Rによるテキストマイニング入門 第2版』森北出版。

石井淳蔵・奥村昭博・加護野忠男・野中郁次郎（1985）『経営戦略論』有斐閣。

石井哲（2002）『テキストマイニング活用法』リックテレコム。

石倉弘樹・後藤晃範・喜田昌樹・奥田真也（2016）「情報統合の規定要因と効果：アンケート調査をもとに」『大阪学院大学商・経営学論集』第41巻第2号，pp.1-16。

石橋貞人（2013）「テキストマイニングによる定年前研修に対する自由記述アンケート分析」『明星大学経営学研究紀要』第8巻，pp.95-108。

石橋太郎（2012）「e-口コミのテキスト・マイニング分析に向けて（その1）：伊豆地域におけるホテル・旅館を対象として」『静岡大学経済研究』第17巻第2号，pp.1-11。

石嶺ちづる・豊田雄彦・竹内美香（2012）「テキストマイニング手法による「就職活動体験記」に対する学生の所感分析」『自由が丘産能短期大学紀要』第45巻，pp.45-49。

磯島昭代（2006）「テキストマイニングを用いた米に関する消費者アンケートの解析」『農業情報研究』第15巻第1号，pp.49-60。

磯島昭代（2010）「テキストマイニングによる農産物に対する消費者ニーズの把握」『フードサービス研究』第16巻第4号，pp.4-38-4-42。

伊藤大介（2007）「テキストマイニング手法を用いて分析した美術館来館者の生活における美術館の存在意義：静岡県立美術館来館者アンケートを事例として」『文化経済学』第5期案第3号，pp.101-110。

いとうたけひこ（2011）「批判心理学の方法としてのテキストマイニング：変数心理学に対するオルタナティブ（〈特集〉批判心理学の可能性）」『心理科学』第32巻第2号，pp.31-41。

いとうたけひこ・三浦楓子（2016）「日本人の臨死体験の特徴」『国際生命情報科

学会誌』第34巻第2号, pp.120-125。

岩田一哲（2008）「過労死・過労自殺と職務上の出来事との関係の分析」『弘前大学経済研究』第31巻, pp.16-27。

和泉潔・後藤卓・松井藤五郎（2010）「テキスト情報による金融市場変動の要因分析」『人工知能学会誌』第25巻第3号, pp.383-387。

和泉潔・後藤卓・松井藤五郎（2011）「テキスト分析よる金融取引の実評価」『人工知能学会誌』第26巻第2号, pp.313-317。

泉澤圭亮（2015）「ネット上の個人投稿の分析による北海道観光の地域特性に関する研究」『北海道地域観光学会誌』第2巻第2号, pp.20-29。

J

Janis, I. L.（1965）"The Problem of Validating Content Analysis Categories," pp. 55-82, in H. D. Lasswell et al.（eds.）, *Language of Politics*, Cambridge : MIT Press.

Jeffery, M.（2010）*Data-driven Marketing: The 15 Metrics Everyone in Marketing Should Know*, Hoboken : Wiley（佐藤純・矢倉純之介・内田彩香共訳（2017）『データ・ドリブン・マーケティング：最低限知っておくべき15の指標』ダイヤモンド社）.

K

加護野忠男（1998）『組織認識論』千倉書房。

加護野忠男（2011）『新装版 組織認識論：企業における創造と革新の研究（Bibliotheque Chikura）』千倉書房。

加護野忠男・井上達彦（2004）『事業システム戦略：事業の仕組みと競争優位』有斐閣。

加護野忠男・山田幸三編（2016）『日本のビジネスシステム：その原理と革新』有斐閣。

海保博之・加藤隆編（1999）『認知研究の技法』福村出版。

鍛冶葉子（2010）「学生の理解度と特性からみた「わかる授業」の検討：授業アンケート調査の結果から」『甲南女子大学研究紀要. 看護学・リハビリテーション学編』第4巻, pp.165-173。

柿澤美奈子・田中高政・塚田縫子（2015）「精神看護学実習における精神科デイケアおよび就労継続支援B型事業所での学生の学び：SPSS Text Analytics for Surveysを用いて」『佐久大学看護研究雑誌』第7巻第1号, pp.25-34。

釜賀誠一（2015）「テキストマイニングを用いた授業評価の自由記述の分析と対策」『尚絅大学研究紀要. A, 人文・社会科学編』第47巻, pp.49-61。

亀田啓悟（2016）「財政悪化とCDSレートの関係：テキストマイニングデータを用

いた検証」『関西学院大学Working papers series. Working paper』第52巻, pp.1-15。

金井壽宏（1992）『変革型ミドルの探求：戦略・革新志向の管理者行動』白桃書房。

金井壽宏（1994）『企業者ネットワーキングの世界：MITとボストン近郊の企業者コミュニティーの探求』白桃書房。

金井壽宏（2002）『仕事で「一皮むける」』光文社新書。

金井壽宏（2005）『リーダーシップ入門（日経文庫）』日本経済新聞社。

金井壽宏（2006a）「活私開公型のキャリア発達とリーダーシップ開発　個を活かし社会にも貢献する世代継承的夢」山脇直司・金泰昌編『公共哲学18組織・経営から考える公共性』東京大学出版会, pp.261-301。

金井壽宏（2006b）『働くみんなのモティベーション論』NTT出版。

金井壽宏（2008）「実践的持論の言語化が促進するリーダーシップ共有の連鎖」『国民経済雑誌』第198巻第6号, pp.1-29。

金井壽宏（2009）「『一皮むけた経験』を使用したエクササイズのすすめ　時間軸にそっての経験の内省, 語りと共有, 議論を通じて, キャリア発達のなかにリーダーシップ開発を捉えるライブケースの可能性」神戸大学大学院経営学研究科ディスカッション・ペーパー・シリーズ』No.2009-12。

金井壽宏・古野庸一（2001）「『一皮むける経験』とリーダーシップ開発」『一橋ビジネス・レビュー』第49巻第1号, pp.48-67。

Kanai, T. & Y. Furuno（2011）"Quantum Leap Experiences for Leadership Development: Stories of Japanese Top and Middle Managers," in R. Bebenroth & T. Kanai（eds.）, *Challenges of Human Resource Management in Japan*, London : Routledge.

金井壽宏・守島基博（2009）「漸成説からみた早期よりのリーダーシップ発達 教育・人事制度への含意」『組織科学』第43巻第2号, pp.51-64。

金井壽宏・守島基博・金井則人（2003）「リーダーシップ開発とキャリア発達 選抜型の次期経営幹部の育成をめぐる理論と実践」『一橋ビジネス・レビュー』第51巻第1号, pp.66-83。

金井壽宏・尾形真実哉・片岡登・元山年弘・浦野充洋・森永雄太（2007）「リーダーシップの持（自）論アプローチ その理論的バックグランドと公表データからの持（自）論解読の試み」『神戸大学大学院経営学研究科ディスカッション・ペーパー・シリーズ』No.2007-12。

金井壽宏・高橋俊介（2005）『キャリアの常識の嘘』朝日新聞社。

金井壽宏・谷口智彦（2012）「実践知の組織的継承とリーダーシップ」金井壽宏・楠見孝編『実践知』有斐閣, pp.59-104。

金森剛（2014）「SNS発言のテキストマイニングによるブランド価値の分析：心理

的参加と行動的参加」『相模女子大学・人間社会研究』第11巻，pp.47-59。

金光淳（2003）『社会ネットワーク分析の基礎：社会的関係資本論に向けて』頸草書房

苅宿俊文・朝川哲司・石井理恵・中尾根美沙子（2012）「コミュニケーション・デザイン教育における学習成果の視覚化」『教育メディア研究』第18巻第1・2号，pp.1-11。

柏渕孝文・松村真宏（2011）「サービス利用者の要望に含まれる語句とその実現率との関係」『経営情報学会誌』第19巻第4号，pp.385-393。

加藤栄子・平松庸一・尾崎フサ子（2013）「就職6ヵ月時における新人看護職者のバーンアウトの実態と看護療法による効果」『群馬県立県民健康科学大学紀要』第8巻，pp.9-21。

加藤淳一（2013a）「ブログテキストマイニングによる海外観光都市に関する消費者ニーズの探索的調査：モナコ公国を事例に」『つくば国際大学・研究紀要』第19巻，pp.35-50。

加藤淳一（2013b）「マーケティングにおけるデータサイエンス研究・教育の共通基盤としてのKIP」『つくば国際大学・研究紀要』第20巻，pp.25-50。

加藤淳一（2017）「KIPによる海外観光都市に対するニーズの探索的調査と比較分析：ハワイ州と先行研究結果（モナコ公国）との比較を通じて」『久留米大学・比較文化研究』第5巻，pp.1-20。

加藤淳一・今西衞（2012）「ディズニーランドに対する消費者ニーズの探索的探求」『経営情報学会　全国研究発表大会要旨集 2012』，pp.19-22。

加藤直樹・羽室行信・矢田勝俊（2008）『（シリーズオペレーションズ・リサーチ；2）データマイニングとその応用』朝倉書店。

川端崇義・今西孝至・髙山明・矢野義孝（2016）「テキストマイニングを用いた薬学生のバイタルサイン聴取に対する意識分析」『医療薬学』第42巻第1号，pp.23-30。

河合忠彦（1992）「戦略的組織活性化」『組織科学』第26巻第3号，pp.7-20。

河合忠彦（1996）『戦略的組織革新：シャープ・ソニー・松下電器の比較』有斐閣。

川上直也・中條良美・朴恩芝・前田利之（2013）「テキストマイニングによる環境コスト支出要因の時系列分析」『経営情報学会　全国研究発表大会要旨集 2013』，pp.173-176。

河本薫（2013）『会社を変える分析の力（講談社現代新書）』講談社。

河本薫（2017）『最強のデータ分析組織：なぜ大阪ガスは成功したのか』日経BP社。

川島大輔・小山達也・川野健治・伊藤弘人（2009）「希死念慮者へのメッセージにみる，自殺予防に対する医師の説明モデル：テキストマイニングによる分析」『パーソナリティ研究』第17巻第2号，pp.121-132。

菊池淳（2006）「テキストマイニングツールTextMining Studioの紹介」『計算機統計学』第18巻第 1 号，pp.45-49。

木南莉莉・古澤慎一（2014）「地域イノベーション戦略の実態と課題：新潟県「健康ビジネス連峰」を事例として」『新潟大学農学部研究報告』第67巻第 1 号，pp. 1 -26。

金明哲（2007）『Rによるデータサイエンス：データ解析の基礎から最新手法まで』森北出版。

金明哲（2009）『テキストデータの統計科学入門』岩波書店。

金明哲（2016）「教育と研究のためのテキストマイニングツールMTMineR（5.4）」『日本計算機統計学会大会論文集』第30巻，pp.113-116。

岸江信介・田畑智司編（2014）『テキストマイニングによる言語研究（ひつじ研究叢書，言語編：第121巻）』ひつじ書房。

北島良三・上村龍太郎・内田理（2015）「東証 1 部上場の製造業企業の社是からの特徴抽出に関する研究」『日本知能情報ファジィ学会 ファジィ システム シンポジウム 講演論文集』第31巻，pp.306-311。

記虎優子（2010）「企業のステークホルダー志向と情報開示の関係：企業ウェブサイトに着目して」『環境技術』第39巻第 2 号，pp.103-110。

記虎優子（2011）「CSR基本方針に表れた企業の環境志向とEMS構築度の関係」『環境技術』第39巻第 8 号，pp.486-492。

記虎優子（2012）「会社法に基づく内部統制システム構築の基本方針の時系列分析：改定理由とその公表時期の関係」『同志社女子大学総合文化研究所紀要』第29巻，pp.16-39。

記虎優子・奥田真也（2009）「企業の社会的責任（CSR）に対する基本方針とコーポレートガバナンスの関係：テキストマイニングを利用して」『一橋ビジネス・レビュー』第57巻第 1 号，pp.152-163。

小林雄一郎（2017a）『Rによるやさしいテキストマイニング』オーム社。

小林雄一郎（2017b）『仕事に使えるクチコミ分析：テキストマイニングと統計学をマーケティングに活用する』技術評論社。

Kohonen, T.（2001）*Self-organizing Maps,* 3rd ed.（Springer series in information sciences ; 30），New York : Springer（徳高平蔵・大薮又茂・堀尾恵一・藤村喜久郎・大北正昭訳（2005）『自己組織化マップ　改訂版』シュプリンガー・フェアラーク東京）.

小峯敦・下平裕之（2017）「ベヴァリッジ『自由社会における完全雇用』のケインズ的要素：テキストマイニングを加味した量的・質的分析」（ディスカッション・ペーパー）『龍谷大学経済学部・Discussion Paper Series』No.17-1。

菰田文男・那須川哲哉（2014）『ビッグデータを活かす技術戦略としてのテキスト

マイニング』中央経済社。

小室達章（2016）「テキストマイニングを活用したリスク概念の分析」『金城学院大学論集. 社会科学編』第12巻第 2 号，pp.20-36。

越出均（1998）『経営情報学の視座：組織の情報と協創』創成社。

Kotter, J. P.（1988）*The Leadership Factor*, New York : Free Press.

Kouzes, J. M. & B. Z. Posner（2007）*The Leadership Challenge*, 4th ed., San Francisco : Jossey-Bass（金井壽宏監訳，伊東奈美子訳（2010）『リーダーシップ・チャンレジ』海と月社）.

小柳達也・石井康夫・竹安大介・竹安数博（2015）「高等学校教員の業務負担に関するテキスト・マイニング分析」『八戸学院大学紀要』第51巻, pp.71-83。

Krippendorff, K.（1980）*Content Analysis: An Introduction to Its Methodology*, Beverly Hills : Sage Publication（三上俊治訳（1989）『メッセージ分析の技法：「内容分析への招待」』勁草書房）.

久保淳史（2008）「アメリカ会計基準におけるリスク概念：内容分析によるコンテクストの検討」『會計』第174巻第 2 号，pp.228-243。

久保順也（2016）「児童生徒間のいじめに対する教員の認識：テキスト分析によるカテゴリ化の試み」『宮城教育大学紀要』第50巻，pp.267-276。

久保田貴文（2016）「旅行情報サイトにおけるホテル口コミデータのテキストマイニング」『経営・情報研究 多摩大学研究紀要』第20巻, pp.149-156。

倉田真由美（2015）「生体肝移植における報道傾向に関する一考察：テキストマイニングを用いた探索的分析」『社会医学研究：日本社会医学会機関誌』第32巻第 2 号，pp.125-132。

黒岩祥太（2005）「ブランドイメージと消費者接点の関連についてのテキストマイニング」『マーケティングジャーナル』第25巻第 1 号，pp.38-50。

L

Lant, T. K., Milliken, F. J. & B. Batra（1992）"The role of managerial learning and interpretation in strategic persistence and reorientation: An empirical exploration," *Strategic Management Journal*, Vol.13, pp.585-608.

Larose, D. T.（2004）*Discovering Knowledge in Data: An Introduction to Data Mining*, Indianapolis: Wiley.

Levinson, H.（1980）"Criteria for Choosing Chief Executives," *Harvard Business Review*, Vol.58, No.4, pp.113-120.

Levi, A. & P. E. Tetlock（1980）"A cognitive analysis of Japan's 1941 decision for war," *Journal of Conflict Resolution*, Vol.24, pp.195-211.

Liebowittz, J.（1999）*Knowledge Management, Handbook*, London : CRC Press.

Linoff, G. & M. Berry（2011a）*Data Mining Techniques: For Marketing, Sales, and Customer Relationship Management*, New York：Wiley（上野勉・江原淳・大野知英・小川祐樹・斉藤史朗・佐藤栄作・谷岡日出男・原田慧・藤本浩司訳（2014）『データマイニング手法 探索的知識発見編：営業，マーケティング，CRMのための顧客分析』海文堂出版）.

Linoff, G. & M. Berry（2011b）*Data Mining Techniques: For Marketing, Sales, and Customer Relationship Management*, New York：Wiley（上野勉・江原淳・大野知英・小川祐樹・斉藤史朗・佐藤栄作・谷岡日出男・原田慧・藤本浩司訳（2014）『データマイニング手法 予測・スコアリング編：営業，マーケティング，CRMのための顧客分析』海文堂出版）.

Loshin, D.（2008）*Master Data Management*（*The MK/OMG Press*），San Francisco：Morgan Kaufmann.

Lurigio, A. J. & J. S. Carroll（1985）"Probation Officers Schemata of Offenders; Content, Development, and Impact on Treatment Decisions," *Journal of Personality and Social Psychology*, Vol.48, No.5, pp.1112-1126.

Lyles, M.& C. Schwenk（1992）"Top Management, Strategy and Organizational Knowledge Structures," *Journal of Management Studies*, Vol.29, No.2, pp.155-174.

M

前田亮・西原陽子（2017）『情報アクセス技術入門：情報検索・多言語情報処理・テキストマイニング・情報可視化』森北出版。

前田新造（2007）「『美しい老舗』を変革した男の『波乱万丈』」『ビジネス・インサイト』第15巻第3号，pp.67-81。

Magal, S. R. & J. Word（2012）*Integrated business processes with ERP systems*, Hoboken；Wiley.

Martinko, M.（1995）*Attribution Theory: Organizational Perspective*, Delray Beach：St Luicie'Press.

松井亮佑・妹尾大（2008）「テキストマイニングとネットワーク分析による大規模文書群内知識構造の視覚化：知識構造マップの開発と適用」『経営情報学会 全国研究発表大会要旨集 2008』，p.50。

松井剛（2013）『ことばとマーケティング：「癒し」ブームの消費社会史』碩学舎。

松村真宏・三浦麻子（2009）『人文・社会科学のためのテキストマイニング』誠信書房。

Mazza, R.（2009）*Introduction to Information Visualization*, London：Springer（加藤諒編, 中本浩翻訳（2011）『情報を見える形にする技術：情報可視化概論』ボーンデジタル.

McCall, M. W.（1998）*High Flyers*, Boston : Harvard Bussiness School Press（金井壽宏監訳（2000）『ハイ・フライヤー：次世代リーダーの育成法』プレジデント社）.

McCall, M. W. & G. P. Hollenbeck（2002）*Developing Global Experiences: Lessons of International Experience*, Boston : Harvard Business School Press.

McCall., M. W., Lambardo, M. M. & A. M. Morrison（1988）*The Lessons of Experience: How Successful Executives Develop on the Job*, Lexington : Lexington Books.

McCallum, Q. E.（2012）*Mapping the World of Data Problems Bad Data Handbook*, Sebastopol : O'Reilly（磯蘭水・笹井崇司訳（2013）『バッドデータハンドブック：データにまつわる問題への19の処方箋』オライリージャパン）.

McCauley, C. D., Moxley, R. S. & E. V. Velsor（eds.）（1998）*Handbook of Leadership Development. Center for Creative Leadership*, San Francisco : Jossey-Bass.（金井壽宏監訳（2011）『リーダーシップ開発ハンドブック』白桃書房）.

三室克哉・鈴村賢治・神田晴彦（2007）『顧客の声マネジメント：テキストマイニングで本音を「見る」』オーム社。

峯明秀（2012）「マイニング・ソフトの利用による授業事実の抽出」『大阪教育大学社会科教育学研究』第10巻，pp.21-30。

峯田誠也・岡田公治（2016）「企業のIR情報からの戦略ワードの抽出法の提案」『経営情報学会　全国研究発表大会要旨集 2016』，pp.75-86。

見田宗介（1978）『近代日本の心情の歴史（講談社学術文庫）』講談社。

Mitchel, R. & J. Larson（1987）*People in Organizations: Introduction to Organizational Behavior*, 3rd Ed., New York : McGraw-Hill.

Mitsa., T.（2010）*Temporal Data Mining*（Chapman & Hall/CRC data mining and knowledge discovery series）, Boca Raton, London : Chapman & Hall/CRC.

三浦麻子・川浦康至（2009）「内容分析による知識共有コミュニティの分析：投稿内容とコミュニティ観から」『社会心理学研究』第25巻第2号，pp.153-160。

宮川公男・上田泰（2014）『経営情報システム〈第4版〉』中央経済社。

宮本明奈・今井多樹子・岡田麻里（2016）「看護系大学生の各学年における職業志向：テキストマイニングによる自由回答文の解析から」『人間と科学：県立広島大学保健福祉学部誌』第16巻第1号，pp.43-51。

宮崎正也（2001）「内容分析の企業行動研究への応用」『組織科学』第35巻第2号，pp.114-127。

水野節夫（2000）『事例分析への挑戦：'個人'現象への事例媒介的アプローチの試み』東信堂。

水田茂久（2016）「教員養成課程学生の教職への意識の変化について：テキストマ

イニングを用いての定量的分析」『佐賀女子短期大学研究紀要』第50巻, pp.97-108。

Monk, E. F. & B. J. Wagner（2006）*Concepts in Enterprise Resource Planning*, 2nd ed., Australia : Thomson Course Technology（堀内正博・田中正郎訳（2006）『マネジメント入門：ERPで学ぶビジネスプロセス』トムソンラーニング, ビーエヌエヌ新社（発売））.

Moorhead, G. & R. W. Griffin（2004）*Organizational Behavior: Managing People and Organizations*, 7th ed., Boston : Houghton Mifflin.

森健一郎・八木修一・津田順二・安川禎亮・西村聡（2015）「釧路キャンパス「教育フィールド研究」による教育効果の検討：テキストマイニングの手法を用いた振り返り活動の分析」『北海道教育大学紀要教育科学編』第66巻第1号, 311-322。

元田浩・津本周作・山口高平・沼尾正行（2006）『IT text　データマイニングの基礎』オーム社。

毛利伊吹・笠井さつき・大塚秀実・中野彩・木村久美・元永拓郎（2015）「精神科での実習における臨床教育の視点：実習指導担当者から実習生へ送られた電子メールのテキストマイニングによる分析」『帝京大学心理学紀要』第31巻, pp. 31-48。

向江亮（2015）「企業におけるメンタルヘルスケアの取り組みと従業員の精神的健康の関連についての検討：ケアの実効性の関連指標としての「メンタルヘルスケアに対する従業員の満足度」への注目」『臨床心理学』第15巻第3号, pp.371-383。

向井淳治・徳山絵生・木本美香・宮武望・小野原未由来・本荘愛美・濱田藍子・髙橋直継（2014）「テキストマイニングによる病院実務実習日誌の分析」『医療薬学』第40巻第4号, pp.245-251。

村井孝行・中條良美・朴恩芝・前田利之（2011）「テキストマイニングによる環境コスト支出の要因分析」『経営情報学会　全国研究発表大会要旨集 2011』, p.76。

村上征勝（1994）『行動計量学シリーズ6 真贋の科学：計量文献学入門』朝倉書店。

N

長坂悦敬（2012）「工場診断におけるテキストマイニングの適用」『甲南経営研究』第53巻第2号, pp. 23-55。

名古屋恒彦（2013）「テキストマイニングによる領域・教科を合わせた指導の分析」『岩手大学教育学部附属教育実践総合センター研究紀要』第12巻, pp.313-318。

内藤勲（2011）「企業倫理をめぐる意味ネットワーク分析」『愛知学院大学論叢・

経営学研究』第20巻第 4 号，pp.283-296。

中島ともみ・宮前珠子・萩田邦彦・山下拓朗・馬場博規（2015）「注意障害事例の行動の特徴と機能評価との関連性：観察記録のテキストマイニングによる分析とTrail Making Testの検討より」『リハビリテーション科学ジャーナル』第10巻，pp.23-36。

中邨良樹（2014）「有価証券報告書の記述単語と経営指標との関係に関する一考察」『青山経営論集』第49巻第 3 号，pp.101-111。

中邨良樹・高林直樹・大場允晶・山本久志・丸山友希夫（2015）「テキストマイニングを用いた企業・業種分析の一指標：2010年と2012年の環境報告書の場合」『横幹』第 9 巻第 2 号，pp.95-103。

中西晶・四本雅人・牛丸元・杉原大輔・高木俊雄（2014）「緊急時多地点遠隔会議システム上の言説的行為の分析：東京電力福島第一原子力発電所事故の事例（〈特集〉情報経営への言語的アプローチ）」『日本情報経営学会誌』第35巻 1 号，pp.46-58。

中野常男・橋本武久・清水泰洋（2009）「わが国における会計史研究の過去と現在：テキストマイニングによる一試論」『国民経済雑誌』第200巻第 4 号，pp. 1 - 23。

中野康人（2017）「"Environment and Behavior" の計量書誌学的分析」『関西学院大学社会学部紀要』第126巻，pp.1-11。

中野裕介・湯本高行・新居学・佐藤邦弘，（2014）「商品レビュー要約のための属性-意見ペア抽出」『情報処理学会・研究報告データベースシステム2014』第15巻，pp. 1 - 7 。

中尾悠利子・西谷公孝・國部克彦（2014）「社会・環境パフォーマンスと記述的表現の関係性：社会環境報告書の分析を通して」『會計』第185巻第 6 号，pp.68-81。

中岡伊織（2014）「自己組織化マップおよび対応分析による口コミ情報を用いた地域性特徴分析（〈特集〉情報経営への言語的アプローチ）」『日本情報経営学会誌』第35巻 1 号，pp.87-95。

中島庸介・保井俊之・神武直彦（2011）「オープンソース・インテリジェンスの競争分析への活用の戦略的枠組み：テキストマイニングによる日本の製薬業界の2010年問題におけるM & A情報分析を事例として」『インテリジェンス・マネジメント』第 3 巻第 1 号，pp.15-26。

中谷隼・明村聖加・森口祐一（2014）「テキストマイニングによる東日本大震災前後の総合資源エネルギー調査会における論点の分析」『環境情報科学論文集』ceis28（ 0 ），pp.113-118。

那須川哲哉（2001）「コールセンターにおけるテキストマイニング（特集「テキストマイニング」）」『人工知能学会誌』第16巻第 2 号，pp.219-225。

那須川哲哉（2006）『テキストマイニングを使う技術／作る技術：基礎技術と適用事例から導く本質と活用法』東京電機大学出版局。

那須川哲哉（2009）「テキストマイニングの普及に向けて：研究を実用化につなぐ課題への取り組み」『人工知能学会誌』第24巻第 2 号，pp.275-282。

Nettleton, D.（2014）*Commercial Data Mining: Processing, Analysis and Modeling for Predictive Analytics Projects*, San Francisco : Morgan Kaufmann Publishers Inc.（市川太祐・島田直希訳（2017）『データ分析プロジェクトの手引：データの前処理から予測モデルの運用までを俯瞰する20章』共立出版）.

贄郁子・三宅絢花（2014）「母性看護学実習に対する女子学生の実習前のイメージ，実習中感じたこと，実習後の思い：テキストマイニングによる分析」『ヒューマンケア研究学会誌』第 5 巻第 2 号，pp.21-28。

贄郁子・小幡孝志・室津史子（2014）「母性看護学実習における男子学生の思い」『ヒューマンケア研究学会誌』第 5 巻第 2 号，pp.29-36。

Nielsen, L. & N. Burlingame（2013）*A Simple Introduction to DATA SCIENCE: BOOK ONE*（*New Street Data Science Basics 1*）（English Edition）, New Street Communications, LLC: Amazon Services International, Inc.

日本IBM株式会社（2012）「Text Analytics for Surveys」。

日本経済新聞社編（1992）『私の履歴書（昭和の経営者群像）全10巻』日本経済新聞社。

二宮隆次・小野浩幸・高橋幸司・野田博行（2016）「新聞記事を基にしたテキストマイニング手法による産学官連携活動分析」『科学・技術研究』第5巻第1号，pp.93-104。

西田順一・橋本公雄・木内敦詞・谷本英彰・福地豊樹・上條隆・鬼澤陽子・中雄勇人・木山慶子・新井淑弘・小川正行（2015）「テキストマイニングによる大学体育授業の主観的恩恵の抽出：性および運動・スポーツ習慣の差異による検討」『体育学研究』第60巻第 1 号，pp.27-39。

西田圭介（2017）『ビッグデータを支える技術：刻々とデータが脈打つ自動化の世界（WEB+DB PRESS plus）』技術評論社。

野田稔・ジェイフィール（2009）『あたたかい組織感情：ミドルと職場を元気にする方法』ソフトバンククリエイティブ。

野口博司（2015）「マーケティングにおけるビッグデータの活用について」『流通科学大学論集．流通・経営編』第27巻第 2 号，pp.219-235。

野中郁次郎（1990）『知識創造の経営：日本企業のエピステモロジー』日本経済新聞社。

野中郁次郎・紺野登（1999）「知識経営のすすめ：ナレッジ・マネジメントとその時代」ちくま新書。

Nonaka, I. & H. Takeuchi（1995）*The Knowledge Creating Company*, New York：Oxford University Press（梅本勝博訳（1996）『知識創造企業』 東洋経済新報社）。

沼上幹（2008）『わかりやすいマーケティング戦略〈新版〉』有斐閣。

沼上幹（2009）『経営戦略の思考法：時間展開・相互作用・ダイナミクス』日本経済新聞出版社。

Nussbaumer. K. C.（2015）*Storytelling with Data: A Data Visualization Guide for Business Professionals*, Hoboken：Wiley（村井瑞枝訳（2017）『Google流資料作成術』日本実業出版社）。

O

小田亜希子・武藤雅子・小林幸恵・石原尚美・野田淳・松本美和子（2015）「看護大学生の看護観に関するテキストマイニングを用いた分析」『活水論文集. 看護学部編』第 3 巻，pp.3-21。

小田恵美子・三橋平（2010）「経営理念と企業パフォーマンス：テキストマイニングを用いた実証研究（特集CSR，企業倫理，企業理念は本当に役にたつのか）」『経営哲学』第 7 巻第 2 号，pp.22-37。

小高久仁子（2006）「企業組織における戦略的意思決定のプロセス：トップとミドルの「判断の方略」の実証分析」『組織科学』第40巻第 1 号，pp.74-83。

緒方康介（2015）「テキストマイニングを用いた『犯罪心理学研究』の論題分析：半世紀にわたる変遷と領域の多様化」『犯罪心理学研究』第53巻第 1 号，pp.37-48。

小木しのぶ（2015）「テキストマイニングの技術と動向」『計算機統計学』第28巻第 1 号，pp.31-40。

小倉昌男（1999）『小倉昌男 経営学』日経BP。

岡耕平（2014）「コミュニケーションが困難な発達障害のある人のキュレーティング・コミュニケーション」『認知科学』第21巻第 1 号，pp.45-61。

岡田克彦・羽室行信（2010）「ファイナンス研究における新しいアプローチ：テキストマイニングを用いた投資家心理の数値化について」『関西学院大学経営戦略研究会ビジネス&アカウンティングレビュー』第 6 巻，pp.31-44。

岡嶋裕史（2006）『数式を使わないデータマイニング入門：隠れた法則を発見する』光文社新書。

岡本青史・関口実・三末和男・西野文人（2000）「カスターマーセンター支援システム」『人工知能学会誌』第15巻第 6 号，pp.1027-1034。

奥村昭博（1998）「逆転の戦略と好循環化」伊丹敬之・加護野忠男・宮本又朗・米倉誠一郎編『（ケースブック 日本企業の経営行動，第 2 巻）創業者精神と戦略』

有斐閣，pp.112-142。

奥野陽・ニュービッグ，グラム・萩原正人（2016）『自然言語処理の基本と技術』遊泳社。

奥瀬喜之・黄笠淇（2016）「形態素解析によるマーケット・セグメンテーションの試み：ファッション・ブランドによる分析事例より」『専修ビジネス・レビュー』第11巻第1号，pp.21-30。

小野五月・山崎律子・山田弘美（2015）「３年目から５年目看護師が仕事を継続していくために大切に思うこと：テキストマイニングによるインタビューの分析から」『日本看護学会論文集. 看護管理』第45巻，pp.228-231。

大場浩正（2015）「協同学習に基づく英語コミュニケーション活動が英語学習意欲や態度に及ぼす影響：テキストマイニングによる分析」『上越教育大学研究紀要』第34巻，pp.177-186。

大木俊英（2015）「テキストマイニングを用いた高校生英語学習者のニーズ分析：大学受験予定者と非予定者の比較」『白鷗大学論集』第29巻第1・2号，pp.193-216。

大木俊英・山野井貴浩（2013）「フレッシュマンセミナーにおける『人狼』導入の効果：テキストマイニングを用いた探索的研究」『白鷗大学教育学部論集』第７巻第２号，pp.343-371。

大隈昇（2003）「テキスト型データのマイニング：最近の動向とそれが目指すもの」『テキスト型データのマイニングとその応用』（2003年度公開講座資料）統計数理研究所。

大西孝之（2013）「プロスポーツチームの社会的責任：テキストマイニングによる概念モデルの構築」『環境と経営：静岡産業大学論集』第19巻第２号，pp.1-20。

大澤幸生（2003）『チャンス発見の情報技術』東京電機大学出版局。

大澤幸生（2006）『チャンス発見のデータ分析：モデル化＋可視化＋コミュニケーション→シナリオ創発』東京電機大学出版局。

大瀬良伸（2008）「顧客の声と購買行動の関係性」『商品研究』第55巻第３号，pp.57-68。

大高庸平・いとうたけひこ・小平朋江（2011）「精神障害者の自助の心理教育プログラム「当事者研究」の構造と精神保健看護学への意義：「浦河べてるの家」のウェブサイト「当事者研究の部屋」の語りのテキストマイニングより」『日本精神保健看護学会誌』第19巻第２号，pp.43-54。

大瀧ミドリ・高橋裕子・吉澤千夏・今村聡美（2010）「テキストマイニングによる教育実習体験の分析」『東京家政大学研究紀要.1，人文社会科学』第50巻，pp.63-70。

大坪史治・黄海湘（2014）「CSR報告書等の変遷と重要課題の探索：単語に着目した属性分析」『社会関連会計研究』第28巻，pp.13-25。

大槻麻衣子・いとうたけひこ（2016）「自分の中に答えを見つけるイメージ療法」『国際生命情報科学会誌』第34巻第2号, pp.126-132。

大矢隆二・太田恒義・伊藤宏・小木しのぶ（2011）「小学校体育授業に対する好き嫌いと運動意欲の関連性および授業後の感想文のテキストマイニング」『日本教科教育学会誌』第34巻第1号, pp.9-16。

大矢隆二・伊藤宏・石川登志之（2012）「小学校体育授業後における感想文のテキストマイニング：中・高学年の自由記述文に着目して」『常葉学園大学研究紀要. 教育学部』第32巻, pp.197-207。

大矢隆二・伊藤宏・百瀬容美子（2016）「中学生の投動作学習を通した意識の変容：テキストマイニングによる分析」『常葉大学教育学部紀要』第36号, pp.127-137。

長田友紀（2013）「話し合いにおける視覚情報化の学年ごとの特徴：テキストマイニングによる小学生・中学生・大学生の分析」『人文科教育研究』第40巻, pp.1-12。

Osborne, J. W.（2013）*Best Practices in Data Cleaning: A Complete Guide to Everything You Need to Do Before and After Collecting Your Data*, SAGE.

小澤薫・山﨑祥子・崎野三太郎・吉田裕美子（2016）「［学校教育体験実習Ⅰ・Ⅱ］に関する実践研究2：学生と教員に対するアンケートの調査及びテキストマイニングから」『東北女子大学・東北女子短期大学紀要』第54巻, pp.1-14。

P

Pelphrey, M. W.（2015）*Directing the ERP implementation: A Best Practice Guide to Avoiding Program Failure Traps while Tuning System Performance*（Series on Resource Management）, Boca Raton : CRC Press.

Plumer, K.（1983）*Documents of Life: An Introduction to the Problems and Literature of a Humanistic Method*, London ; Boston : G. Allen & Unwin（原田勝弘・川合隆男・下田平裕身監訳（1991）『生活記録の社会学』光生館）.

Provost, F. & T. Fawcett（2013）*Data Science for Business: What You Need to Know about Data Mining and Data-analytic Thinking*, Sebastopol : O'Reilly（竹田正和・古畠敦・瀬戸山雅人・大木嘉人・藤野賢祐・宗定洋平・西谷雅史・砂子一徳・市川正和・佐藤正士訳（2014）『戦略的データサイエンス入門：ビジネスに活かすコンセプトとテクニック』オライリー・ジャパン, オーム社）.

Pyle, D.（2003）*Business Modeling and Data Mining*, San Francisco : Morgan Kaufmann.

R

Rajagopalan, N. & G. M. Spreitzer（1997）"Toward theory of strategic change: A multi-lens perspective and integrative framework," *Academy of Management Review*, Vol.22, No.1, pp.48-79.

蘭千尋・外山みどり編（1991）『帰属過程の心理学』ナカニシヤ出版。

Redman, T.（2008）*Data Driven: Profiting from Your Most Important Business Asset*, Boston : Harvard Business School Press（栗原潔訳（2010）『戦略的データマネジメント：企業利益は真のデータ価値にあり』翔泳社）.

Robinson, D. F.（1990）*The Naked Entrepreneur*, London : Kogan Page（川上宏訳（1992）『素顔のアントルプルヌール』千倉書房）.

Ryle, G.（1949）*The Concept of Mind*, Chicago : The University of Chicago Press（坂本百大・宮下治子・服部裕幸訳（1987）『心の概念』みすず書房）.

S

齋藤朗宏（2012）「日本におけるテキストマイニングの応用」『The Society for Economic Studies TheUniversity of Kitakyushu Working Paper Series』2011-12。

齊藤史哲（2014）「Webカスタマーレビュー文の理解支援を目的とした自己組織化マップによる評価分布の可視化法」『日本経営工学会論文誌』第65巻第3号, pp.180-190。

斎藤進也・稲葉光行（2010）「テキストマイニングによる非営利ネットワークの組織化プロセスの可視化」『立命館大学・政策科学』第17巻第2号, pp.15-22。

阪上辰也（2015）「テキストマイニングによる英語授業に関する自由記述回答の内容分析」『広島外国語教育研究』第18巻, pp.55-64。

酒井浩之・野中尋史・増山繁（2009）「特許明細書からの技術課題情報の抽出」『人工知能学会論文誌』第24巻第6号, pp.531-540。

迫村光秋・和泉潔（2013）「Twitterテキストマイニングによる経済動向分析」第9回人工知能学会 ファイナンスにおける人工知能応用研究会 発表論文。

桜井厚（2002）『インタビューの社会学：ライフストーリーの聞き方』せりか書房。

佐々木英和（2015）「自己実現言説における「社会」の位置づけに関する一考察：テキストマイニング手法による新事実の発見と実証の試み」『宇都宮大学教育学部紀要. 第1部』第65巻, pp.229-248。

佐々木英和（2016）「自己実現言説における「社会」の意味合いについての歴史的考察：テキストマイニング手法による量的研究と質的研究との接合の試み」『宇都宮大学教育学部研究紀要. 第1部』第66巻, pp.223-248。

佐藤郁哉（2006）『定性データ分析入門：QDA ソフトウェア・マニュアル』新曜社。

佐藤隆博（1987）『ISM構造学習法』明治図書。

澤登千恵（2013）「テキストマイニングを活用したGreat Western鉄道会社の会計変化の検討：減価償却の理由の変化を中心に」『大阪産業大学経営論集』第15巻第1号，pp.27-42。

澤登千恵（2015）「会計史研究の傾向の分析におけるテキストマイニングの活用の試み：『会計史学会年報』1983〜2012年を中心に」『大阪産業大学経営論集』第16巻第2・3号，pp.231-246。

Schön, D. A.（1983）*Reflective Practitioner: How Professionals Think in Action*, New York : Basic Books.

Schön, D. A.（1987）*Educating the Reflective Practitioner: Toward a New Design for Teaching and Learning in the Professions*, San Francisco : Jossey-Bass.

Seignobos, C. & C. V. Langlois（1905）*Introduction aux etudes historiques*, 3e ed.（八本木浄訳（1989）『歴史学研究入門』校倉書房）．

社団法人 関西経済連合会（2001）『一皮むけた経験と教訓：豊かなキャリア形成へのメッセージ経営幹部へのインタビュー調査を踏まえて』社団法人 関西経済連合会 人材育成委員会，2001年5月。

柴﨑美紀（2015）「在宅療養者および家族の食事と栄養に関するニーズに関連が強い医療専門職のチーム構成に関する検討」『杏林医学会雑誌』第46巻第4号，pp.263-271。

柴﨑美紀（2016）「地域における栄養サポートチームの多職種連携と発展要件」『杏林医学会雑誌』第47巻第2号，pp.91-112。

柴田萌子・深谷和義（2017）「大学理念のテキストマイニングによる女子大学の特徴分析（協働的な学びづくり／一般）」『日本教育工学会研究報告集』第17巻第1号，pp.103-108。

下平裕之・福田進治（2014）「古典派経済学の普及過程に関するテキストマイニング分析：リカード，ミル，マーティノーを中心に」『弘前大学・人文社会論叢. 社会科学篇』第31巻，pp.51-66。

下平裕之・小峰敦・松山直樹（2012）「経済学史研究におけるテキストマイニング分析の導入：ケインズ『一般理論』と書評の関係」（ディスカッション・ペーパー），『山形大学人文学部法経政策学科Discussion Paper Series』No. 2012-E02。

新藤晴臣（2014）「起業家のパースペクティブによる戦略形成への影響に関する考察：ソフトバンク株式会社『Annual Report』のテキストマイニング」『組織学会大会論文集』第3巻第1号，pp.112-117。

白田桂子・竹内広宣・荻野紫穂・渡辺日出雄（2009）「テキストマイニング技術を用いた企業評価分析：倒産企業の実証分析」『年俸経営分析研究』第25巻，pp.40-47。

Sloan, A. P.（edited by John McDonald, with Catharine Stevens.（1963））*My years with General Motors*, New York：Doubleday（田中融二・狩野貞子・石川博友訳（1979）『GMとともに：世界最大企業の経営哲学と成長戦略』ダイヤモンド社）.

孫珠熙（2016）「テキストマイニングによる高校制服着用時の感情の可視化」『富山大学人間発達科学部紀要』第10巻第2号，pp.181-191。

Squire, M.（2015）*Clean Data*, Packt Publishing.

Staw, B. M., McKechnie, P. I. & S. M. Puffer（1983）"The justification of organizational performance," *Administrative Science Quarterly*, Vol.28, pp. 582-600.

Stubbs, M.（1983）*Discourse Analysis: The Sociolinguisitic Analysis of Natual Language*, Oxford：Basil Blackwell（南出康世・内田聖二訳（1989）『談話分析：自然言語の社会言語学的分析』研究社出版）.

杉本英晴（2008）「大学生における「就職しないこと」イメージの構造と進路未決定：テキストマイニングを用いた検討」『名古屋大学大学院教育発達科学研究科紀要 心理発達科学』第55巻，pp.77-89。

杉山幸子（2010）「家庭における幼児期の「いのちの学び」について」『八戸短期大学研究紀要』第33巻，pp.13-24。

杉山幸子（2013）「幼児はどのようにして「死」に気づくのか：テキストマイニングによるエピソードの分析」『八戸短期大学研究紀要』第37巻，pp.11-20。

鈴木啓・大内紀知（2016）「テキストマイニングによる学会の特徴比較分析」『経営情報学会　全国研究発表大会要旨集』，pp.79-82。

庄司真人（2010）「顧客ロイヤルティーと推奨の関係」『日本経営診断学会論集』第9巻，pp.103-108。

T

田畑圭介・小林淳一・國田千恵子（2015）「テキストマイニングによる学生の内在意識へのアプローチについて」『金沢学院短期大学紀要：学葉』第13号，pp.7-13。

多田啓太朗・野田勝二・佐藤公信・寺内文雄（2014）「テキストマイニングによる園芸活動の感想分析」『日本デザイン学会研究発表大会概要集』第61巻，p.66。

平真木夫（2014）「中学進学による学習方法の変化に関するテキストマイニング」『宮城教育大学紀要』第49巻，pp.257-265。

高橋悟・高橋大志・津田和彦（2008）「ヘッドラインニュースと金融市場の関連性の分析」『経営情報学会　全国研究発表大会要旨集 2008』，p.90。

高井文子（2017a）「市場黎明期における競争と学習の「盲点」」『横浜経営研究』第37巻第3・4号，pp.657-671。

高井文子（2017b）「サービス産業とAbernathy-Utterbackモデル：オンライン証券業界におけるイノベーション・プロセスの進展と競争」『横浜経営研究』第38巻

第 1 号，pp.49-72。

高井文子（2017c）「模倣・追随の二面性：日本のオンライン証券市場黎明期における企業間競争の実証的分析」『組織科学』第51巻第 2 号，pp.46-57。

高間康史（2017）『情報可視化：データ分析・活用のためのしくみと考えかた』森北出版。

髙柳智子（2015）「回復期脳血管疾患患者の移乗時見守り解除の意思決定方法とそれに対する看護師のとらえ方」『日本看護研究学会雑誌』第38巻第 2 号，pp.23-32。

竹岡志朗・井上祐輔・高木修一・高柳直弥（2016）『イノベーションの普及過程の可視化：テキストマイニングを用いたクチコミ分析』日科技連出版社。

竹岡志朗・高木修一・井上祐輔（2014）「テキストマイニングを用いたイノベーションの普及分析（〈特集〉情報経営への言語的アプローチ）『日本情報経営学会誌』第35巻 1 号，pp.72-86。

竹内広宣・荻野紫穂・渡辺日出雄・白田佳子（2008）「テキストマイニングによる倒産企業分析」『経営情報学会　全国研究発表大会要旨集』，p.10。

田北有里・鹿内信善（2017）「算数が苦手な学生に対するリメディアル指導過程の分析：テキストマイニングを用いて」『福岡女学院大学大学院紀要：発達教育学』第 3 巻，pp.9-18。

田村正紀（2006）『リサーチ・デザイン：経営知識創造の基本技術』白桃書房。

Tan, P., Steinbach, M. & V. Kumar (2006) *Introduction to Data Mining: International Edition*, Upper Saddle River : Pearson: Prentice Hall.

Tan, P., Steinbach, M. & V. Kumar (2013) *Introduction to Data Mining: Pearson New International Edition*, Pearson, Amazon Services International Inc..

種恵理子・大野佳子・岡田由美子・鈴木明子（2017）「看護学部教育グループ学習評価の一事例：認知症事例検討グループワーク学習を対象とするテキストマイニング法短期評価」『城砦国際大学紀要』第25巻第 8 号，pp.19-35。

谷川和昭・趙敏廷（2011）「看護学生アンケートによる福祉の心の素描」『関西福祉大学社会福祉学部研究紀要』第15巻第 1 号，pp.49-58。

淡野寧彦（2017）「肉は『うまい』のか，『甘い』のか」『日本地理学会発表要旨集』，100202。

田附紘平（2015）「アタッチメントスタイルと自己イメージの関連：20答法による探索的検討」『パーソナリティ研究』第23巻第 3 号，pp.180-192。

Thagard, P.（1996）*Mind : introduction to cognitive science*, Cambridge: MIT Press（松原仁監訳：梅田聡・江尻桂子・幸島明男・開一夫訳（1999）『マインド：認知科学入門』共立出版）.

Thomas, J. B., Clark, S. M. & D. A. Gioia (1993) "Strategic sensemaking and organizational performance: Linkages among scanning, interpretation, action, and outcomes," *Academy of Management Journal*, Vol.36, No.2, pp.239-270.

Thomas, W. I. & F. Znaniecki (1918, 1958) *The Polish Peasant in Europe and America*, New York : Dover Publications（桜井厚抄訳（1983）『生活史の社会学』，御茶の水書房）．

Tichy, N. M. & N. Cardwell (2002) *The Cycles of Leadership: How Great Leaders Teach Their Companies to Win*, New York : Harper Business（一條和生訳（2004）『リーダーシップ・サイクル』東洋経済新報社）．

Tichy, N. M. & E. Cohen (1997) *The Leadership Challenge: How Winning Companies Build Leaders at Every Level*, New York : Harper Business（一條和生訳（1999）『リーダーシップ・エンジン 持続する企業成長の秘密』 東洋経済新報社）．

徳田智代（2015）「学生相談カウンセラーと教職員との連携・協働の内容に関する探索的研究」『久留米大学心理学研究：久留米大学文学部心理学科・大学院心理学研究科紀要』第14巻，pp.47-55。

遠山曉・村田潔・岸眞理子（2015）『経営情報論 新版補訂（有斐閣アルマ）』有斐閣。

豊田雄彦・竹内美香・石嶺ちづる（2013）「「就職活動体験記」主題の経年変化の分析」『自由が丘産能短期大学紀要』第46巻，pp.45-57。

豊田雄彦・竹内美香・岩崎暁・菅井郁（2010）「テキストマイニングによる「就職活動体験記」の分析」『自由が丘産能短期大学紀要』第43巻，pp.1-13。

豊田裕貴・孤田文男編（2011）『特許情報のテキストマイニング：技術経営のパラダイム転換』ミネルヴァ書房。

辻村明（1981）『戦後日本の大衆心理：新聞・世論・ベストセラ』東京大学出版会。

辻野幹実・永井義満・石津昌平（2010）「有価証券報告書を対象とした企業の経営課題と対策の抽出方法」『経営情報学会 全国研究発表大会要旨集 2010』，p.63。

月本洋（1999）『実践データマイニング：金融・競馬予測の科学』オーム社。

堤孝晃・増田勝也・齋藤崇徳（2014）「学会機関誌の内容からみる学問分野間関係とその変遷：社会学・教育社会学・教育学に着目したテキストマイニング分析」『年報社会学論集』第27巻，pp.109-121。

Tufte, E. R.（1990）*Envisioning Information*, Cheshire : Graphics Press.

Tufte, E. R.（2006）*Beautiful Evidence*, Cheshire : Graphics Press.

U

内田治（2002）『例解データマイニング入門：これが最新データ透視術』日本経済新聞社。

408 参考文献

内田治・川嶋敦子・磯崎幸子（2012）『SPSSによるテキストマイニング入門』オーム社。

内山須美子・阿久津隼佑（2014）「ダンス学習の楽しさに関するテキストマイニングによる分析」『白鷗大学教育学部論集』第 8 巻第 1 号，pp.89-114。

内山須美子・松尾健太・奥山美希（2013）「ダンス学習の動機づけに関するテキストマイニング分析：中学生の「現代的なリズムのダンス」の授業を事例として」『白鷗大学教育学部論集』第 7 巻第 1 号，pp.71-108。

内山須美子・大島智子（2015）「中学生の男女共修による現代的なリズムのダンスの実践的研究：ダンスの好感度・有能感・楽しさの分析」『白鷗大学教育学部論集』第29巻第1・2号，pp.17-50。

上田高穂・黒岩祥太・戸谷圭子・豊田裕貴（2005）『テキストマイニングによるマーケティング調査』講談社。

上田泰（1995）『組織の人間行動』中央経済社。

上野山達哉（2007）「「組織らしさ」のテキストマイニング」『福岡大学経済学会・商学論集』第75巻第 4 号，pp.3-15。

United States Naval Institute（1959）*Naval Leadership*, 2nd ed., Annapolis : Naval Institute Press（武田文男・野中郁次郎共訳（1981）『リーダーシップ：アメリカ海軍士官候補生読本』日本生産性本部）.

牛島一雄・高井勉・木暮大輔（2003）『SPSSクレメンタインによるデータマイニング』東京図書。

歌代豊（2007）『情報・知識管理インフォメーション・マネジメント：ITとナレッジマネジメント（マネジメント基本全集)』学文社。

V

Viktor, M. S. & K. Cukier（2013）*Big Data: A Revolution That Will Transform How We Live, Work and Think*, (An Eamon Dolan book), Houghton Mifflin Harcourt（斎藤栄一郎訳（2013）『ビッグデータの正体：情報の産業革命が世界のすべてを変える』講談社，Amazon Services International Inc..

W

和田英一・諏訪博彦・太田敏澄・小川祐樹（2012）「専門辞書を用いたテキストマイニングによるインターネット株式掲示板の投稿分析に関する研究」『経営情報学会　全国研究発表大会要旨集 2012』，pp.115-118。

輪島幸治・小河誠巳・古川利博（2013）「テキスト評価分析を用いたヘルプデスク効率化手法の提案」『経営情報学会　全国研究発表大会要旨集 2013』，pp.141-144。

参考文献　409

Walsh, J.（1995）"Managerial cognition and organizational cognition: Note from a trip down memory lane," *Organization Science*, Vol.6, No.3, pp.280-321.

渡辺深（1999）『「転職」のすすめ』講談社。

渡邊真治（2014）「公務員組織におけるNPSと情報化効果に関する分析」『経営情報学会　全国研究発表大会要旨集　2014』，pp.169-172。

Watson, R.（2013）*Data Management: Foundations of Data Analytics*（English Edition), 6th ed., eGreen Press, Amazon Services International, Inc.

Weiss, S. M., Indurkhya, N., Zhang, T. & F. J. Damerau（2005）*Text Mining: Predictive Methods for Analyzing Unstructured Information*, New York : Springer.

Welch, J. & J. A. Bryne（2003）*Jack Straight from the Gut*, New York : Warner Books（宮本喜一訳（2001）『ジャック・ウェルチ わが経営（上）（下）』日本経済新聞社）.

Wendler, T. & S. Gröttrup（2016）*Data Mining with SPSS Modeler: Theory, Exercises and Solutions*, Springer International Publishing.

West, L. H. T. & A. L. Pines（1985）*Cognitive Structure and Conceptual Change*, Orlando: Academic Press（進藤公夫訳（1994）『認知構造と概念転換』東洋館出版社）.

Whyte, W. H.（1956）*The Organization Man*, New York: Simon & Schuster（岡部慶三・藤永保訳（1971）『組織のなかの人間：オーガニゼーション・マン』東京創元社）.

Winch, P.（1958）*The Idea of a Social Science and Its Relation to Philosophy*, London: Routledge & Kegan Paul（森川真規雄訳（1977）『社会科学の理念：ウィトゲンシュタイン哲学と社会研究』新曜社）.

Wu, X. & V. Kumar（2009）*The Top Ten Algorithms in Data Mining*（Chapman & Hall／CRC data mining and knowledge discovery series), Boca Raton, London: Chapman & Hall／CRC.

Y

矢田勝俊（2004）『（ソシオネットワーク戦略研究叢書：第2巻）データマイニングと組織能力』多賀出版。

八木良紀・鴻池亜矢・寺畑正英・浦部洋一・山下勝・谷口智彦（2009）「若手従業員の就業意識に関する考察：テキストマイニング分析を用いて（研究発表10,経済危機下の経営行動科学―人と組織の活性化に向けて―）」『経営行動科学学会年次大会：発表論文集』第12巻，pp.222-225。

山鳥忠司・古本孝（2001）『戦略経営に活かすデータマイニング：過去を分析し未

来を予測する』かんき出版。

山口莉奈・正田悠・鈴木紀子・阪田真己子（2017）「体育科教員のダンス指導不安の探索的研究」『日本教育工学会論文誌』第41巻第2号，pp.152-135。

山本真照（2011）「テキストマイニング手法の洗練に向けた知識活用方法に関する研究」『埼玉大学・経済科学論究』第8巻，pp.73-85。

大和里美（2010）「キャリア教育における参加型授業の有効性に関する検討：テキストマイニングによる効果分析」『太成学院大学紀要』第12巻，pp.139-149。

山崎宣次・掛川淳一・小川修史・加藤直樹・興戸律子・森広浩一郎（2015）「特徴単語を用いた記述支援に向けた小学校通知表所見の分析」『教育情報研究』第30巻第3号，pp.23-35。

安田恭子・若杉里実・榊原國城（2012）「大学卒業生の母校へのイメージ調査：テキストマイニングと数量化分析を用いて」『愛知淑徳大学論集. 人間情報学部篇』第2巻，pp.33-41。

安田雪（2001）『実践ネットワーク分析：関係を説く理論と技法』新曜社。

安田雪・鳥山正博（2007）「電子メールログからの企業内コミュニケーション構造の抽出」『組織科学』第40巻第3号，pp.18-32。

吉田稔・中川裕志（2010）「テキストマイニングの活用」『情報の科学と技術』第60巻第6号，pp.230-235。

吉田慎一郎・中藤哲也・御手洗秀一・廣川佐千男（2012）「利益伸び率に着目した有価証券報告書のテキストマイニング」『情報処理学会研究年報』pp.1-5。

吉見憲二（2014）「グルメサイトにおけるクチコミの信頼性確保に関する一考察」『研究報告電子化知的財産・社会基盤 2014』，pp.1-4。

吉澤千夏・大瀧ミドリ（2012）「教員養成課程在籍学生の子ども観に関する一考察（2）「かわいい」をめぐって」『上越教育大学研究紀要』第31巻，pp.277-284。

弓削達（1986）『歴史学入門』東京大学出版会。

湯地宏樹（2015）「地域連携事業に係る授業における学生の満足度と保育実践力」『鳴門教育大学学校教育研究紀要』第30巻，pp.85-94。

Z

財津亘・金明哲（2017）「テキストマイニングを用いた筆者識別へのスコアリング導入：文字数やテキスト数,文体的特徴が得点分布に及ぼす影響」『日本法科学技術学会誌』第22巻第2号，pp.91-108。

Zaki, M. & M. Wagner（2014）*Data Mining and Analysis: Fundamental Concepts and Algorithms*, New York : Cambridge University Press.

Zaleznik, A.（1977）"Managers and leaders: Are they different?" *Harvard Business Review*, May-June, pp.67-78.

Zanasi, A.（2005）*Text Mining and Its Applications to Intelligence, CRM and Knowledge Management*, Southampton, Boston : WIT.

喜田昌樹（1992）『経営学と言語分析：有価証券報告書における企業の経営成果の正当化（原因帰属）の研究を通じて』神戸大学修士論文。

喜田昌樹（1995）「経営者の形成過程：「私の履歴書」の内容分析」神戸大学単位取得論文。

喜田昌樹（1996）「認知的組織科学の新しい分析枠組みの提示：組織科学への認知マップの導入」『大阪学院大学流通・経営科学論集』第22巻第1号，pp.124-103。

喜田昌樹（1999）「日本の電機企業における経営成果の原因帰属：表象主義的認知的組織科学に向けて」『大阪学院大学流通・経営科学論集』第25巻第2号，pp.45-76。

喜田昌樹（2005）「経営学におけるテキストマイニングのデータクリーニング」『大阪学院大学企業情報研究』第4巻第2号，pp.57-72。

喜田昌樹（2006）「アサヒの組織革新の認知的研究：有価証券報告書のテキストマイニング」『組織科学』第39巻第4号，pp.79-92。

喜田昌樹（2007）『組織革新の認知的研究：認知変化・知識の可視化と組織科学へのテキストマイニングの導入』白桃書房。

喜田昌樹（2008a）「組織革新の認知的研究：認知変化・知識の可視化と組織科学へのテキストマイニングの導入」『認知科学』第15巻第4号，pp.723-724。

喜田昌樹（2008b）『テキストマイニング入門：経営研究での活用法』白桃書房。

喜田昌樹（2010）『ビジネス・データマイニング入門』白桃書房。

喜田昌樹（2014）「データマイニングの視点から見たテキストマイニング（〈特集〉情報経営への言語的アプローチ）」『日本情報経営学会誌』第35巻1号，pp.4-18。

喜田昌樹・金井壽宏・深澤晶久（2013a）「実践的なリーダーシップ持論に対するテキストマニング」『神戸大学ディスカッション・ペーパー・シリーズ』No. 2013-26。

喜田昌樹・金井壽宏・深澤晶久（2013b）「個人属性とリーダーシップ持論の関係：実践家の抱く持論のテキストマイニング」『國民經濟雜誌』第208巻第6号，pp. 1-32。

■ 著者紹介

喜田　昌樹（きだ　まさき）

1989年　同志社大学経済学部卒業
1995年　神戸大学大学院経営学研究科博士後期課程
　　　　単位取得退学
1995年　大阪学院大学経営科学部専任講師
2000年　大阪学院大学企業情報学部助教授
2008年　神戸大学より博士号取得，博士（経営学）
現　在　大阪学院大学経営学部教授
研究領域　認知的組織論，ナレッジマネジメント，
　　　　　テキストマイニング

著書に『ビジネス・データマイニング入門』（2010，白桃書房），『テキストマイニング入門―経営研究での活用法―』（2008，白桃書房），『組織革新の認知的研究―認知変化・知識の可視化と組織科学へのテキストマイニングの導入―』（2007，白桃書房）主要論文に「アサヒビールの組織革新の認知的研究―有価証券報告書のテキストマイニング―」『組織科学』（2006），「組織的知識構造の知識表象研究の貢献―組織知識の可視化に向けて―」『ナレッジ・マネジメント研究年報』（2005），「ナレッジ・マネジメントの理論的・方法論的基盤としての組織的知識構造の知識表象研究」『ナレッジ・マネジメント研究年報』（2002）等がある。

■ **新テキストマイニング入門**
　　―経営研究での「非構造化データ」の扱い方―　　（検印省略）

■ 発行日──2018年7月6日　初版発行

■ 著　者──喜田　昌樹（きだ　まさき）

■ 発行所──大矢栄一郎

■ 発行所──株式会社　白桃書房（はくとうしょぼう）

〒101-0021　東京都千代田区外神田5-1-15
☎03-3836-4781　FAX 03-3836-9370　振替00100-4-20192
http://www.hakutou.co.jp/

■ 印刷・製本──藤原印刷

Ⓒ Masaki Kida 2018 Printed in Japan
ISBN 978-4-561-26705-8 C3034

JCOPY 〈(社)出版者著作権管理機構　委託出版物〉

本書の無断複写は著作権法上での例外を除き禁じられています。複写される場合は，そのつど事前に，(社)出版者著作権管理機構（電話 03-3513-6969，FAX 03-3513-6979，e-mail:info@jcopy.or.jp）の許諾を得て下さい。
落丁本・乱丁本はおとりかえいたします。

好 評 書

中村元彦【著】
IT 会計帳簿論
本体 3,800 円
—IT 会計帳簿が変える経営と監査の未来

小方　孝・川村洋次・金井明人【著】
情報物語論
本体 5,000 円
—人工知能・認知・社会過程と物語生成

チョ・ファスン　他【著】木村　幹【監訳】藤原友代【訳】
ビッグデータから見える韓国
本体 2,600 円
—政治と既存メディア・SNS のダイナミズムが織りなす社会

田村正紀【著】
経営事例の物語分析
本体 2,600 円
—企業盛衰のダイナミクスをつかむ

田村正紀【著】
経営事例の質的比較分析
本体 2,700 円
—スモールデータで因果を探る

田村正紀【著】
リサーチ・デザイン
本体 2,381 円
—経営知識創造の基本技術

―――――― 東京　白桃書房　神田 ――――――

本広告の価格は本体価格です。別途消費税が加算されます。